本书受到中南民族大学中央高校基本科研业务费专项资金（编号：CPT22001）以及中南民族大学法学院的资助

〔英〕丹尼斯·J. 贝克（Dennis J. Baker）　著

王晓晓　译

Routledge
Taylor & Francis Group

不被犯罪化的权利

权利

刑法规制的
界限

THE RIGHT

NOT

TO BE
CRIMINALIZED

DEMARCATING
CRIMINAL LAW'S
AUTHORITY

社会科学文献出版社
SOCIAL SCIENCES ACADEMIC PRESS (CHINA)

序　言

贝克教授的新书《不被犯罪化的权利》即将在中文世界出版，我有幸得以先睹为快。本书关注的是刑事立法层面入罪化的边界问题。所谓入罪化的边界，主要涉及对某一行为作入罪处理的实质依据。这一问题极具现实意义，因为实质依据的存在与否，直接决定着国家动用刑罚权进行干预的正当性。

自然，这不算是一个全新的研究命题。实际上，从启蒙时代以来，西方政治哲学与法学理论就一直在加以探讨。在古典政治自由主义的脉络中，借助于约翰·密尔（John Mill）的危害性原则，入罪化的实质依据问题获得暂时的解决。然而，随着越来越多的行为被纳入犯罪的范围，尤其是20世纪中后期以来，各国的刑事立法普遍地趋于活性化，刑法越来越多地被用于调控各式各样的社会问题。直面刑法日益膨胀的现实，入罪化的实质依据问题被重新提上日程。如何为刑事立法中不断扩张的犯罪化决策找到合理依据，同时又不至于使国家刑罚权的行使丧失必要的限制，成为当代刑法理论迫在眉睫需要解决的命题。本书所探讨的主题，需要放在这样的框架下来进行审视；也只有这样，才能真正理解与把握贝克教授的此项研究所具有的重要意义。

在德日刑法理论中，相应的问题主要表现为法益论所面临的困境，即法益在遭遇精神化、抽象化与关联性的不断弱化之后，一方面固然使得刑法中几乎所有的罪名都能通过法益原则的审查，另一方面也使得法益在立法论层面的批判功能全然地丧失。这样的丧失不可避免地引发刑事处罚正当化根据方面的危机。德国联邦宪法法院在2008年的乱伦案中明确否定了法益保护原则作为宪法原则的地位，承认立法机关在决定对何种行为作入罪处理的问题上可自主决定，同时试图引入比例原则对刑罚权的行使施加必要的限制。这一判决在德国刑法学界引发较多的批评，如果法益保护原则并非立法机关应当遵守的宪法性要求，那就意味着可以在缺乏实质处罚依据的情况下做出入罪化的决策。从德国刑法教义学的学术传统来说，势必难以接受这样的立场。只是，直面法益论所处的困境，当前德国的刑法理论似乎并未能给出令人满意的解决方案。

在英美刑法理论中，入罪化的实质依据问题反而有着更为深入的探讨。这可能与其国内立法采取更为激进的犯罪化的决策有关，以致人们普遍认为其中存在较为严重的过度犯罪化倾向。在英美，有关入罪化的实质依据问题必然要回溯至密尔的危害性原则。然而，古典政治自由主义意义上的危害性原则，已不足以担当作为入罪化实质依据的任务。对此，英美的刑法理论界有两种代表性的看法。一种看法认为，在危害原则（harm principle）之外，应考虑引入包括冒犯原则（offence principle）在内的其他原则，一并作为入罪化的实质依据。这一看法的代表性学者是乔尔·范伯格（joel feinberg），他的《刑法的道德界限》四卷本①便是讨论入罪化实质依据问题的杰作。另一种看法认为，危害性原则在自身凯旋的重负下正处于崩溃之中。危害的宣称变得如此的普遍，以致危害性原则已然没有意义：危害性原则不再作为批判性原则而发挥功能，因为危害并非微不足道的各种论证（non-trivial harm arguments）充斥在相关的争论之中。这一看法的代表性学者是伯纳德·哈考特（Bernard Harcourt）②。

在早先的论文中，我也曾经对危害性原则的当代命运做过考察，并在文末指出该文遗留了一个重要的话题，即危害性原则崩溃之后怎么办，它牵涉一系列需要进一步深入思考并与价值评判相关的复杂问题：危害性原则崩溃之后，是应该继续保留危害性原则，还是将其驱逐；是应该恢复危害性原则的古典功能，还是另外寻找替代性的自由保障工具；如果需要恢复危害性原则的古典功能，应如何恢复；倘若必须寻找替代性的自由保障

---

① 参见〔美〕乔尔·范伯格：《刑法的道德界限（第一卷）：对他人的损害》，方泉译，商务印书馆，2013；〔美〕乔尔·范伯格：《刑法的道德界限（第二卷）：对他人的冒犯》，方泉译，商务印书馆，2014；〔美〕乔尔·范伯格：《刑法的道德界限（第三卷）：对自己的损害》，方泉译，商务印书馆，2015；〔美〕乔尔·范伯格：《刑法的道德界限（第四卷）：无害的不法行为》，方泉译，商务印书馆，2015。

② Bernard E. Harcourt, "Collapse of the Harm Principle," (1999–2000) 90 *Journal of Criminal Law and Criminology* 109.

工具，又该从何处寻觅，等等。① 读完全书，我有些惊喜地发现，贝克教授在本书中的相关研究，正是对我之前所称遗留话题的正面回应。

在本书中，贝克教授试图在当代背景下来探讨刑罚何以正当化的问题。他既未选择范伯格的路径，也不认同哈考特的判断，而是选择重新界定危害的内容，在对危害原则做出系统改进与发展的基础上，回归危害原则作为入罪化的核心依据的立场。

通过与合比例原则相整合，贝克教授论证得出危害原则具有宪法上的地位，并由此将它与个体不被定罪的基本权利关联起来。他提出，每个人都拥有不被犯罪化的宪法权利，该宪法权利依赖于一项道德权利，即每个人都有做自己想做的事情的自由，只要没有危害他人；危害仅仅是用以认定何时能够公正地剥夺行为人不被犯罪化的权利的标准。据此，在他看来，对他人造成有责的危害，是以监禁方式剥夺个人自由的唯一充足理由。他的这种立场与加拿大最高法院 2003 年在 Malmo-Levine 案件中表达的意见相一致。对于遥远的危害，贝克教授明确指出，以人们无意做出的行为以及十分遥远的后果为依据施加惩罚的做法违背个人责任的要求；同时，就持有型犯罪的问题而言，危害性的证据足以证明，持有特定类型枪支行为的犯罪化，或者在敏感区域持有枪支行为的犯罪化是正当的。对于以尊严原则或平等自由原则来取代危害原则的观点，贝克教授进行了有力的回应与批驳，认为只有以危害来制约，才能确保犯罪化决定框架的公平与公正。在本书中，贝克教授还进一步论证，为什么不能以被害人同意为依据否定严重危害人类行为的不法性，相应理由在于，一个人可以放弃自身不受危害的权利，但他/她不能放弃或让渡作为人类享有一定程度的尊严与最小程度的被尊重的权利。此外，他还对冒犯原则作为入罪化依据的做法展开尖锐的批评，提出由于冒犯取决于主观感情和人的社会教化，故而冒犯原则具有空洞性，难以为犯罪化决定提供客观的标准。

毫无疑问，贝克教授在本书中提出了诸多富于启发性的观点，其所做的学术努力在使得危害原则获得重生的同时，也使得在立法层面对国家的犯罪定义权的限制成为可能。在我国刑法日益走向积极主义立法观的今天，贝克教授所作的思考与提出的建议具有重要的借鉴意义。尤其是考虑

---

① 参见劳东燕《危害性原则的当代命运》，《中外法学》2008 年第 3 期。

到，近些年来我国刑法教义学的研究偏重于关注解释论问题，而对立法论问题缺乏深入的探讨，本书的学术价值与实务参考意义更是毋庸置疑的。

自从进入现代世界以来，刑法的双重角色之间始终存在某种内在的紧张关系：一方面，由于刑事制裁具有强烈的谴责意涵，刑法一直被认为只应关注准道德意义上的不法行为；另一方面，由于自始就被纳入社会工程学的蓝图，刑法被寄希望于作为重要的社会治理工具而发挥功能。就刑法充任前一角色而言，强调的是惩罚的正当性，而对刑法担当后一角色来说，惩罚的有效性才至关重要。随着风险社会的全面来临，安全问题受到前所未有的关注，刑法在社会治理方面的工具性功能日益地被置于优先的位置。这不可避免地导致刑法沦为预防与规制各类风险的手段，刑罚何以正当的面向也因此受到忽视。民粹主义思潮与情绪的广泛流行，则进一步加剧了此种倾向。可以肯定的是，只要人们对刑法的双重角色的期待没有改变，惩罚的正当性与有效性之间的紧张关系就将始终存在。这注定是一个恒久性的研究命题。在此种意义上，本书的相关研究，彰显的是如何对一个传统的命题做出与时俱进的理论创新。

劳东燕

2022 年 4 月 2 日

目　录

导　言 ……………………………………………………………… 1

第一章　无准则的犯罪化 ………………………………………… 1
　第一节　问题的提出：无准则的犯罪化 ……………………… 2
　第二节　不被犯罪化的权利 …………………………………… 10
　第三节　个别化定罪量刑的惩罚基础 ………………………… 22
　第四节　有准则的犯罪化 ……………………………………… 27
　第五节　本书结构 ……………………………………………… 30

第二章　认真对待作为犯罪化限制的危害 ……………………… 38
　第一节　危害与不法行为 ……………………………………… 38
　第二节　乔尔·范伯格的客观不法危害 ……………………… 43
　第三节　对于动物的无理对待 ………………………………… 59
　第四节　客观危害与抽象危害 ………………………………… 64
　第五节　危害原则的宪法化 …………………………………… 71
　第六节　刑事拘留的规范依据：有责的危害 ………………… 72
　第七节　区分刑法与私法中的危害：责任与整体视角下的执行 … 75
　第八节　宪法化权利的道德限度 ……………………………… 79
　第九节　作为宪法要求的危害 ………………………………… 83
　第十节　法院能否认定客观危害？ …………………………… 92
　第十一节　划定界限 …………………………………………… 100

第三章　遥远危害的界限与危险的犯罪化 ……………………… 104
　第一节　因他人行为导致的刑事责任 ………………………… 104
　第二节　遥远危害的实证证据 ………………………………… 108
　第三节　总体危害的公平归咎 ………………………………… 123

第四节　枪支持有的犯罪化依据：危险 ……………………… 133

第四章　危害原则与公正犯罪化的康德标准 …………………… 146
　　第一节　公正犯罪化的康德标准 ……………………………… 146
　　第二节　康德绝对命令公式之人性作为目的本身 ………… 150
　　第三节　丹－科恩和里浦斯坦对危害原则的批判 ………… 159
　　第四节　对动物的危害和不法行为 ………………………… 165
　　第五节　里浦斯坦的自主原则 ……………………………… 172

第五章　刑事危害行为的辩护理由
　　　　——同意的道德界限 ………………………………… 181
　　第一节　客观性与被害人同意 ……………………………… 181
　　第二节　危害与同意：疑难反例 …………………………… 186
　　第三节　R. v. Konzani 案被害人同意的客观性与限度 …… 189
　　第四节　客观性与肆意对待人类 …………………………… 198
　　第五节　其他传统观点 ……………………………………… 202

第六章　传统不法行为犯罪化的道德立场 …………………… 205
　　第一节　乔尔·范伯格冒犯原则之空洞性 ………………… 205
　　第二节　乔尔·范伯格的调解原则与批判的道德 ………… 209
　　第三节　犯罪化、习俗与合法性 …………………………… 219
　　第四节　危害和冒犯的批判道德解释之贫乏 ……………… 225
　　第五节　视传统习俗而定的危害 …………………………… 235
　　第六节　冒犯他人的传统恶劣性 …………………………… 240
　　第七节　有准则的犯罪化与视传统而定的犯罪 …………… 249
　　第八节　结论 ………………………………………………… 255

第七章　结语 ……………………………………………………… 259
　　第一节　犯罪化决定的微调：容忍与多元主义 …………… 259
　　第二节　建议 ………………………………………………… 269

参考文献 …………………………………………………………… 273

译后记 ……………………………………………………………… 308

导　言

　　本书主要探讨立法问题。尽管古老宪法文本中的术语可能会阻碍沃伦法院（The Warren Court，1953～1969年的美国联邦最高法院）等自由法院的发展，但是我们仍可期待法院继续履行其职能，在很大程度上使不被犯罪化的权利宪法化。正如《美国人权法案》（*the United States Bills of Rights*）和《欧洲保障人权与基本自由公约》（*European Convention for the Protection of Human Rights and Fundamental Freedoms*）规定的那样。尽管如此，我们需要做的还有很多。21世纪的立法者应致力于宪法改革。当前宪章尚未跟上社会变迁的脚步，上级法院创新意识的匮乏，又使这一状况进一步恶化。诚然，法院不得篡夺立法机关的角色，但是它们也不应在相反道路上走得过远。20世纪60年代之后的法院对于沃伦法院的零散创新进行了详细研究和仔细揣摩。应对《权利法案》（*The Bill of Rights*）进行适当修正，以促使法官更好地应用这一重要法案，解决现代社会矛盾。当前法律规定给予法官过多自由裁量权，但法官并非总能明智地运用此项权利。这就是说，自由裁量权不仅取决于这个法院的组成，还取决于下一个法院的组成，等等之类。

　　过去，沃伦法院极大地扩张了公民的权利、自由和司法权。但在最近几年中，除了对公民权利的侵犯涉及恐怖分子和类似群体的场合，沃伦法院均表明了保护公民权利的鲜明立场。而在其他场合，沃伦法院则呈现背离公民权利的趋势。有媒体在的地方，就能找到人权律师的踪影。以呼吁人权为生的律师常常忽视平民的权利。我们都知道，对在商店行窃的行为人判处50年监禁刑不符合公平正义原则，但在美国仍有可能如此判定。我们希望其他国家遵循我们的标准，但这一目的的达成还有赖于国际社会共同遵循一些更为严厉的做法。

　　如果最高法院在对公民个人权利进行合宪性考量的前提下，仍旧判处商店行窃者50年监禁刑，那么此时此刻，正是立法机关应当积极发挥作用，以使我们的权利符合21世纪人们的内心期待的关键时刻。弗吉尼亚州的参议员吉姆·韦伯（Jim Webb）已经提出一项立法建议，旨在建立一个审查美国刑事司法状况的委员会。（我希望英国政府也能这么做。）该委员会之所以能够成立，很大程度上是由于参议员吉姆·韦伯对美国刑事司法的了解、对刑事立法的考量，以及对美国监狱中存在大量囚犯的反思。这个立法建议已经由众议院通过，很可能在这本书出版之前就会由参议院通过。①

本书试图探析哪些外在的制约因素能够确保刑法的公正。刑法学者、政治家、刑事司法和人权从业者在很大程度上都忽略了刑事定罪的合法性与公正性。在20世纪60年代，桑福德·卡迪什（Sanford Kadish）以一系列无被害人犯罪来控诉"过度犯罪化的危机"（crisis of overcriminaliza-tion）。道格拉斯·胡萨克（Douglas Husak）认为，这个问题既是"过度犯罪化"（overcriminalization）的问题，也是"不公正的犯罪化"（unjust criminalization）的问题。本书认为其本质属于"不公正的犯罪化危机"（crisis of unjust criminalization），即只要刑法是对真正社会问题的公正、适当、必要的立法回应，刑法数量多少就不是问题。刑事定罪应服务于某种正当社会目的，因为刑法实际上是特定社区的大多数人对该社区成员的个人自由提出的主张。

国家只是一个集体社会，我们需要了解为什么刑法规定的集体命令有权管理我们每一个个体。本书主张，这主要可以通过犯罪分子的可责性、他/她的作为/不作为的恶劣性和危害性来理解。危害可能是间接的，通过减少公共合作生活中产生的良好结果的方式危害社会（国家），例如贿赂犯罪和伪证犯罪；危害也可能是直接的，例如杀人、盗窃、强奸等。间接危害和集体危害的问题十分普遍，因为它能够涵盖任何对某一集体的和睦与平衡造成危害的社会冲突和分歧。举例而言，暴露行为本身是无害的，但它确实是对社会风俗的蔑视，突然使暴露行为合法化可能会引起争端，并引发多元社会下各部门之间的合作问题。换言之，我们无法要求大多数

---

① 2011年10月20日，参议院投票反对该立法建议。参见 https://innocenceproject.org/senate-votes-against-national-criminal-justice-commission/。——译者注

人改变自己的穿衣习惯。社会标准似乎是一个充分的调节者。但有时候，由于社会风俗的不同，我们也可能把少数人不当作集体中的完全成员来对待，这一现象确有必要及时改进，例如许多性道德犯罪的去犯罪化（de-criminalization）就是此种迅速改进之例。

本书将讨论到，国家（集体）眼中许多坏的、有害的行为，仅仅是对社会风俗的公然无视，例如暴露行为。在法国，暴露行为已然属于犯罪：但是，这些禁令难道不是用法律教人们如何着装吗？我试图在本书中阐明公正定罪的合法性。本书认为某些行为之所以应当入罪，是因为这些行为对他人造成了可避免的（如果意图造成危害后果的有责的不法行为人做了别的选择，就能避免该结果的发生）不良后果（或造成了不良后果的风险，例如未遂、危险犯等）。这些行为入罪的正当性在于该行为的不正当性的严重程度。公正的刑法之所以有权管理我们，原因在于它保护我们在社会化、集体化、多元化社会中的真正人权。更重要的是，本书认为不被犯罪化的权利不仅仅是道德上的基本人权，同时也是宪法规定的基本权利。本书对宪法规定的基本权利和国际人权进行了重新解释，以阐明这些文献中包含了一项不被犯罪化的宪法权利。我们不能要求法院做完所有的工作，立法机关虽然常常缺少解决问题的蛮勇，但也应当参与其中。

丹尼斯·J. 贝克
伦敦大学国王学院

一万条立法将毁灭人们对法律的尊重。

温斯顿·丘吉尔爵士（Sir Winston Churchill）

在具体情景中判断正误很简单，因为法律在某一时间某一地点对其进行了明确规定；但是判断法律本身是否正当很困难，很难制定一个放之四海而皆准的是非规则，抑或辨别正义与否的规则。实证法学家对这些尚不知晓，直到他暂时放弃其经验原则，为审判之源找寻纯粹之理，才能为真正积极的立法奠定基础。实际上，在找寻之中，经验法则为其提供了丰富的指导；然而缺乏理性原则的单纯经验系统，就像菲德拉斯的寓言中那个糊涂蛋，表面看起来很好，可惜没有头脑。

伊曼努尔·康德（Immanuel Kant）

第一章　无准则的犯罪化

有关刑法的道德界限的著作颇丰。本书的关注点不仅在于探讨刑法的道德界限（Moral Limits），更在于研究刑法的法律界限（Legal Limits）。本书另辟蹊径，试图通过阐明限制不公正犯罪化的道德标准，以及这个标准如何能够被包含，并且已经被包含在宪法规定的基本权利中，来说明我们因此而享有免于不公正犯罪化的法定权利。本书旨在确立刑事实体法的宪法边界。尽管有专门的宪法权利保障特定的自由（言论自由、宗教信仰自由、隐私权等），但是在美国，不被犯罪化的权利已被证明对公正司法具有约束力。尽管不被犯罪化的一般权利还没有完全被美国或欧洲所接受，但它确实存在。本书拟构建此项权利的法律基础，以及国家否定此项权利的条件与标准。

约翰·密尔（J. S. Mill）的"危害原则"（Harm Principle）问世之后，北美洲和欧洲的宪法法院均做出重要决定，将性行为、人工流产、乞讨、吸食大麻等行为合法化。我也十分关注这一问题，确实，上述行为合法化的决断获得了十分显著的支持，以至于每个在密尔式的传统范畴内写作的人对密尔为司法决定带来的促进作用感到十分骄傲。但是，将不被犯罪化的权利视为一个法定权利，而不仅仅是道德权利，必须十分谨慎。原因在于两方面：一是宪法条文，尤其是《加拿大人权与自由宪章》①（*Canadian Charter of Rights and Freedoms*）、《美国人权法案》（*the United States Bill of Rights*）以及《欧洲人权公约》（*European Convention on Human Rights*）的表述存在差异；二是法院的解释方式不同，即使对于大致相似的条款，也可能产生不同解释。每个人都享有这个宪法权利，即没有充足理由不被定罪的权利，但不同法院可能由于特定司法管辖区中宪法法院解释传统的不同，而采取不同的解释策略。也就是说，有些地区的法院也许能够保障这项权利，而

---

① 以下也简称《加拿大宪章》。——译者注

有的地方可能需要进行宪法改革，才能使该权利更加行之有效。尽管如此，我们仍旧无法否认，较之于从前，现在的美国、加拿大法院以及欧洲法院对其他司法管辖区内令人信服的先例表现出更加开放的态度。

有责地施加危害是否定一个人不被犯罪化的权利的核心理由。我们都知道，"危害"是一个含义非常广泛的概念。有些学者尝试寻找"危害"的客观解释，但仍需继续努力。要使不被犯罪化的宪法权利承担起确保人们只在应当入罪时才被定罪的职责，我们需要一个相对清晰的"危害"概念。我们需要对"危害"进行合理的客观解释；否则任何危害都有可能被当作否定人们不被犯罪化的权利的理由。这一权利本质的有效性取决于对危害的恰当解释。问题在于：依照惯例，危害是视条件而定的。在涉及通常使人不悦的软危害（Soft Harm）或行为时，例如暴露行为等，则更是如此。此外，即使有些行为在事实上造成了危害，但某一特定社群也可能会由于传统习惯而选择容忍。例如，在伦敦（或至少是伦敦的主流社会），狐狸被认为值得保护，而胎儿则相反；但是，在英格兰许多地区，胎儿被认为值得保护，而狐狸则相反。我必须承认，我深刻怀疑推进一个令人信服的理论而非仅仅加强不同社群的偏好的可行性；我也承认，我担心理论创设阶级几乎总是采信支持他们的偏好（在此情况下，狐狸/是；胎儿/否）的旷日持久的论证。本书试图搭建一个认定合理危害的框架，因为只有在同时具备否定这一权利的充分理由时，不被犯罪化的宪法权利才可谓行之有效。

第一节　问题的提出：无准则的犯罪化

在实证主义术语中，"犯罪"是指被标记为犯罪的行为。[①] 从纯粹法律意义上讲，从事任何被标记为犯罪的行为都是错的，即使该行为在道德上无过。本书认为人们享有做出选择的一般权利，而这个权利不应受到犯罪化的限制。该权利不仅包括只要没有危害他人，就有做出自己选择的自由，还包括不遭受不公正犯罪化引起的危害后果（拘留、罚金、定罪、谴责）的自由。犯罪化对于被认定为罪犯的人而言，是危害后果，因此除了

---

① Henry M. Hart, "The Aims of the Criminal Law," （1958）23 *Law & Contemporary Problems* 401 at p. 404.

具备否定不被犯罪化的权利的公正理由的场合，人们应当享有这项权利。本书拟确立否定该项权利的标准，以促进公正犯罪化的形成。

　　关于犯罪化的负面影响的研究成果颇丰。[①] 研究过度犯罪化问题及其成因的文献也不胜枚举。[②] 本书不再罗列这些研究成果，而是审查其中论述到的限制不公正犯罪化的问题。上述文献只从无被害人犯罪的去犯罪化方面探讨了过度犯罪化问题。[③] 许多学者发表了去犯罪化的有力论证，例如从法律实施成本角度等，但他们很少形成如何确保刑事定罪符合宪法对公平正义的要求的论证。[④] 大卫·理查兹（David Richards）写道："诚然，如果存在将某一行为入罪的恰当的道德依据，法律实施成本将会

---

① Nigel Walker, *Punishment*, *Danger and Stigma* （Oxford：Basil Blackwell, 1980）at pp. 142 *et seq.*；Jonathon Schonsheck, *On Criminalization* （London：Kluwer Academic Publishers, 1994）Chapter 1；Hilary Metcalf *et al.*；*Barriers to Work for Offenders and Ex-Offenders* （London：Department of Work and Pensions, Research Report 155, 2001）；Anthony E. Bottoms and Roy Light, *Problems of Long-Term Imprisonment* （Aldershot：Gower, 1987）.

② 关于目前过度犯罪化现象之原因的优秀综述参见 Douglas Husak, *Overcriminalization*：*The Limits of the Criminal Law* （New York：Oxford University Press, 2008）。胡萨克认为过度犯罪化的成因是多层面的，它源自将道德上无伤大雅的行为错误地犯罪化，源自检方起诉的自由裁量，源自过度命令，源自法学院缺乏刑事定罪领域的教学和研究。过度犯罪化的问题在英格兰的严重性也相差无几。参见 Andrew Ashworth, "Is the Criminal Law a Lost Cause," （2000）116 *The Law Quarterly Review* 225。

③ Sanford H. Kadish, "The Crisis of Overcriminalization," （1967）374 *The Annals of the American Academy of Political and Social Science* 157；Herbert L. Packer, *The Limits of the Criminal Sanction* （Stanford：Stanford University Press, 1968）；Sanford H. Kadish, "More on Overcriminalization：A Reply to Professor Junker," （1971－1972）19 *U. C. L. A. Law Review* 719；Jerome H. Skolnick, "Criminalization and Criminogenesis：A Reply to Professor Junker," （1971－1972）19 *U. C. L. A. Law Review* 715；Norval Morris and Gordon Hawkins, *The Honest Politician's Guide to Crime Control* （Chicago：Chicago University Press, 1970）；Arval A. Morris, "Overcriminalization and Washington's Revised Criminal Code," （1972－1973）48 *Washington Law Review* 5；John M. Junker, "Criminalization and Criminogenesis," （1971－1972）19 *U. C. L. A. Law Review* 697；Ellen S. Podgor, "Overcriminalization：The Politics of Crime," （2005）54 *American University Law Review.*

④ 乔尔·范伯格是个例外。早在20世纪80年代，乔尔·范伯格就撰写过四本具有开创性的关于犯罪化的著作。参见 Joel Feinberg, *The Moral Limits of the Criminal Law*：*Harm to Others* （New York：Oxford University Press, Vol. Ⅰ, 1984）；Joel Feinberg, *The Moral Limits of the Criminal Law*：*Offense to Others* （New York：Oxford University Press, Vol. Ⅱ, 1985）；Joel Feinberg, *The Moral Limits of the Criminal Law*：*Harm to Self* （New York：Oxford University Press, Vol. Ⅲ, 1986）；and Joel Feinberg, *The Moral Limits of the Criminal Law*：*Harmless Wrongdoing* （New York：Oxford University Press, Vol. Ⅳ, 1988）。

猛增。"① 实际上，高犯罪成本对于做出定罪量刑决定的影响甚微。尽管民粹主义者实施的惩罚政策存在不公正、不合比例的成分，例如"三振出局制"②，但是政治家和立法者都十分乐意坚守这样的政策。③ 对执行惩罚政策的成本收益等的工具性考量，并不比对认定与判决一个杀人犯的巨大成本的考量更重要。只有存在犯罪化的初步道德依据，才能在工具层面进一步考量犯罪化的效用。这些论证可能会使正义的天平在只涉及轻微犯罪行为的案件中倾向一方。

对于非边缘行为，即明确具备道德过错和严重危害的行为，例如盗窃、强奸、杀人、恐怖活动等，其犯罪化存在明显的道德依据。而对于边缘行为，例如暴露行为、捕杀狐狸等，其犯罪化的公正性则需要更复杂的道德分析。④ 在天平的另一端，许多明显无害的行为也被犯罪化，例如消极乞讨⑤、为无家可归者提供食物⑥、通奸⑦、持有性爱玩具⑧、同性恋⑨、持有自用大麻⑩、观看脱衣舞现场表演⑪，这些行为被打上犯罪标签的理由

---

① David Richards, "Drug Use and the Rights of the Person: A Moral Argument for Decriminalization of Certain Forms of Drug Use," (1980 – 1981) 33 *Rutgers Law Review* 607 at p. 614.

② Peter W. Greenwood *et al.*, *Three Strikes and You're Out: Estimated Benefits and Costs of California's New Mandatory-Sentencing Law* (California: Rand, 1994).

③ Anthony E. Bottoms, "The Philosophy and Politics of Punishment and Sentencing," in Christopher M. V. Clarkson and Rod Morgan, *The Politics of Sentencing Reform* (Oxford: Clarendon Press, 1995) at pp. 39 – 40.

④ 英国 2004 年《狩猎法》(*Hunting Act 2004 UK*)。

⑤ 美国以言论自由的权利为依据，实现了乞讨行为的去犯罪化。参见 *Benefit v. Cambridge*, 424 Mass. 918 (1997); Cf. *Loper v. New York City Police Dept.*, 802 F. Supp. 1029, 1042 (S. D. N. Y. 1992)。值得注意的是，在英格兰等司法管辖区，旧的《流浪法》(*Vagrancy Act 1824 UK*) 仍然有效，并且得到布莱尔政府和布朗政府 (Blair/Brown Governments) 的大力执行，对消极乞讨进行严厉制裁。参见英国 1824 年《流浪法》第 3 条。

⑥ Randal C. Archibold, "Las Vegas Makes It Illegal to Feed Homeless in Parks," (New York: *New York Times*, 28 July 2006).

⑦ *Lawrence v. Texas*, 539 U. S. 558 (2003) at pp. 586, 592 – 594.

⑧ *Williams v. Pryor*, 240 F. 3d 944 (2001) at p. 949.

⑨ *Lawrence v. Texas*, 539 U. S. 558 (2003).

⑩ *Malmo-Levine* [2003] S. C. C. 74.

⑪ *Barnes v. Glen Theatre, Inc.*, 501 U. S. 560 (1991) at pp. 574 – 575. 安东尼·格雷戈里·斯卡利亚 (Antonin Gregory Scalia) 法官指出："异议者坚定地认为，约束公共场所裸体行为，总的来说，是为了保护他人免遭冒犯……也许异议者相信'冒犯他人'应当是约束公共场所裸体行为的唯一原因，但我们没道理相信我们的社会认同梭罗 (Thoreauvian) 的完美构想，即'只要没有危害他人，你就能做任何你想做的事情'，更不用说相信它已写入宪法……我们的社会禁止某些行为，其原因并不在于该行为危害到他人，而是在于我们在传统语境下对这些行为做出考量时，认为其违反公序良俗。"

并不清晰。大多数人可能不支持同性恋、卖淫、使用大麻或露宿街头，但更多的人并未说明为何这些行为的犯罪化实属正当。为什么从事这些行为的人应当受到刑事责难？如果立法者要将这些行为犯罪化，那就应当说明他们的客观道德依据（Objective Moral Justification）。[①] 犯罪化正当依据的客观性能够通过社群中的道德行为人的主体间性（Inter-Subjective）审查来检验，这个程序允许有权益关系者质问定罪量刑的非真正理由（例如无理的危害理由等）。

> 对一个人而言是合理地去做、去相信、去重视的事情，对处于同样情形下的其他人来说也必然同样是合理的。这是因为，理性本质上是"客观的"：它不会为了迎合特殊个体的特殊偏好而进行重新配置。准确地说，客观性需要考虑语境，考虑到不同个人和群体都面临着截然不同的客观情形。理性具有普适性，但它是一定条件下的普适，客观性也是如此……良好依据的语境能够与理性的普适性本身相协调，此种协调必须经过这样一个过程，即以理想的理性概念的绝对论（和统一论）应对具体案件和特定情形的解决方面的差异性，并在这个过程中，分层级考量。[②]

就主体间性而言，即使最先进社会的成员，也没有理智到能确定客观真理或普适准则。尽管如此，我们也能够运用自己对危害、恶劣、不公正等的深刻的传统理解，来仔细审视危害、恶劣性和不公正的主张。这种客观性水平不是康德和其他道德现实主义者所设想的那一类，但这可能是我们所拥有的全部。

目前确保公平和有准则的犯罪化标准有哪些？刑法概念体系的建立是多方面的、复杂的。很明显，除了基本的宪法先决条件（主要是程序性的）之外，刑事实体法并不存在限制犯罪化的内容或成分。安德鲁·阿什沃思（Andrew Ashworth）指出："刑法的框架是'视历史情况而定'的——

---

① 完全的客观性是不可能的，但犯罪化的依据必须经过社会中的道德行为人的主体间性审查，直到这一过程被置于西方政治体制内。参见本书第六章。

② Nicholas Rescher, *Objectivity: The Obligations of Impersonal Reason* (Notre Dame, IN: University of Notre Dame Press, 1997) at pp. 3, 7. "客观性判断对每个人（或者说至少所有正常的、明智的人）而言，都是有强烈说服力的，与特殊的趋势或倾向无关。"

它并不是有准则的犯罪化探究的产物，也不是对规则始终如一的应用；它在很大程度上取决于不断接替的政府的命运、大众传播媒体的竞争，以及各种施压团体的活动等。"[1] 这种无准则和政治化的定罪方法，正是造成当今英国和美国不公正犯罪化危机的主要原因。现在英格兰和威尔士存在超过 8000 种刑事犯罪。[2] 这些犯罪中，许多行为都不涉及道德沦丧。美国有 4000 种联邦刑事犯罪，各州也规定有差不多数量的犯罪。[3] 同样地，美国也存在当地第三阶层的犯罪化问题。[4]

政府急于利用刑事民粹主义（Penal Populism）的政治优势，制定了过多的政治化和无准则的政策来惩治犯罪。[5] 在受民粹主义激发的犯罪化中，大众传媒同样起着重要作用，它们向社会成员反复灌输"一系列强有力的无道义、英雄主义、罪恶、效率、正义的意识形态"。日常犯罪题材的电视剧中充斥着政治价值宣传和政治利益主张，它在加强国家对犯罪的定义的同时，也强调了刑事责难和惩罚价值，以及国家暴力对于保障公民安全、舒适生活的重要性。[6] 刑法并不是凭空出现的，必须有人刺激它的制定与执行，针对无害行为的刑法更是如此。但即使某一行为具有客观危害性，"危害必须被发现和指出，人们必须觉得应当对此做些什么，必

---

① Andrew Ashworth, "Is the Criminal Law a Lost Cause," (2000) 116 *The Law Quarterly Review* at p. 226.

② Andrew Ashworth, "Is the Criminal Law a Lost Cause," (2000) 116 *The Law Quarterly Review* at p. 226.

③ 参见 John S. Baker, *Measuring the Explosive Growth of Federal Crime Legislation* (Washington, D. C.: Federalist Society for Law and Policy Studies, Crime Report, 2004); John S. Baker, "Jurisdictional and Separation of Powers Strategies to Limit the Expansion of Federal Crimes," (2005) 54 *American University Law Review* 545 at pp. 548 *et seq.* 。根据埃里克·卢纳（Erik Luna）的粗略估算，各州规定的犯罪数量差不多相同。参见 Erik Luna, "The Overcriminalization Phenomenon," (2005) 54 *American University Law Review* 703 at pp. 718 *et seq.*; Paul H. Robinson and Michael T. Cahill, "Can a Model Penal Code Second Save the Statesfrom Themselves?" (2003) 1 *Ohio State Journal of Criminal Law* 169。

④ 例子参见《拉斯维加斯市法典》（*Las Vegas Municipal Code*），禁止移动汤食厨房（Mobile Soup Kitchens）或社会公众为无家可归者提供食物，违反这个规定会被处以罚款和监禁刑。

⑤ Julian V. Roberts *et al.*, *Populism and Public Opinion: Lessons from Five Countries* (Oxford: Oxford University Press, 2003). 该作者认为，相较于找寻切实可行的解决办法，政治家对利用公众对犯罪的恐惧更感兴趣，他们利用人们的恐惧取得政治优势。

⑥ "刑事责难是个人越轨社会行为和政治优先性的复杂合成物。" Colin Summer, *Censure, Politics and Criminal Justice* (Milton Keyes: Open University Press, 1990) at pp. 8 – 9.

须有人引起政府对这些事件的注意，并发挥必要的推动作用，法律才能被制定出来"①。

最近的一个政治竞选加强了拉斯维加斯有关无家可归者的法律规定的实施。该法规定，社会公众或慈善组织在城市公园内为无家可归者提供食物是犯罪行为。这就是无准则犯罪化的鲜明案例。拉斯维加斯市政局认为，为无家可归者提供食物的行为会诱使更多无家可归者进入公园绿地，而这很显然"会引起居民对犯罪、公共场所酗酒及乱丢杂物的抱怨"②，拉斯维加斯市政局在此基础上指出，应以刑法禁止为无家可归者提供食物的行为。法规禁止社会成员或移动汤食厨房在城市公园内为穷人提供食品，违者将面临最高1000英镑的罚款以及6个月的监禁。该市市长认为，（禁令颁布之前）人们感到十分害怕，以致不敢前往公园绿地，因此这项禁令是必须的。③

公众害怕某种感知到的危害，政治家则倾向于不考虑该行为事实上是否造成危害，而直接以法律回应。这一回应在投票箱的票数上得到实质体现。乔治·凯灵（George Kelling）教授和詹姆斯·威尔逊（James Q. Wilson）教授在其共同撰写的《破窗效应：警察与社区安全》（*Broken Windows：The Police and Neighborhood Safety*）中主张，街头卖淫、乞讨等行为具有危害性。他们认为，这些行为是社会自我衰败循环的一部分，会导致社区内发生更为严重的犯罪。④ 最近，英国政府也将"破窗效应"作为制裁英格兰和威尔士乞讨行为的正当性依据。⑤ 英国政府援引"破窗效应"这一类型的危害，强调无家可归者的危害性，并对他们采取

---

① Howard S. Becker, *Outsiders* (Glencoe, IL：The Free Press, 1963) at p.162; Joseph R. Gusfield, *Symbolic Crusade* (Urbana：University of Illinois Press, 2nd ed. 1986).

② Randal C. Archibold, "Las Vegas Makes It Illegal to Feed Homeless in Parks," (New York：*New York Times*, 28 July 2006).

③ Randal C. Archibold, "Las Vegas Makes It Illegal to Feed Homeless in Parks," (New York：*New York Times*, 28 July 2006).

④ James Q. Wilson, and George Kelling, "Broken Windows：The Police and Neighborhood Safety," (1982) *Atlantic Monthly* 29.

⑤ *Respect and Responsibility—Taking a Stand Against Anti-Social Behaviour* (London：Home Office, White Paper Cm 5778, 2003) at para. 1.8, 3.40－3.44. "破窗效应"对警务实践也产生了实质性影响。Debra Livingston, "Police Discretion and the Quality of Life in Public Places：Courts, Communities, and New Policing," (1997) 97 *Columbia Law Review* 551 at p.584.

"零容忍政策"①。对这类政策的拥护，尤其是对所谓惹人讨厌的行为（Nuisance Behavior）的危害性和不可容忍性的强调，造成了民法的扩张适用，也引起了刑法规制问题。英国 1998 年《犯罪与扰乱秩序法》（*Crime and Disorder Act 1998*）、2003 年《反社会行为法案》（*Anti-Social Behavior Act 2003*），加之上述民法规定，共同间接扩大了刑法规制的界限。这些法案允许警方和地方当局适用民法规定与《反社会行为法案》，实际上以民事禁令禁止人们从事犯罪行为和非犯罪行为。② 违反《反社会行动法案》可以被判处 5 年监禁。这使更多的人被纳入刑法的规制范畴。③

伯纳德·哈考特（Bernard Harcourt）指出，作为限制原则，危害原则已经丧失了大部分影响力，因为人们越来越多地使用民粹主义危害依据。④ 他认为，危害论点变得如此普遍，以至于就限制犯罪化而言，危害原则已经成为一个空洞的概念。⑤ 尽管如此，客观危害的概念化并非不公正犯罪化危机的刺激因素。伯纳德·哈考特所述的危害类型无法在客观上被描述为真正的危害，因此不应被认定为事实上的危害。立法者对于特定行为是否在事实上造成了危害并没有什么兴趣。危害原则要求，拟被犯罪化的行为事实上对他人造成了危害。在依据危害原则对某一行为定罪之前，必须通过道德分析和实证数据分析来认定不法行为人在行为时具有道德可责性，且造成了客观危害结果。危害原则是限制刑事定罪的有力原则。然而，正如下文将论述的那样，危害原则的主要局限在于它没有法律效力，它还没有被发

---

① *Respect and Responsibility—Taking a Stand Against Anti-Social Behaviour*（London：Home Office，White Paper Cm 5778，2003）at para. 1. 8, 3. 40 - 3. 44；Debra Livingston, "Police Discretion and the Quality of Life in Public Places：Courts, Communities, and New Policing,"（1997）97 *Columbia Law Review* 551 at p. 584.

② 参见 Evidence to House of Commons Home Affair Committee, Parliament of the United Kingdom, *Anti-Social Behaviour Act*, 19 January 2005, Stationery Office Ltd., HC - 80 - Ⅱ：London at para. 7 - 11。

③ John C. Coffee Jr., "Does 'Unlawful' Mean 'Criminal'?：Reflections on the Disappearing Tort/Crime Distinction in American Law,"（1991）71 *Boston University Law Review* 193；William J. Stuntz, "The Pathological Politics of Criminal Law,"（2001 - 2002）100 *Michigan Law Review* 505.

④ Bernard E. Harcourt, "Collapse of the Harm Principle,"（1999 - 2000）90 *Journal of Criminal Law and Criminology* 109.

⑤ Bernard E. Harcourt, "Collapse of the Harm Principle,"（1999 - 2000）90 *Journal of Criminal Law and Criminology* 113.

展为一种类似于言论自由和隐私权利那样意义深远的宪法约束。

　　本书将审查危害原则（Harm Principle）和冒犯原则（Offence Principle），列出其核心因素，探讨按照这两个原则进行犯罪化的合法性问题。本书对"危害"的概念进行反思，形成一个行之有效的客观标准，以限制不公正犯罪化，并解释说明剥夺人们不被犯罪化的权利的恰当条件。本书试图阐明人们有免受牢狱之灾的权利（即使只入狱 1 日也是有害的），除非他们的行为合比例地危害到他人（或产生危害他人的危险）。危害他人并不是否定人们不被犯罪化的权利的唯一理由，但它是唯一足以剥夺人们免于监禁刑的权利的道德依据。

　　与此同时，本书批判了乔尔·范伯格（Joel Feinberg）的冒犯原则，并指出冒犯原则并非公正犯罪化的限制条件。本书认为"冒犯"只是一个空洞的概念，它无法为立法者提供将讨厌的无害行为（Unwanted Harmless Wrongs）犯罪化的充分依据。本书提出了另一种将诸如暴露行为等可能引起不悦的无害行为宣布为不法的正当依据。值得注意的是，暴露行为和侵犯隐私都会造成不良后果，这些后果足以否定裸体人士不被犯罪化的权利，但是这些不良后果本质上是无害的，因此对这类行为只需要予以罚款，而没必要判处监禁刑。

　　不公平与不正当的犯罪化包含以下几种类型[①]：将无害行为错误地标记为犯罪；缺乏道德依据地降低事后责任的证明要求（会导致刑事定罪或自由刑的严格责任和/或替代责任）；无正当根据地降低事前"遥远危害（Remote Harm）可责性"的证明要求（遥远危害的情形是指：他人的介入行为造成了危害后果，却将该人之外的作为条件的其他人也宣布为有罪的情形）；[②] 施加不符合比例原则的处罚；[③] 以及通过模糊刑法与民法的边界

---

① 参见 Douglas Husak, *Overcriminalization*: *The Limits of the Criminal Law*（New York: Oxford University Press, 2008）。

② Dennis J. Baker, "The Moral Limits of Criminalizing Remote Harms,"（2007）10（3）*New Criminal Law Review* 370; Dennis J. Baker, "Collective Criminalization and the Constitutional Right to Endanger Others,"（2009）28（2）*Criminal Justice Ethics*（forthcoming）; Andrew von Hirsch, "Extending the Harm Principle: 'Remote' Harms and Fair Imputation," in Andrew P. Simester and A. T. H. Smith, *Harm and Culpability*（Oxford: Clarendon Press, 1996）at pp. 259 *et seq.*

③ *Harmelin v. Michigan*, 501 U. S. 957（1991）; *Locker v. Andrade*, 538 U. S. 63（2003）; Andrew von Hirsch and Andrew Ashworth, *Proportionate Sentencing*: *Exploring the Principles*（Oxford: Oxford University Press, 2005）。

的方式，规避人权和正当程序的保护。从事前犯罪化的角度来看，立法者必须考虑许多因素，其中包括何种行为能够被公正地标记为犯罪，对于不同的罪行应当如何处罚，以及刑法应当如何确保只对那些应受刑事责难的人进行刑事责难。

第二节　不被犯罪化的权利

不被犯罪化的权利是一项基本人权，目的在于保护个人免受国家无理的刑事干涉。该权利重点保护个人免遭不公正定罪与处罚，既是一项基本道德权利，也是一项基本法定权利。不被犯罪化的权利的组成是多方面的，不仅包括特定领域的具体保护，还包括《美国宪法第五修正案》和《美国宪法第八修正案》（Eighth Amendment of the Constitution of the United States 1787）所述的一般保护，[1] 以及《欧洲保障人权与基本自由公约》[2] 第3、5、8条和《加拿大人权与自由宪章》[3] 第7、9、12条所述有关人身自由和公正刑罚的相应权利。尽管不同的国内宪法和国际公约基于类似目的将范围相似的核心权利编成法典，但是其中某一权利的准确范围因其文本含义以及法官对该文本的限制解释而有轻微差别。全世界各个法院的解释标准不同，差别更多是形式上而非实质上的。通过对不同宪法中个人自主和公正惩罚类型条款的仔细分析（即对先例、历史性要素进行审慎分析与考量，从而了解特定法域的司法裁判者对公民个体权利的认可情况），我们发现，无论这些条款的用语有何不同，也无论过去的解释方式有何不同，其中都包含了不被犯罪化的基本权利。

欧洲采取"演变解释"（Evolutive Interpretation）的方法来认定权利，这使法院得以承认，概念可以随着时间的推移而改变，从而要求法院根据

---

① 通常而言，保护人权的核心在于保护人的尊严和福祉，更广泛地说，在于保护文明国家中公民的繁荣。James Griffin, *On Human Rights*（Oxford：Oxford University Press，2008）；Richard Kraut, *What is Good and Why：The Ethics of Well-Being*（Cambridge MA：Harvard University Press，2007）.

② 《欧洲保障人权与基本自由公约》于1950年11月4日颁布（于1953年9月3日生效）。

③ 《加拿大人权与自由宪章》第一部分第2（b）章节。相应权利参见《世界人权宣言》（*Universal Declarationof Human Rights*）第1、3、4、5、9、12条。

社会和经济的演变来理解和运用《欧洲人权公约》。① "裁量余地原则"（Margin of Appreciation）学说使得不同国家的法院得以对《欧洲人权公约》做出不同解释，但它不应当允许欧洲人权法院（Strasbourg Court）背书可能会侵犯人权的解释，例如因从事无害活动而被定罪并被判入狱，或者对入店行窃者判处 40 年监禁刑，等等。对入店行窃判处 40 年监禁刑的做法，违背了根深蒂固的（西方）传统正义标准——我们希望非西方国家也同样遵守的标准。

正当程序条款（Due Process Clause）与《美国宪法第八修正案》（以及与之类似的规定）均包含了不被犯罪化的一般权利。② 这些权利普遍地保护个人自主，从而与特定宪法权利相区别。一般权利意味着：只要没有冒犯他人，人们有权从事任何活动，包括有权免受任意拘留；在没有影响到他人的前提下，有权对个人事务进行自由选择；有权免受与罪行不合比例的刑罚。与之相反，特定权利保护特别自由，例如言论自由。特定权利没有赋予人们只要没有无理地对待他人，就能做任何自己想做的事情的一般权利。在特定权利保护的语境下，必须存在侵犯特定权利的行为，刑法才得以启动。举例而言，美国许多州③以及加拿大④能够将公共场所消极乞讨行为合法化，只是因为此种行为属于人们对言论自由这一特定权利的行使。美国和加拿大的法院既没能齐心协力地认同更一般的对公民自由的保护，也没有对合比例的刑罚条款引起足够的重视。

亟待解决的问题涉及危害的判断标准：究竟是什么使它如此特别？危害是否仅仅是某一国家在某一时段内，主体间性地用以表述能够造成损害的行为的标记？如果危害能作为否定被告人不被犯罪化的权利的依据

---

① Eva Brems, *Human Rights*: *Universality and Diversity* (The Hague: Martinus Nijhoff Publishers, 2001) at p. 396; Cf. Howard Charles Yourow, *The Margin of Appreciation Doctrine in the Dynamics of European Human Rights Jurisprudence* (The Hague: Martinus Nijhoff Publishers, 1995); Cf. *Lawrence* v. *Texas*, 539 U. S. 558 (2003).

② 参见 Dennis J. Baker, "Constitutionalizing the Harm Principle," 27 (2) *Criminal Justice Ethics* 3 (2008)。

③ *Loper* v. *New York City Police Dept.*, 802 F. Supp. 1029, 1042 (S. D. N. Y. 1992); *Benefit* v. *Cambridge*, 424 Mass. 918 (1997).

④ *Federated Anti-Poverty Groups of British Columbia* v. *Vancouver* (*City*) [2002] B. C. S. C. 105.

（Justification），那么我们是否需要一个跨文化的"危害"定义？澳大利亚、英国、博茨瓦纳、中国、日本、几内亚以及美国等国家在何种情形下能正当地剥夺被告人不被犯罪化的权利？在不同国家中，以客观标准限制类似的行为，从而得到类似的犯罪化决定的做法是否可行？在国际视野下判断行为人是否危害到他人并非易事。常用做法是检验行为的危害性程度，以及行为人的可责性程度。但什么是危害性呢？在所有国家的所有语境下，是否都能够将危害性和可责性用作判断犯罪化决定合比例性、正当性的标准？在现代社会多元化的背景下，这是一个极为重要的问题。只有构建出一个合理的、客观的危害概念，才能解决以上难题。刑事不法行为（Criminally Wrongdoing）不仅仅包括应受谴责的危害行为，因为危害并不是对他人造成的唯一的不良后果。本书第六章将对无害的不良行为/后果的客观性加以论述。

本书考察了危害的客观性，因为只有存在相当强劲的理由证明拟被宣布为罪的行为的危害性时，危害原则才能被法院采用，作为限制不公正犯罪化的标准。在没有造成事实上的危害时，仅仅宣称某行为具有危害性是不够的，这样做只能使危害标准无效，使其无法成为衡量犯罪化决定是否正当的宪法指导。本书认为，危害和责任的合理客观描述可以达成，并可以被用作不合比例犯罪化的制约机制。认定特定惩罚措施之正当性的公式如下：不良行为（Bad Act）＋可责性（Culpability）＝犯罪（Wrong）。某一犯罪行为的严重程度由"不良行为×可责性"来衡量。应当以犯罪行为涉及的可责性程度（故意、轻率等）与不良行为/后果的严重程度对犯罪行为进行标记。单纯引起不悦的行为/后果与造成人身伤害或经济损失的严重性不同。大多数情况下，犯罪行为涉及的不良行为/后果通常包含危害或危害的威胁。但正如我们将看到的那样，即便是实际危害，也取决于文化和传统习俗。为什么有的传统习俗背景下为无家可归者提供食物是犯罪？为什么签发一张 100 美元的无效支票可以被判处终身监禁并不得假释？[①] 我们可以合理地提出这样的假设，即西方社会中大多数人都会反对在上述任何一种情形中适用刑法。

本书接下来将概述不被犯罪化的一般权利的法律基础，以及如何将危害和其他不良行为/后果作为判断标准，用以认定剥夺人们此项一般权利

---

① *Solem v. Helm*, 463 U. S. 277 (1983).

的决定是否合比例、是否正当。将危害等不良后果客观化只是解决办法的一部分，因为除此之外还存在一个更深一层的法律障碍，阻止我们将可责性、危害及其他不良后果作为衡量犯罪化决定是否公平的标准。如何才能将危害、可责性等不良后果作为客观标准运用于法律体系？要将宪法化的权利作为保障司法正义、杜绝肆意犯罪化（Unwarranted Criminalization）的限制条件，确定该权利的客观标准十分重要。不被不公正犯罪化的权利确实存在，它是一项基本权利，不仅存在于国际法之中，也存在于许多国内宪法之中。而最有可能发展这项权利的途径，是国内法院对其进行司法解释。

为无家可归者提供食物的行为，在中国、英国都不是犯罪，在美国一些地方却是犯罪。按照欧洲国家、美国自己的标准，此举侵犯了人权，但与此同时，它们也把非欧洲国家称为"侵犯人权者"。只有在立法者被迫考虑可责性与不良后果时，它们才会将这两个方面视作检验不公正犯罪化的客观标准。如果要在大多数法院中，将"危害"的概念（以及无害的不良行为/后果）、"可责性"的概念作为有法律约束力的限制公正司法的依据，主要可以通过以下两种途径。

其一，以《美国宪法第八修正案》和《欧洲保障人权与基本自由公约》为依据，将上述危害、可责性作为衡量刑罚是否合比例的客观标准。监禁刑判决应当与被惩罚行为的危害性相称。客观危害能够成为衡量监禁刑判决合比例性的标准的原因在于，监禁刑会对囚犯造成危害。合比例性要求刑期与罪犯的可责性、犯罪行为的危害性相称。

其二，以一般的个人自主（正当法律程序）权利为基础，确立不被犯罪化的权利或使之宪法化。此项个人自主权利可衍生于自由权利或隐私权利，在有的司法管辖区也可能同时源自后两项权利。[①] 从这个意义上而言，合比例性即对有害行为/后果的严重性、恶劣性、无法容忍性的综合考量，同时还需考虑该行为对整个社会及其成员可能产生的影响。依据这个标准，

[①]　在加拿大的法院，这些权利还可以与不合比例的刑罚条款相结合，更广泛地保护个人自主权。例如 R. v. Malmo-Levine 案件中，法院认为我们探讨的合比例性远不止刑罚的不合比例问题，"刑事诉讼会带来一系列后果，其中包括可能会留下犯罪记录。我们认为，《加拿大人权与自由宪章》第 12 条尚未将保障基本正义的比例原则表述穷尽"。R. v. Malmo-Levine［2003］S. C. C. 74，at para. 169.

只有在行为 X 会导致一类不良后果（或危险），且对行为 X 定罪是恰当的情况下，剥夺一个人实施 X 行为的自由才是公正的。在 *R. v. Malmo-Levine* 案件①中，勒贝尔法官（Justice LeBel）和德尚法官（Justice Deschamps）以《加拿大宪章》第 7 条（保护生命、人身自由与安全权利）②为依据，考察了持有自用大麻犯罪化的一般合比例性。法官们解释道：

> 就我们掌握的证据而言，使用大麻的行为只能造成轻微危害。而国会以犯罪化的形式应对个人使用大麻的行为，其可能产生的危害和可能引发的问题似乎十分清晰明了……仅仅因为行为人持有大麻这个单一行为而判处其监禁刑的做法，与吸食大麻相关的越权逮捕现象共同反映了立法监管过多的问题……此外，除了判处入狱，法律的实施更使成百上千的加拿大人背负了有犯罪记录的污名。此项法律的制定与执行侵犯了公民的基本自由权利，不合比例地回应了社会问题，违反了《加拿大宪章》第 7 条，因而属于任意的立法。

在加拿大和欧洲国家③，隐私权、不被任意拘留权、不受不合比例的处罚权可以结合在一起，被视为一般个人自主权利（General Autonomy Right）——只要没有无理地对待他人，一个人就有权做任何自己想做的事情的权利。另外，在限定不正当犯罪化时，也可以对言论自由、信仰自由等其他特殊权利一并考量。如果立法者想要宣布某一行为有罪，那么他们必须以实证说明为何这一行为无理地对待了他人，以及为何该情形下的犯

---

① *R. v. Malmo-Levine* ［2003］S. C. C. 74，at para. 280. 法官们继续论述道："国家若要公正地限制个人自由，其立法基础不能是任意的。但这个案件中的立法是任意的。首先，将使用大麻的行为规定为罪的做法值得怀疑，因为除了使用大麻可能导致的驾驶机动车风险增加，以及该行为可能对公共医疗卫生和社会救助制度产生影响之外，有节制地吸食大麻基本上是无害的。其次，在可以采取其他更为合适的方式规制大麻使用行为的情形下，以刑法控制对有节制的大麻使用者造成了很小危害的行为，或者以刑法控制高危人群（对这些人而言，刑法的威慑和惩戒的有效性是非常可疑的）的做法，难以与加拿大社会中的正义规范相协调。再次，以刑法禁止大麻使用所可能造成的危害，其本质与国家力图镇压的大麻使用问题不成比例，刑事禁令所造成的危害远大于其可能带来的效益。"
② 值得注意的是，《欧洲人权公约》第 8 条有关隐私权的内容可以应对这类行为，但同时也更广泛地保障个人自主权。*Dudgeon v. United Kingdom*，（1981）4 E. H. R. P. 149.
③ 加拿大法院倾向于认为《加拿大宪章》第 7 条包含个人自主权利。在欧洲国家，《欧洲人权公约》第 5 条和第 8 条可一并作为广泛自主权利的基础与来源。

罪化是与之相称的国家回应。如果立法者想要宣布暴露行为之类的无害行为有罪，就必须满足合比例性的限制条件。法院需说明拟被犯罪化的无害行为可能造成的一般社会问题，例如暴露行为可能引起公共空间使用的伦理问题，应当以罚金刑加以制止。合比例性的一般标准意味着，立法回应必须与其应对的社会问题成比例（在美国，刑法的一般合比例性可以通过考察国家将某一行为犯罪化是否对国家具有重大利益来判断——无论措辞如何，都只能通过表明该国家措施是应对该社会问题的合理且必要的回应来证实）。若该后果表面上看起来不坏，那么就不存在适用刑法的理由；若该后果表面上很糟糕，刑法的回应也必须合比例。

在美国，个人自主权利被解释为存在于正当程序条款中。*Griswold v. Connecticut* 案①描述的个人自主权利并非列举的权利，而是由第一、三、四、五、九修正案中隐含的隐私权构建而成的。在 *Roe v. Wade* 案②中，法院评论："隐私权，无论其如我们感受到的那样，见于《美国宪法第十四修正案》人身自由的概念以及对政府行为的限制中，还是如地方法院判定的那样，见于《美国宪法第九修正案》所保护的人民的各项权利中，都足够广泛到可以涵盖一名女性是否中止妊娠的决定。"个人自主权利被用来保护与婚姻③、儿童抚养和教育④、节育⑤相关的诸如此类的个人决定。

在公民的隐私权领域，美国法院经常援引危害等标准，以解释剥夺人们不被犯罪化的权利的正当性。⑥ 美国对隐私权的解释相当宽泛，人们在

---

① 381 U. S. 479，484（1965）.

② 410 U. S. 113，153（1973）.

③ *Loving v. Virginia*，388 U. S. 1（1967）.

④ *Prince v. Massachusetts*，321 U. S. 158（1944）；*Pierce v. Society of Sisters*，268 U. S. 510（1925）.

⑤ *Griswold v. Connecticut*，381 U. S. 479（1965）；*Eisenstadt v. Baird*，405 U. S. 438（1972）.

⑥ 参见 *Armstrong v. State*，989 P. 2d 364，372 - 374（1999）。该案判决中写道："密尔认识到自决自主的基本权利既是对政府权力的限制，也是对个人原则的尊重。密尔指出'国家权力之所以能够违背文明社会成员的意愿，凌驾于其上，唯一目的在于防止他危害他人'。"参见 *Moran v. MGH Institute of Health Professionals*，15 Mass. l. Rptr. 417；*The Matter of Conservatorship of Groves*，109 S. W. 3d 317，328（2003）；*Richards v. State*，743 S. W. 2d 747，751（1987），该案中，利维法官（Justice Levy）表示了异议，他引用了密尔的观点并论述道："如果我们支持国家惩罚个人没有系安全带的行为，那么我们又朝着受严格统治而失去人性的社会进了一步，在那个社会中，国家可以惩罚吸烟或没有刷牙的行为，甚至因行为人愚蠢而施以惩罚。"

很多领域都有做出自己选择的自由。隐私权被用来实现同性恋[1]、私自吸食大麻[2]、堕胎等一系列行为的去犯罪化。举例而言，在 *Ravin v. State* 案件[3]中，禁止私自吸食大麻的法律由于侵犯了上诉人的隐私权而被推翻（这就是说，这个意义上的隐私权指的是更普遍意义上的个人自主权，因为唯一与使用大麻行为的个人选择相关的隐私成分是：该行为不会对他人造成不良后果，它只涉及使用者个人对其生活方式的选择，且该选择不会对其他人的生活方式产生影响）。法院认为，隐私权的保护只有在"私下活动不会危及（Endanger）或危害公众"时，才是完全的。[4] 其他法院注意到，隐私权主要源自"长期存在于英美法系法律传统中的个人自主权和自决权"[5]。在 *Wisconsin v. Yoder* 案件中，陪审团的大多数认为现在已不存在这样一种假设，即"当下的大多数人是'正确的'，而阿曼门诺派教徒（Amish）和与之类似的人是'错误的'。一种生活方式，在没有妨碍到他人的权利或利益的情形下，即使是古怪的，甚至是偏执的，都不应当仅仅因为其不同而受到非难"[6]。

在 *Commonwealth v. Bonadio* 案件[7]中，州法院以个人自主权利和欠缺对他人的危害为依据，废除了宣布同性恋为罪的法律。法官引用了密尔的观点，并论述道：

> 危害原则语境下的自由包括审美和追求的自由、形成符合自己性格的生活方式的自由，以及只要没有危害到我们的同胞，我们也有做任何想做的事情的自由，即使在他们看来这是愚蠢的、堕落的或错误的。个体的自由形成了广义的自由，个体自由的边界与限制也成就了广义自由的边界与限制。此外，个人还享有结合的自由，无论出于什

---

① *Lawrence v. Texas*，539 U. D. 558（2003）.

② *Ravin v. State*，537 2d 494（Alaska 1975）.

③ 537 P. 2d 494（Alaska 1975）.

④ *Ravin v. State*，537 2d 494（Alaska 1975）；*Cruzan v. Harmon*，760 S. W. 2d 408，417（1988）.

⑤ *Thor v. Superior Court*，855 P. 2d 375，380（1993）；*Commonwealth v. Bonadio*，415 A. 2d 47，96 - 98（1980）.

⑥ 406 U. S. 205，224（1972）.

⑦ 415 A. 2d 47，96 - 98（1980）.

么目的，只要没有危害到他人。①

至于道德规范方面，治安权应恰当地行使，以保护每个个体不受他人干涉地做出决定的自由，以及遵循自己道德观的自由。而不应将大多数人的道德观强加于没有对他人造成危害的个人。"自愿的成年伴侣私下进行的非典型性行为，不会对世俗利益造成危害。这个哲理在被应用于法庭上有关性道德规制问题的同时，也大致划定了国家权力凌驾于个人权利的界限。"②

在 Lawrence v. Texas 案件中，联邦最高法院认为，隐私权可保护自愿的成年伴侣私下进行的非典型性行为。③ 这个案件中，陪审团的大多数否定了 Bowers v. Hardwick 案件④的主张，并表示"宪法承诺公民享有一定个人自由，政府不得介入"⑤。双方自愿的行为（同性恋关系）属于个人自由的范畴。陪审团的大多数并未采用典型的严格审查（Strict Scrutiny）标准，并未将其中涉及的自由利益解释为基本自由，而是采用了介于严格审查与理性基础考察（Rational Basis Review）之间的一个标准。在美国，处罚人们行使基本自由权利的法律，只有严格限定在达成其政策目标所绝对必要时（对于实现强制性的政府目的绝对必要时），才可能得到维持。在上文所述的理性检验中，需考察法律是否与合法的政府目的存在实质关联。"合法的政府目的无须成为立法的实然目的，只需作为其应然目的。因为，只有缺少这一应然的合法目的的法律才无法通过理性检验，对于承载了非基本自由的法律，法院几乎从不认为它违反宪法。"⑥

在 Lawrence v. Texas 案件中，陪审团的大多数表示："对于使国家对公民个体私人生活的介入正当化的合法国家利益的形成而言，得克萨斯州的

---

① 415 A. 2d 47, 49 – 50 (1980).

② 415 A. 2d 47, 50 – 51 (1980).

③ *Lawrence v. Texas*, 539 U. S. 558 (2003). 然而，在这些案件中，法官并非总能考虑到批判道德（Objective Morality）和实然道德（Positive Morality）之间的差异。很多时候他们会进行协商，进而得出符合公平正义原则的结论。

④ 478 U. S. 186 (1986).

⑤ *Lawrence v. Texas*, 539 U. S. 558, 578 (2003).

⑥ Douglas Husak, "Limitations on Criminalization," in *Criminal Law Theory*: *Doctrines of the General Part*, ed. Stephen Shute and Andrew P. Simester (Oxford: Oxford University Press, 2002) at pp. 17 – 25.

法律没能起到促进作用。"① 法院在考虑传统基本隐私权的同时，适用了合理审查标准（合理国家利益考察），但没有适用严格审查标准（强制性国家利益考察）。② 该案法院认为，只有在立法机关能够说明如此行为能够促进合法国家利益的形成时，才能够否定原告的自由利益。法院（以不断发展的正义标准）对该案做出恰当解释：原告人的行为并未超出其隐私权的范畴，得克萨斯州无法证明其具有否定原告权利的实质性利益。我们不能过分强调法院在许多案件中采取的批判方式，③ 因为当前联邦最高法院的法官席中，占主导地位的法官倾向于采用违反宪政正义要求的方式解读权利。④

在美国，许多法院都认同处于支配地位的大多数人的主张：不道德性行为是无法让人接受的，且足以作为否定行为人自由利益的依据。⑤ 在美国许多案例中，隐私权是十分空洞的概念。这是因为，在法院认为该案隐私权只涉及非基本自由权利（Mere Liberty），而不涉及基本自由权利（Fundamental Liberty）时，就会以无准则的政治理由来满足更低的入罪标准。如果对某一项权利的行使被解释为仅涉及非基本自由权利的行使，那么对该权利的保护几乎为零。而基本自由权利的行使足以引起一些强制的合比例性思考。在这些案件中，法院应当考虑相关法律的制定与适用是否被严格限定在保护强制性国家利益的情形（当然，国家也应当证明，某些行为的犯罪化能够在事实上阻止真正危害的发生），实际上就是考虑国家回应是否为应对即将发生的这一问题的必要措施。危害标准极为重要，它防止政府有效地辩称犯罪化的行为只涉及非基本自由，因为被定罪的一方总能指出刑事定罪本身就是对不被犯罪化的基本权利的侵犯。这意味着，政府必须说明已被宣布为罪的行为的犯罪化性质（Criminalizability）（危害

① *Lawrence v. Texas*, 539 U. S. 558, 578（2003）.

② *Lawrence v. Texas*, 539 U. S. 558（2003）.

③ 在《美国宪法第八修正案》中，法官们试图通过应用"标志着成熟社会的发展的道德演化标准"来实现客观性和正义性。参见 *Trop v. Dulles*, 356 U. S. 86（1958）; *Solem v. Helm*, 463 U. S. 277（1983）。尽管目前美国联邦最高法院由原旨主义者（Originalists）主导，但是这个方式也被 *Kennedy v. Louisiana* 案件陪审团中的大多数法官所采纳。参见 *Kennedy v. Louisiana*, 554 U. S. 407（2008）。

④ 参见 *Harmelin v. Michigan*, 501 U. S. 957（1991）; *Locker v. Andrade*, 538 U. S. 63（2003）。

⑤ *Lawrence v. Texas*, 539 U. S. 558, 589（2003）per Scalia J.

性)。① 单纯宣称某一行为有害并不足够，政府必须说明这一行为实际上能够造成损害。有一个法院认为将进入脱衣舞俱乐部的行为犯罪化，能够促进对"作为实质性政府利益的秩序和道德的保护"。② 在 *Williams v. Pryor* 案件③中，禁止销售性玩具的法律之所以得到维护，原因在于法院认为该法律与保护社会道德的合法政府目的存在实质关联。这些错误产生的原因在于：法院没有进行危害分析或合比例性分析。加拿大的做法具有借鉴意义，即全面审查以刑法回应特定社会问题的整体合比例性，并以此作为剥夺行为人不被犯罪化的权利的依据。严格审查标准的运作方式与之类似，它要求国家说明在以犯罪化应对特定社会问题的做法中，具有强制性国家利益。

不被犯罪化的一般权利的核心在于《美国宪法第八修正案》规定的合比例刑罚条款。本书第二章将对这一权利进行深入探讨。本书认为合比例刑罚不仅包括死刑、罚金等刑罚种类规定，还包括监禁刑的刑期规定，并在此基础上提出了限制不公正犯罪化的审核措施。危害和可责性是认定犯罪化的合比例性的最佳标准。因为犯罪化本身也会对不法行为人造成危害。"因为患感冒这个'罪名'，即使只入狱一日，也已足够残酷和异常。"④ 虽然隐私权/个人自主权案件中采取的方式是可行的，但是，我们仍应将不被犯罪化的核心权利补充进去，将这一权利纳入我们的考量范围。本书第二章将论述，在美国，与个人自主权利条款不同，合比例刑罚的制约机制几乎不存在。但这也不能一概而论。例如在 *Solem v. Helm* 案件⑤中，被告人因为签发了一张 100 美元的无效支票而被认定为有罪。通常而言，对该犯罪的最高处罚为 5 年监禁和 5000 美元罚金。但是该案被告有前科，依据南达科他州（South Dakota）对于"惯犯"的规定，他被判处终身监禁并不得假释。联邦最高法院指出，"《美国宪法第八修正案》关于残酷和不寻常刑罚的禁令，不仅禁止野蛮之刑，而且禁止与行为人所犯罪行不成比

---

① Cf. *Sherman v. Henry*, 928 S. W. 2d 464（Tex. 1996）.
② *Barnes v. Glen Theatre Inc.*, 501 U. S. 560, 569（1991）.
③ 240 F. 3d 944（2001），949. 值得注意的是，加拿大和欧洲国家也否定类似权利，进而维护实然的道德。参见 *De Wilde*, *Ooms Versyp v. Belgium*,（1971）1 E. H. R. R. 373 at para. 68。
④ *Robinson v. California*, 360 U. S. 660, 667（1962）.
⑤ 463 U. S. 277（1983）.

例之刑"①。然而，在 *Harmelin v. Michigan* 案件②中，法院以《美国宪法第八修正案》为依据，对持有 672 克可卡因的被告人判处终身监禁并不得假释。本书第二章将论述，如果我们仔细审读宪法，无论是美国宪法，还是欧洲国家的宪法，就会发现法律中存在一个基本权利，而它构成了不被犯罪化的法定权利的很大一部分。

《美国宪法第八修正案》的案例说明，西方法院允许大量侵犯人权的案件处于不受约束的状态。可以明确的是，现代美国往往不够重视公正定罪与合比例刑罚。英国也是如此，③ 只在口头上赞同合比例刑罚的观点。在 *Weeks v. United Kingdom* 案件④中，一名 17 岁的男子持发令枪抢劫商店，被判处终身监禁。他总共只抢劫了 35 便士，并且这些钱最终都在商店地板上如数找回。当时被告人前往宠物店，用装载着空弹壳的发令枪指着店主要求其拿出抽屉中的备用现金，抢劫完后，他致电警察局认罪并自首。后来查明，被告人之所以实施抢劫，是因为他想归还他欠母亲的 3 英镑，案发当天清晨，他的母亲曾威胁要赶他出门。尽管如此，欧洲法院还是认为终身监禁并不违反《欧洲保障人权与基本自由公约》第 3 条的规定。在一系列的这类案件中，欧洲人权委员会都错误地认为，该公约没有"质疑管辖法院量刑的一般权利"。⑤

除非法院承认不被犯罪化的权利确实存在，否则我们无法行使该项权利。事实上，不被犯罪化的权利不仅存在于许多国际人权文件中，还存在于个人自主权利与合比例处罚条款中，更加渗透到几乎所有其他宪法化的人权之中。不被犯罪化的权利是一项法院应当认真对待的基本权利。一旦法院承认了这项权利，随后就必然考虑在何种条件下能够剥夺该权利。从国际视角而言，该权利的承认与剥夺都并非易事，因为许多不良后果是视传统习俗和文化而定的。西方国家对于暴露行为的不正当性和恶劣性的见解正是如此。第六章将论述，危害标靶的正中心是得到广泛认同的客观上

----

① *Solem v. Helm*, 463 U. S. 277, 284 – 290 (1983).

② 501 U. S. 957 (1991).

③ 1950 年 11 月 4 日颁布（1953 年 9 月 3 日生效）的《欧洲保障人权与基本自由公约》的第 3 条的规定与《美国宪法第八修正案》的规定类似，均对英国有约束力。

④ (1988) 10 E. H. R. R. 293.

⑤ 参见 Michael Tonry and Richard S. Frase, *Sentencing and Sanctions in Western Countries* (Oxford: Oxford University Press, 2001) at p. 363。

有害的行为，例如杀人、强奸、挨饿、截肢、酷刑等核心危害。这些危害往往涉及生理疼痛和身体损伤，从而具有原始属性。无论文化或语境有何差异，这类危害都以类似的方式影响着全人类。但当我们从靶心的原始危害（Primative Harm）往外移动，视传统习俗而定的危害（Conventionally Contingent Harm）的定罪和量刑依据就越发难以认定了。

许多行为的危害性取决于传统习俗与社会教化。如果行为人在蒙娜丽莎画像上画了一道横穿整幅画的黄色条纹，他/她的行为就可能被类型化为刑事（危害）损害，[①] 除非我们潜在的社会规范不认为故意在古董画像上画一道明亮的黄色条纹是不正当的、恶劣的或有害的。[②] 如果有些人没有被社会教化，认为原画本身是一件文化艺术品，他们可能会认为添加的条纹本身就是艺术，可以使原画更加美观。在名画上画一道条纹，并不会像毁坏偏远部落的唯一水资源和食物资源那样，减少任何人基本的、原始的生存资源。我们对后者存在更多共识，因为遭受严重脱水和严重饥饿以同样的方式影响着全人类。只有通过考察传统危害与不悦的语境因素、环境因素、社会因素和实证因素，才能准确识别该传统危害或不悦的客观不正当性（Objective Wrongness）。

许多不良后果具有视传统习俗而定的特质，这意味着对于比例原则的遵循是一个复杂庞大的工程。传统习俗的不同导致了对于不良后果客观性的认定差异，而这正是立法者面临的巨大挑战。本书第六章将论述，我们能够确立一个恰当的理论基础。只有经过深思熟虑，我们才能判断，特定刑法规定或刑事判决是否为不合比例的回应。无论是对刑事判决合比例性的认定，还是对特殊刑法规定是否为特定社会问题的合比例性回应的认定，都十分困难。但不可否认，有些案件具有十分清晰的去犯罪化依据，例如为无家可归者提供食物、进入脱衣舞俱乐部、乞讨、摄入反式脂肪酸等行为具有明显的无害性本质。摄入反式脂肪酸只涉及自我危害，家长主义（Paternalism）尚不可作为该行为犯罪化的充分理由，更别说作为将摄入反式脂肪酸的人们送进监狱的充分依据了。这是因为，监禁刑对于受刑

---

① 根据英国《1971 年刑事损害法》（*Criminal Damage Act 1971*），这个行为可能构成犯罪。

② 胡萨克认为危害原则属于刑法总则的内容。Douglas N. Husak, "Limitations on Criminalization," in Stephen Shute and Andrew P. Simester, *Criminal Law Theory*: *Doctrines of the General Part* (Oxford: Oxford University Press, 2002) at pp. 13 – 46.

者而言，本身就是十分严重的危害形式，而让自我危害者承受更多危害是毫无意义的。上文所述不合比例的定罪和量刑显然涉及对人权的侵犯，我们应给予此问题更多关注。学界和媒体均广泛关注了非西方国家侵犯人权的行为，以及西方国家处理涉及恐怖主义犯罪嫌疑人时的侵犯人权的行为。但是，人们往往容易忽略西方国家日常侵犯人权的行为。

第三节　个别化定罪量刑的惩罚基础

个别化定罪量刑的道德依据，在于报应原则。刑法的总体目标在于制止对他人的不法行为，但是，单纯威慑无法作为否定个体不被犯罪化的权利的道德依据。剥夺行为人不被犯罪化的权利，其正当性在于行为人的先前不法行为应受到刑事处罚。刑事制度的总体目标往往是功利的：为了获得更大的利益而预防危害发生。[①] 个别化定罪量刑的道德依据无法通过犯罪化的独立的、间接的目标来证明。在否定行为人不被犯罪化的权利的道德依据的语境下，这些目标是工具性的，是附带的。个别化定罪量刑的正当性在于：行为人故意计划给他人造成不良后果，就构成了对他人的无理对待。[②] 只有存在剥夺不法行为人（Wrongdoer）不被犯罪化的权利的客观依据时，才能正当地将该行为宣布为有罪，以制止该有害行为。

赫伯特·哈特（Herbert Hart）[③] 指出，在社会中大多数人认为不法行为人的行为有害（致损、不正当），但在缺乏充足理由证实这些主张的情形下，宣称行为人有罪是不公平的。公正的犯罪化是指：有充足的理由说明某些不良行为/后果应当受到刑法责难。如果行为人可责地实施了已经

[①] H. L. A. Hart, *Punishment and Responsibility: Essays in the Philosophy of Law* (Oxford: Clarendon Press, 1968) at pp. 8 – 9.

[②] 参见 Andrew von Hirsch, *Censure and Sanctions* (Oxford: Oxford University Press, 1993) at p. 6; J. R. Lucas, *On Justice* (Oxford: Clarendon Press, 1980)。本书拟以报应论来划定公正犯罪化的边界。托尼·奥诺雷（Tony M. Honoré）论述道："一个合理的推论是，报应平等地取决于责任（Demerit）和不良行为。报应论下的公平原则同时包含了这个原则，即表现恶劣或有害的人们应受的惩罚，应依其违法犯罪行为的程度和种类而定。" Tony M. Honoré, "Social Justice," in Robert S. Summers, *Essays in Legal Philosophy* (Oxford: Basil Blackwell, 1968) at p. 72; Joel Feinberg, *Doing and Deserving* (Princeton, NJ: Princeton University Press, 1970).

[③] H. L. A. Hart, *Law, Liberty and Morality* (London: Oxford University Press, 1963) at p. 17.

被规定为犯罪的行为，其最终会被标记为罪犯，并受到谴责和惩罚。罪犯的痛苦并非来源于犯罪标签本身，而是被标记为罪犯需承担的刑事后果。[①]犯罪化的理由结构（或剥夺行为人不被犯罪化的权利的理由）是一种预防犯罪的结构，该结构要求，只有那些应受谴责的犯罪人才能被定罪。除此之外，应依据具体情况来确定犯罪化的程度。剥夺不法行为人不被犯罪化的权利的道德基础可以通过以下表述来解释：

> 不法行为人违背了道德权威，因此他明白，自己的行为应受谴责。我们批判和否定违背道德权威的行为，并认为，无论从我们的立场来看，还是从他个人的立场来看，他都应当采取其他行为。因为我们认为他和我们一样，都有理由做一个品行端正的人。他的行为并非表明他对于应该如何行为犯了头脑简单的错误，恰恰相反，他清楚地知道他应该怎么做，但心存侥幸，以为自己能够逃避谴责而随心所欲生活。我们因此而批判他的行为。[②]

犯罪化要求行为人因为其违法犯罪行为而承担责任。我们不会判处危害了他人的机器人有罪，也不会判处乱咬人类的狗有罪，因为机器人和狗不是有责的动作者。刑事非难指的是，在行为人可责地对他人造成不良后果（或不合理的危险）时，对其行为进行谴责和惩罚。不法行为人并非因为意外事件而受到惩罚，而是因为他意图对他人造成不良后果的应受处罚、应负责任的选择而遭受非难。不法行为人在侵害他人的同时，就已经否定了自己不被犯罪化的权利。刑事定罪的报应理论不仅要求犯罪行为具有初步可入罪性，还需确保拟判定的刑罚与不法行为人的可责性、所涉结

---

① 胡萨克恰当地指出："证明刑罚的正当性与捍卫犯罪化理论密切相关。我们无法在不考虑惩罚个体的原因的情形下，证明刑罚的正当性。犯罪者将遭受刑罚，刑罚必须满足正当性的严格标准，因此国家在颁布实施刑事法律时，应保持审慎态度。" Douglas Husak, "Malum Prohibitum and Retribution," in R. A. Duff and Stuart P. Green, *Defining Crimes: Essays on the Special Part of the Criminal Law* (Oxford: Oxford University Press, 2005) at p. 68. 或者如阿德米·奥杜金林（Adekemi Odujirin）所述："刑罚的边界与刑法的边界是共同的。因此，刑事责任也是刑事制裁责任或惩罚性制裁责任。" Adekemi Odujirin, *The Normative Basis of Fault in Criminal Law: History and Theory* (Toronto: University of Toronto Press, 1998) at p. 140.

② Jean E. Hampton, "The Nature of Morality," (1989) 7 (1) *Social Philosophy and Policy* 22 at pp. 41 – 42.

果的恶劣性或危害性成比例。划分犯罪等级显然是一项十分重要的事前措施，它也是犯罪化程序中十分重要的一环。公正的犯罪化必须以行为的严重性为依据来定罪量刑。这也意味着，在事前的犯罪化阶段，就必须把合比例的刑罚表落实到位，以便在事后阶段给予法官明确的定罪量刑指导。由此，危害预防系统的重担才得以恰当分配。

犯罪化的主要类型有哪些？立法者还需考虑不法行为的本质以及其他一些内容。① 不法行为的本质决定了应当判处个人刑罚（Individual Criminal Condemnation/ Personal Criminalization）、监管性刑罚（Regulatory Criminal Condemnation），还是应以私法（Private Law）回应。个人刑罚的基础是：行为人有责地实施了对他人造成不良后果的行为。但是，法人不可能存在（与自然人类似的）故意，因此在单位犯罪中，无法依照个人刑罚对有责的法人施加刑事责难，而只能从监管的角度予以犯罪化。监管性刑罚不包括监禁，不处罚个人，而是以集体不法行为为基础，间接地谴责由个人组成的集体。被标记为罪犯的是这个虚构的实体，董事会、全体职员和股东不会受到直接非难。这种犯罪化模式并不间接谴责、归咎于个体，而只针对由个人组成的集体，由虚构的实体（法人）直接承担非难、谴责与刑罚。

司法实践中，在犯罪化领域，"监管"（Regulatory）这个术语常常被用来描述涉及个别化定罪和监禁刑的犯罪。本书将这个术语作为一个方便的标签，以区别由于个人不法行为导致的个人定罪、个人污名和个人刑罚的犯罪化类型，以及将某一事物（法人是无形的事物）标记为罪犯的犯罪化类型。法人责任保护公司管理者免受直接谴责、非难和牢狱之灾。

"监管"这个术语在本书中是指对有害行为的一种责难性回应，这种责难不会（也不可能）导致个人定罪或个人入狱（即我们不可能判处公司/政府入狱）。监管性处罚还规制个人实施的、尚不足以引起刑事定罪或被处以监禁刑的轻微不法行为，例如乱丢垃圾或违规停车等行为。监管性处罚的最佳解释是更低层级的责难，② 不仅包括无法公平地将有害的不法

---

① 参见下章的具体讨论。

② 乱丢垃圾的行为涉及对个人不法行为的个人刑罚，但即使如此，该行为同样受到监管性处罚的约束，因为在大多数法院看来，这类行为并不会引起刑事判决或监禁刑。由此而论，这类侵害更是一种准犯罪化（Quasi-Criminalization）形式，所涉危害行为并不足以引起刑法的完全责难。

行为归责于公司主管之类的特定道德行为人的情形，还包括不法行为过于轻微以至于不适合判处刑罚的情形。在很多情况下，法人定罪被用来替代处罚，但事实上也只是增加企业成本罢了。法人定罪就像无牙的老虎，当公司主管距离实际危害足够远，以至于无法从个体行为人的角度对其归责时，则更是如此。英国的改革使法院能够更容易地判处公司过失杀人罪，[①] 但必须指出，这种犯罪化模式并不是追究有责任的人类主体刑事责任的替代品。

对虚构的法律实体的犯罪化，与因人类主体的违法犯罪行为而产生的犯罪化相比，二者的惩罚和报应所造成的影响也不尽相同。前者可能会造成间接影响（以罚金为例，法人定罪可能间接影响公司主管和股东，原因在于公司因罚金刑而遭受损失，公司股票也会因法人定罪引起的负面宣传而贬值，但这些损失均为集体的、间接的，而非直接的）。另外，对政府部门判处罚金刑时，承担罚金刑的主体并非集体，而是纳税人（因为纳税人承担着各种税收负担）。对一个公司定罪，与对一个行为人定罪存在一定差别。个人定罪可能使个人产生羞耻感，也可能导致个人被判处监禁刑；而公司定罪则可能给公司带来负面宣传的影响，且公司所面临的刑罚也往往被限定在罚金或吊销执照之类。

此外，这一点也很重要：集体/法人的犯罪不同于公司白领的不法行为。后者是指行为人在其受雇工作范围之外的行为，例如公职人员的受贿行为。在受贿的情况下，行为人因其个人的犯罪行为而应受谴责。同时，在有的案例中，公司主管与遥远危害的联系足够紧密，以至于足以将遥远危害归责于这个人。完全刑罚（Full Criminalization）与监管性刑罚（Regulatory Criminalization）的唯一相同点在于二者的立法目的：阻止某些不受欢迎的（通常是有害的）后果发生。二者的区别在于：监管性责难一般不会导致个人遭受刑罚。

如果我们集中讨论道德行为人的可责性和危害的可归咎性，我们大致能够在完全刑罚与监管性刑罚之间，以及监管性刑罚与更低一层级的私法规制之间画两条粗糙的界限。虽然不存在清晰的界限，但我们大致可以说

---

① 英国 2007 年《公司过失杀人法案》（*Corporate Manslaughter and Corporate Homicide Act*）创设了一个新的犯罪，在涉及健康管理和安全管理的公司和其他组织中，如果存在贯穿公司或组织的过失，并发生了意外的死亡事故，那么该公司或组织将受到刑事起诉。

明，最高一层是具有典型的不正当性本质的犯罪行为模式。中间一层包括两类行为：其一，尽管个人组成的集体（公司或其他实体）的整体行为足以使其受到刑罚责难，即刑法回应是恰当的，但是不应将危害结果归责于人类主体的情形；① 其二，禁止乱丢垃圾等轻微不法行为，以保护我们集体利益的情形。最下一层是私法回应，适用于没有必要以刑罚回应的情形。在很多情形下，以私法规制有害的不法行为足矣。危害只是犯罪化的充分条件。②

本书承认存在许多不同形式的强制性非刑法规制，且这些非刑法规制经常不公正地侵害了受影响者的自由。密尔对国家强制的合法性表示担忧，但本书的讨论限定在检验刑事类型的国家强制。民法和行政法规可以限制个人自由，但不会导致刑事责难，因此不属于本书关注的对象。本书的关注点仅限于恰当的刑法规制的范围。公立学校内的儿童佩戴首饰的规定等民事的、行政的或非刑事规制的不公正强制的本质并非本书的关注对象。这些类型的国家强制可能对被管制者造成影响，但不会引起严重的刑罚后果。但是，这并不意味着不存在更普遍的不受制于强制性国家权力的权利。这个权利确实存在，它可以通过诉诸上文提及的合比例性标准来行使，也可以通过援引特定权利来行使。一个典型的例子就是，英国的行政法院规定，学校不得禁止信奉锡克教的女孩因文化原因而佩戴手链。③ 辩证而言，只要能证明监管这类行为是对真正社会问题的不合比例的回应，从而证明这是对信仰自由的任意的侵犯，那么学校中的无神论者也应享有佩戴手链的权利。可以通过主张在学校佩戴手链不会危害他人或无理地对待他人，来说明该强制性国家回应的不合比例性。

这类行政法规与边缘的刑法规定的区别在于，前者不会引起刑事定罪或刑罚后果。本书仅考虑刑法的限度问题，而不考虑为了预防真正的恼人之事，不应当入罪的边缘行为是否受到了公正规制的问题；也不考虑在不适用刑事定罪的情形下，对于可受制于强制性国家权力的行为，人们享有的更普遍的不受制于强制性国家权力的权利问题。

---

① 参见 Celia Wells, *Corporations and Criminal Responsibility* (Oxford：Oxford University Press, 2nd ed., 2001) at pp. 107 – 126。

② 下一章详细讨论了这一观点。

③ *Singh v. The Governing Body of Aberdare Girls High School and Others* [2008] EWHC 1865.

第四节　有准则的犯罪化

证明犯罪化决定正当性的客观依据问题，实际上是一个宏大的哲学问题。本书并未详细论述每一种位于危害和隐私权丧失这一抽象概念背后的（即公共背景下，个人自主权利的侵犯）、严重到足以引起刑法回应的行为或后果的具体类型。实际上，本书试图阐明，无论案件情形如何，正当地诉诸刑法必须具备以下两个核心条件：第一，行为人的行为造成了客观上的不良后果，或行为人旨在造成客观上的不良后果，且这个后果严重到足以使其受到刑事责难；第二，行为人明知（有责地）选择（计划、企图）造成不良后果，即他明知自己的行为会对他人利益带来不利影响。这些因素致使行为人应当受到刑事责难。在大多数案件中，危害是一个客观上的不良后果，除此之外，还存在其他不良行为/后果，例如隐私权的丧失。只不过后者可能被描述为"软危害"（Soft Harm）或"传统危害"（Conventional Harm）。

仅仅依靠有责的危害无法实现公平正义，因为有些无害的后果也具备坏的客观性质，在特定条件下，意图造成这些无害后果的行为人应当受到刑事责难。立法者不仅需要说明这一行为应当受到道德责难（主要通过考察行为人的道德可责性——无理对待他人的意图来满足），还需要说明行为造成了应当被定罪处罚的不良后果。虚假承诺之类的行为尚不足以引起刑法规制，因为并不是所有的虚假承诺都会为他人造成严重到足以正当地引起刑法回应的风险。本书所述的不被犯罪化的权利能够指导立法者将何种行为犯罪化，以及如何公正地量刑。

探寻援引刑法的客观依据极为重要，目前援引刑法的主要正当性依据就是对他人造成的危害。早在 45 年前，哈特①就表达了类似观点。② 可以说，影响最为深远的援引刑法的客观标准就是可责的危害行为。因为在大

---

① 哈特的理论"与一个特殊的道德概念密切相关，他将这个道德概念视为唯一真实或正确的系列原则——这些原则并非人造的，而是等待被人类理性所发现……（然而法律道德主义）与相对论者的道德概念联系在一起，此种道德概念缺乏理性内涵或其他特别内涵"。H. L. A. Hart, "Social Solidarity and the Enforcement of Morality," in *Essays in Jurisprudence and Philosophy* (Oxford: Clarendon Press, Oxford, 1983) at pp. 248 *et passim*.

② H. L. A. Hart, *The Morality of the Criminal Law* (Oxford: Oxford University Press, 1965) at pp. 31 *et seq.*

多数情况下，危害行为会被定罪处罚。无论从基本层面（基本生存权利）来看，还是从视传统习俗而定的层面（例如，在蒙娜丽莎画像上涂画条纹就是视传统习俗而定的危害：它的危害性取决于有关艺术的传统习俗和社会标准——有些人可能认为原画加上了黄色条纹更美，然而也有人可能认为黄色条纹是对经典画作的彻底破坏）来看，阻止损害的发生为合作型社会中的犯罪化提供了客观依据。①

依据危害原则，"人们个人地或集体地干涉社会成员的行为自由，其唯一目的在于自我保护。文明社会中，权力能够正当地违背任何社会成员的意识而行使，其唯一目的在于阻止行为人危害他人"②。约翰·密尔的危害原则在早期的犯罪化辩论中起到了极具影响力的重要作用。它渗透到美国法学会通过的《模范刑法典》（*American Law Institute's Model Penal Code*）第1.02（1）（a）条款，该规定认为，"刑法的目的之一在于，禁止和预防对个人利益或公共利益无理地或无可辩解地造成或威胁造成实质性损害"。1957年，沃尔芬登委员会③参考了密尔式的观点和认识，主张同性恋、卖淫行为应当被合法化。委员会的建议激发了帕特里克·德富林（Patrick Devlin）和哈特之间的著名讨论。

德富林认为实然的道德是特定行为入罪的充足条件，个人堕落具有造成物质上和精神上（有形的或无形的）的社会危害的可能性。④ 德富林在其有关社会结构分化的论文中，总结了有形危害的观点："很显然，个人可能因堕落而无限制地放任自己，弱化自己，从而不再成为社会中有用的一员。如果足够多的个人弱化自己，那么社会也将因此而弱化，这也是显而易见的……一个满是纵欲者的国家，无法在1940年令人满意地回应温斯顿·丘吉尔（Winston Churchill）有关鲜血、勤劳、汗水和泪水的号召。"⑤ 德富林宣称个人堕落应当入罪，以保护社会免于瓦解。然而，他的这一论点并不客观，且缺乏有效的道德推理或可靠的实证数据

①　Nicholas Rescher, *Objectivity: The Obligations of Impersonal Reason* (Notre Dame, IN: University of Notre Dame Press, 1997) at pp. 129 – 130.

②　J. S. Mill, *On Liberty and Other Essays* (Oxford: Oxford University Press, 1991) at p. 14.

③　*Report of the Committee on Homosexual Offenses and Prostitution* (London: Home Office, Cmd. 247, 1957) at para. 13 and 61.

④　Patrick Devlin, *The Enforcement of Morals* (Oxford: Oxford University Press, 1965) at p. 111.

⑤　Patrick Devlin, *The Enforcement of Morals* (Oxford: Oxford University Press, 1965) at p. 111.

作为支撑。① 德富林的实然的道德类型的"危害"论点，是其极端理论变体，② 他提倡只要行为违反了大多数人的道德准则，就应当被规定为罪。③

犯罪化依据的客观性并非依照特殊偏好而定。④ 仅仅因为社会中大多数人宣称某一行为是有害的、致伤的和/或冒犯的而宣告其为犯罪，是不公平的。而随着公众成为"柏拉图时代一般的当代伟大哲学家"，实然的道德意味着多数人的支持。大多数人通常只对看起来具有说服力的事物感兴趣，而较少对那些具有严格理性的事物（容易受到理性影响的有效道德论点）感兴趣。⑤ 在当前对犯罪零容忍的背景下，多数人常常被抽象危害论点所说服。通过参照"公众接受的、可以理性地批判的论证标准"，可以找到否定行为人不被犯罪化的权利的充分且合理的正当性依据。⑥ 国家不能仅仅以女同性恋或男同性恋的身份来证明其犯罪化的正当性，因为这类犯罪化往往经受不住社会中的道德行为人主体间性审查。⑦

犯罪化影响着被害人、潜在的不法行为人以及个体犯罪者。公平性制约要求立法者能够解释为何不法行为人应当受到刑事处罚。⑧ 故意对他人

---

① 参见 H. L. A. Hart, *Punishment and Responsibility*：*Essays in the Philosophy of Law*（Oxford：Clarendon Press, 1968）at pp. 53 – 55。

② H. L. A. Hart, *Punishment and Responsibility*：*Essays in the Philosophy of Law*（Oxford：Clarendon Press, 1968）at p. 54.

③ Patrick Devlin, *The Enforcement of Morals*（Oxford：Oxford University Press, 1965）at p. 25.

④ Cf. Ronald Dworkin, *Taking Rights Seriously*（King's Lynn：Duckworth, 1977）at p. 22 *et seq.*

⑤ 参见 Jean E. Hampton, *The Authority of Reason*（Cambridge：Cambridge University Press, 1998）；Jonathan Dancy, *Normativity*（Oxford：Blackwell Publishers, 2000）。

⑥ David Wiggins, *Needs*, *Values*, *Truth*（Oxford：Oxford University Press, 1998）at p. 101.

⑦ "如果我仅以他人的信仰（例如，"世人皆知，同性恋是一种罪恶"）作为论据来支撑自己的观点，则存在鹦鹉学舌、缺乏自我心证之嫌。除了神明之外，我无法诉诸任何道德权威，从而使我的观点自动符合道德准则。尽管我的论点可能由他人传授，但我仍有论据来证明我的观点。" Cf. Ronald Dworkin, *Taking Rights Seriously*（King's Lynn：Duckworth, 1977）at p. 250.

⑧ Nicholas Rescher, *Objectivity*：*The Obligations of Impersonal Reason*（Notre Dame, IN：University of Notre Dame Press, 1997）at p. 16. 牛津大学的道德哲学家卢卡斯（J. R. Lucas）写道："证明一个定罪决定的正当性，不仅需要说明我们艰难地忍受着某个人，还必须证明此人是违法犯罪者。只有这样，违法犯罪者才能知道，我们没有任意漠视他的权利和利益；相反，尽管我们极不情愿对他定罪，但我们除了如此，别无他法。为了达成这一效果，定罪量刑的理由必须是个别化的……这些理由必须基于违法犯罪者的各项事实，虽不限于此，但必须足以进行充分论证。如此，即使该定罪量刑决定对于违法犯罪者而言是不利的，但也是合理的，而并非由我们肆意做出的。我们必须调整论证结构，让违法犯罪者能够从自己的角度解读，也使潜在的违法犯罪者能够从自己的立场理解。因此，我们必须主要从行为人的立场予以考量，理性地操作。" J. R. Lucas, *On Justice*（Oxford：Clarendon Press, 1980）at p. 45.

造成危害后果的行为应当受到刑事处罚，公民①也能够理解肆意危害他人的不正当性。异议之处在于：特定情形中，特定行为是否在事实上造成了危害的认定问题。

第五节　本书结构

本书第二章首先深入探讨了危害原则（Harm Principle）。哈特②特别提到将危害原则作为公平性的制约机制看待，但他并没有尝试将危害原则发展为限制不公正犯罪化的标准。范伯格重新系统地诠释了危害原则，并使之成为更有效的限制犯罪化的标准。但是，范伯格没能考虑到在《美国宪法第八修正案》的背景下，或者在个人自主权利的背景下，运用危害标准衡量刑罚合比例性的宪法理念。他的方法远离了法律本身，因此无法说明危害原则的约束是组成不被不公正定罪/处罚的宪法权利的一部分。

尽管我是危害原则的拥护者，但与此同时，我也主张对这一原则进行系统改进，使之成为更加行之有效的标准。范伯格所述危害原则与密尔所述存在差异，其不同之处在于，范伯格并未将危害原则作为犯罪化的唯一标准，而是以更进一步的道德原则做补充，并主张在特定情形下，将不正当的"冒犯他人"的行为宣布为罪也是公平的。③ 在范伯格关于犯罪化的代表作中，他提出在定罪量刑的自由制度下，"危害原则和冒犯原则（Offense Principle）的说明和限制都十分得当，二者之间为刑事禁令提供了一类良好的充分依据"④。在他后来的两卷作品中，他宣称"法律道德主义"和"法律家长主义"对犯罪化而言尚不足够，⑤ 但也没有欣然接受冒犯行

---

① Cf. Gerald Postema, "Objectivity Fit for Law," in Brian Leiter, *Objectivity in Law and Morals* (Cambridge：Cambridge University Press, 2001) at p. 121.

② H. L. A. Hart, *Punishment and Responsibility：Essays in the Philosophy of Law* (Oxford：Clarendon Press, 1968) at pp. 1 – 20.

③ Joel Feinberg, *The Moral Limits of the Criminal Law：Offense to Others* (New York：Oxford University Press, Vol. II, 1985) at p. 1.

④ 范伯格意识到了危害原则的局限性。Joel Feinberg, *The Moral Limits of the Criminal Law：Harmless Wrongdoing* (New York：Oxford University Press, Vol. IV, 1988) at pp. 323 – 324.

⑤ Joel Feinberg, *The Moral Limits of the Criminal Law：Harm to Self* (New York：Oxford University Press, Vol. III, 1986).

为和软危害的视传统习俗而定的本质。范伯格的原则获得了广泛的学术认同，[①] 但实际上只对不公正犯罪化现象产生了很小的影响。范伯格对法律家长主义已进行了十分详尽的论述，故本书不直接对这一问题展开讨论。[②]

为何坚持危害原则，而不是创设新的原则？危害原则之所以值得坚持和发展，原因在于，在现实世界中，大多数刑事法律针对的对象，是真正的危害。当刑法的目的在于预防危害时，以可责的危害作为判定公正与否的标准就是有意义的。而以其他违法犯罪的抽象概念，例如丧失自由[③]作为标准，就是无意义的。因为危害才是刑法预防和打击的对象。危害是一个客观不良后果，它可以被用来指引立法机关做出是否有必要适用刑法的判断。"危害"不是一个抽象概念，而是一个可以被人们识别的事实概念。我们道德观的核心是预防危害，这恰好也是保护基本人类利益和人类需要的目标核心。"有关人类需要和人类福利的问题，以及人们真实利益的问题，例如人们身体和心理的幸福安康的问题，都不是主观回应的问题。什么是符合我们利益的——正是对我们人类长远的、整体的身体和心理上的幸福安康有利的东西，使我们有别于其他物种——这是一个宏大的事实问题，我们能够对它进行经验性的总结分析，这个分析经受着公众的调查和研究。"[④]

---

① 胡萨克最近阐明："我没能创造出权利或违法犯罪的实体理论，只是简单地认为范伯格的观点极有可能阻碍刑法发展。"Douglas Husak, *Overcriminalization: The Limits of the Criminal Law* (New York: Oxford University Press, 2008) at p. 72. 斯蒂芬·道格拉斯·史密斯 (Stephen Douglas Smith) 引用了一系列案例，以及一些赞同并引用了约翰·密尔的危害原则的学术作品。参见 Stephen Douglas Smith, "The Hollowness of the Harm Principle," Paper 17, *Public Law and Legal Theory Research Paper Series*, No. 05 – 07 (University of San Diego School of Law, 2004) at pp. 2 – 4; Claire Finkelstein, "Positivism and the Notion of an Offense," (2000) 88 *California Law Review* 335 at pp. 371 *et seq.*; Hamish Stewart, "Harms, Wrongs, and Set-backs in Feinberg's Moral Limits of the Criminal Law," (2001 – 2002) 5 *BuffaloCriminal Law Review* 47; *Consent in the Criminal Law* (London: Law Commission of England and Wales, Consultation Paper No. 139, H. M. S. O., 1995)。许多主要的刑法教科书也赞同并引用了危害原则。参见 Andrew Ashworth, *Principles of Criminal Law* (Oxford: Oxford University Press, 4th ed. 2003) at pp. 32 *et passim*。

② Russ Shafer-Landau, "Liberalism and Paternalism," (2005) 11 (3) *Legal Theory* 169.

③ 亚瑟·里浦斯坦 (Arthur Ripstein) 提出的义务论的制约完全不考虑实际的道德结果。Arthur Ripstein, "Beyond the Harm Principle," (2006) 34 (3) *Philosophy & Public Affairs* 215.

④ Nicholas Rescher, *Objectivity: The Obligations of Impersonal Reason* (Notre Dame, IL: University of Notre Dame Press, 1997) at pp. 128 – 129.

范伯格所述的危害原则存在诸多缺陷，本书将一一指出。其核心问题在于，可责的危害只对明显有害的行为的犯罪化提供了准则性的正当依据。但是，如果行为本身是无害的，在范伯格的理论框架中，就无法将其宣布为罪。此外，范伯格主张冒犯行为也可能入罪。与之相反，本书认为"冒犯"的概念是空洞的，冒犯他人不能成为犯罪化的准则性依据。本书认为，行为只有满足以下条件，才能被公正地犯罪化：行为在道德上必须是应受谴责的，行为必须造成了客观上的不良后果，且这个后果具有应受到刑事责难的本质。而冒犯他人并不满足这些条件。本书的最后一章将论述，还有一些不良行为（侵犯隐私权）也应当入罪，尽管这些行为不一定总会造成有形的危害。

我们必须区分客观危害（Objective Harm）和抽象危害（Non-objective Harm），迫使立法者将严重危害犯罪化，促进危害原则宪法化，吸收肆意危害动物的可责性论述。唯有如此，才能将危害作为公正犯罪化的保障而认真对待。本书认为，对他人造成危害是以监禁方式剥夺个人自由的唯一充足理由。这个方式给国家留下充分的自由裁量权，国家可以不顾危害产生与否，而颁布一系列其他监管性法律，但与此同时，也能够起到防止国家对没有在客观上造成不良危害的行为施加监禁刑的作用。法院也许无法准确判断特定行为的危害性程度，但它们仍能将危害原则视作有价值的宪法化标准。判断特定行为的客观危害性，与判断特定行为是否涉及隐私权、言论自由权的行使并无不同。在当前刑罚民粹主义（Penal Populism）的背景下，若要认真对待危害原则，就必须在学术文献中识别出这一原则，并使之宪法化。

本书第三章试图运用间接责任理论，勾勒出仅仅因为影响他人犯罪决定而宣布该行为人有罪的道德界限。行为人只能由于可以公正地归咎于自己的行为的危害而承担刑事责任，而不能因为他人的不法行为而承担责任。范伯格所述危害原则完全忽略了这一领域。如果一个行为人的行为只能被评价为助长另一个独立主体实施有害犯罪行为（主要危害）（Primary Harm）的无害条件，那么该行为只是一个遥远危害（Remote Harm）。例如，"破窗理论"（Broken Windows Thesis）认为，较轻的冒犯（如消极乞讨）是更严重的犯罪的前身。该理论认为，消极乞讨给罪犯们发出一个信号："破窗区域"欠缺监管，此区域内更容易实施犯罪。将消极乞讨行为宣布为罪的目的在于，防止独立主体在"破窗区域"实施犯罪。本书第三章明确反对此种类型的犯罪化，并指出这一类型的犯罪化旨在以人们无意做出的行为以及十分遥远的后果为依据施加惩罚，从而违背了个人责任的要求。本书认为，只有在行为人有责地卷入他人的犯罪行为时，才应当对其他人的犯罪行为承担责任。

我们需要以道德理由在事前的角度（ex ante）说明，"如果行为人 X 实施了行为 S，导致行为人 Y 实施了危害行为 N，能够公平地追究 X 之于行为 S 的道义责任"，如果这个要求得到满足，那么就具备将行为 S 初步犯罪化的依据。本书认为，如果行为人不顾一切地帮助或故意鼓励他人实施犯罪，会使其本人有责地牵涉到这个犯罪之中；如果行为人以资金支持他人实施犯罪，其本人也应对这个犯罪负责。只有在确有必要阻止极为严重的危害的场合，上述公平性限制才有可能被否定，消极乞讨并不符合这一要求。但是持有枪支的行为也许能够通过这个检验，并可能由于构成危险而被犯罪化。本书以枪支持有的范例为参照，概述了不因他人行为入罪的基本权利，并提出是否存在一种道德基础，能够为了保护集体利益而打破个人责任的限制的问题。

本书第四章将危害视作确保有准则的犯罪化的核心原则，并指出危害原则应对了迈尔·丹-科恩（Meir Dan-Cohen）和亚瑟·里浦斯坦（Arthur Ripstein）提出的挑战，可谓认定犯罪化决定正当性的更优标准。丹-科恩认为危害原则应当被尊严原则（Dignity Principle）所取代，即"刑法的道德目的在于保护每个人独特的道德价值"：将人类本身作为目的。[1] 然而，丹-科恩的尊严原则并不可行，因为这将导致仅仅违反义务的行为被宣布为罪（即宣布虚假承诺为罪，这是不正当的）。这类犯罪化违反了本书主张的公平性限制。里浦斯坦吸收了康德《法的形而上学原理——权利的科学》[2] 中特有的"自由"概念，并提出对平等自由的侵犯是比危害原则更

---

[1]　Meir Dan-Cohen, "Defending Dignity," *Boalt Working Papers in Public Law*（University of California, Berkeley, Paper 99, 2002）at p. 1.

[2]　Immanuel Kant, *Metaphysics of Morals*（1797）, translated from the German by Mary J. Gregor, *Practical Philosophy*：*The Cambridge Edition of the Works of Immanuel Kant*（Cambridge：Cambridge University Press, 1999）.（《法的形而上学原理——权利的科学》为《道德形而上学》的上册。——译者注）

优的、确保犯罪化决定符合公正性要求的原则。① 本书构建的确保公平公正犯罪化决定的框架中，其核心特征是以危害来限制，因此必须审查丹－科恩和里浦斯坦提出的批判意见，并做出回应。该章的结尾部分论述了如何改进危害原则，从而将对动物造成的危害涵盖在内。

丹－科恩和里浦斯坦认为，根据危害原则的要求，隐秘危害（Covert Harm）不应被犯罪化，并指出这类危害的被害人不会发现或感知到危害，因此这类行为是无害的。本书认为类似秘密强奸、非法入侵等行为可以成为可责的危害，具备犯罪化的正当根据。更概括地说，本书认为康德的义务论强调道德自主性以及对他人的尊重，但这无法成为对那些不公正犯罪化决定进行合比例性分析的基础。将所有侵犯尊严和道德自由的行为（例如虚假承诺、无害地侵犯动产等）犯罪化是不公平的。我简要概括了康德在《道德形而上学奠基》（*Groundwork of the Metaphysics of Morals*）② 与《法权论》（*Principle of Universal Rights*）中写到的人类尊严和自由的核心因素，以此说明丹－科恩和里浦斯坦都没能从康德的道德形而上学中发展出独立的规范性原则，而只是将康德的义务论应用到它本没打算应对的社会问题领域（犯罪化决定）。这些原则可能增加了犯罪化的不公正性，因为它们不仅没有考虑到后果的恶劣性与严重性，也没有考虑到不法行为可能产生的风险。考察危害对个人的社会影响是至关重要的，如果不这么做，我们就无法为立法者提供何时定罪、如何处罚的指导，也无法公正地根据行为的严重性做出判决。里浦斯坦所述平等的自由标准甚至不允许立法者对无害的侵犯动产与有害的非法入侵做出区分，在他的构想中，都应当定罪处罚。

丹－科恩指出，即使在奴隶做出同意的情形下，危害原则也不能作为奴隶制度犯罪化的道德依据。本书第五章指出，严重危害人类行为的不正当性不能以同意而宣告无效。即不能以被害人同意为依据，否定所有不法行为的危害性。被害人同意有其道德界限。本书认为施虐受虐癖和格斗涉及极为严重的危害，因此应当入罪。在这类严重危害中，被害人不可能让渡受到保护的权利。本书从丹－科恩的批判观点入手，进一步探讨将危害

---

① Arthur Ripstein, "Beyond the Harm Principle," (2006) 34 (3) *Philosophy & Public Affairs* 216.

② Immanuel Kant, *Groundwork of the Metaphysics of Morals*, 1785, translated from the German by Herbert James Paton, *The Moral Law* (London: Hutchinson University Library, 1972).

作为犯罪化决定正当性的判断标准的限度。然而，丹－科恩的批判观点无法对被害人同意的危害行为的犯罪化正当性做出充分解释。本书探讨了以被害人同意作为辩护理由的客观界限，并指出被害人同意这个概念本身就是一个客观理由，可用以证明可责的危害的正当性，但是，被害人同意也可以被更为重要的客观理由所否定。这就是说，在造成极为严重且无法挽回的危害的情形下，不能将被害人同意作为其行为正当性的辩解。同时，本书认为可以运用一个较弱的论点来限制在行为涉及反复的、无目的的重大危害的情形下，以被害人同意释罪。

本书对两个相对有争议的英国案例进行了辨析，即 *R. v. Brown* 案件①（陪审团的大多数反对将被害人同意认定为故意造成实际人身危害的辩护理由）以及 *R. v. Konzani* 案件②（陪审团的大多数认为，粗心大意的艾滋病病毒携带者能够将同意者的充分了解与同意用作辩护理由），从而探讨被害人同意的界限。一旦出现适当的初步犯罪化依据，在某些情形下，被害人同意就是充分的辩护理由。在被害人同意的语境下，当施害者被起诉时，可以以被害人的同意进行辩护。本书赞成在轻微危害的场合，以及被害人同意能够改变行为性质的场合，以同意消除行为的不正当性。例如，行为人同意发生性行为时，就使一个缺乏同意即构成刑法上的危害的行为转变成一个无害且充满欲望的行为。③ 但如果一个人同意他人用电锯把自己的胳膊锯下来，他的同意并不能使缺乏同意就会构成严重人身危害的行为转变为无害的或者可以证明为正当的行为。本书仅关注后一种情形，即被害人同意具有严重人身危害的情形（例如施害者打断同意者的骨头、使同意者失明、杀害并吃掉同意者等）。

被害人同意可以作为客观依据，它允许人们做出同意他人对自己造成危害的决定，但是同意并非绝对的。它保护个人自主权利，但不允许人们贬低或毁灭同意者的人格尊严。西方社会认为的人格尊严这一基本价值不同于个人自主权利这一次要价值，前者只允许"一系列能够由人们理性地制定，并对所有人都同样适用的原则。没有人能够仅仅以非理性行为和拒

---

① ［1994］1 A. C. 212.

② ［2005］EWCA Crim. 706.

③ George P. Fletcher, *Basic Concepts of Legal Thought* (New York：Oxford University Press, 1996) at p. 109.

绝遵守而规避法律。相反，个人自主权利则主要关于个人选择自己生活方式的自由"①。尊重个人自主权利与将人类自身作为目的去尊重存在本质差别。本书认为，任何人均不得以非理性行为，让渡自己作为人类应当获得的最低限度的被尊重的权利。②

本书第六章论述到，冒犯原则是空洞的，因为不悦/厌恶本身并没有给犯罪化提供客观理由。冒犯取决于主观感情和人的社会教化，因此它对于为犯罪化决定提供客观标准的目的而言，是一个十分空洞的概念。本书认为所有的犯罪都是人类创造的。犯罪化是一个把特定行为标记为犯罪并予以刑事处罚的过程，目的在于解决复杂的多元社会中的社会冲突（合作问题）。尽管如此，这也不意味着将所有无害行为都宣布为罪的做法欠缺道德基础。

大多数犯罪化决定是公平公正的，因为它们符合公正性的客观原则，这些客观原则包括危害/不良后果限制、平等尊重限制、自主权利限制、可责性限制等。这些限制条件是客观的，因为它们服务于社会中所有人都认可的目的。其客观性并不超出我们内心深处关于对错、好坏的传统认知。当危害具备原始本质（Primitive Nature）时，我们可以得出强有力的客观性结论，这些结论不仅有我们对于危害的传统认识的支持，也有我们对于危害的科学认识、生物学认识的支持。本书考察了批判的道德/相对主义在犯罪化伦理中的差异，并认为即使有清晰的差别，犯罪化决定也应当受到相对论的传统指引，因为违法犯罪是视传统习俗而定的。以现实主义法学为基础的客观道德论述，只能起到十分有限的作用。

犯罪化伦理领域的指导因素将现实主义法学和批判的道德排斥在外，因为从某些社会相互作用中产生的结果，其不正当性和恶劣性依不同情况与传统习俗而存在差异。例如，暴露行为不具备本质上的不正当性或恶劣性。与被人打了一拳不同，看到暴露行为并不会造成身体上的疼痛或危害。有学者指出，暴露行为在批判的跨文化意义上是不道德的，但是这个说法并不能使人信服。本书第六章的结尾以隐私权/个人自主权丧失的概

---

① Joseph Raz, *The Morality of Freedom* (Oxford: Clarendon Press, 1986) at p. 371.

② Onora O'Neill, *Constructions of Reason: Explorations of Kant's Practical Philosophy* (Cambridge: Cambridge University Press, 1989) at pp. 53 - 54, 66; and Onora O'Neill, "Public Health or Clinical Ethics: Thinking Beyond Borders," (2002) 16 (2) *Ethics & International Affairs* 35 at pp. 36 - 37.

念进行论述，阐明诸如严重侵犯隐私等无害行为的恶劣性和不正当性是视传统习俗而定的。只有在无害的不法行为造成了一些独立的不良后果，而这些后果又能被客观地定义为"不可忍受"之时（由社会中的道德行为人进行客观定义；这意味着客观性并不等同于真理，也不等同于绝对的对或错），对造成这些后果的无害行为的犯罪化才是正当的。我们不能依赖于危害的客观概念，因为在对照我们根深蒂固的传统危害概念进行评价时，范伯格所述的冒犯行为无法被评价为客观危害。本书批判了范伯格的冒犯原则，并指出该原则在考虑冒犯行为的量级、密度和可回避性等调整因素（Mediating Factors）的同时也考量冒犯行为合理性的做法，在判定是否应当将冒犯行为犯罪化的问题上基本没有起到多少帮助作用。

在传统习俗的背景下，可以认定一些冒犯行为的不正当性，这是因为被害人由于自己的社会教化而受到心理创伤。例如，X 拍摄 Y 的裙底，并上传到网络，有可能使 Y 遭受真正的心理困扰，因为她所接受的社会教化告诉她，人们需要隐私。在一个不同的文化中，这个侵害可能完全不会引起人们注意。尽管如此，这个行为仍然是不正当的、应受规制的。行为人在更衣间窥视他人时，也涉及隐私权的侵犯，虽然这个不良后果的本质是视传统习俗而定的，但是只要人们对该行为的不正当性有高度一致的认同，该行为造成的就是客观的不良后果。本书第六章考察了不同环境、不同传统之间的交互联系，人们主体间性地可接受的公正性原则，以及如何运用这些因素来解释某些无害行为犯罪化的公正性问题。

就合比例性而言，即使关于某些特定行为的不正当性或某些特定犯罪的刑罚量存在绝对真理，但是我们可以得到的真实结论的范畴仍十分有限，无法确定广泛的客观不良后果，以便指导国际和多元背景下的惩罚和犯罪化决定。关于某些危害的真理及普遍性（Universalizability）主张，大致只限于诸如身体疼痛和苦楚、饥饿、缺乏住所、脱水等最原始的危害。诸如暴露行为造成的骚扰等视传统习俗而定的不良后果，难以被认定为普遍意义上的真正的不良后果。而诸如使人挨饿或使人失明这样的原始危害，处于概念化的不良后果标靶的正中心，从靶心往外呈同心圆移动，越往外移，危害就变得越发视传统习俗而定。不法行为越取决于传统习俗，就越有可能被定义为较轻的犯罪，不法行为人也越有可能被合比例地判处更少的刑罚。

第二章 认真对待作为犯罪化限制的危害

第一节 危害与不法行为

毋庸置疑，几个世纪以来，刑法的主要目的之一就是防止行为人有责地危害他人。[①] 杰罗姆·霍尔（Jerome Hall）指出："在刑法理论中，危害是犯罪行为和惩罚性制裁之间的焦点。危害（不良后果）与犯罪行为相关，既是犯罪行为可能造成的影响，又是犯罪行为所寻求的目的，因此这一概念极为重要。如果没有影响或目的（不良危险/动作/行为/后果），也就不存在原因或手段，刑法中与因果关系、归责原则相关的任何概念就纯属多余。"[②]《布莱克斯通评注》（*Blackstone's Commentaries*）一书指出，在所有情况下，犯罪都涉及"损害；每一个侵犯公共利益的犯罪，同时也侵犯了公民个人利益，只是比它稍微多一些；它不仅影响着个人，也影响着整个社会"[③]。早在 1764 年，切萨雷·贝卡利亚（Cesare Beccaria）就在《论犯罪与刑罚》（*Dei Delitte E Delle Pene*）一书中指出："衡量犯罪的真正方式，是它对社会造成的损害。"[④] 詹姆斯·菲茨杰姆斯·斯蒂芬爵士

[①] 较早的文献将许多行为定义为严重的危害行为，但大多是依据当时的相对主义者（Relativist）的标准来认定的，而不是依据合理的客观论证来认定的。（相对主义是指：观点没有绝对的对与错，只有因立场不同、条件差异而相互对立的哲学学说。不存在普遍真理，每一种观点都有自己的真理。参见 https://en. wikipedia. org/wiki/Relativism；https://plato. stanford. edu/entries/relativism/。——译者注）

[②] 杰罗姆·霍尔用了一整个章节来论述危害的概念。参见 Jerome Hall, *General Principles of Criminal Law*（Indianapolis：Bobbs-Merrill Co. , 2nd ed. , 1960）at pp. 212 – 246。

[③] *Blackstone's Commentaries*（London：Sweet & Maxwell, Vol. 4, 21st ed. 1844）at p. 6；Richard Epstein, "The Harm Principle —And How it Grew," （1995）45（4）*Toronto Law Journal* 369. 参见 *R. v. Malmo-Levine*［2000］B. C. C. A. 335 案件的文献综述。

[④] Cesare Beccaria, *On Crimes and Punishments*（Indianapolis：Hackett Publishing, 1986）p. 17.

（Sir James Fitzjames Stephen）也主张："从世界范围来看，不同时代背景下，危害个人、危害上帝、危害神明或危害社会都曾经被认定为犯罪，但我认为所有这些情形当中，犯罪始终涉及确定的、严重的、不可否认的危害他人。"①

然而，斯蒂芬以宽泛的常规术语来定义危害，② 在他看来，女同性恋、消极乞讨等都明显涉及"确定的、严重的、不可否认的危害他人"，尽管这类活动显然不会导致客观上的有害后果。本书认为，出于以危害限制犯罪化的目的，拟被犯罪化的不法行为必须造成能够在客观上被评价为有害的不良后果（或危险）。③

危害原则符合公正性要求，能够广泛地为立法者提供确保犯罪化公平且合比例的标准，因此本书捍卫并完善了这一原则。范伯格提出了最为著名的危害原则，他指出："一直以来这都是支持犯罪化的良好依据，即它在阻止（消除、减少）对除了动作者（禁止做出动作的人）之外的其他人的危害上，是极为有效的；并且，在不增加成本的情况下，并不存在其他同样有效的方式。"④ 范伯格认为一个负责任的立法者应当仅在行为确实不法地危害或冒犯他人时，才将它标记为犯罪。⑤ 我大致支持范伯格的危害原则构想，但本书对危害的使用在两个主要方面与范伯格不同：第一，本书包含了一个更完全的可责性概念，以诠释可责性是不正当（Wrongness）的核心因素；第二，本书论证了危害原则是一个宪法标尺，用以衡量涉及监禁刑的犯罪化的合比例性和正当性。

本书不认为目前唯一能够用来证明犯罪化决定正当性的客观不良后果是不法地危害他人，一定存在其他可以证明犯罪化决定正当性的不良后果。但本书的目的不在于罗列所有的可能性，也不在于考虑每一种可能性

① James Fitzjames Stephen, *A History of the Criminal Law in England* (New York：Burt Franklin, Vol. Ⅱ, 1883) at pp. 78 – 79.

② James Fitzjames Stephen, *Liberty, Equality, Fraternity* (London：Smith, Elder, & Co., 1873).

③ 如果密尔清楚地领会到这一点，他就会支持客观性限制。

④ Joel Feinberg, *The Moral Limits of the Criminal Law：Harm to Others* (New York：Oxford University Press, 1984) at p. 26; Herbert Packer, *The Limits of the Criminal Sanction* (Stanford：Stanford University Press, 1968).

⑤ Joel Feinberg, *The Moral Limits of the Criminal Law：Offense to Others* (New York：Oxford University Press, Vol. Ⅱ, 1985).

的反例。如果行为没有造成不法危害或不法的隐私权丧失，① 那么立法者必须提出其他与之类似的、令人信服的客观理由，以证明将要被犯罪化的行为有可能造成事实上的不良后果，并论证行为人应当受到刑事责难。大多数案件都是通过论证行为造成了不法危害来满足正当性的要求，但我们无法否认，也有可能通过不能被解释为不法危害或隐私权丧失的其他内容进行论证。保守而言，以上标准必须总是能够得到满足，即行为人有责的行为应当造成了不良后果（或危险）。如果缺少其中一个因素，就不存在援引刑法的基础。

本章在对将危害作为犯罪化限制条件进行简要概述与支持的基础上，进一步说明依据《美国宪法第八修正案》的要求，应当将危害视为判断监禁刑是否过当的客观标准。在危害语境下，只有客观危害能够被恰当识别时，公平正义才得以实现。"如果将危害标签贴在无害行为上，或者没有将危害标签贴在严重的危害行为上，那么就是不恰当地运用了危害标签……如果危害标签无法得到妥善运用，我们可以明智地推定这是立法者的原因，而并非客观危害本身的原因。"② 范伯格③认为不法危害只是犯罪化的充分条件（Sufficient Condition），因此立法者无须将所有形式的危害行为都宣布为罪。尽管如此，这个充分条件仍受到一些限制，因为严重危害行为的规范含义使得被害人能够要求刑法回应，以保护他们的基本福利权利。公众只信赖能够始终如一地做出公平判决的刑事司法系统。

如果一个刑事司法系统不合比例地将轻微的街头不法行为（例如消极乞讨）犯罪化，同时，使用非刑法规范④和模糊的法律制度⑤规制严重的危害行为（例如法人的危害行为、逃税），将它们排除在刑法规制范围之外，

---

① 参见第六章有关隐私权的论述。

② Jeffrey Reiman, *The Rich Get Richer and the Poor Get Prison* (Boston：Allyn & Bacon, 4th ed. 1995) at p. 7.

③ Joel Feinberg, *The Moral Limits of the Criminal Law：Harm to Others* (New York：Oxford University Press, Vol. I, 1984) at p. 10.

④ 有关规范和刑事定罪的论述，参见 Nicola Lacey, "Criminalization as Regulation：The Role of Criminal Law," in Christine Parker et al. 〔eds〕, *Regulating Law* (Oxford：Oxford University Press, 2004)。

⑤ Celia Wells, *Corporations and Criminal Responsibility* (Oxford：Oxford University Press, 2nd ed. 2001) at pp. 146 *et seq.*

将会导致社会公众对刑法失去信心。① 作为一个限制犯罪化的充分条件，范伯格所述的危害②扮演着十分重要的角色。但这并不意味着，在无法公平地期待被害人全靠自己提起诉讼以阻止严重危害行为的场合，立法者没有受到道德强制而采取行动，以阻止不良动作/行为/后果的发生（婚内强奸正是因此而入罪）。③ 立法者应当认真对待严重危害行为，即使有些案件无法将不法危害归责于某一特定道德行为人（例如在法人危害行为的语境下，不能总是公正地把危害归责于一个特定的道德行为人），而无法追究个人的责任。这种情形下，可以适用沉重的威慑性罚金责任，从而在责任无法个别化的案件中阻止集体的危害行为。④ 在监管性刑罚的语境下，个体行为人不会受到刑事责难，集体应受刑罚的正当性有一个完全不同的向度。威慑性惩罚仍需与法人集体的可责性成比例，⑤ 仍需与其疏忽所致的不良后果的危害性成比例。由于个体行为人不会直接受到处罚或被污名化，而罚金事实上由集体承担，其严厉性也因此而弱化。因此，即使对法人的不法行为处以稍重的威慑性罚金，也符合公平正义原则。

本书下一部分将论述到，将危害作为犯罪化依据的一个严重问题是，它被错误地用来证明并非客观上有害的行为的犯罪化的正当性。这是由于立法者经常受刑事民粹主义的启发，常常依赖于无准则的危害，而非客观危害。范伯格的危害原则的另一个问题是，该原则未涵盖一些显而易见的有害行为（例如危害动物）。如果行为人为了取得象牙而杀死大象，客观而言，他伤害（危害）了大象，但是范伯格的危害原则（仅将有责地危害

---

① 一个得出不公平的、前后矛盾的结果的刑事司法体系，只会起反作用。参见 Paul H. Robinson, "The Criminal-Civil Distinction and Dangerous Offenders," （1993）83（4）*The Journal of Criminal Law and Criminology* 693。这样的司法系统会失去其道德信誉和预防威力。参见 David Beetham, *The Legitimation of Power* （Basingstoke：Macmillan, 1991）at p. 22。

② Joel Feinberg, *The Moral Limits of the Criminal Law*：*Harm to Others* （New York：Oxford University Press, Vol. Ⅰ, 1984）at p. 10.

③ 如果刑事司法体系想要维持公众的合法性，那么"让被害人看到，国家认真对待他或她所遭遇的不法行为，这一点十分重要"。参见 J. R. Lucas, *Responsibility* （Oxford：Clarendon Press, 1993）at p. 104。

④ 西莉亚·威尔斯（Celia Wells）恰当地指出："在应用于法人和个人时，威慑论的目的可能不尽相同。" Celia Wells, *Corporations and Criminal Responsibility* （Oxford：Oxford University Press, 2nd ed. 2001）at p. 20.

⑤ Celia Wells, *Corporations and Criminal Responsibility* （Oxford：Oxford University Press, 2nd ed. 2001）at pp. 155 *et seq.*

人类的行为——损害人类利益的行为入罪）并没有说明大象如何受到人们的无理对待，也没有说明该行为是否对大象构成了无理对待。范伯格危害原则中的（以人类利益为导向的）不法行为理论没能解释危害动物行为的不正当性。当我们以刑法防止动物受到危害时，危害这一不良后果就是援引刑法的理由之一。只要我们有理由说明为什么人类有不肆意危害动物的义务，[①] 有理由说明为什么危害动物（对有感知力的动物造成生理疼痛）对这些动物而言是一个不良后果，犯罪化依据就可以涵盖对动物造成的危害。

本书得出以下结论：一个恰当制定的危害限制存在防止大量行为被不正当犯罪化的可能性。它也足以包含对动物的保护，以及对法人危害行为的潜在被害人的保护。它并不是衡量犯罪化合比例性和正当性的唯一客观标准，但它能在最广泛范围内确保犯罪化决定满足正当性的要求。既然我们能够从道德层面认定对人类利益的无可辩驳的（不合理的）损害（侵犯他们权利的危害），那么我们也有可能稍做修改地将范伯格的不法行为理论运用到涉及对他人造成危害的领域。危害动物的不良行为以及人类之于动物的不相关的义务（Non-Correlative Duties）表明，作为犯罪化正当性依据的危害（并行于作为犯罪化限制的危害）可规制的范围，比范伯格设想的更为广泛。

妥善制定的可入罪的危害仅仅是解决方案的一部分，还有一个更进一步的法律障碍阻止危害被用作限制不公正犯罪化的因素。只有强迫立法者考虑危害原则时，他们才会将危害作为检验不正当的、无准则的犯罪化的标准来认真对待。本书不仅扩展了危害的概念，界定了它的适当范围，[②] 还论述到，在依据个人自主权利类型的条文，具体而言，依据《美国宪法第八修正案》解释国家惩罚的合比例性时，危害是一个必须考量的原则与

---

① 本书引用了约瑟夫·拉兹/马修·克莱默（Joseph Raz/ Matthew H. Kramer）提出的利益理论。参见 Joseph Raz, *The Morality of Freedom*（Oxford：Clarendon Press, 1986）at Chapter 7；Matthew H. Kramer, *Rights, Wrongs and Responsibilities*（Chippenham, Wiltshire：Palgrave, 2001）at pp. 28 *et seq.*。

② 参见 Dennis J. Baker, "The Moral Limits of Criminalizing Remote Harms,"（2007）10（3）*New Criminal Law Review* 370；Andrew von Hirsch, "Extending the Harm Principle：'Remote' Harms and Fair Imputation," in Andrew P. Simester and A. T. H. Smith, *Harm and Culpability*（Oxford：Clarendon Press, 1996）at pp. 259 *et seq.*。

标准。^① 下文论述了危害与不法行为的要素，并以此为基础分析和评述了犯罪化的正当性。

第二节　乔尔·范伯格的客观不法危害

什么是客观危害？深入分析范伯格的危害概念就会发现，范伯格[②]在三层意义上详细解释了危害，分别是：（1）损害；（2）对利益的阻碍或破坏；（3）不法行为（Wrongdoing）。他指出，危害原则语境下的"危害"是指第二层意义与第三层意义的重叠。危害必须是由不法行为造成的，这是犯罪化的基础。因此，在行为人有责地旨在减损他人利益时，其行为就是应当入罪的。[③] 范伯格所述的危害概念表示："第二层意义和第三层意义的重叠：只有减损他人利益的行为才是不法的，减损利益的不法行为在适当条件下才能被视作危害。"[④] 在这个语境下，"利益"是指与一个人的福祉紧密相关的事物。根据范伯格的观点，整体而言，个人利益涵盖所有与其个人具有利害关系的事物。一个人的个人利益"以和谐的方式增进了所有人的利益"[⑤]。这些利益，或按照范伯格所言："这些存在利益的事物，是个人福祉的可辨别的组成部分：她/他因这些事物的发展而发展，也因

---

① 尽管本书主要采用美国法律和案例进行论述，但是本书探讨的范畴不限于这一特定司法区域，因为不被不公正处罚的权利兼具普遍性与客观性。它不仅被载入美国 1787 年《宪法》之中，也被载入许多其他人权文件中。参见《加拿大人权与自由宪章》第 2、7、12 条，1982 年《加拿大宪法法案》第 1 条第 2 款（b）项，以及 1950 年 11 月 4 日签署（1953 年 9 月 3 日生效）的《欧洲保障人权与基本自由公约》第 2、3、5、8 条。由法院择一决定，以不寻常的严酷刑罚类型的条款，还是以剥夺自由类型的条款来支撑不被不公正处罚的权利。然而，也有一些法律文件对于自由、程序、合比例性和危害有更广泛的明确规定。参见 1789 年法国《人权宣言》第 4、5 条。这类权利在《世界人权宣言》第 12、18、19 条也有涉及。但是，《世界人权宣言》对一些签署国没有效力，例如澳大利亚，因为该国尚未颁布权利法案或者制定国内法来赋予这类权利法律约束力。

② Joel Feinberg, *The Moral Limits of the Criminal Law：Harm to Others*（New York：Oxford University Press，Vol. Ⅰ，1984）at p. 215.

③ Joel Feinberg, *The Moral Limits of the Criminal Law：Harm to Others*（New York：Oxford University Press，Vol. Ⅰ，1984）at pp. 33 - 34.

④ Joel Feinberg, *The Moral Limits of the Criminal Law：Harm to Others*（New York：Oxford University Press，Vol. Ⅰ，1984）at p. 36.

⑤ Joel Feinberg, *The Moral Limits of the Criminal Law：Harm to Others*（New York：Oxford University Press，Vol. Ⅰ，1984）at p. 34.

其衰败而衰败。"①

范伯格所述利益三分法包含福利利益（Welfare Interests）、"保护"（Cushion）我们福利利益的安全利益（Security Interests）和累积利益（Accumulative Interests）。② 福利利益是范伯格体系的核心。这是几乎每个人都享有的利益，"无论我们的最终目标是什么，也无论这个目标之后会发展成什么样，福利利益都是人们达成自己最终目标所必需的"③。福利利益包含以下内容：延长寿命至可预见的时间段，保持身体健康和安全，维持最低限度的智力活动和稳定情绪，有能力参与社会交往并从友谊中获益，维持最低限度的财务安全，维持合理的生活条件，免于病痛和毁容，免于无理的焦虑与怨恨（恐吓），免于无理的胁迫。④ 这是独立于我们每个人各自生活计划之外的，所有人都需要的物质利益和条件利益。每个人与这类利益都有必要的利害关系，因为这是我们幸福生活的先决条件。⑤

范伯格的客观危害主张之所以得以加强，是因为他将重要的福利利益与那些只涉及个人长远目标（Ulterior Aims）的利益相区分。⑥ 我们的长远目标可能包括拥有一个理想家园、作为电影明星或政治家有杰出的事业等。⑦ 法律不直接保护一个人的长远目标和需要（例如建造理想的家园、获得政治地位或专业职位、解决重要科研难题、养家糊口、得到上帝恩赐等）。⑧ "如

---

① Joel Feinberg, *The Moral Limits of the Criminal Law*：*Harm to Others*（New York：Oxford University Press, Vol. Ⅰ, 1984）at p. 34.

② Joel Feinberg, *The Moral Limits of the Criminal Law*：*Harm to Others*（New York：Oxford University Press, Vol. Ⅰ, 1984）at pp. 37, 207.

③ Joel Feinberg, *The Moral Limits of the Criminal Law*：*Harm to Others*（New York：Oxford University Press, Vol. Ⅰ, 1984）at p. 37.

④ Joel Feinberg, *The Moral Limits of the Criminal Law*：*Harm to Others*（New York：Oxford University Press, Vol. Ⅰ, 1984）at p. 37.

⑤ Joel Feinberg, *The Moral Limits of the Criminal Law*：*Harm to Others*（New York：Oxford University Press, Vol. Ⅰ, 1984）at p. 37.

⑥ Joel Feinberg, *The Moral Limits of the Criminal Law*：*Harm to Others*（New York：Oxford University Press, Vol. Ⅰ, 1984）at p. 37.

⑦ "但至少关于福利利益，我们倾向于认为，在任何情形下，促进福利利益的事物都对个人有利，无论他有什么样的信念或需要……利益和需要有可能是一致的，但是前者既不依赖于后者，也不是后者的衍生物。" Joel Feinberg, *The Moral Limits of the Criminal Law*：*Harm to Others*（New York：Oxford University Press, Vol. Ⅰ, 1984）at p. 42.

⑧ Joel Feinberg, *The Moral Limits of the Criminal Law*：*Harm to Others*（New York：Oxford University Press, Vol. Ⅰ, 1984）at p. 62.

果我对重要的科学发现感兴趣，对创造有价值的艺术品感兴趣，或对其他个人成就感兴趣，法律只能通过保护其间最核心的福利利益来对它们予以保护。但考虑到我有自己的生活、健康、充足的经济能力、自由和安全，没有什么是法律（或其他任何人）还能为我做的，其余全部取决于我个人。"①

值得注意的是，超过最小限度福利的长远利益（Ulterior Interest）也受到保护。② 禁止入室盗窃的法律不仅保护穷人的利益，也保护富人的利益。无论入室盗窃者可能会使穷人面临破产，还是可能会偷走一幅早已被富人忘却的米开朗琪罗（Michelangelo Merisi da Caravaggio）画作，而对富人造成直接影响。③ 即使某些危害看似仅对特定个体造成十分轻微的影响，它们也可能产生累积的影响。法律不仅保护富人的遥远利益，"也保护其自由利益（作为决定如何使用累积财富的人的利益）和安全利益（财产利益遭到侵害的事实，甚至可能对福利利益构成威胁，特别是侵犯行为涉及强制或胁迫时，或侵犯行为很可能经常重复发生时）"④。除此之外，甚至对他人财产利益的较小减损都可能"威胁……到与每个人都或多或少利益攸关的财产的一般安全性，以及财务事宜的有序性和可预测性"⑤。这些保护我们福利利益的安全利益也应受保护。⑥ 例如，普通侵犯人身的行为被宣

---

① "同样地，在我最高的财富累积下，或者在购买游艇或梦寐以求的房屋这样的财富使用中，法律只能通过保护我免遭盗窃或欺诈的方式，间接保护我的利益，但是，法律不能保护我免于不良投资建议、个人冒失、无法预知地被他人依赖、缺乏个人勤奋或天赋等。" Joel Feinberg, *The Moral Limits of the Criminal Law*: *Harm to Others*（New York: Oxford University Press, Vol. I, 1984）at p. 62.

② 遥远利益只能间接地受到侵犯。维持最低限度的一类福利利益，是发展其他所有利益的必要条件，而侵犯这类福利利益中的任何一种利益，都是侵害他人遥远利益的常见方式……至少有一类遥远利益是容易受到直接危害的，即那些由福利利益延伸出的最低限度所组成的遥远利益。无可辩驳地，富人与穷人都同样受到盗窃行为的不法对待，尽管前者可能不会受到与后者同等的危害。Joel Feinberg, *The Moral Limits of the Criminal Law*: *Harm to Others*（New York: Oxford University Press, Vol. I, 1984）at p. 112.

③ Joel Feinberg, *The Moral Limits of the Criminal Law*: *Harm to Others*（New York: Oxford University Press, Vol. I, 1984）at p. 63.

④ Joel Feinberg, *The Moral Limits of the Criminal Law*: *Harm to Others*（New York: Oxford University Press, Vol. I, 1984）at p. 63.

⑤ Joel Feinberg, *The Moral Limits of the Criminal Law*: *Harm to Others*（New York: Oxford University Press, Vol. I, 1984）at p. 63.

⑥ Joel Feinberg, *The Moral Limits of the Criminal Law*: *Harm to Others*（New York: Oxford University Press, Vol. I, 1984）at p. 207.

布为罪，以保护我们基本的安全感。① 与此类似地，累积利益是我们"生活里各种美好的事物中"的并非至关重要的利益。② 盗窃富人的游艇或米开朗琪罗画作并不必然剥夺其生计，也不会危害到最低限度的安全，但会侵犯其累积的资源。③ 如果不加以控制，此类行为也会破坏与我们利益攸关的整个财产系统的稳定性。

范伯格将单纯的需求（Wants）与可识别的利益（RecognizableInterests）区分开来，并指出将强烈的需求类型化为利益的做法并不合理。例如，露西是洋基队（Yankees）的忠实粉丝，她十分渴望洋基队在比赛中获胜，但是仅仅凭借其渴望，并不足以说明她与洋基队获胜利益攸关。④ 范伯格论述道："我们一些最强烈的渴望并不适宜成为遥远利益（例如突然很渴望得到一个圆筒冰激凌）的依据，因为这些渴望与我们一系列更长远的目标无关，这些渴望也不够稳定和持久，无法代表任何利益攸关的投入。"⑤ 危害制约有助于保护个人自主权利。⑥ 当一个人享受、追求美好生活的机会被阻挠或减损时，他或她就受到了危害。⑦ 当一个人的个人资源或专有资源受到损害时，危害就会发生，因为这些资源使我们能够发现其他机遇。⑧ 安德鲁·

---

① "除了追求目标所必需的、最低限度的健康福利和经济福利之外，个体仍需一定程度的、额外的安全限度。如果没有这个安全限度，个体可能会活动，但也只是忧心忡忡地勉强活动。" Andrew von Hirsch, "Injury and Exasperation: An Examination of Harm to Others and Offense to Others," (1985 – 1986) 84 *Michigan Law Review* 700 at p. 703.

② Andrew von Hirsch, "Injury and Exasperation: An Examination of Harm to Others and Offense to Others," (1985 – 1986) 84 *Michigan Law Review* 700 at p. 703.

③ Andrew von Hirsch, "Injury and Exasperation: An Examination of Harm to Others and Offense to Others," (1985 – 1986) 84 *Michigan Law Review* 700 at p. 704.

④ Joel Feinberg, *The Moral Limits of the Criminal Law: Harm to Others* (New York: Oxford University Press, Vol. Ⅰ, 1984) at p. 42.

⑤ Joel Feinberg, *The Moral Limits of the Criminal Law: Harm to Others* (New York: Oxford University Press, Vol. Ⅰ, 1984) at p. 43.

⑥ "这个理由解释了为什么最小限度的政治自由是福利利益。这并不是说如果没有这类自由，人们就不能存活；而是说当人们的选择、结社、言论自由受到过多的外部干涉时，人们就无法形成、选择或追求其个人目标。" Andrew von Hirsch, "Injury and Exasperation: An Examination of Harm to Others and Offense to Others," (1985 – 1986) 84 *Michigan Law Review* 700 at p. 705.

⑦ Andrew P. Simester and Andrew von Hirsch, "Rethinking the Offense Principle," (2002) 8 (3) *Legal Theory* 269 at p. 281.

⑧ Andrew P. Simester and Andrew von Hirsch, "Rethinking the Offense Principle," (2002) 8 (3) *Legal Theory* 269 at p. 281.

斯密斯特（Andrew P. Simester）和安德鲁·冯·赫希（Andrew von Hirsch）① 引用了约瑟夫·拉兹（Joseph Raz）② 的观点，恰当地指出上述行为的危害性在于，它们最终可能对我们的福祉产生影响。

　　我们利益的损害或挫败，可能源于本质上客观的事件或无意的灾祸。但只有故意的无正当理由的/不可宽恕的人类行为，能够在（可责的）可入罪的意义上损害我们的利益。行为人有责地做出选择，能够引起客观意义上侵犯或损害他人真正福利利益的后果。③ 但很大程度上，利益的损害也可能发生在并非有责的场合，例如海啸、地震、瘟疫、饥荒等。例如，如果 X 在澳大利亚北部的国家公园中散步，突然遭到鳄鱼袭击，他的利益就受到了损害。尽管如此，他也不能宣称自己受到了不法对待。如果 X 在晚上去常常有鳄鱼出没的小溪游泳，因为恶毒的导游告诉他这么做是安全的，那么他就被邪恶的导游危害和不法对待了。他的利益由于其他行为人道德上的不法行为而受到损害。尽管鳄鱼的随意袭击明显会给被害人造成更严重的危害，但不可否认，道德行为人侵犯他人的利益时，就在客观可责的意义上危害了被害人。④

　　客观性限制能够防止将被害人的主观偏见、主观判断用作认定危害的标准，甚至最终用作犯罪化的标准。有些人可能认为同性恋是有害的，但它并不意味着这些行为在客观上是有害的。范伯格指出，我们在出于避免痛苦和冒犯的目的而将特定行为犯罪化的过程中，不享有任何利益。只有

---

①　"断了的手臂是一个受到损害的手臂，它（暂时）失去了有效地服务于一个人的个人需要的能力，一个人的福利利益正是由于这个损害而受到了危害。" Andrew P. Simester and Andrew von Hirsch，"Rethinking the Offense Principle,"（2002）8（3）*Legal Theory* 269 at p. 281.

②　"尊重他人的自主权主要在于确保他人有充分的选择权，即确保他们具有做出选择的机会或能力。对一个人造成危害的方式之一，就是剥夺他做出选择的机会或能力。财产的使用价值和交换价值都代表着财产所有者的机会，任何剥夺所有者对财产的使用权或否定财产价值的行为，准确地来说，都是对所有者的危害，因为它减损了财产所有者的机会。同样地，对个人的危害削弱了他可能想要的行为方式的能力。毋庸置疑，危害他人可能不会剥夺他人的选择，但必然阻碍他人对于已经开始的目标或关系的追求。" Joseph Raz, *The Morality of Freedom*（Oxford：Clarendon Press，1986）at p. 413.

③　Joel Feinberg, *The Moral Limits of the Criminal Law：Harm to Others*（New York：Oxford University Press，Vol. I，1984）at p. 34.

④　Joel Feinberg, *The Moral Limits of the Criminal Law：Harm to Others*（New York：Oxford University Press，Vol. I，1984）at p. 34.

在保护所有人都典型地享有的利益时，犯罪化才是可行之策。被男同性恋/女同性恋冒犯的人，必须证明他们的真正利益受到不法损害，且该损害需在客观上减少了他们享受或追求美好生活的选择。即他们需证明，相较于没有受到侵害时，自己的利益状况变得恶化。

更重要的是，因为对个人的定罪侵犯了他免受危害的权利（此指监禁刑、污名化等带来的危害），所以只有在充分考量不法行为人的行为如何影响他人的真正权利时，看似合理的犯罪化依据才得以构建。每个人都有不受到他人故意地肆意危害的权利。这个权利以人性（Humanity）为基础，是一个基本道德权利。该权利不仅保护人格尊严，也强化个人自主权利，并最终促进个体的发展、增进个体福祉（动物不存在源自人性的上述权利，但是人类对动物具有非关联性的不肆意危害的义务，因为人类拥有足够的理性和经验知识，能够理解肆意使有感知能力的动物遭受痛苦的异常残忍性，因此肆意伤害动物是罪恶的、不道德的）。[①] 刑法处罚肆意危害动物的人，不仅因为动物和人类一样感知疼痛（二者拥有相同的、能够感知疼痛的感觉系统），还因为我们知道疼痛是非常难受的经历。作为智慧的理性行为人，人类能够理解肆意危害动物的不公正性，因此有义务不这么做。

然而，适者生存又意味着，我们确实允许人们在竞争型经济制度的社会中受到危害。竞争带来最好的人才，提高生产力，因此人们不能期待免于合法竞争的保护。在大多数竞争环境下，更强大的参与者可以为了个人利益而损害更弱小的参与者。例如，一方可以通过提供减少工作时间等更优服务来参与市场竞争，并危害另一方，将它逐出市场。在这种情形下，受到危害的一方需要说明它的权利优于竞争对手的权利。只有在其竞争对手实施了不法行为时（即竞争者实施欺诈、勒索、垄断等行为时），刑法

① 参见 James Griffin, *On Human Rights* (Oxford：Oxford University Press, 2008)；Richard Kraut, *What is Good and Why：The Ethics of Well-Being* (Cambridge MA：Harvard University Press, 2007)；Joel Feinberg, "In Defence of Moral Rights," (1992) 12 (2) *Oxford Journal of Legal Studies* 149. 接下来本书将论述，动物不享有以人性为基础的权利，因此我们需要以其他概念说明人类肆意危害动物的不正当性。本书参照了拉兹的"利益理论"，指出一个理性的行为人明白肆意危害动物的不正当性，也知晓该行为的初步可入罪性。参见 Joseph Raz, *The Morality of Freedom* (Oxford：Clarendon Press, 1986) at Chapter 7；Larry Alexander, "When are We Rightfully Aggrieved," 11 (3) *Legal Theory* 325 (2005).

才有可能被启用。除非市场竞争的一方实施了不法行为，而不仅仅是不公平地对待其他竞争者，否则没有人会因此而受到不法危害（小公司与大型跨国公司之间的竞争可能是不公平的，因为后者累积了雄厚的竞争实力，但使用其累积的优势来竞争并非不法行为）。在各方都享有平等权利的情形下，不存在不法侵犯。哈特以案例的方式对此加以说明。假设两个人走在路上，同时看到地上的 10 美元钞票，[①] 且钞票到两人之间的距离相等，没人知道最初是谁掉了这张钞票。"两人都没有'义务'让对方捡起钞票。当然，在跑到钞票跟前的过程中，也可能有一些事情是两人都有'义务'不去做的——两人都不能杀掉或危害对方——与'义务'对应，两人均有权捡起或不捡起这张钞票。所有经济竞争的道德属性都意味着最小限度的'权利'，这就是说'X 有这么做的权利'仅仅意味着 X 没有不这么做的'义务'。"

虽然两人都能从取得 10 美元中获利，但是他们都不享有这 10 美元的权利，因为它不是其中一方享有的规范债权或现存利益的专属权利。因此，失败者不能声称他的利益受到不法危害，因为 10 美元钞票本不属于他的个人资源或专有资源：他的利益并没有大于另一个人的利益。同样，温布尔登国际网球锦标赛（Wimbledon）的亚军可能会声称胜利者危害了他，但他不能声称他有权不受到这方面的危害（即他不能断言该危害是不法的）。其他竞争行为提出了有关道德可责性的更为复杂的问题。例如，如果沃尔玛遵循合理的竞争规则，在街道上建造了一个超级市场，却导致同一条街道上的一个街角商店歇业，这是否侵犯了街角商店店主不遭受有责危害的权利？街角商店店主可能处于较弱的谈判地位，但仅此而已，这并不能使其享有免受市场经济竞争行为危害的权利。我们可以适用规划和竞

---

① H. L. A. Hart, "Are There Any Natural Rights," (1955) 64 *The Philosophical Review* 175 at p. 179; Joel Feinberg, *The Moral Limits of the Criminal Law*: *Harm to Others* (New York: Oxford University Press, Vol. I, 1984) at pp. 218 – 220. 在完全竞争市场中，没有任何一个竞争者会不公正地对待其他人，但这个完全竞争市场并不存在。参见 David Gauthier, *Morals By Agreement* (Oxford: Clarendon Press, 1986) at pp. 84 *et passim*; Albert O. Hirschman, "Rival Interpretations of Market Society: Civilizing, Destructive, or Feeble?" (1982) 20 *Journal of Economic Literature* 1463; Rogene A. Buchholz, "The Protestant Ethic as an Ideological Justification of Capitalism," (1983) 2 (2) *Journal of Business Ethics* 51. 有关市场经济合作决策背后的思考参见 Ernst Fehr and Klaus M. Schmidt, "A Theory of Fairness, Competition, and Cooperation," (1999) 114 (3) *The Quarterly Journal of Economics* 817。

争法，来防止沃尔玛垄断市场或过度使用其累积的交易优势。此外，若沃尔玛通过限价，低于成本销售商品，生产假冒、伪劣、危险产品，窃取商业秘密，违反专利和版权法，发布虚假和误导性广告等不诚实的方式获取不公平的优势，则可以适用刑法来保护小型竞争者不受到有责危害的权利。在市场经济环境下，沃尔玛没有不参与市场竞争的一般义务（这些竞争行为的目的并不在于有责地危害他人，其造成的危害只是真正竞争的副作用）。

如果存在道德责任和认知责任，那么侵犯权利的行为就是可责的——市场主体具备专门知识，这些专门知识意味着能够向他们解释清楚限价、误导行为和诈欺行为以及其他一些为了获取利益不择手段的行为不仅是不公平的，而且是不正当的。在上述例子中，沃尔玛的目的并非为他人造成不良后果，它所造成的不良后果只是合法竞争的副作用。沃尔玛的目的是进行市场竞争，并从每个人都能利用的市场中获利。沃尔玛创造了就业机会，规模经济使得许多难以购置的货品变得随手可得。我们有理由认为，相较于旨在扭曲市场效率的保护型措施而言，社会能够从合理的、健全的、诚信的竞争中收获更多。[①] 这也是防止限价、商品垄断等反不正当竞争法正当的原因所在。沃尔玛真实地、诚信地在竞争中打败了街角商店，但它并没有侵犯街角商店店主的权利。唯有将违法本质理论与正当竞争理论相结合，才能正确地识别出何种情形下的市场竞争是不公平的、违法的且应当入罪。当然，类似沃尔玛这样的公司通过日积月累获得了非常雄厚的竞争实力，但除了将其有责的不正当竞争行为（侵权行为）宣布为罪之外，刑法并无其他用武之地。本书不全面讨论各种竞争类型的公平性或不正当性，仅概述违法竞争的前提条件是竞争者造成了危害与其可责性。困难之处在于认定一个特定竞争行为涉及的危害究竟是有责的危害，还是合法竞争带来的危害。

在此语境下，只关注不公平性（Unfairness）而不关注不法性（Wrong-

---

① 资本主义的道德基础可以说是建立在个人权利和自由的基础上。"我们的权利定义了我们彼此之间以及我们与国家之间的道德关系：权利和与之相关的义务揭示了我们和国家行为的界限。" Roger Pilon, "Capitalism and Rights: An Essay Toward Fine Tuning the Moral Foundations of the Free Society," (1982) 1 (1) *Journal of Business Ethics* 29 at p. 30; Friedrich A. von Hayek, *The Constitution of Liberty* (Chicago: University of Chicago Press, 1978).

ness）的做法是不合逻辑的。不平等不仅是一个生物学事实，同时也是市场效率的刺激因素，因此不平等性对于何时能够引起刑法规制并没有起到多少指引作用。① 举例而言，一名在剑桥实验室发现 DNA 的教授，无疑具备更好的技能，其研究成果也更具实用性，但我们尚不清楚为何他的专利费无法匹及艺人们的版权费。许多艺人能够利用只有他们的律师能看得懂的著作权法（由他人制定的法律），反复通过相同的演出或作品赢利，如果只按艺人最初的贡献来计算其价值，那么艺人们赚的钱极大地超过了他们产生的价值。足球运动员们和艺人们的收入常常与其个人努力和贡献无关。一个健康的市场经济应当按照人们产生的价值来合比例地分配财富，但是除了惩罚逃税行为之外，刑法无法解决生活中的一切不平等问题。我们应当对收入极大地超过所产价值的人征收暴利税，但也应该适当微调，使冒险家和真正的发明家能够通过其努力而获得巨大回报。②

　　本书不涉及市场经济竞争行为的正当性问题，也不考察经济活动的合适边界问题。目前可以明确的是，一个可入罪的危害必须由超出真正竞争之外的行为所致。如果沃尔玛的目的只是破坏小型企业，他就有责地侵害了那些企业（作为商业社会的专家，他们明白故意破坏其他竞争者的不正当性，这时就产生了认知责任和道德责任），但如果沃尔玛的目的只是运用市场经济，其行为就不具备明确的不正当性。正当竞争与不正当竞争之间存在很大的灰色地带，既可能由刑法规制，也可能由非刑事法律法规监管，③ 但区分二者的界限的问题，就不在本书的考虑之列了。

　　一个人也可能在没有受到危害的情况下遭受他人的无理对待。没有损

---

① Cf. Jeffrey G. Williamson, *Did British Capitalism Breed Inequality*? （London：Routledge, 2005）.

② 有关市场经济的规范功能和社会功能的论述参见 Luigino Bruni and Robert Sugden, "Fraternity：Why the Market Need Not Be a Morally Free Zone," （2008）24 *Economics and Philosophy* 35。另一个更加以价值为导向的可选方案参见 Peter A. Corning, "'Fair Shares'：Beyond Capitalism and Socialism, or the Biological Basis of Social Justice," （2003）22 （2） *Politics and the Life Sciences* 12。

③ "同样地，认为完全竞争市场（如果存在的话）将是一个'道德自由区'的观点也没有任何立足空间。在一定条件下，人们对损人利己的行为不存在道德上的异议，这并不是因为在这个条件下不能适用道德，而是因为这个条件下的道德允许不道德的事情发生。"John Gardner, "Nearly Natural law," （2007）52 *The American Journal of Jurisprudence* 1 at p. 5. 有关积累的交易能力所固有的不公平的论述参见 Norman E. Bowie and Robert L. Simon, *The Individual The Political Order* （New York：Rowman and Littlefield, 1998） at pp. 51 *et seq.* 。

害我们利益的无理对待不应入罪，^① 除非这些行为导致了应受管制的不良后果的发生。范伯格的例子恰当地说明了这一观点：违背诺言会使承诺人侥幸获利，^② 受约人受到了无理对待而非危害，违背诺言的行为没有危害到受约人，因此该行为不应入罪。足够严重的不良后果，是故意的不法行为的可入罪性的必要条件。但与行为的恶劣性完全不同，不良后果本身尚不足以证明行为的不正当性。更重要的是，只有不法行为，无法为立法者提供恰当指导，也无法解释为什么一个特定行为应当入罪。必须综合不法行为与不良后果，才能为立法者提供恰当指导。

现在我们来考察范伯格所述的道德可责性（Moral Culpability）。他将这个概念作为危害他人的不正当性的要素之一。不法危害的犯罪化依据的第二个要素，即要求危害必须是由人类的有责行为引起的（也就是说，行为人能够理解其行为的不正当性，因此应为其行为承担责任）。根据范伯格的观点，行为只有在故意旨在侵犯他人的道德权利（Moral Rights）时，才是可责的。^③ 侵犯他人免受危害的权利是范伯格所述危害原则的核心。他指出，对他人利益的侵犯（即损害与某人利益攸关的个人资源或专有资源）通常是对他人权利的侵犯。^④ 在个人利益的语境下，除了危害他人利益者具有更优越的利益从而使其危害行为具有正当性的情形之外，每个人都存在对于他人的一般主张。危害行为的犯罪化不仅依赖于"利益"，还依赖于业已存在的道德权利。危害是对他人利益的有责损害、阻碍和击败。^⑤ 范伯格指出，只有在行为人有责地损害他人利益时，危害才得以被识别。这就是说，行为人必须完全清楚地知道他

① Cf. Joel Feinberg, *The Moral Limits of the Criminal Law*：*Harmless Wrongdoing*（New York：Oxford University Press，Vol. Ⅳ，1988）at pp. 323 - 324.

② Joel Feinberg, *The Moral Limits of the Criminal Law*：*Harm to Others*（New York：Oxford University Press，Vol. Ⅰ，1984）.

③ 范伯格论述道："如果说有些利益是对他人的道德主张的基础，那么这一定是福利利益。如果我们从根本上讨论道德权利，那么，我们每个人都有生命、基本健康、充足收入、政治自由等各式各样的道德权利……福利利益是我们对其他人的（道德权利）有效主张的典型基础。"Joel Feinberg, *The Moral Limits of the Criminal Law*：*Harm to Others*（New York：Oxford University Press，Vol. Ⅰ，1984）at p. 112；J. R. Lucas, *On Justice*（Oxford：Clarendon Press，1980）at pp. 20 - 34.

④ J. R. Lucas, *On Justice*（Oxford：Clarendon Press，1980）at pp. 20 - 34.

⑤ J. R. Lucas, *On Justice*（Oxford：Clarendon Press，1980）at p. 33.

的行为会侵犯被害人不被危害的权利，而故意实施该行为时，才能将该行为导致的后果认定为刑法意义上的危害。① 在此意义上，行为人以侵犯他人权利的方式无理对待了他人，有责地损害了他人的利益。范伯格将危害限定在道德上的不法行为的基础之上，从而使危害的认定依赖于对他人已有权利的无可辩驳的侵害。他使用"道德权利"（Moral Rights）而非"法定权利"（Legal Rights），以避免这样一个循环：如果不知道人们拥有什么权利，就无法知道究竟是什么构成了不法危害；如果不知道危害是由什么构成的，就无法知道我们具有什么权利。范伯格指出，以"法定权利"来定义何种利益会受到危害，则无法避免上述循环，唯有以"道德权利"来界定，才能解决这个矛盾。②

范伯格主张："任何无正当理由地侵犯他人利益（当然，除了病态的利益或邪恶的利益）的行为都是无理对待，都侵犯了他人的道德权利。"③在范伯格的构想中，不正当性是指：造成危害的行为是无正当理由的/不可宽恕的侵权行为。他所谓的危害人类利益的道德不正当性的理论不难理解，但是他在论述时，采取了传统上在事后庭审的角度解释法律罪过（Legal Fault）的术语（无正当理由的/不可宽恕的），这些术语还有待进一步的解释与说明。范伯格指出，有责的侵害是一个无法辩解的（无正当理由的/不可宽恕的）侵权行为，但没能说明为何从事前的犯罪化视角而言，这些概念具备解释不正当性的道德基础。④ 他不仅使用了"无正当理由"（Unjustifiable）和"不可宽恕的"（Inexcusable）等术语，还使用了"故意"（Intention）、"疏忽"（Negligence）、"轻率"（Reckless-ness）甚至"过错"（Fault）这些责任术语。而传统上，只有在事后庭审角度考量被告人是否有罪时，才使用这些术语。例如，范伯格写道，

---

① Joel Feinberg, *The Moral Limits of the Criminal Law*：*Harm to Others*（New York：Oxford University Press, Vol. I, 1984）at pp. 109 – 114.

② Joel Feinberg, *The Moral Limits of the Criminal Law*：*Harm to Others*（New York：Oxford University Press, Vol. I, 1984）at p. 111；Hamish Stewart, "Harms, Wrongs, and Set-Backs in Feinberg's Moral Limits of the Criminal Law,"（2001 – 2002）5 *Buffalo Criminal Law Review* 47 at p. 53.

③ Joel Feinberg, *The Moral Limits of the Criminal Law*：*Harm to Others*（New York：Oxford University Press, Vol. I, 1984）at pp. 111 – 112.

④ Joel Feinberg, *The Moral Limits of the Criminal Law*：*Harm to Others*（New York：Oxford University Press, Vol. I, 1984）at pp. 105 – 108.

满足以下条件时，A 有责地侵害了 B 的福利利益：

　　a. A 实施行为……

　　b. A 行为时抱有引起不利后果或类似后果的意图，或对该后果存在过失或疏忽，以有瑕疵或错误的方式对 B 造成风险；

　　c. A 的行为方式具有道义可责性，即无免责事由或正当化事由；

　　d. A 的行为是导致 B 的利益受到阻退的原因；

　　e. A 的行为是对 B 的权利的侵犯。①

不妨将道德可责性的客观性作为犯罪化和监禁刑的道德证成的要素之一来看待。本书以不法（Wrongfulness）指代广泛的道德可责性（Moral Culpability），以不正当性（Wrongness）指代道德不许可性（Moral Impermissibility）。② 依据危害原则，不正当性，即造成危害的行为的刑事不许可性（Criminal Impermissibility）或可入罪性（Criminalizableness），由可责性与有害后果（或者有害后果的风险与未遂）组成。毕竟，欠缺有责性的不良后果本身并不构成犯罪，有害的意外事件也不会受到刑事处罚。③ 正如托马斯·内格尔（Thomas Nagel）所言：

> 罪恶的本质是使人不悦。对于罪恶的事物，如果我们能够受到指示，该指示应当是消除而非维持这些事物。此为罪恶的应有之义。因此，当我们致力于罪恶（危害行为）时，我们就是在行为规范的潮流中逆向而行。指引我们行为的目的，与目的所指向的（应受保护的）价值恰好完全相反。换句话说，如果我们旨在危害他人，我们会一开始就采取积极行动，而非消极行动。无论如何，行为人意志支配下的行动都是与行为规范背道而驰的，从行为人的角度来看，这就是严重的道德错位（Moral Dislocation）。④

---

① Joel Feinberg, *The Moral Limits of the Criminal Law*：*Harm to Others*（New York：Oxford University Press, Vol. I, 1984）at pp. 105 – 106.

② 道德之恶（Moral Evil, 旨在造成不良后果的行为/动作，例如杀人、强奸等）和自然之恶（Natural Evil, 如疟疾造成的破坏等）二者之间的支点，即道德可责性。

③ 参见 Itzhak Kugler, *Direct and Oblique Intention in the Criminal Law*：*An Inquiry into Degrees of Blameworthiness*（Aldershot：Ashgate, 2002）at pp. 1 – 57.

④ Thomas Nagel, *The View From Nowhere*（New York：Oxford University Press, 1986）at p. 182；Ronald D. Milo, *Immorality*（New Jersey：Princeton University Press, 1984）.

　　道德可责性足以解释故意的/轻率的危害行为的客观不正当性，因为社会中的道德行为人明白故意给同伴造成不良后果（危害）是错误的。① 故意引起良好后果或中立后果的情形就另当别论了。故意实施危害行为就是刑事拘留的合理的、客观的正当依据的前提，是同时考量公正定罪与合比例刑罚的正当性要求。② 也就是说，应当以犯罪行为的严重性为依据定罪量刑。③ 惩罚故意危害他人行为的公平性在于，危害行为事实上给被害人造成了不良后果，侵犯了被害人的真正权利。施害者以引起不良后果为目的，因此我们可以合理地向他说明，他的危害行为是有责的、坏的、应当受到合比例处罚的，并且这个合比例的处罚在一定条件下可能包括监禁刑。④

　　尽管"可责性"或更普遍地被称为"意图"（Intentionality），有助于解释道德不正当性和法律过错，但是，意图本身并不等同于道德上的不正当。首先，只有邪恶的想法并不足以入罪，除非将它与旨在造成危害的努力相结合，才具备初步的可入罪性。其次，如果立法者颁布法令，规定女同性恋在公众场所亲吻为罪，这不意味着客观而言，女同性恋者在公众场合亲吻就是不道德的。如果一对女同性恋者决定在公众场所亲吻来抗议这项法律，她们明知这个行为违法而故意这么做，那么就是有责地违反了这

---

① 对于博学的、理性的熟思者而言，从本质上看来，故意危害行为的不正当性是不言而喻的。参见 Christine M. Korsgaard, *The Sources of Normativity* (Cambridge：Cambridge University Press，1996) at pp. 131 - 166；W. D. Ross, *The Right and the Good* (Oxford：Oxford University Press，1930) at p. 29. 查尔斯·弗里德（Charles Fried）指出："伤害一个无辜者是不正当的。无论其他语境下的故意存在什么问题，在此语境下的故意无疑构成了这个规则的实质内容。"选择实施危害他人的行为"应当受制于这个规则，同时它也说明了这个规则的逻辑性和绝对力量"。Charles Fried, *Right and Wrong* (Cambridge, MA：Harvard University Press，1979) at p. 31；Georg Henrik von Wright, *Norm and Action：A Logical Enquiry* (London：Routledge & Kegan Paul，1963).

② 参见 Andrew von Hirsch and Andrew Ashworth, *Proportionate Sentencing：Exploring the Principles* (Oxford：Oxford University Press，2005) at p. 4. 关于公正定罪的概述参见 Dennis J. Baker，"Constitutionalizing the Harm Principle," (2008) 27 (2) *Criminal Justice Ethics* 3 at pp. 4 - 10。

③ 范伯格通过一个平衡程序（Balancing Process）来认定危害是否最终属于应受刑法规制的类型。参见 Joel Feinberg, *The Moral Limits of the Criminal Law：Harm to Others* (New York：Oxford University Press，Vol. Ⅰ，1984) at pp. 215 - 217。

④ H. L. A. Hart, *Punishment and Responsibility：Essays in the Philosophy of Law* (Oxford：Clarendon Press，1968) at pp. 181 - 182。

项法律。但是这项法律不符合正义的要求，同性恋者亲吻并不会造成本质上的不良后果，因此她们不应受到道德上的责难。① 换言之，仅满足了意图要求，并不等于满足了不正当性的要求。无论引起危害的原因是道德行为人的故意行为、意外事件还是自然灾害，危害就是初步的不良后果。因此，唯有故意的危害行为才能满足不正当性要求。当一个人旨在故意危害他人，或轻率地引起危害发生时，我们就可以说，他应当由于其邪恶的想法和造成的危害或带来的危害风险，而受到规范责难和刑事非难。他的道德可责性使他的不良行为（Bad Act）成为不当行为（Wrong Act）。不法行为人不仅在主观上旨在造成不良后果，而且在客观上正在实施造成不良后果的行为。意图造成良好后果或中立后果的情形则完全不同，例如女同性恋者行使自己应当受到合理对待的权利而震惊、启发那些不容异说者的情形。

单纯依靠犯罪行为尚无法判定行为人有罪，还必须证明行为人具有犯罪意图。这个规则不仅解释了为何在事后庭审角度，行为人应当对特定不良后果承担法律责任，还从事前的犯罪化视角说明了一些行为的道德不正当性。在上述例子中，女同性恋明知在公众场所亲吻是犯罪行为而故意违反禁令，从明知故犯的意义上来看，她们应当承担法律责任。诚然，她们意图造成违法后果，应当对此负责，但是她们如此行为的目的并非危害他人，因此不应受到道德责难。② 此种情形下，所有的立法者都可以宣称，因为她们选择违反并且事实上也违反了这条法律，所以她们应对在公众场所亲吻承担刑事责任。这与颁布一条法律，规定禁止年轻人在老妇人上公共汽车时帮她拿东西并无不同。如果一位年轻人帮老妇人拿了东西，他不仅对帮助老妇人的行为负有道德责任，同时依据这条法律的规定，他也应当承担法律责任。尽管如此，这位年轻人的行为帮助了老妇人，可谓产生了良好后果，因此他应当得到道德上的赞美而非责难。是以，旨在引起良

---

① 参见 Georg Henrik von Wright, *The Varieties of Goodness* (London: Routledge & Kegan Paul, 1963) at pp. 114 – 135。

② 让·汉普顿（Jean E. Hampton）指出："我们对有责的不法行为人的愤怒，让我们认为他们故意加入了不道德阵营。我们蔑视他们对不道德的忠诚。正因为他们明知他们的行为是不道德的（而仍要为之），所以他们应当受到刑事责难。但是，如果我们发现他们的行为并非出于这种可憎的忠诚，而是出于对禁止条款的无知或意外事件，我们的愤怒就会平息。" Jean E. Hampton, "The Nature of Morality," (1989) 7 (1) *Social Philosophy and Policy* 22 at p. 42.

好或中立后果的行为，不应当受到规范责备或刑事非难。

对造成的后果负责，与对一个特定后果承受道德责难①与刑事非难，二者之间有很大差别。此外，旨在造成无害后果的行为也不足以使行为人入狱，仅以罚金刑进行恰当规制即可。监禁刑的正当性限制需满足以下三个方面的要求：第一，将要入罪的行为所导致的后果必须是有害的（客观危害限制）；第二，不良后果必须是行为人有责地引起的（客观可责性限制）；第三，危害必须与将受的刑事责难相适应（合比例的惩罚限制）。清晰地认定潜在后果的危害性是十分重要的，因为在现实世界中，正是后果（或潜在后果）给予了立法者指示，指引立法者认定特定行为是否应当入罪，以及其刑罚是否应当包含监禁刑。

安东尼·达夫（R. A. Duff）②论述道，范伯格所述危害行为之不正当性的检验方式，是将事后的（ex post）法律责任探究（即事后对特定被告人罪责的认定）与事前的（ex ante）应当先于犯罪化决定的道德不正当性的认定（即立法者在将某一特定有害行为犯罪化之前，应当说明该行为是不正当的）相结合。达夫指出："紧要的问题并不在于我们是否能够要求行为人为其无理行为承担刑事责任。要使犯罪化的标准无可辩驳，就必须像范伯格那样，将不法行为和责任结合起来。"③但是达夫忽视了不法行为本身就包含了责任，即危害他人的行为只有在道德行为人有责地做出时，才可能入罪。只要我们将上文提到的有关旨在引起不良后果的不正当性考虑进来，范伯格的方法就是合理的。另一点需要我们牢记的是，从事前的犯罪化视角来看，立法者只是预先陈述了故意旨在危害他人的代理人将受到刑事责难，因为社会中（理性的）认识者有足够的能力和经验知识去理解，对他人造成（应受谴责

---

① "简言之，应受谴责的行为人指的是，明知其应当遵守的道德要求，但是为了达到个人目的而违反道德要求，且其目的是道德要求所禁止的。他明知应当遵守这个规则，但没有遵守。他试图根据自己的喜好和决策来行事，而不是根据道德要求来行为，从这个意义上看，他是反叛者。" Jean E. Hampton, "The Nature of Morality," (1989) 7 (1) *Social Philosophy and Policy* 42.

② R. A. Duff, "Harms and Wrongs," (2001 - 2002) 5 *Buffalo Criminal Law Review* 19. 达夫似乎忽略了作为事前视角的不正当性因素的意图/可责性的作用。这似乎意味着，地震可以无理地对待（Wrong）他人，而不仅仅是危害（Harm）他人，但这个结论夸大了事实，毫无意义。

③ R. A. Duff, "Harms and Wrongs," (2001 - 2002) 5 *Buffalo Criminal Law Review* 19.

的）可避免的不良后果是违法的。① 为了证明事前的犯罪化决定的正当性，立法者假定可责性是不正当性的一个方面。显然，将可责性作为不正当性的一个方面进行考量具有合理性。这就是说，立法者应在事前的视角概括出，应受道德责备的危害行为与非故意的危害行为不同，前者是不正当的，应受刑法规制的。② 从这个命题我们可以概括出，任何旨在引起这类不良后果的行为人都是应受谴责的，因此立法者能够预先将一些假定的结果标记为犯罪。③

立法者预先说明如果 X 无免责事由或正当化事由故意强奸了 Y，他就不法地危害了被害人，应制定合适的法律来判定这个行为有罪。而从事后角度认定一个特定行为人是否符合应承担责任的要求，则是法院的任务。立法者只能从事前犯罪化的视角，假设有责的强奸是不正当的、有害的，因此应受刑事责难；而行为人的个人罪责则是由法院从事后的角度根据案件事实来具体判断的。警察有可能正当地击毙一个打算炸毁火车的恐怖分子。④ 同样地，被害人也可以出于正当防卫而杀了行为人。立法者并不关注他是否这么做，而只关注如果他的行为是正当的，必须存在恰当的辩护理由。值得注意的是，不能认为故意、辩解、正当理由等概念具有既能在事前的角度认定道德不正当性（一般职能），又能在事后认定特定行为的应受处罚性（特殊的、技术上的法律职能）的双重功能。缺乏道德可责性的行为不足以入罪，⑤ 故意则是不正当性

---

① 本书第六章运用主体间性的可识别的规范准则，对正当犯罪化的规范性进行探讨。关于主体间性的概述参见 Christine M. Korsgaard，"The Reasons We Can Share：An Attack on the Distinction Between Agent-Relative and Agent-Neutral Values，"（1993）10（1）*Social Philosophy and Policy* 24。

② "值得注意的是，道德上的善和道德上的恶之间具有不对称性。对于前者，我们假定其目的是善的，并且仅仅为了这一善良目的；对于后者，只要求由行为产生的恶是可以预见的即可。" 参见 Georg Henrik von Wright，*The Varieties of Goodness*（London：Routledge & Kegan Paul，1963）at p. 130；Charles Fried，*Right and Wrong*（Cambridge，MA：Harvard University Press，1979）at p. 41。

③ "很显然，这个道德基本原理被应用于故意的危害行为。故意意味着一定程度的预先谋划，最高罪责也体现在故意引起危害之中。" Jerome Hall，*General Principles of Criminal Law*（Indianapolis：Bobbs-Merrill Co.，2nd ed.，1960）at pp. 133 – 134.

④ Kurt Baier，*The Moral Point of View*（Ithaca：Cornell University Press，1964）at p. 194.

⑤ "绝对规范领域（Domain of Categorical Norms）与行为领域（Domain of Actions）极为相似。能够认清应受刑事责难的不正当性既不是结果也不是事态（一个死人、一个错误的信念等是不好的，但不是不正当的），而是将与行为相关的道德特征加入对行为本身的描述中，这是一个好的开始。" Charles Fried，*Right and Wrong*（Cambridge，MA：Harvard University Press，1979）at p. 16.

的必要因素。总而言之，危害与故意的结合，使得最终后果（或不良后果的未遂或危险）成为不正当的后果（Wrongful Consequences），而不仅仅是不良后果（Bad Consequences）。从危害的语境而言，可责性是不良后果与犯罪化之间的支点。从事前的角度而言，或者从合宪性审查的角度而言，责任是一个客观标准，应当与危害一同作为衡量犯罪化决定正当性与合比例性的标尺。

第三节　对于动物的无理对待

如果我们要认真对待危害，我们就必须确保作为犯罪化依据的不法危害能够涵盖所有因其危害性而应当入罪的行为（尤其当危害是援引刑法的最佳理由时）。范伯格所述危害原则无法说明肆意伤害动物的可入罪性（Criminalizableness）。"危害"是一个十分有用的客观概念，不仅因为我们可以将危害概念化，使法官、政治家和社会公众都能理解，还因为作为援引刑法的客观依据，它的涵盖面最为广泛。大多数情形下，我们以刑法应对能够感知到的危害，即使有时候这个危害不具备客观性本质。如果刑法被用来预防客观危害，那么危害原则就应当被用以解释犯罪化决定的正当性。既然已有疑问较少的"危害"概念，那么以其他抽象的哲学概念①解释犯罪化决定的正当性就是毫无意义的，这么做只会使法官们感到异常困惑，毕竟被犯罪化的是危害。

要将"危害"作为检验不公正犯罪化的有效工具的潜能发挥到最大，就必须重构"危害"概念，以保护非人类主体免受客观危害。范伯格所述危害原则的最大不足在于，他有关不正当性的理论十分狭窄，只能解释故意地（无正当理由地/不可辩解地）损害人类利益行为的不正当性。在范伯格的危害原则公式中，动物不享有道德权利。② 人类对于保护类似家禽的动物存在

---

① Arthur Ripstein, "Beyond the Harm Principle," (2006) 34 (3) *Philosophy & Public Affairs* 215. 更精细的筛查程序参见 Jonathan Schonsheck, *On Criminalization* (London: Kluwer Academic Publishers, 1994)。大多数法官和立法者难以受到里浦斯坦的自由理论（Theory of Freedom）的指引，因为它不包含不良后果。有形的后果是可测量的，而自由不行。与本书论述无关的，有关自由之可测量性的探讨可参见 Lan Carter, *A Measure of Freedom* (Oxford: Oxford University Press, 1999)。

② 范伯格指出，福利利益是人类福祉的必需品，对福利利益的侵犯"是对其他（道德权利）提出有效主张的最佳基础"。Joel Feinberg, *The Moral Limits of the Criminal Law: Harm to Others* (New York: Oxford University Press, Vol. I, 1984) at p. 112.

个人利益，或者对于环境保护存在集体利益，这些情况下可以适用危害原则。[1] 但只有在危害与有形的人类利益之间存在道德关联时，范伯格所述可入罪的危害公式才是可行的。[2] 也就是说，在施害者的行为与人类利益的减损之间存在清晰的关联时，才能运用这个公式。要证明我们的集体利益遭到环境犯罪（例如将有毒废物倾入水道）的不法危害并不难。[3] 然而，人类对于保护常被视为宠物的狐狸之类的动物，并不存在利益。要证明人类的集体利益或个人利益如何被猎狐行为减损实属困难。[4] 人类不太可能就禁止猎狐、斗狗、斗牛存在利益。[5] 我们为了其他物种的利益而有选择地杀害狐狸[6]，我们也为了供给肉类而大规模杀牛。我们在保护狐狸或牛的过程中并不存在利益，因此猎狐和斗牛无法对人类的集体利益或个人利益造成不法危害。

在范伯格所述危害原则的语境下，动物不能得到免受危害的保护，因为它们不存在不被危害的权利。同样，危害动物的行为并不必然对人类造成危害。例如，人类不会因为斗牛或猎狐而被无理对待或受到危害。范伯格将这种危害称为"自由浮动的罪恶"（Free Floating Evil）。[7] 他指出，尽管"自

---

[1] Joel Feinberg, *The Moral Limits of the Criminal Law*：*Harm to Others*（New York：Oxford University Press，Vol. I，1984）at pp. 227 – 232.

[2] 范伯格指出，可以用代理的概念赋予动物权利，正如我们对待婴儿的权利那样。Joel Feinberg，"The Rights of Animals and Unborn Generations，" in William T. Blackstone，*Philosophy and Environmental* Crisis（Athens：University of Georgia Press：1974）at p. 51. 但这个论述并不是那么令人信服，因为赋予动物平等权利实际上过度扩张了权利的范围。值得注意的是，范伯格并没有在 *The Moral Limits of the Criminal Law*：*Harmless Wrongdoing*（New York：Oxford University Press，Vol. IV，1988）中发展此理论。Cf. Christopher Heath Wellman，"Feinberg's Two Concepts of Rights，"（2005）11（3）*Legal Theory* 213；George W. Rainbolt，"Two Interpretations of Feinberg's Theory of Rights，"（2005）11（3）*Legal Theory* 227.

[3] Joel Feinberg, *The Moral Limits of the Criminal Law*：*Harm to Others*（New York：Oxford University Press，Vol. I，1984）at pp. 227 – 232.

[4] 英国 2004 年《猎狐法案》（*The Hunting Act 2004*）将猎狐行为规定为罪。

[5] "在危害的原始含义中，只有享有权利的生命才能被危害，这个含义将单纯的物品、手工制品和低等动物排除在外。" Joel Feinberg，*The Moral Limits of the Criminal Law*：*Harmless Wrongdoing*（New York：Oxford University Press，Vol. IV，1988）at pp. 22 – 23.

[6] 英国的温带海洋性气候使得英国乡村的草地长势旺盛并成为狐狸的天堂。狐狸四处打洞、伤害家畜、啃食庄稼、破坏农庄，给英国农民和农场主制造了诸多麻烦和损失。参见 https：//baike. baidu. com/item/% E7% 8C% 8E% E7% 8B% 90/22502227？ fr = aladdin。——译者注

[7] Joel Feinberg, *The Moral Limits of the Criminal Law*：*Harmless Wrongdoing*（New York：Oxford University Press，Vol. IV，1988）at 20.

由浮动的罪恶不会对任何人的福祉产生不利影响",但仍具有罪恶的本质。① 物种灭绝也是"自由浮动的罪恶"。② 范伯格自己也承认,他的不法危害概念不足以解释所有犯罪化决定的公平性或不公平性。他认为,自由浮动的罪恶几乎从不应当入罪。"'几乎从不'和'从来没有'这样的限定词反映了小心谨慎的自由主义者在面临法律道德主义者的强烈反例时,不可避免地变得摇摆不定……然而,我们可以审慎地将自由主义定义为一种观点,即预防危害和冒犯不仅是刑事禁令的(批判道德的)最佳依据,也是唯一常常优于自由的依据。"③ 那么,彻底摧毁一个物种,或者用不必要的残忍手段毁灭狐狸等普通宠物的问题究竟何在?

我们目前尚不清楚每个物种扮演的角色,也不清楚各类物种对人类在地球上的生存起到怎样的作用。现有证据足以证明,一个物种的灭绝,会危害人类的未来,会破坏对我们来说极为重要的各类生态系统的良好平衡。这个主张不会有太大争议:我们对于地球上现存的各类物种的维持存有集体利益。然而,减少狐狸的数量并不在这类集体利益之列。猎狐似乎是"自由浮动的罪恶",但范伯格没有解释以刑法预防"自由浮动的罪恶"的公平性。④ 实际上,他在讨论濒临灭绝的物种/动物时,背离了危害原则。这与其危害原则存在矛盾,因为很显然,肆意危害动物的不正当性与该行为涉及的事实危害密切相关。在解释暴露行为的客观可入罪性时,也许有必要背离危害原则⑤,但本书认为宣布肆意危害动物行为有罪的公正性可以在有责危害模式中予以说明。我们对肆意对待动物的残酷性有着深刻的传统理解,无须诉诸批判的道德来解释肆意折磨动物的不正当性。

---

① Joel Feinberg, *The Moral Limits of the Criminal Law*: *Harmless Wrongdoing* (New York: Oxford University Press, Vol. Ⅳ, 1988) at 20.

② 例如,范伯格认为,百万年来都不变地、孤独地存活在黑暗的浅洞穴池中的科罗拉多洞穴鱼的灭绝,不会损害我们的利益。Joel Feinberg, *The Moral Limits of the Criminal Law*: *Harmless Wrongdoing* (New York: Oxford University Press, Vol. Ⅳ, 1988) at 24.

③ "国家考虑的其他原则通常都有充分理由(尽管这很罕见),例如,取决于究竟什么是非不满(Non-Grievance)……有些理由确实很特别,到目前为止,只存在假定的非不满罪恶的例子(既不是危害,也不是冒犯,也不是任何类型的权利侵犯)足以严重到连自由主义者……也承认预防是犯罪化的充足理由。"Joel Feinberg, *The Moral Limits of the Criminal Law*: *Harmless Wrongdoing* (New York: Oxford University Press, Vol. Ⅳ, 1988) at p. 323.

④ Joel Feinberg, *The Moral Limits of the Criminal Law*: *Harmless Wrongdoing* (New York: Oxford University Press, Vol. Ⅳ, 1988) at p. 324.

⑤ 参见本书第六章的详细论述。

在面临躲避死亡和剧痛时，动物这类有知觉的生物像人类一样具备基本利益，① 因为他们具有避免危害的本能。斑马不会坐着等待狮子朝它扑过来，相反，它会拼命躲避狮子的袭击。范伯格承认电击奶牛会对奶牛造成危害，但他的结论是：奶牛不存在不被危害的道德权利。② 肆意危害动物是否构成客观上的不良后果？本书第六章论述了我们无法通过所谓的现实主义者或批判的道德理论来定义客观危害，但也许我们可以在视传统习俗而定的意义上判断，能否在客观上将特定行为评价为有害。客观性也可以通过一个粗糙的方式来认定，即通过专注于"规范意义上的有关证据、理由、论述以及价值标准"的公共协商来认定。③ 对于不必要地危害动物的行为，这个公共协商将会确立什么呢？戴维·威金斯（David Wiggins）写道，贝特朗·罗素（Bertrand Russell）曾指出"我无法反驳伦理价值的主观性，但我不喜欢肆意残忍对待动物的事实本身并非这一行为的唯一症结"④。威金斯认为，鉴于我们集体的审慎回应（Collectively Scrutinized Responses），残忍行为的不正当性在于它没有保证我们的喜好。"那些回应针对的是残忍的行为，以及该行为本身的真实动机、目的和结果。"⑤ 符合理性要求的公共协商使我们能客观地总结出，故意且非必要地残忍对待动物是不正当的。我们还能推断出，充分意识到并故意这么做的施害者，对动物造成了客观上的不良后果。动物可能并不享有权利，但基于以上的分析，人类

---

① David Degrazia, *Taking Animals Seriously*: *Mental Life and Moral Status* (Cambridge: Cambridge University Press, 1996).

② Joel Feinberg, *The Moral Limits of the Criminal Law*: *Harmless Wrongdoing* (New York: Oxford University Press, Vol. Ⅳ, 1988) at pp. 22 – 23.

③ "人们考虑到的用以做出裁判的理由、证据和论证都是相互关联的，从这个意义上来看，过程是客观的……目的在于证明对他人的裁判是正当的，告诉人们这些裁判是合理的、可靠的，以使所有人能认识和承认。我们将规范的协商视为公开提供公共理由的过程——这些理由不是我个人认为具有说服力的，也不是本书认为读者觉得有说服力的（但我不是这么认为的），而是我们都认同的，或者经过交流和商讨之后，我们可能达成共识的。" Gerald J. Postema, "Objectivity Fit for Law," in Brian Leiter (ed.), *Objectivity in Law and Morals* (Cambridge: Cambridge University Press, 2001) at pp. 118 – 119.

④ David Wiggins, *Needs*, *Values*, *Truth* (Oxford: Clarendon Press, 3rd ed. 1998) at p. 185 citing Bertrand Russell, "Notes on Philosophy January 1960," (1960) 35 *Philosophy* at pp. 146 – 147.

⑤ David Wiggins, *Needs*, *Values*, *Truth* (Oxford: Clarendon Press, 3rd ed. 1998) at p. 185 citing Bertrand Russell, "Notes on Philosophy January 1960," (1960) 35 *Philosophy* at pp. 210 – 211.

对于动物存在非相关的（Non-Correlative）无正当理由不能故意危害的义务。

拉兹①的利益理论认为，动物可能没有这样的权利，但是人类相对于非人类的动物存在一定义务。人们杀害、折磨动物显然在客观意义上危害了动物，并且有责地危害了动物，因为人类有不肆意折磨或毁灭动物的道德义务②。因为施害者明知自己的危害行为会对无辜的动物造成可避免的不良后果，他能明白这么做是不正当的。故意违反不肆意危害动物的义务是违法的，而这一点被范伯格的以权利为导向的危害犯罪化理论所忽略。不相关的义务理论（Non-Correlative Duty Theory）受到了霍菲尔德（Hohfeldian）的权利义务相互关系理论（Correlativity Thesis Between Rights and Duties）的启发，解决了范伯格理论的局限性问题。约瑟夫·拉兹/马修·克莱默（Joseph Raz/ Matthew H. Kramer）利益类型理论说明了违反不肆意危害动物义务的不正当性。③ 正如法哲学家安德雷·马默（Andrei Marmor）所言："根据霍菲尔德的传统，承认 A 对 B 负有义务，需要 B 对 A 享有权利。因此就产生了一个尴尬的问题：动物或濒危物种是否享有权利？然而，依据利益理论，并不必然产生这些问题。利益理论契合了我们对不享有权利的生物或实体负有义务的观点。"④

我们无法正当地忽略作为犯罪化因素之一的危害，因为大多数情况下，刑法的目的在于预防危害，因此危害是将肆意危害动物犯罪化的依据之一。但是动物不具备与人类相同的对价。⑤ 只要没有涉及不必要的残忍行为，养殖业就是允许的。同样，只要动物没有遭受折磨或不必要的残忍经历，科学家就没有理由不用动物做实验。研究员应当采取合理措施，避免为了实验目的而使动物经历不必要的痛楚。很显然，斗牛涉及肆意的残忍行为，其目的也无法使人信服，因此不应当被允许。至于猎狐，则是一

---

① Joseph Raz, *The Morality of Freedom* (Oxford：Clarendon Press, 1986) at Chapter 7.

② Joseph Raz, *The Morality of Freedom* (Oxford：Clarendon Press, 1986) at Chapter 7.

③ 马修·克莱默指出："利益理论指向了一个完全不同的立场。它的关注点在于福祉的维护，而非权利的行使，从而使赋予动物、逝者和精神上无行为能力的人权利成为可能。"参见 Matthew H. Kramer, *Rights, Wrongs and Responsibilities* (Chippenham, Wiltshire：Palgrave, 2001)。我们有义务避免损害他们的各类福祉。

④ Andrei Marmor, "On the Limits of Rights," (1997) 16 (1) *Law and Philosophy* 1 at p. 6.

⑤ Cf. Peter Carruthers, *The Animal Issue：Moral Theory in Practice* (Cambridge：Cambridge University Press, 1992).

个消灭常见有害动物的方式，只要出于此目的，且使用了高效怜悯的方式，该行为就是被允许的。只要科学证据能够证明狐狸的数量过多，并能证明以猎犬消灭狐狸并不残酷，那么就不存在将猎狐行为犯罪化的基础。但仍需以证据说明，猎枪并非更有效、更怜悯的消灭狐狸的方式。

认定何种类型的动物应当受到保护，是一个浩大且复杂的工程，本书无意于解决这一问题。显然，我们不希望一个跳着踩蚂蚁的小男孩被宣布有罪。① 本书旨在说明，危害原则可以被用来将不必要的折磨和虐待动物的不良后果入罪。本书不详尽论述在无尽的个案中如何适用危害原则，而是指出，应当将刑事非难、严厉刑罚限制在防止完全不必要的严重残忍对待的领域。例如（为防止繁殖过多或疾病传播）选择性地屠宰动物或养殖动物等合法的危害行为，只要出于合法目的，采取了最小量的残忍手段，就应当是被允许的。只有涉及相当严重的无目的危害行为时，才应当由刑法予以回应。我们不认为牛仔在牛犊身上烙印是犯罪，也不认为不使用麻醉药阉割牛犊是犯罪。正如现有证据可以证明的那样，养殖业使动物们免受饥荒，也防止了托马斯·罗伯特·马尔萨斯（Thomas Robert Malthus）提到的无节制的人口增长带来的问题。最后，这也涉及对各种类型虐待行为的有害性与行为目的的评价。如果行为目的是故意残忍地对待动物，那么刑法就是一个恰当的回应。

第四节 客观危害与抽象危害

如果立法者要认真对待危害原则，就不应当受制于客观危害（Objective Harm）的影响。抽象危害（Non-Objective Harm）指的是事实上没有造成实际危害的情形。近年来，立法者出于刑事民粹主义的政治优势的动机，② 以

---

① 参见 David Degrazia, *Taking Animals Seriously*: *Mental Life and Moral Status*（Cambridge: Cambridge University Press, 1996）。本书并不完全认同大卫·德格拉齐亚（David Degrazia）对于高等动物（例如海豚和猿猴）和低等动物（例如昆虫和老鼠）的分类。本书认为，应把焦点集中在行为所涉及的危害的整体类型，以及行为是否涉及好的目的或坏的目的，即消灭有害动物的必要性，而非肆意摧毁动物。为防止袋鼠饿死而选择性地屠宰是一回事，肆意捣毁 50 个稀有蜜蜂的蜂窝则是完全不同的另一回事。

② Julian V. Roberts *et al.*, *Populism and Public Opinion*: *Lessons from Five Countries*（Oxford: Oxford University Press, 2003）。

各式各样的危害论述来支持无害活动的犯罪化。例如，美国和英国[1]都规定消极乞讨（Passive Beggars）为罪，即使这类行为完全不会对其他人造成任何有形危害。毕竟我们讨论的是公共场所的消极乞讨，而不是 ATM 旁的积极乞讨。[2] 英国政府以抽象危害论证打击消极乞讨，却没能试着说明消极乞讨在事实上造成了不法危害。在美国，将无害行为添油加醋地说成有害的例子，还包括为无家可归者提供食物[3]、通奸[4]、持有性玩具[5]、持有个人自用大麻[6]、进入脱衣舞俱乐部[7]等。

有趣的是，德富林式的抽象危害论述最近在香港浮出水面，它被用作适用刑法防止成年男子在网上浏览淫秽图片可能产生的危险的正当性依据。很难想象一个想看裸体照片的人如何通过在网上浏览淫秽图片而使自己受到客观危害。香港的案例是论述抽象危害的好例子。德富林式的抽象危害论述渗透到香港《淫亵及不雅物品管制条例》（*Control of Obscene and Indecent Articles Ordinance*）当中。[8] 该管制条例第 10 条规定："在裁定物品是否淫亵或不雅，或裁定公开展示的事物是否不雅时，……须考虑以下各项：（a）一般合理的社会人士普遍接受的道德礼教标准。"那么谁是一般合理的社会人士呢？我们并不清楚"合理成员"究竟指的是年轻人、老年人、穷人，还是侨民、中产阶级、艺术家、学者。在香港，旧英国案例法中过时的推理[9]被用

① *Respect and Responsibility—Taking a Stand Against Anti-Social Behaviour*（London：Home Office，White Paper Cm 5778，2003）at para. 1. 8，3. 40 – 3. 44.
② *Together*，*Action Plan*（London：Home Office，2003）at p. 10.
③ Randal C. Archibold，"Las Vegas Makes It Illegal to Feed Homeless in Parks，"（New York：*New York Times*，28 July 2006）.
④ 例子参见斯卡利亚大法官（Justice Scalia）在 *Lawrence v. Texas* 案件中支持保留此类罪行的相关论述。参见 *Lawrence v. Texas*，539 U. S. 558（2003）at pp. 586，592 – 594。
⑤ *Williams v. Pryor*，240 F. 3d 944，949（2001）.
⑥ *Malmo-Levine*［2003］S. C. C. 74.
⑦ *Barnes v. Glen Theatre*，*Inc.*，501 U. S. 560，575 – 576（1991）.
⑧ 例子参见最近发生在香港的丑闻：一名艺人把自己的电脑送去修理，结果其中的淫秽照片被人取出并上传至互联网，这导致了由于被告人犯罪行为十分严重而被禁止保释的控诉。Dennis J. Baker，"The Sense and Nonsense of Criminalizing Transfers of Obscene Material，"（2008）26 *Singapore Law Review* 126；Keith Bradsher，"Internet Sex Video Case Stirs Free-Speech Issues in Hong Kong，"（New York：*New York Times*，February 13，2008）.
⑨ 被告人在美术馆内展示用胎儿制成的耳环而被判有违公德罪（Outraging Public Decency）。*R. v. Gibson*［1991］1 All E. R. 649.

来解释与认定"淫秽"和"下流"。① "'淫秽'并不局限于性的堕落与腐坏的倾向，还包含诱发暴力的趋势。"② 法院认为，可以用"淫秽""不雅"的字典含义来定义"淫秽""不雅"，即，"恶心的、肮脏的、下流的、令人厌恶的、令人排斥的或令人震惊的，是'淫秽的'；不得体的、极端低级趣味的、不体面的、违反礼节和情理的或者无羞耻感的，是'不雅的'"。③

在 *HKSAR* v. *Hiroyuki Takeda* ［1998］1 HKLRD 48 案件中，法院认为，对于出版淫秽物品的被告人施以严峻的威慑刑罚是恰当的，因为这个刑罚体现了"社会的痛恨"。英国判例也特别强调使用淫秽、下流物品腐化他人的行为。在 *Stanley* v. *Georgia* 案件中，美国联邦最高法院总结了反对公共道德腐败论点的基本论点："国家也许不再以持有化学书可能导致自制化学品的产生为理由而禁止该持有，同样，国家也许不再基于单纯持有淫秽物品可能导致反社会行为而禁止该持有。"④ 仅仅因为无害行为的犯罪化有助于防止成年人走向堕落而将无害行为宣布为罪的做法，并非对客观危害的恰当解释。⑤

---

① 同时，这部法律也参照了英国案例法、新西兰案例法确立的一些过时的公共道德概念。《阿齐博尔德手册》（*Hong Kong Archbold Manual*）指出："英国的法定定义，部分吸收了效仿 1965 年新西兰《淫秽出版物法案》（*New Zealand Indecent Publications Act*）的香港法律和香港立法的某些规定。"参见 Archbold Hong Kong, *Criminal Law*, *Pleading*, *Evidence and Practice*（Hong Kong：Sweet & Maxwell Asia, 2007）at p. 1820。

② Archbold Hong Kong, *Criminal Law*, *Pleading*, *Evidence and Practice*（Hong Kong：Sweet & Maxwell Asia, 2007）at p. 1822.

③ Archbold Hong Kong, *Criminal Law*, *Pleading*, *Evidence and Practice*（Hong Kong：Sweet & Maxwell Asia, 2007）at p. 1822.

④ 394 U. S. 557（1969）at p. 567.

⑤ 英国判例认为低级趣味物品可能腐蚀他人（导致他人自我堕落），并以此作为犯罪化的理由。*R.* v. *Calder and Boyars Ltd.*［1969］1 Q. B. 151；*Knuller*（*Publishing*, *Printing and Promotions*）*Ltd.* v. *DPP*［1973］A. C. 453. 本书认为，有四个核心理由来反驳这个观点。第一，这个观点是关于遥远危害的主张，只有在影响者和最终可能产生的堕落者之间存在规范联系时，该主张才是有效的：让 X 对单纯影响 Y 的潜在的（家长式的）自我危害决定负责，是不公平的（例如，X 卖给 Y 一本鼓吹吸毒的书，Y 独自做出的吸毒决定才是最终导致 Y 受到危害的原因）。Cf. *John Calder*（*Publications*）*Ltd.* v. *Powell*［1965］1 Q. B. 509. 第二，并不存在支持这个观点的实证连接（即，没有实证证据表明，如果行为人没有提供吸毒信息，他人就不会吸毒上瘾；也没有实证证据表明传播裸照、性爱视频会导致乱交发生）。第三，在英国，向成年人出售成人拍摄的色情电影、成年人的裸照、女性名录等，属于无害行为，因为那些想买这些物品的人同意接受该物品。第四，判例中的观点是家长式的（其目的是保护人们免受个人自主决定的危害）。本书第三章将探讨遥远危害的犯罪化问题。将家长主义作为犯罪化依据是错误的。参见 Joel Feinberg, *The Moral Limits of the Criminal Law*：*Harm to Self*（New York：Oxford University Press, Vol. III, 1986）。

值得注意的是，大多数对近期香港艺人裸照曝光的丑闻感到震怒和被冒犯的人们，从未看过这些照片。所谓的社会道德被冒犯，也仅仅是因为得知他人下载图片供自己使用罢了。

　　大量这类抽象危害的观点也渗入美国的犯罪化决定之中。因此，著名学者伯纳德·哈考特推断，在英美刑法的犯罪化辩论中，自由主义的危害原则不再担任主要角色。[①] 他主张，在 20 世纪 60 年代末至 70 年代，危害原则极具影响力，但是到了 20 世纪 90 年代，危害原则就被用来支持激增的保守的危害观点。[②] 许多这类抽象危害论点是建立在没有经过充分审查的经验主张和逸闻证据之上的。通过援引保守的危害观点，立法者将弱势群体（Disadvantaged People）标记为危险人群（Dangerous People）。这些人在早期被认为是社会中的不幸者（被一些人厌恶，但不构成威胁），例如无家可归者、乞丐、醉汉、吸毒者、游手好闲者等，如今他们"被当作犯罪和社区衰落的元凶"。主要的犯罪化依据不再是冒犯或不道德，而是（据称）由这些不端品行造成的危害。出于将特定行为犯罪化的目的，必须说明行为在客观意义上造成了危害。哈考特认为，危害原则已经分崩离析。[③] 但是，本书坚决反对这一观点。危害原则并没有瓦解，只是立法者从未区分客观危害和抽象危害，也没能对前者进行有意义的思考。除此之外，并没有证据表明，相较于几十年前、几个世纪前，抽象危害的观点不再流行。

　　与之相对的，严重的客观危害也常常未得到审视。几十年来，哲学家和刑法理论家一致关注的问题，就是社会中弱势群体所犯罪行的不合比例犯罪化问题。有人认为，弱势群体之所以对大量刑事犯罪负有责任，原因之一在于以阶级为基础的政治系统被华丽的民粹主义刑法辞藻主导着。立法者倾向于过分强调穷人所犯罪行的危害性，倾向于将法人危害认定为行政违法（Regulatory Wrong）而非刑事违法（Criminal Wrong）。[④] 杰弗里·雷曼（Jeffrey Reiman）

---

① Bernard E. Harcourt, *Illusion of Order*, *The False Promise of Broken Windows Policing* (Cambridge, MA: Harvard University Press, 2001) at pp. 185 *et seq.*

② Bernard E. Harcourt, *Illusion of Order*, *The False Promise of Broken Windows Policing* (Cambridge, MA: Harvard University Press, 2001) at p. 184.

③ Bernard E. Harcourt, "Collapse of the Harm Principle," (1999 – 2000) 90 *Journal of Criminal Law and Criminology* 109.

④ Jeffrey Reiman, *The Rich Get Richer and the Poor Get Prison* (Boston: Allyn & Bacon, 4th ed. 1995) at p. 123.

认为犯罪是一个人为构造的社会现实，由社会中的强势群体控制，并以牺牲社会中弱势群体的利益为代价，保护其自身利益。其核心观点如下：

> 刑事司法体系无法一边减少犯罪，一边让犯罪看起来好像是穷人的杰作。这么做传递了一个观念，即对守法者构成真实危险的人，是那些经济水平比他们低的人，而不是那些经济水平高于他们的人。这个观念通过财富、特权、机会的不平等来证明现状的正当性，从而满足权势者（如果他们对刑事司法政策感到不满，则会对此做出改变）的利益。[①]

尽管雷曼承认社会公众应当受到保护，免受穷人的危害（例如入店行窃、行凶抢劫等），但他也指出，这些犯罪并不是所有严重危害的唯一源头。他引用了一系列美国的综合数据来支持这一观点：人们更可能因工伤或劣质的紧急医疗服务[②]而残疾、受伤、截肢、死亡，而非严重的袭击或谋杀所导致。[③]雷曼写道，这些行为通常不会出现在美国联邦调查局（FBI）的严重犯罪索引目录中。他认为，社会公众的"财产损失更多地来自限价、垄断行为、欺诈消费者、侵占等行为，而不是 FBI 索引目录中的财产犯罪行为"[④]。例如，一些法人的管理不当导致了信贷危机（Credit Crunch）。法人和政府做了许多他们明知或怀疑有可能导致死亡或危害的决定，但是犯罪化不合比例地直指弱势群体。法人和政府明知地或轻率地做出许多不择手段的决定，使员工暴露在可怕的危险之下，有的甚至造成员工死亡。例如，许多人因"石棉、萨利多胺、矿难、建筑工程灾难等而丧命；士兵们被用来检测芥子气或原子弹辐射的影响"[⑤]。这些危害后果并没有被标记为无害，而是被标记为事故。我们无法总是公正地将其归责于个人，但这并不

[①] Jeffrey Reiman, *The Rich Get Richer and the Poor Get Prison* (Boston: Allyn & Bacon, 4th ed. 1995) at p. 7.

[②] 在英国，医疗事故在刑法规制范围内。但是，我们并不清楚医疗事故是否能够很快被人们发现并进入诉讼程序。参见 *R. v. Adomako* [1995] 1 A. C. 171。

[③] Jeffrey Reiman, *The Rich Get Richer and the Poor Get Prison* (Boston: Allyn & Bacon, 4th ed. 1995) at p. 55.

[④] Jeffrey Reiman, *The Rich Get Richer and the Poor Get Prison* (Boston: Allyn & Bacon, 4th ed. 1995) at pp. 1 - 20; James Gobert and Maurice Punch, *Rethinking Corporate Crime* (London: Butterworths LexisNexis, 2003).

[⑤] Katherine S. Williams, *Textbook on Criminology* (Oxford: Oxford University Press, 2001) at p. 21.

妨碍为了防止法人和政府的危害而采取强有力的监管形式的犯罪化。① 本书将在下一章论述，应积极努力地将危害行为归咎于与其有充分联系的主体。

在监察实践中，人们竭力将一些不法行为人作为靶子，却对另一些不法行为人采用过滤机制，给予他们第二次机会，将刑法作为最后手段。② 而这个做法又加剧了之前提到的不公平。公诉人竭力起诉类似盗窃罪这样的客观危害，却常常使法人的危害行为得以隐藏，难以受到刑事追诉。③ 安德鲁·阿什沃思列出了一些可行的起诉替代措施，以使其有避免刑事定罪。例如，他认为："对于逃税者，税务局每年只有几百个起诉案件，大多数都采取警告或者民事惩罚的措施。对于普通盗窃，却没有首先给予其警告，以使其有避免刑事定罪的机会或选择。与此类似，卫生安全局的检察员发布的强制执行的通知比他们启动的诉讼程序要多出许多——英国 1998～1999 年，共发布了 10844 个通知，起诉了 1797 个案件。"④ 在这类案件中，"刑法常常居于幕后，只有相对少数的不法行为人会经历刑事程序"⑤。

在澳大利亚的韦扎德（*Vizard*）案件⑥中，检察院使用起诉裁量权（Prosecutorial Discretion），使一个富裕且具有影响力的个人免于被以内线交易罪（Insider Trading）起诉。据称，韦扎德从内线交易中获益。可以说，相比于普通的扒手，韦扎德的行为对被害人的经济危害更大。目前尚不存在清晰的理由说明，为何检察部门倾向于适用民事处罚规定，而非刑事诉讼程序。据称，这是因为一个关键证人拒绝出庭做出不利于韦扎德先生的证明，导致证据不足不起诉。但是，这并没能说明为何法院没有向关键证人发出传票，强制其出庭作证；也没能说明为何监察部门没有依据

---

① Celia Wells, *Corporations and Criminal Responsibility* (Oxford：Oxford University Press, 2nd ed. 2001) at pp. 146 *et seq.*

② 我使用这个术语指代以下机制：允许逃税者或其他人在受到刑法责难之前，受到警告或民事处罚。这个机制使不法行为人明白，只有在他们用尽第一次机会时（警告或民事处罚），刑法才会启用。

③ Andrew Ashworth, *Principles of Criminal Law* (Oxford：Oxford University Press, 4th ed. 2003) at p. 38.

④ Andrew Ashworth, *Principles of Criminal Law* (Oxford：Oxford University Press, 4th ed. 2003) at p. 38.

⑤ Andrew Ashworth, *Principles of Criminal Law* (Oxford：Oxford University Press, 4th ed. 2003) at p. 38.

⑥ *Australian Securities and Investments Commission* v. *Vizard*［2005］F. C. A. 1037.

1995 年《证据法》［*Evidence Act 1995（Cth.*）］第 38 条，对该证人进行交叉询问。安德鲁·戈德史密斯（Andrew Goldsmith）等学者指出："尽管韦扎德能躲避刑事裁判，但是监察部门仍应当以内线交易罪提起诉讼。"[①]

在更早的澳大利亚的案件里，联邦政府的高级官员彼得·里斯（Peter Reith）部长让他的儿子使用一个本应由部长专门用于部长事务的电话账户，并在该电话账户上积欠 5000 澳元的电话费。[②] 该部长称，他把手机卡与 PIN 码给了他的儿子，他的儿子及其朋友们滥用了这张卡。部长愿意将这笔钱还上，以代替受到刑事起诉。检察机关并未对部长或他的儿子以盗窃罪或欺诈罪起诉。[③] 然而普通的店内行窃或偷车却无法轻易逃避起诉，这让人感到十分困惑。显然，这类严重危害属于范伯格所述客观的、有责的危害。只有在案件涉及严重危害行为，致使危害原则不仅仅是充分条件时，我们才会认真对待这项原则。我们对严重（故意的／无正当理由的／不可原谅的）危害行为的犯罪化和起诉应当具有一致性，否则将丧失公众对刑法的尊重。一个允许一部分实施了严重危害行为的人规避刑事定罪，但将其他轻微危害行为宣布为罪的犯罪化程序，不仅是不公平、不正义的，同时也会毁坏刑法的名誉。[④] 本书的关注点在于：用以证明犯罪化决定正当性的依据的正当性。本书不打算以较长篇幅讨论我们当前正在经历的、共谋行为导致的不公正犯罪化现象。[⑤] 上述简短的介绍说明，重点必须放

---

① Andrew Goldsmith *et al.*, *Crime and Justice：A Guide to Criminology* (Sydney：Thomson Lawbook Co.，3rd ed. 2006) at pp. 162 – 163.

② Margo Kingston，"More on the Reith Telecard Affair," (Sydney：*Sydney Morning Herald*，Monday 30 October 2000)；Patrick Barkham，"Australian Government Rocked by Phonecard Sleaze Row,"(London：*Guardian Unlimited*，Monday 30 October 2000). 最近在英国也有一个关于议会费用的丑闻，200 名议员牵涉其中，他们声称将大约 50 万英镑花费在根本不存在的个人抵押贷款上，更奇怪的是，他们还声称将这笔钱用在清洁一位议员的城堡的护城河上。众所周知，这些议员们的说法是不诚实的、欺诈的，因为这些费用与作为国会议员真正可能产生的费用没有任何关联，但是到目前为止，这些议员中没有任何一位受到指控。参见 Sarah Lyall，"British MPs Say Speaker Has Lost Moral Authority,"(*New York Times*，May 19，2009，on page a12)。

③ Andrew Goldsmith *et al.*, *Crime and Justice：A Guide to Criminology* (Sydney：Thomson Lawbook Co.，3rd ed. 2006).

④ 参见 David Beetham，*The Legitimation of Power* (Basingstoke：Macmillan，1991)。

⑤ 有关美国刑法研究扩展的各类论述参见 Douglas Husak，*Overcriminalization：The Limits of the Criminal Law* (New York：Oxford University Press，2008)。

在客观危害上，以及必要时，如何公平地将这类危害归责于做出不法行为的个人或法人。此外，各类犯罪行为在定罪和执行时也应当合比例。

第五节　危害原则的宪法化

本节概述了客观危害，考察了将客观危害作为认定犯罪化决定正当性标准的可能性。本节是第二章最为核心的内容，即宪法化的危害原则应当确保人们不会锒铛入狱，除非他们罪有应得。危害是判断各类行为犯罪化决定是否合比例且正当的基本客观标准。危害原则特别适用于认定刑事处罚的合比例性，因为刑罚危害了遭受刑罚的人。涉及监禁刑的犯罪化决定不同于一般的犯罪化决定，其唯一的道德依据和宪法依据即有责的危害行为。监禁刑严重危害了囚犯，因此人们不应入狱，除非他们对他人造成了同等的危害。把不法行为者送进监狱的充分条件是主观罪过①，以及不良动作/行为/后果的危害或危险。立法者需要从事前的角度说明，涉及监禁刑的刑罚是对不法行为的合比例的、公平的回应。因为监禁（包括短至几日的入狱）涉及严厉对待（对囚犯而言，是严重的危害后果），只有在行为人对他人的危害达到与监禁刑相等的严重程度时，适用监禁刑才是公正的。对造成无害结果的不法行为人判处监禁刑是不公平的、不合比例的。②

将危害原则宪法化，在确保将危害原则用作衡量犯罪化决定合比例性的判断标准（刑法是否为某一社会问题的合比例回应）的同时，也提供了一个宪法约束，用来衡量初步正当的刑法规定之下的判决是否正当。本书主张，危害原则应当被视为不合比例的刑罚的宪法约束，防止政府将无害的不法行为人送进监狱。本章的剩余部分着重讨论了涉及监禁刑的犯罪化

---

① 包括疏忽、轻率和故意等。

② 公平性限制机制，此指刑罚的合比例性。参见 Andrew von Hirsch and Andrew Ashworth, *Proportionate Sentencing：Exploring the Principles* （Oxford：Oxford University Press，2005）。美国联邦最高法院在近一个世纪内的死刑和非死刑刑罚中都承认合比例的公平性限制机制。参见 *Weems v. United States*，217 U. S. 349 （1910）；*Robinson v. California*，360 U. S. 660 （1962）；*Solem v. Helm*，463 U. S. 277 （1983）；Cf. *Harmelin v. Michigan*，501 U. S. 957 （1991）。但是，大多数人错误地拒绝遵循这一个世纪以来的先例。在死刑案件中，合比例原则也得以适用。参见 *Woodson v. North Carolina*，428 U. S. 280 （1976）；*Coker v. Georgia*，433 U. S. 584 （1977）；*Kennedy v. Louisiana*，554 U. S. 407 （2008）。

决定的合法性，而不广泛关注所有类型犯罪化决定的合法性问题。本书认为故意地/轻率地对他人造成危害，是判处不法行为人监禁刑的客观理由。只要行为人造成了客观危害，且该危害严重到足以使其遭受刑事拘留的程度，那么判其入狱就是公平正义的。同时，本书也试图说明，法院有能力查明行为的危害性。此外，本书还试图阐明，美国最高法院在过去就已经承认合比例刑罚约束是正义的宪法原则。之后的法院可以运用例如危害和道德可责性的客观标准对合比例性加以认定。

第六节　刑事拘留的规范依据：有责的危害

在刑事拘留语境下，报应是限制恣意处罚的制约因素。尽管刑法的总体目标是制止和预防行为人危害他人，但是刑罚的威慑[①]只是遵守法律的审慎理由。威慑本身无法作为个别化定罪量刑的客观依据。将不法行为人的行为标记为罪，或在其行为引起了足够严重的后果时，对其判处监禁刑，二者的道德依据都在于：行为人旨在对他人造成不良后果时，应当受到处罚。行为人或与之类似的人可能因此放弃实施类似的不法行为，这只是犯罪化机制的附带目的或作用，不能作为针对特定行为人、特定行为的个别化惩罚的道德依据。为了保护我们的真正利益，必须设置警察局、法院、刑法、监禁刑等。从这个意义上而言，犯罪化的工具性的[②]犯罪预防功能是公平和正义的。[③] 这也许能够说明建立犯罪化体系的合法

---

① Andrew von Hirsch, *Censure and Sanctions* (Oxford: Oxford University Press, 1993); J. R. Lucas, *On Justice* (Oxford: Clarendon Press, 1980).

② 总体看来，建立定罪和量刑机构的间接前瞻性理由（犯罪预防），并不是个别化定罪和处罚的客观道德依据。但是，它仍然可以作为自由民主背景下建立定罪和量刑机构的总体理由。一般的功利主义的前瞻性理由，完全不同于并独立于个别化定罪量刑的客观道德依据。前者本质上是好的，因为它旨在维护人们的福祉；后者以个人不法行为为基础，即有关应得的报应的回顾性理由（从事前的角度看，回顾性过程只是推定的，因为立法者设问如果 X 对 Y 造成了损害后果，法律将如何回应）。迈克尔·摩尔指出，不管报应刑是否具有预防犯罪的功能，其本质都是好的。参见 Michael Moore, *Placing Blame: A General Theory of the Criminal Law* (Oxford: Clarendon Press, 1997), at pp. 83 - 188。与之相反，本书认为报应刑的本质是不好的，但是将其合比例地适用于危害了他人的行为人，则在本质上是正确且公平的（虽然是正确的，却是不好的）。

③ 有关预防危害的概述参见 Nicholas Rescher, *Objectivity: The Obligations of Impersonal Reason* (Notre Dame, IL: University of Notre Dame Press, 1997)。

性问题，但无法解释我们应当在什么时候适用这一体系，以及在多大程度上适用这一体系。为了认定某一行为的犯罪化是否正当，或为了认定某一监禁刑判决是否正当，立法者必须考虑为何特定行为应当入罪、应受处罚。

约翰·塔斯奥拉斯（John Tasioulas）认为冯·赫希的刑罚理论混合了效用的因素（犯罪预防）和报应的因素（受到应有的惩罚），这一做法并非切实可行。[①] 但本书认为，对冯·赫希理论的正确解读应当是：他以效用理论和报应理论分别解释和证明了惩罚制度的不同方面。冯·赫希以效用论（Consequentialism）解释了建立一个预防危害的一般系统的合法性，即阐明了建立恰当的犯罪化体系的必要性。冯·赫希、迈克尔·摩尔（Michael Moore）[②] 和我本人均以报应制约（Retributive Constraint）（个人不当行为的应有惩罚）来证明客观意义上的个别化惩罚的正当性：报应制约是个人犯罪化的客观理由。冯·赫希指出，在个案中启用刑罚的理由是行为人过去的不法行为。[③] 对不法行为人施以其应受的惩罚，也许会间接达成说服他人不实施类似不法行为的审慎目的，但是真正使得个别化惩罚正当的，是个人的不法行为。

立法者能够以不法行为人的可责性和不当行为的有害性，来说明对该行为人的犯罪化决定的公平性。道德行为人的故意行为可能造成的不良后果的有害性，使我们可以公正地禁止道德行为人从事此类行为，也使我们能预先说明如此行为的人将面临牢狱之灾。这个方式能够为立法者做出指引，指引立法者判断何种行为可以被公正地宣布为罪，以及如何划分该行为的危害性等级。立法者可以通过行为造成的危害/危险（Endangerment）或者其他客观上的不良后果（此指并不必然造成危害的有责地侵犯隐私等），来满足不良动作/行为/后果的约束条件，进而说明援引刑法的正当性。尽管如此，立法者若想在犯罪化决定中规定监禁刑，就必须说明行为人可能造成的危害后果的危害性与监禁刑的危害性相称。

本书认为暴露行为可以造成不良后果，因为该行为侵犯了公共场所非

---

① John Tasioulas, "Punishment and Repentance," (2006) 81 *Philosophy* 279 at pp. 285 – 291.

② Michael Moore, *Placing Blame: A General Theory of the Criminal Law* (Oxford: Clarendon Press, 1997).

③ 参见 Andrew von Hirsch, *Censure and Sanctions* (Oxford: Oxford University Press, 1993)。

自愿的其他人不被迫接受非公开信息的权利。① 如果行为人可责地打算在公共汽车上性交，明知（或毫不顾忌、漠不关心）其行为可能会对有限公共空间内的其他人造成不良后果（即侵犯他人不被打扰的权利和不接收不想获取的私密信息的权利），这就为公正地援引刑法提供了客观依据。这个不良后果没有造成事实上的危害，所以国家不能公正地以刑事拘留的方式惩罚行为人。合比例的刑罚回应应当是罚金或社区服务令。下文将指出，罚金和社区服务令也适用于诸如乱丢垃圾等轻微危害行为。对于无害的不法行为的犯罪化，常常不足以引起我们对《美国宪法第八修正案》的思考，因此，应在正当程序条款的个人自主权利下对此类犯罪化的合比例性和正当性进行考量。

在 X 故意强奸 Y 的情形下，X 应因其行为受到惩罚，其犯罪化决定包含监禁刑是符合公平正义原则的。② 我们可以用来向 X 解释其监禁刑判决的公正性的客观原因如下：他选择强奸被害人，这是一个残酷对待（危害），因此他应当受到残酷对待；他明知（或毫无顾忌、漠不关心）自己对被害人造成了坏的危害后果；无论从行为人的角度而言，还是从被害人的角度而言，该犯罪行为都是严重的罪行。如果要建立起公众对刑事司法体系的信心，被害人的权利必须被认真对待，也就是说，实施了强奸行为的不法行为人应当被判处监禁刑，受到这一合比例的严厉对待。

公平还意味着危害和责任必须与客观性相一致。③立法者能够以客观上的不良后果，例如暴露行为或其他造成危害（或危险）的行为导致的隐私权的侵犯，来说明犯罪化的公平性。如果 X 射击（或企图射击）Y，我们可以根据经验确定，该行为在客观意义上是有实际危害性的（或未遂情形下具备的可能的危害性）。除此之外，我们还能判断出，行为旨在造成的不良后果具有危害性，此时，监禁刑是合比例的回应。显然，故意旨在对他人造成危害的行为应当受到刑事处罚，而且我们能够在法庭的辩论过程中向不法行为

---

① 参见本书第七章。参见 Dennis J. Baker, "The Sense and Nonsense of Criminalizing Transfers of Obscene Material," (2008) 26 *Singapore Law Review* 126。

② 参见 J. R. Lucas, *Responsibility* (Oxford: Clarendon Press, 1993) at p. 284。

③ 有关现实主义（Realism）与本书所指的源于主体间性（Inter-Subjectivity）的客观性之间的区别，参见本书第六章。

人说明，使其几乎没有反驳的余地。① 陪审团审议过程得出的最大限度的支持性论据足以证明故意地或轻率地②危害他人的行为的客观可责性。③

第七节　区分刑法与私法中的危害：责任与整体视角下的执行

　　上述讨论是否意味着所有故意危害行为都应当被判处监禁刑？乔治·凯灵④指出，危害本身并不能解释何种类型的危害行为可以入罪，何种不能。他认为，在划分可入罪的不法行为与其他不法行为时，道德可责性扮演着十分重要的角色，但也提出在一些案例（例如故意违反合同约定）中，故意危害行为可以通过私法来补救。⑤ 威廉姆斯（Glanville Williams）曾表达过，他本人无法区分犯罪和其他类型的侵权行为。他指出："犯罪是一个能够引起刑事诉讼程序，并产生刑罚后果的行为。"⑥ 犯罪和侵权之间有许多道德重合之处。⑦ 仅仅依据危害程度（或其他客观不良后果）并不足以判断对某一行为究竟应采取刑法规制，还是应采用私法规制。有些侵权行为比犯罪行为造成的危害更严重。疏忽的火车司机可能比故意开车撞向行人的汽车司机造成

---

① "建构客观性……我们进入（即使只是假设进入）一个探讨的（或者是辩证的）公共论坛，在其中，我们必须义不容辞地证明我们所坚持的东西，使他人（在合理范围内）几乎无法否定。" Nicholas Rescher, *Objectivity: The Obligations of Impersonal Reason* (Notre Dame, IN: University of Notre Dame Press, 1997) at p. 16.

② 一些评论家认为，人类发明的概念（例如在我们的社会世界中被实例化的责任原则）存在于人类思想之外，在强烈的独立于思想的意义上实现了概念化。参见 Matthew H. Kramer, *Objectivity and the Rule of Law* (Cambridge: Cambridge University Press, 2007) at pp. 11 - 99. 本书并不认同这一观点，因为责任的概念来源于人的思想和见解，尽管它后来变得实例化，但仍然要求人们在个人意义上认识到，有责地危害他人是对他人的不法行为。故意行为必须具备意识因素，并最终下定做出不法行为的道德决心。

③ Gerald Postema, "Objectivity Fit for Law," in Brian Leiter, *Objectivity in Law and Morals* (Cambridge: Cambridge University Press, 2001) at p. 121.

④ John Kleinig, "Criminally Harming Others," (1986) 5 *Criminal Justice Ethics* 3.

⑤ John Kleinig, "Criminally Harming Others," (1986) 5 *Criminal Justice Ethics* 3 at p. 6.

⑥ Glanville L. Williams, "The Definition of a Crime," (1955) 8 *Current Legal Problems* 107 at p. 130.

⑦ 从某种程度而言，这是因为刑法和民法是从各自单一的法律体系中演变而来的。有关刑法的历史发展，以及刑法与侵权行为法的关系的简明概述参见 Carleton Kemp Allen, *Legal Duties* (Oxford: Clarendon Press, 1931) at pp. 221 - 252; J. A. Jolowicz, *Lectures on Jurisprudence* (London: Athlone Press, 1963) at pp. 344 - 358.

更严重的危害。同样，疏忽的银行家①可能比 1000 个扒手造成更严重的危害。② 立法者应当考虑某一行为应受道德谴责的程度，并依此来认定这些行为是否严重到足以受到刑事责难或私法回应。

私法规制与刑法规制之间难免存在重叠之处。私法的目的也包括预防一些（通常也是有害的）不良后果，但私法会补救受到无理对待的一方。③尽管我们无法在民事违法行为与刑事犯罪之间划定一条完美的界限，但我们仍能依据二者所涉责任程度的差异来分辨二者的差别。与冯·赫希④和阿什沃思⑤一样，让·汉普顿⑥也认为在划定侵权行为和犯罪行为的界限时，伴随着危害行为的道德可责性程度起了重要作用。侵权通常涉及疏忽的危害行为，而犯罪通常涉及故意的、轻率的或重大疏忽的危害行为。尽管如此，一些民事违法行为中涉及的危害和责任的程度也严重到足以成为犯罪化的依据（例如故意诽谤，没有辩解或正当理由地故意违背合同约定，等等），但是不法危害并不必然入罪。值得注意的是，不法危害是犯罪化的必要条件，但是国家并非必须把所有类型的不法危害都宣布为罪。⑦ 事实上，由民法应对某些有害

---

① 例如，詹姆斯·戈伯特（James Gobert）和莫里斯·潘奇（Maurice Punch）指出："在巴林银行（Barings Bank）破产之前，该银行将大笔资金打给新加坡的尼克·李森（Nick Leeson），在某些情况下，这些钱的总数不仅超过了银行资产，而且超过了英格兰银行（Bank of England）规定的限度。" James Gobert and Maurice Punch, *Rethinking Corporate Crime* (London: Butterworths LexisNexis, 2003) at p. 19.

② Carleton Kemp Allen, *Legal Duties* (Oxford: Clarendon Press, 1931) at p. 255.

③ John Kleinig, "Criminally Harming Others," (1986) 5 *Criminal Justice Ethics* 3.

④ 参见 Andrew von Hirsch, *Censure and Sanctions* (Oxford: Oxford University Press, 1993) at p. 10。

⑤ "对'结果犯'，以及许多其他的犯罪刑事责任的认定，都是基于危害产生前的行为，因为应受处罚的只是实施行为时具备的犯罪故意。" Andrew Ashworth, "Taking the Consequences," in *Action and Value in Criminal Law*, (eds) Stephen Shute, John Gardner and Jeremy Horder (Oxford: Clarendon Press, 1993) at p. 116.

⑥ Jean E. Hampton, "Liberalism, Retribution and Criminality," in *In Harms Way: Essays in Honor of Joel Feinberg*, ed. Jules L. Coleman and Allen Buchanan (Cambridge: Cambridge University Press, 1994) at pp. 176 *et seq.*

⑦ "必须指出的是，这些拟定的强制合法原则（Coercion-Legitimizing Principles）甚至不能表示为国家强制正当性的必要条件和充分条件。自由限制原则（Liberty-Limiting Principle）并没有说明充分条件，这是因为在有些情形下，所谓的相关原因可能无法超过天平另一端的有关自由的常设推定。这个推定不仅得到普遍的道德思考和功利考量的支持，同时也可能通过诉诸实际成本而得到个案的支持。" Joel Feinberg, *The Moral Limits of the Criminal Law: Harm to Others* (New York: Oxford University Press, Vol. I, 1984) at pp. 10, 187 – 190.

的、故意的不法行为有助于缩小刑法的规制范围。确保犯罪化决定满足公平性的要求，并不是要告诉立法者他们应当犯罪化的行为，而是告诉他们可以犯罪化的行为。① 刑法应当作为阻止十分严重的不法行为的最后一道防线。

如果立法者要以刑法而非民法回应，那么他们就必须说明为何该行为应当受到刑事责难。即便如此，仍不可否认有些案件中犯罪化的理由过于强烈，使得国家在道德上感到必须援引刑法，来保护其公民的合法利益。例如，在 20 世纪 90 年代，立法者受到道德上的强制，被迫将婚内强奸（Marital Rape）犯罪化。② 故意实施婚内强奸的行为具有严重的恶劣性与危害性，从而必须被纳入刑法的规制范畴，而不能将其留待夫妻双方解决，在关心其成员的人道社会中更是如此。③ 这类严重危害应当由刑法应对，而非以私法回应的另一个原因在于，"我们不能合理地期待被害人自主地提起诉讼，来制止行为人的危害行为，相反……这应当是整个社会的责任"④。从历史资料来看，公共性和危害社会的概念也曾被用来认定犯罪。这对于区别犯罪行为和侵权行为而言，并没有什么作用，因为显然一些民事不法行为同样也能危害到社会。⑤ 我们应当考虑行为所涉危害的特征、严重性以及行为人的责任程度，并以此为基础，考察国家是否具备适用刑法的义务。在不那么严重的情况下，不法危害只是援引刑法和刑事拘留的

---

① Joel Feinberg, *The Moral Limits of the Criminal Law*: *Harm to Others*（New York: Oxford University Press, Vol. I, 1984）at pp. 4, 10.

② 婚内强奸（Marital Rape）的犯罪化，只发生在 20 世纪 90 年代的一些案例中。参见 *R. v. R.* [1991] 4 All E. R. 481; Nicola Lacey, Celia Wells, and Oliver Quick, *Reconstructing Criminal Law*（London: LexisNexis, 3rd ed. 2003）at pp. 487 *et seq.*。

③ "社会是否认真对待违法者的不法行为，还是因其没有导致后果而忽视其不法行为，对被害人而言有很大影响。如果被害人看到，违法者逃避了处罚，他会觉得社会对他的遭遇也不以为意。但是如果违法者被要求正视自己的错误，被害人就会看到自己的权利得到维护，会相信即使一个社会成员将他视如草芥，但社会还是关心他的，并且会在他面临攻击和危害时，维护他的权利。"J. R. Lucas, *Responsibility*（Oxford: Clarendon Press, 1993）at p. 104.

④ 这是丹宁勋爵（Lord Denning）确定社会公害的测试方法。参见 *Attorney-General v. PYA Quarries* [1957] 2 Q. B. 169。

⑤ 当前的信贷危机，就是一个由民事不法行为引起公共损害的例子。纳税人将为几十年来管理不当的公司提供紧急救济。显然，"公司事务的疏忽管理导致了影响广泛且严重的灾难"。参见 Peter Brett, *An Inquiry into Criminal Guilt*（London: Sweet & Maxwell ltd., 1963）at pp. 6–7。

充分条件。

一个疏忽的火车司机可能造成的危害，与一个强奸行为可能造成的危害同样严重。但是，除了货车司机重大疏忽的情形之外，仅仅依据其行为的严重性并不足以说明刑法回应的正当性。其次，故意诽谤或故意违反合同义务都有可能引起危害后果，从这个意义上看来，这些不法行为可以入罪。但是故意诽谤或故意违反合同义务的行为本质或恶劣性程度并不足以使其受到刑法追究。要求强奸案被害人自己提起刑事诉讼，以寻求对强奸犯的报应，是不公平的。不仅因为此种要求间接影响到我们所有人，还因为强奸犯与被害人之间存在不平等的对价关系。但是对于他人的违约行为，要求人们自己提起诉讼补偿损失却是合理的。从这个意义上而言，我们最终仍然能够初步区分民事赔偿和刑事追究。

马歇尔（S. E. Marshall）和达夫（R. A. Duff）论述了对个人的危害与对社会的危害之间的重叠之处。他们认为，应当从不法行为人与社会之间的关系，以及不法行为人与特定被害人之间的关系这两个方面来考虑刑罚。将对"强奸案被害人遭受的不法行为称为'我们的'，而不仅仅是'她的'，从而使我们理解到这是对'我们的'利益的侵犯，而不仅仅是对被害人的个人利益的侵犯：我们并没有把注意力从她所遭受的不法行为转移到完全不同的'公共'利益。确切地说，犯罪行为对被害人造成的每一次不法，也是对我们作为社会共同体的侵害：该不法行为是对'我们'的无理对待，而不仅仅是对'她'的无理对待。原因在于，该不法行为侵犯了她的利益，而她是我们中的一员——她是我们社会群体中的一员，她的身份和利益都得到我们这个社会群体的认可"[1]。与之类似的，艾伦（C. K. Allen）的观点也具有本质上的正确性。他主张："犯罪之所以是犯罪，原因不仅在于这类不法行为直接且严重地威胁了社会安全和社会福祉，还因为只通过赔偿受损害的一方来进行救济是不安全的。"[2]

区分应当（Ought）犯罪化和可以（May）犯罪化的不法危害，就是要在刑事责任的集合与危害的本质与严重性的集合之间划定界限。此外，还

---

[1] S. E. Marshall and R. A. Duff, "Criminalization and Sharing Wrongs," (1998) 11 *Canadian Journal of Law and Jurisprudence* at pp. 20 – 21.

[2] Carleton Kemp Allen, *Legal Duties* (Oxford: Clarendon Press, 1931) at pp. 233 – 235.

应当考量公正执行的集合。因为在有些案件中，出于正当性和（或者）实用性（Practicality）的考量，要求公民个体采取措施，对超出我们个体利益的集体利益所受危害进行监管的做法并不合理。"实用性"的限制标准对诸如乱丢垃圾等侵犯集体利益的案件非常适用。孤立的乱丢垃圾并不会造成危害，但不可否认，相较于杀人罪等个别危害，普遍乱丢垃圾将对纽约这种规模的城市造成更大的危害。[①] 因为乱丢垃圾会影响我们的集体利益，我们不能合理期待公民个人采取措施制止该行为，任意将防止危害发生的重担强加于公民个人是不公平的。相反，作为整体的社会应当承担起保护我们集体利益（防止人们乱丢垃圾、逃税等）的责任。此种责任的实现既可以通过建立公共机构的方式，例如设立警察局、法院、政府，也可以通过建立公共机制的方式，例如颁布刑法和建立惩罚机制。

第八节　宪法化权利的道德限度

每个人都有不被犯罪化的宪法权利。这项法律权利已经存在于各类宪法条文和国际公约之中。上文已对构成不被犯罪化的权利的一系列特殊权利进行了详细论述，不被犯罪化这项一般权利确实存在。本书主要以《美国人权法案》为考察对象。美国、加拿大和欧洲国家当前的法律条款没能明确说明其包含不被犯罪化的权利。在识别明确的不被犯罪化的权利这方面，加拿大比美国或欧洲国家走得更远，但遗憾的是，目前加拿大尚未完全承认这一权利。不幸的是，在美国，人们以一种特定而任意的方式行使个人自主权利（隐私权），将该权利用于堕胎、避孕药具的使用、医疗案件、私人性关系等，而没有将该权利用于其他无害行为的场合。此外，合比例性刑罚条款也只是被局限地解释为：允许对未成年人犯罪施以严重的惩罚。每个人都有不被犯罪化的权利，在解释个人自主权和合比例惩罚条款时，无论他们身处何处，也无论以往的措辞和解释存在何种差异，宪法法院都应承认这一点。

本书并不倡导排除审慎的历史因素而审视现存的宪法权利，因为审慎的历史因素正是司法决定体现个人权利的典型代表。相反，本书认为在美

---

① 下文对这类集体危害展开了讨论。

国已存在足够的先例认定人们不遭受不合比例惩罚的权利的背景下，这个不被犯罪化的权利切实存在，且应当被识别。堕胎案件支持了更为普遍的权利：一个人完全不应当入罪，除非她的行为干涉了他人的自由。无论是美国的"发展道德基准"（Evolving Standards of Decency），还是欧洲人权法院（位于斯特拉斯堡）的"发展中的法律解释"（Evolutive Interpretation），都为法院提供了一定的灵活性，正是这种合理的司法自由裁量权标准使沃伦法院能够根据当代司法标准解释权利，而无须放弃通常为司法裁决提供依据的审慎的、历史的因素。在解释组成了不被犯罪化的基本权利的权利清单时，不能忽视当代的司法标准，否则即相当于允许了践踏人权的行为，此种行为背离了我们对人权的传统理解。美国和其他西方国家不能一边嘲笑别人践踏人权，一边将《美国宪法第八修正案》（以及加拿大和欧洲国家与之相一致的条款）解释为允许对盗窃 100 美元的行为人判处50 年监禁。

如何将危害作为宪法约束？危害原则可以通过多种方式与宪法权利区分开来，其中最重要的区别在于以下两个方面。第一，危害原则保护人们从事各类行为的广泛自由，只要其行为没有危害他人；而宪法权利则保护诸如言论自由之类的特定自由。宪法权利不及危害原则对于自由的一般道德主张那样宽泛。如果某一行为没有涉及相关宪法文件中特定权利的行使，那么该行为就不会受到不被犯罪化的保护。公众场合消极乞讨行为的去犯罪化（Decriminalization）在美国①和加拿大②之所以可行，原因在于该行为涉及言论自由权利的行使。第二，宪法权利具有法律约束力。宪法权利约束立法者，且可以被用来废除与隐私权、言论自由等特定自由相违背的实体法。不被犯罪化的宪法权利依赖于一个道德权利，即每个人都有做自己想做的事情的自由，只要没有危害他人。危害仅仅是用以认定何时能够公正地剥夺行为人不被犯罪化的权利的标准。作为衡量犯罪化决定的正当性和合比例性的核心准则之一，危害是一项十分重要的宪法约束。

---

① *Loper v. New York City Police Dept.*，802 F. Supp. 1029，1042（S. D. N. Y. 1992）；*Benefit v. Cambridge*，424 Mass. 918（1997）.

② *Federated Anti-Poverty Groups of British Columbia v. Vancouver（City）*［2002］B. C. S. C. 105.

一般而言，宪法权利的解释必须与根深蒂固的传统正义理解相一致。否则，设定这些宪法权利就毫无意义。只有出于实现公共道德的目的，或者出于使法定权利服务于这一目的的方式对这些权利进行解释，才能符合正义的要求。本书不探讨如何解读宪法的完整理论。更确切地说，本书借鉴了罗纳德·德沃金（Ronald Dworkin）的观点①。在过去的 40 年中，德沃金指出，宪法权利的解释，不仅需要考虑历史的、先例的因素，还需要考虑拥有该权利的潜在的道德理由。本书特别提及通过此种途径实现公平正义的案例。② 从诠释学的意义上而言，德沃金做出了一个令人信服的解释，用以说明在解释宪法权利时，参照道德原则是必要且公平的。③

在美国、欧洲国家、加拿大，已经被宪法化的基本权利是对立法者有约束力的客观权利。④ 只有存在足够分量的公正的否定这些权利的客观理由，我们才会重视这些权利。例如，一个乞丐有权自由地以消极地坐在公共街道上，面前摆一个帽子的方式，表达其正处于贫困的状态，但这个权利不应当被否定，除非存在客观理由，能够超越其言论自由的宪法权利。⑤ 我们需要除了抽象危害论点之外的内容，来证明否定已经被宪法化的基本权利的正当性。宪法化的权利，例如言论自由、不被不法地剥夺自由、隐私权等，提供了不将某些行为犯罪化的初步客观依据。因此，这些权

---

① 参见 Ronald Dworkin, *Freedom's Law：The Moral Reading of the American Constitution*（New York：Oxford University Press, 1996）; Scott Hershovitz, *Exploring Law's Empire：The Jurisprudence of Ronald Dworkin*（New York：Oxford University Press, 2006）。

② 案例参见 *Solem v. Helm*, 463 U. S. 277（1983）; *Robinson v. California*, 360 U. S. 660, 667（1962）; *R. v. Malmo-Levine*［2000］B. C. C. A. 335; *Kennedy v. Louisiana*, 554 U. S. 407（2008）。

③ 德沃金着眼于核心人权，但是道德判断和评估判断显然更普遍地渗入宪法的解释之中。参见 Michael C. Dorf,"Truth, Justice, and the American Constitution,"（1997）97 *Columbia Law Review* 133。

④ 例如言论自由、不遭受不寻常的残酷刑罚的权利、隐私权、正当程序权利以及法律面前人人平等之类的权利，都明显具备客观基础。这些权利是宪法（例如美国宪法）所规定的，可谓公正性的传统理解的宪法化（法典化）。Cf. Ronald Dworkin, *A Matter of Principle*（Cambridge, MA：Harvard University Press, 1985）, p. 33 *et seq.* ; Onora O'Neill, *Towards Justice and Virtue：A Constructive Account of Practical Reasoning*（Cambridge：Cambridge University Press, 1996）; Graham Walker, *Moral Foundations of Constitutional Thought*（Princeton：Princeton University Press, 1990）。

⑤ 关于特别的乞讨行为和言论自由的论述参见 Helen Hershkoff and Adam S. Cohen,"Begging to Differ：The First Amendment and the Right to Beg,"（1991）104 *Harvard Law Review* 896。

利不应当被微不足道的理由所战胜。只有在具备客观理由时，犯罪化决定和否定人权的决定才是公平的。如果不这么做，那么把危害原则作为宪法约束就是毫无意义的。危害原则应当由宪法规定，作为适用监禁刑的必要条件。如果国家要判行为人入狱，就必须说明他的行为造成了客观危害。如果这个条件不能满足，那么就只能适用其他类型的刑罚。

对宪法的公正解读，要求法官在做出判决时，选择符合《美国人权法案》暗含的道德原则的解释途径。人权是公正的保障。只要将人权宪法化，法官在解释时就必须参照发展中的正义的社会标准、先例，以及过去的做法。法官不仅需要考虑宪法文本，还需要考虑被解释的权利的道德目的。如果法官的解释过于远离该权利设定之初的目的，那么这个解释就是无效的。只有在对权利的范围的解释能够与其内在的道德目的相一致时，才能实现公平和正义。例如，如果《美国宪法第八修正案》的一般道德的基本原理是确保公正处罚，那么就没有理由不把权利扩张地解释为保护人们不受到国家的各类不公正的、残酷的处罚。仅仅为了规避设定权利的一般道德目的而依赖语义学对权利进行解释是毫无意义的。美国联邦最高法院在考量隐私权时，曾采取过这样的方式。

在美国，正当程序权利被解释为：刑事实体法的内容须是不偏不倚的、合情合理的。① *Griswold v. Connecticut* 案件②描述的个人自主权利并不是一个列举的权利。准确地说，它是从美国宪法第一、三、四、五、九修正案隐含的隐私利益中解释而来的。在 *Roe v. Wade* 案件③中，法院主张"隐私权，无论其存在于《美国宪法第十四修正案》中个人自由和限制国家权利的概念之中，还是正如我们感知的那样，或者正如地方法院认定的那样，存在于《美国宪法第九修正案》对人们权利的保留之中，都足以广泛到可以包含一个女人是否中止其妊娠的决定"。个人自主权利限制被用以保护与婚姻④、育儿⑤、节育⑥等相关的个人决定。《欧洲保障人权与基

---

① *Lawrence v. Texas*, 539 U. S. 558（2003）.

② 381 U. S. 479, 484（1965）.

③ 410 U. S. 113, 153（1973）.

④ *Loving v. Virginia*, 388 U. S. 1（1967）.

⑤ *Prince v. Massachusetts*, 321 U. S. 158（1944）; *Pierce v. Society of Sisters*, 268 U. S. 510（1925）.

⑥ *Griswold v. Connecticut*, 381 U. S. 479（1965）; *Eisenstadt v. Baird*, 405 U. S. 438（1972）.

本自由公约》第5、8条，以及《加拿大宪章》第7、8条也保护类似的个人利益。这些条款中普遍存在的自由推论是统一的，其基础是密尔的观点：每个人都应当有一块私密的范围，在这个范围内，人们能对自己的个人事务做出决定，免于国家干涉，也免于未经请求的其他人的无根据的、主动的干涉。隐私权／个人自主权利的案例①尤其表明，法院②在解释基本权利的范围时，不仅反复借鉴了宪法的先例和宪法文本，还借鉴了传统的司法观念。

第九节　作为宪法要求的危害

本书最后一章论述到，美国正当程序条款保护的基本自由利益全面禁止与社会问题不合比例的立法回应，从而确保特定行为的犯罪化并不必然包含监禁刑。例如，违规停车引发了道路交通问题，从而具有可入罪性。此时，国家应当说明监管性犯罪化（Regulatory Criminalization）是与该社会问题合比例的立法回应。但是，如果国家对违规停车判处监禁刑，人们则可以援引《美国宪法第八修正案》，以确保初步正当的犯罪化需配置合比例的处罚。可见，合比例的刑罚限制能够起到补充合比例立法回应的作用。合比例刑罚的目的在于保护人们免受不公正的国家惩罚，而不是免受不公正的犯罪化而被标记为犯罪本身。两者合并起来，就是不被不公正犯罪化的权利。

加拿大最高法院对将危害原则作为宪法限制进行了十分有益的观察，本书将考察一个著名的加拿大案例。在 *Malmo-Levine* 案件③中，上诉人以

---

① 作为重要价值的自主权的发展演变，参见 J. B. Schneewind, *The Invention of Autonomy* (Cambridge, Cambridge University Press, 1998)。

② 参见 *Armstrong v. State* 989 P. 2d 364, 372 – 374 (1999)。该案记载："密尔认为个人自决和个人自主的基本权利既是对国家权力的限制，又是对个人的最高敬意原则。他主张'权力之所以能够公正地违背个人意志，凌驾于任何社会成员之上，是因为其唯一目的是保护社会成员免受危害'。"参见 *Moran v. MGH Institute of Health Professionals*, 15 Mass. l. Rptr. 417; *The Matter of Conservatorship of Groves*, 109 S. W. 3d 317, 328 (2003); *Richards v. State*, 743 S. W. 2d 747, 751 (1987)，该案中利维法官持不同观点，他引用了密尔的观点，并论述道："如果我们要维护惩罚人们没有系安全带的国家权威，我们距离这样的国家——惩罚人们吸烟、没有刷牙，或愚蠢的奥威尔式社会（Orwellian society），仅一步之遥。"

③ [2003] S. C. C. 74.

《加拿大宪章》第 7 条规定的"每个人都有生命、自由和安全的权利，除依照基本正义原则外，这些权利不得被剥夺"① 为依据，对禁止使用大麻的规定提出质疑。尽管用语存在轻微差别，过去的司法解释与如今的司法解释也有些许不同，但是这个权利的范围与美国和欧洲规定的权利范围大致相同。在 *Malmo-Levine* 案件中，根据加拿大 1985 年《麻醉品管制法》（*Narcotic Control Act*，R.S.C.）的规定，上诉人因持有自用大麻而被定罪。② 尽管依据该法的定罪并不包含强制性监禁刑，但是判处监禁刑的可能性就已经满足《加拿大宪章》第 7 条有关剥夺自由权利的要求。问题在于：剥夺行为人的自由，是否违背了基本正义原则。待法院解决的问题是，违反《麻醉品管制法》第 3 条第 1、2 款规定而持有和使用大麻的行为属于该法的规制范畴，如此规定是否侵犯了《加拿大宪章》第 7 条所述的行为人享有的"生命、自由和安全的权利"，以及"除非符合基本正义原则"，不被剥夺上述权利的权利。法院认为入狱的风险足以援引《加拿大宪章》第 7 条有关"自由"利益的规定。下文将分析，剥夺行为人的自由是否违背了"基本正义原则"。

上诉人辩称，危害原则组成了基本正义原则，剥夺其自由违背了犯罪化所必需的危害理由，因为持有少量自用大麻并不会对他人造成危害。③ 基本上，上诉人主张国家不应当在没有充足理由的情况下剥夺他们的自由，对他人构成危害应当是判处某人监禁刑的唯一充分理由。在 Malmo-Levine 案件④中，布莱德伍德（J. A. Braidwood）法官指出了一个判断在《加拿大宪章》第 7 条的含义中，某一特定原则能否构成基本正义原则的认定办法。他总结到，这个特定原则至少需包含以下三个特质：第一，该原则是一项法律原则；第二，该原则具有明确性；第三，理性人一致认为，该原则对于我们的司法体系而言，至关重要。⑤ 可以说，布莱德伍德法官的方式与德沃金的法律整体性理论（Law as Integrity）大体上是

---

① Part 1, section 2（b）, Constitution Act 1982（Can.）.

② *R. v. Malmo-Levine*［2000］B. C. C. A. 335.

③ *R. v. Malmo-Levine*［2000］B. C. C. A. 335.

④ *R. v. Malmo-Levine*［2000］B. C. C. A. 335, at para. 49 *et passim*.

⑤ *R. v. Malmo-Levine*［2000］B. C. C. A. 335, at para. 49 *et passim*；*Rodriguez v. British Columbia*（*Attorney-General*）［1993］3 S. C. R. 519 at 590 – 591, 607.

一致的。① 从道德层面来看，危害原则是认定刑事拘留是否与被拘留者的不法行为的危害性相称的客观标准，② 因此它是衡量公正性的宪法化途径。布莱德伍德法官代表法院指出：

> 以普通法、法律改革委员会、联邦制的案件、宪章诉讼的资料为基础，本院认为，"危害原则"确实属于《加拿大宪章》第 7 条含义内的基本正义原则。它是一项简洁明了的法律原则。此外，理性人一致认为该原则对我们的司法体系至关重要。本院认为，这是一项常识：人们不应当坐牢，除非其行为可能对他人造成危害。③

布莱德伍德法官对于加拿大剥夺自由权利的解释，吸收了将危害和不正当作为犯罪化标准的深刻传统观点。但不幸的是，加拿大最高法院否定了下级法院将危害原则认定为符合宪法第 7 条所述基本正义原则的裁定。最高法院大多数法官认为"出于实现宪法第 7 条的目的，不能将危害作为判断特定行为能否成为刑法规制对象的宪法标准"④。他们指出，特定行为的犯罪化，无须以该行为对他人造成危害的危险为前提。大多数法官认为危害不是衡量犯罪化决定正当与否的标准，⑤ 因为"国家干预的正当性不能缩减为'危害'这个单一因素，而应是一个更复杂的问题"⑥。法院引用了哈特的一段话："尽管在大多数场合危害原则得以适用，但不可否认，仍存在限制有害行为受到的法律规制程度的其他原则。因此在认定人们的自由是否应当受到限制时，应当依据多重标准，而非单一标准。"⑦ 大多数法官对于社会问

---

① 布莱德伍德法官不仅借鉴了道德、先例以及该领域的宪法论证结构，还吸收了社会公众对将危害原则作为基本正义原则的可接受性的审慎思考。在德沃金看来，客观性取决于个人信念。而本书采取了考量主体间性的方式。Cf. Ronald Dworkin, *A Matter of Principle* (Cambridge, MA：Harvard University Press, 1985) at pp. 33 *et seq*.
② 公众的审议过程能够说明这一观点的客观性，即出于以监禁刑剥夺人们自由的目的，应将危害原则作为基本正义原则。参见 Gerald Postema, "Objectivity Fit for Law," in Brian Leiter, *Objectivity in Law and Morals* (Cambridge：Cambridge University Press, 2001)。
③ *R. v. Malmo-Levine* [2000] B. C. C. A. 335 per totam curiam.
④ *R. v. Malmo-Levine* [2003] S. C. C. 74, at para. 111.
⑤ *R. v. Malmo-Levine* [2003] S. C. C. 74, at para. 114. 同样地，他们认为："人们对危害原则之于刑事正义的重要作用和基础作用的社会观点，没有达成足够共识。"
⑥ *R. v. Malmo-Levine* [2003] S. C. C. 74, at para. 109.
⑦ *R. v. Malmo-Levine* [2003] S. C. C. 74, at para. 109；H. L. A. Hart, "Immorality and Treason," originally appearing in The Listener, July 30, 1959, 162–163, reprinted in *Morality and the Law* (1971) at pp. 49–51.

题的合比例回应标准与合比例处罚标准，都只是口头上赞同。

大多数法官提到了极为有限的有疑问的反例，试图说明犯罪化和刑事拘留的适用并不限于有害的行为。但他们没有分析这些具体法律规定，以查明它们如今是否与宪法第 7 条相矛盾。他们论述道：

> 食尸是犯罪（第 182 条）。尽管食尸行为没有危害有感觉的生物，但是出于基本的社会伦理考量，该行为仍被禁止。兽奸（第 160 条）、虐待动物（第 446 条）是犯罪，其入罪基础在于此类行为冒犯了深入人心的社会价值，而非基于约翰·密尔所述"危害原则"……自愿的成年人之间的决斗行为，实际上是被害人与施害者的责任不相上下、经过同意而实施危害的例子，但仍然基于我们的文明社会观念而被禁止（《加拿大刑法典》第 71 条）……与之类似的还有在 *R. v. F.* *(R. P.)*（1996），105 C. C. C.（3d）435 案例中，尽管 5 名自愿的成年人对宪法提出质疑，加拿大新斯科舍上诉法院仍旧依据《加拿大刑法典》第 155 条维持了禁止乱伦的判决。①

这些反例并没有像大多数法官所说的那样令人信服。本书在别处论述到，同意也存在界限，人们不能对重大危害做出同意。② 从而，决斗在危害原则的规制范围之内。兽奸不会损害他人的利益，应提供精神病学治疗方法，以协助从事此类异常行为的人。类似的治疗方式也可以适用于自愿乱伦的成年人。③ 乱伦基本上只涉及自我危害，家长主义无法作为该行为犯罪化的充分依据，更不用说判决入狱了。④ 监禁是一种严重危害，因此，不对自我危害者施加危害是合乎情理的。*Malmo-Levine* 案件中，陪审团的大多数不仅关注到类似乱伦、兽奸、亵渎神明这类无害行为已然入罪的事实，还注意到类似兽奸

---

① *R. v. Malmo-Levine*［2003］S. C. C. 74，at para. 117.

② Dennis J. Baker, "The Moral Limits of Consent as a Defense in the Criminal Law," (2009) 12 (1) *New Criminal Law Review* 93.

③ Cf. Joseph Raz, *The Practice of Value* (Oxford：Clarendon Press, 2003) at p. 66. 拉兹指出，如果一个女人明知她将孕育的胎儿会是畸形的、残疾的而怀孕，就是对胎儿的不法行为。这类行为可以归为危害原则的规制范围内，但在相反的情形下，可能不足以入罪。

④ Joel Feinberg, *The Moral Limits of the Criminal Law*：*Harm to Self* (New York：Oxford University Press, Vol. Ⅲ, 1986)；Richard J. Arneson, "Joel Feinberg and the Justifications of Hard Paternalism," (2005) 11 (3) *Legal Theory* 259；Russ Shafer-Landau, "Liberalism and Paternalism," (2005) 11 (3) *Legal Theory* 169.

罪、乱伦罪最高可以判处 14 年监禁刑。① 陪审团的大多数本应仔细审视对这类案件判处长期监禁刑的公正性和公平性，而不是以不正当的《加拿大宪章》生效之前的法律为其他不正当的法律辩护。

大多数案件中，② 食尸行为侵犯了健在的死者亲属的利益，对死者亲属造成了危害，因此，该行为属于具有犯罪化依据的不法危害。③ 当然，如果破坏尸体者或者食尸者出于获取尸体的目的而故意伤人，那么该行为就涉及杀人罪了。尽管破坏尸体和食尸的行为让人震惊，但是其造成的客观结果与死后火葬或允许人们死后将身体器官捐献给科学研究并无太大区别。有些情形下，如果有证据证明食尸者对社会构成威胁，就有必要将其刑事拘留，但在其他情形下，强制精神科拘禁令就已足够。当然，有时候刨尸的不法行为人可能并没有患上精神疾病。例如，在英国有一群动物保护积极分子，他们反对为了科学研究而养殖豚鼠，于是出于恐吓与骚扰这些研究人员的目的，将其亲属的尸体从坟墓中移出。④ 由于这类行为伤害了死者的家属，因此属于危害原则的规制范围。

范伯格认为，如果人们正在经历的心理困扰是"严重的，长期的，或不断反复的，就会引发强迫性的或使人丧失能力的精神折磨，因此是有害的"⑤。即使在没有人受到伤害的情况下，例如，死者死于自然原因，也没有亲戚或朋友因得知死者的尸体被殴打或吃掉而受到伤害，鞭尸或食尸的被告人也可能被判刑，因为在标准案件中，该行为被认定为刑事犯罪。本书第四章将论述，认定行为导致危害，并不要求该行为在事实上造成了危害，而只

---

① 1985 年《加拿大刑法典》第155 条第 2 款，第 160 条。对于亵渎神明罪，最高可以判处 2 年监禁刑。

② 本书在别处论述到，并非每一个案件都需要真实危害。只要行为通常会导致危害，它就在危害原则的规制范围之内。Dennis J. Baker, "The Harm Principle vs. Kantian Criteria for Ensuring Fair, Principled and Just Criminalization," (2008) 33 *Australian Journal of Philosophy* 66 at pp. 80 *et seq.*, 另请参见本章下一部分的讨论。

③ 另一种有关危害死者的可责性的观点参见 Joan C. Callahan, "On Harming the Dead," (1989) 97 (2) *Ethics* 342; Dorothy Grover, "Posthumous Harm," *The Philosophical Quarterly* (1989) 39 (156) 334; Barbara Baum Levenbook, "Harming Someone After His Death," (1984) 94 (3) *Ethics* 407。

④ Nick Britten, "Pensioner's Body Stolen by Animal Rights Group is Found," *The Daily Telegraph* (London), May 4, 2005.

⑤ Joel Feinberg, *The Moral Limits of the Criminal Law: Harm to Others* (New York: Oxford University Press, Vol. I, 1984) at p. 46.

要求该行为在一般案件中会导致危害后果。就常理而言，大多数人都有亲戚、朋友，他们会在意是否有人侵扰其亲友的尸体。

阿尔布尔法官（Justice Arbour）在 Malmo-Levine 案件中表示异议，她指出，不法危害并不是特定行为犯罪化的唯一充分理由，而是对这一行为判处监禁刑的唯一充分理由。阿尔布尔法官认为，立法者有权将持有大麻规定为罪，但对单纯持有行为判处监禁刑实属权力的扩张。在她的推理路径下，立法者对持有大麻的行为应当判处合比例的罚金，而不是监禁刑。该做法是恰当的，因为危害是唯一能够抵消坐牢所涉及的有害后果的不利后果。也许还存在其他犯罪化的客观依据，但是对不法行为人判处监禁刑不仅需要说明其不法行为造成的不良后果使其应当受到刑事责难，还需要说明这些不良后果能够证明对其判处监禁刑的正当性。刑罚的合比例性并非局限于某一司法区域，而应成为每一个先进的文明社会的必然要求。

勒贝尔法官（Justice Lebel）和德尚法官（Justice Deschamps）也不同意 Malmo-Levine 案的观点。他们指出，大麻禁令相对于要解决的社会问题是不合比例的回应，因此是任意的。①《加拿大宪章》包含了一个普遍的合比例性标准，该标准与美国采取的合理性严格审查标准截然不同。对持有自用大麻的行为人判决监禁刑，违反了客观危害限制、客观可责性限制以及合比例性限制。在美国监禁刑（剥夺身体自由）的语境下，与其援引正当程序条款，不如援引《美国宪法第八修正案》。如果以发展的正义标准来解读《美国宪法第八修正案》，则可以援引该法案来推翻判处未对他人造成危害者监禁刑的法律。只有在不法行为人对他人造成的危害与监禁刑所对应的危害相当时，该法律回应才是合比例的。②

应以符合《美国宪法第八修正案》总体道德目标或宗旨的方式对该修正案进行解读。权利的总体道德目标或宗旨在于：确保国家不对其公民施

---

① 法官们解释道："据我们现有的证据来看，大麻的使用带来的危害似乎十分轻微。相比较而言，议会对该行为采取的犯罪化模式的危害和问题，似乎十分重要和清晰……行为人仅仅因为持有大麻而被判处监禁刑，似乎与这个观点相一致，即如今有一些立法在与使用大麻相关的逮捕问题上过度扩张了……采纳和执行了与亟待解决的社会问题不合比例的立法回应，侵犯了人们的基本自由利益。" R. v. Malmo-Levine ［2003］S. C. C. 74，at para. 280. 以上论述同样也适用于欧洲。参见 Evelyn Ellis, The Principle of Proportionality in the Laws of Europe（Oxford：Hart Publishing，2000）。

② 参见 Solem v. Helm，463 U. S. 277（1983）；Robinson v. California，360 U. S. 660（1962）。

加不公正的、残暴的或不合比例的刑罚。在 *Solem v. Helm* 案件①中，权利的解释是以其潜在的道德基本原则为基础的，以达到权利设立时意欲实现的正义结果。在这个案件中，被告人因签发 100 美元的"无效"支票而入罪。通常这类犯罪的最高刑罚为 5 年监禁刑和 5000 美元罚金。但是本案中，被告人有前科，根据南达科他州（South Dakota）的惯犯法令，被告人被判处终身监禁，并不得假释。美国联邦最高法院认为"《美国宪法第八修正案》禁止残酷的、异常的刑法规定，不仅禁止野蛮的惩罚，还禁止与行为人所犯罪行不合比例的惩罚"②。

在 *Solem v. Helm* 案件中，法院并没有凭空捏造免受不合比例处罚的权利，而是参照了权利的前宪法历史③、制宪者的初衷、宪法条文、一个世纪以来的先例④以及权利的基本道德原理之后，得出了结论。法院认为："比例原则深深植根于普通法法律体系。（1215 年英王签署的）《大宪章》（*Magna Carta*）陈述了这一原则，英国法院几个世纪以来不断适用这一原则。英国《权利法案》重申了这一原则，之后的《美国宪法第八修正案》也做了与之相同的语言表述。当《美国宪法第八修正案》的制定者采纳这一语言时，也就采纳了其中隐含的比例原则。"⑤

---

① 463 U. S. 277（1983）.

② *Solem v. Helm*，463 U. S. 277，284 - 290（1983）.

③ 在 *Solem v. Helm* 案件中，法院令人信服地、合乎逻辑地说明，各类国家惩罚都必须满足合比例性要求。案卷记载：英国《权利法案》重申了比例原则，同样的语言表述被之后的《美国宪法第八修正案》所采用，即"不要求过多的保释金，不处以过重的罚金，不施加过分的刑罚"，1 *W. & M.*，sess. 2，ch. 2（1689）。尽管该条款的精确范围并不明确，但它至少包含"英国法律长久以来所坚持的原则，刑罚……不得因监禁刑的刑期过长或惩罚过于严重，而与被指控的犯罪极不成比例"。R. Perry，*Sources of Our Liberties* 236（1959）；参见 *W. Blackstone*，*Commentaries on the Laws of England*（London：Sweet & Maxwell，Vol. 4，21st ed. 1844），at pp. 16 - 19；在谴责"不合理的严厉惩罚"时，"残忍的"表示严重的或过度的。确实，英国《权利法案》颁布实施后仅仅 3 个月，英国上议院就宣布"王座法院判处德文伯爵 3 万英镑的罚金过高，违反了《大宪章》，违反了入罪者的普遍权利，也违反了国内法"。*Earl of Devon's Case*，11 State Trials 133，136（1689）。

④ *Weems v. United States*，217 U. S. 349（1910）；*Robinson v. California*，360 U. S. 660（1962）；*Hutto v. Davis*，454 U. S. 370，374（1982）；*Woodson v. North Carolina*，428 U. Ss. 280（1976）；*Coker v. Georgia*，433 U. S. 584，592（1977）；*Enmund v. Florida*，458 U. S. 782（1982）；*Hutto v. Finney*，437 U. S. 678，685（1978）；*Ingraham v. Wright*，430 U. S. 651，667（1977）；*Gregg v. Georgia*，428 U. S. 153，171 - 172（1976）.

⑤ *Solem v. Helm*，463 U. S. 277，284 - 286（1983）.

法院在 *Solem v. Helm* 案件中做出的历史分析令人信服，斯卡利亚大法官（Justice Scalia）在 *District of Columbia v. Heller* 案件①中做出的历史分析同样令人信服。在 *District of Columbia v. Heller* 案中，斯卡利亚大法官认为《美国宪法第二修正案》赋予个人持有枪支的权利。但是，从最近的判决②来看，最高法院并没有遵循 *Solem* 案的判例。在 *Harmelin v. Michigan* 案件③中，最高法院认为《美国宪法第八修正案》允许国家对持有 672 克可卡因的行为人判处终身监禁并不得假释。该案中，斯卡利亚大法官并没有遵循先例，而是玩了一个文字游戏，声称并不存在可以用来解读监禁刑的刑期必须合比例且公正的历史基础。特别是，斯卡利亚大法官声称宪法文本中并没有明确提及监禁刑，因此监禁刑并不在合比例要求的范围之内。

斯卡利亚大法官在 *Harmelin v. Michigan* 案件中的论证既不符合权利的道德目的，也不符合英国《权利法案》的基本原理，该案中的历史分析无法同 *Solem v. Helm* 案件中的历史分析那样令人信服。④ 在 *Solem v. Helm* 案件中，法院指出："如果较轻的罚金和较重的死刑都处于合比例分析之列，而居中的监禁刑却无须经过合比例分析，确实异常。历史上也不存在支持此种例外的实践。《美国宪法第八修正案》所涉普通法原则显然应适用于监禁刑。"认为比例原则不适用于监禁刑的理论明显缺乏理论基础。无论是《美国宪法第八修正案》的文本，还是其目的或历史背景，都无法为这一例外提供任何支持。死刑、罚金和监禁刑，都是《美国宪法第八修正案》制定时的常见刑罚。是什么使得这些刑罚变得异常或残酷？当刑罚的严重性大于犯罪的严重性时，罚金和监禁刑就是异常的、残酷的。⑤ "因为患感冒这个'罪名'，即使只入狱一日，也已足够残酷和异常。"⑥ 同样地，对不涉及杀人的犯罪适用死刑，也是异常的。

---

① 554 U. S. 570（2008）. 详细的比较分析不在本书的论述范围之内。参见 Dennis J. Baker, "Collective Criminalization and the Constitutional Right to Endanger Others," （2009）28（2）*Criminal Justice Ethics* 3。

② *Harmelin v. Michigan*, 501 U. S. 957（1991）；*Lockyer v. Andrade*, 538 U. S. 63（2003）.

③ 501 U. S. 957（1991）.

④ 463 U. S. 277, 289－290（1983）citing *Hodges v. Humkin*, 80 Eng. Rep. 1015（K. B. 1615）.

⑤ *Earl of Devon's Case*, 11 State Trials 133, 136（1689）.

⑥ *Robinson v. California*, 360 U. S. 660, 667（1962）.

有趣的是，斯卡利亚大法官并没有一直坚持狭义的原意解释（Originalism）。① 在 *District of Columbia v. Heller* 案件②中，斯卡利亚大法官一方面支持废除禁止持有枪支的法律，另一方面指出在政府大楼、学校、大学等敏感区域不应当允许持枪。在《美国宪法第二修正案》的 27 个单词并不能证明该限制的合法性的情况下，斯卡利亚大法官得出了这个结论。在更早的时候，农村地区年龄稍大的男孩通常会携带步枪去学校，这是不争的事实。斯卡利亚大法官以此类鲜有的先例粉饰了这一例外。但现实状况是，斯卡利亚大法官考虑到禁止强制进入这些场所的传统理解，将《美国宪法第二修正案》解释为隐含了这种例外。尽管斯卡利亚大法官并没有直言采用了"发展道德基准"的标准，但实际上，他在评估是否有必要让枪支远离当今社会的敏感区域时，确实采用了这一标准。

以纯粹原旨主义者的纯粹历史分析来解释权利并不可行。怀特法官（Justice White）在表达对 *Harmelin v. Michigan* 案件的异议时就明确认识到了这一点，他写道："在考虑禁止残酷和异常的刑罚的范围时，我们长久以来都了解纯粹历史分析的局限性……对于《美国宪法第八修正案》，法院必须进行灵活的、动态的解释。"③ 怀特法官正确地论述到，法院现已认识到，如果一项刑罚设置违背了"促进成熟社会发展的发展道德标准"，那么该刑罚设置就违背了《美国宪法第八修正案》。"对于一项刑罚设置是否违背了'促进成熟社会发展的发展道德标准'的评估，需在关注道德观念的同时，将现代美国社会作为一个整体，考察哪些标准'发展了'。"我们并不清楚以后的案件将如何判决，但值得一提的是，在 *Kennedy v. Louisiana* 案件④中，大多数法官也采取了"发展的道德基准"。*Solem v. Helm* 案件表明，运用道德标准来解释《美国宪法第八修正案》的范围是可行的，而无须采用司法能动主义或创设与该修正案无关的新权利。

---

① 参见 Jack M. Balkin and Sanford Levinson, "Understanding the Constitutional Revolution,"（2001）87（6）*Virginia Law Review* 1045。
② 554 U. S. 570（2008）.
③ *Harmelin v. Michigan*, 501 U. S. 957, 1014 – 1015（1991）.
④ *Kennedy v. Louisiana*, 554 U. S. 407（2008）.

第十节　法院能否认定客观危害？

界限应在何处？本书探讨危害原则，而非责任准则，[①] 在认定是否对特定危害判处监禁刑时，法院只需要概括说明行为人的责任属于三种核心可责性等级（故意、轻率、重大疏忽）中的哪一种即可。然而，在认定不法行为的危害性时，法院必须进行更深层的分析。法院将依据所涉潜在不良后果的危害性来确定合比例性，进而判断推定的罪犯是否应就所涉不法危害遭受监禁刑。上文论述到，在事前犯罪化阶段，道德可责性是推定的。立法者概括出故意给他人造成危害的行为的不正当性。如果美国联邦最高法院考虑将强奸行为入罪，并对强奸犯设置监禁刑，那么满足道德可责性要求所要做的就是依靠普遍假设：故意强奸他人是非法的。接下来，必须考虑危害因素，通过验明实证证据的方式，以及考虑人们对于危害的深刻传统认识的方式，来确定强奸是否确实对他人造成伤害，以及在多大程度上造成伤害。

在这些案件中，危害比可责性更为重要。原因在于，危害是一个客观因素，法院将危害作为认定涉及监禁刑的法律是否符合宪法的标准。而可责性则是犯罪化的另一因素，无论不良后果是否有害（例如，在公共汽车上可责地实施无害的裸露行为，具备初步的可入罪性，但由于该行为无害，对于该行为的合比例处罚不会涉及监禁刑）。此外，只要不良后果具有足够严重的危害性，重大疏忽也足以作为犯罪意图，以证明监禁刑的正当性。[②] 在很多案件中，没有造成危害，也就不存在责任。若上诉人想要推翻因持有个人自用大麻而被判处监禁刑的法律，他或她就必须说明，行为人并没有无理对待除他们自己之外的其他人，因此行为人并非有责地旨在危害他人。在其他案件中，行为可能是有害的，但其危害性十分小。危害需要达到何种严重程度才能证明监禁刑的正当性？换言之，判

---

① 当然，若要将轻率和重大疏忽作为刑事责任条件之一，只有在适用主观主义的途径时，才能符合正义和道德的客观解释。这一途径在考虑刑事责任的基础时，通过排除与重大疏忽相对的疏忽，来实现公平正义。只要疏忽的危险驾驶行为涉及更高程度的疏忽，而非偶然疏忽，该行为也可以被纳入刑法规制范畴。

② *R. v. Adomako* [1995] 1 A.C. 171.

处行为人监禁刑的危害门槛究竟是什么？在这一阶段，我们考虑的是适用监禁刑的门槛问题，而不是监禁刑的刑期长短问题。

出于考察监禁刑刑期长短的目的，立法者必须考虑不法行为的危害性以及行为人旨在引起危害的可责性程度。大致可以用一个粗略的公式说明监禁刑的刑期计算方式：责任（Culpability）×不良后果（Bad Consequence），即 C×BC，或者表述为责任（Culpability）×危害（Harm）=监禁刑长度（Sentence Length）[①]。责任大致有三个值：（1）重大疏忽；（2）主观轻率（冒险）；（3）完全故意（企图）。反向来看，完全故意的可责值最大，为3，重大疏忽的可责值最小，为1。本书认为，（有责地忽视）重大疏忽足以满足责任要求，但是"粗心大意"并不能满足。本书不打算在此赘述，此处"粗心大意"指代纯意外事件，而非行为人应当注意而没有注意所引发的事故。

与责任不同，危害的程度和性质变幻莫测，因此无法被简单地分为三个宽泛的类别。例如，对他人造成身体危害是否比对他人造成经济危害更恶劣？身体危害较轻，而经济危害更重的情形应当如何处理？危害对不同的人的影响不同。一些人可能宁愿自己被打得眼眶淤青，也不愿没上保险的宾利车遭到故意毁坏财物者的破坏。我们最多只能根据标准案件做一些基本的归纳总结，大致将危害分为几类，其中杀人的危害值最高，为10，乱丢垃圾的危害值最低，为1[②]。将某一危害恰当地归入10个类别之一实属不易，但也并非完全不可行。本书拟采取划分种类的方式，而非固定的类似阶梯横档的方式对危害进行分类。因为危害与责任类似，某一不良后果的可责性是程度问题，其危害性也是如此，很可能处于两个固定的阶梯横档之间。但在认定如何对某一特定危害分类时，我们需要考虑很多变量。被害人遭受的经济损害在一定程度上可以用货币形式来衡量，但在诸如抢劫等暴力造成经济损失的场合，我们还需要考虑身体暴力和精神恐吓之类的其他变量。此外，身体暴力在一定程度

[①]　参见 Robert Nozick, *Philosophical Explanations*（Oxford：Clarendon Press, 1981）at pp. 363－397。

[②]　例子参见明尼苏达州的量刑表格（Minnesota Sentencing Grid）。（可参见明尼苏达州 2021 年版的量刑表格，https://mn.gov/sentencing-guidelines/assets/2021Sept15MinnSentencingGuidelinesCommentary_tcm30－497682.pdf——译者注）

上可以通过物理损伤来衡量，但同样地，有时我们还需要考虑心理损伤的程度，例如被害人遭到强奸时，行为人的身体暴力对被害人造成的心理危害的程度。①

另一个重要的变量是犯罪的未完成形态（Inchoateness）。犯罪未遂就是未完成犯罪的常见情形，此时，犯罪化的核心道德依据在于道德可责性和不良行为，而不是实害后果。在此语境下，无须以实际危害证明刑事拘留的正当性。犯罪未遂旨在定罪和处罚这类行为，即"提高了危害发生的可能性，从而与原始危害存在一定因果关系的行为。至于实施了未完成犯罪的行为人的责任认定问题，只要其故意实施了刑法禁止的行为，就足以判断该行为人能够认识到何种行为会促使原始危害更易发生，且能够避免实施这类行为而没有避免"②。主观主义中处罚未遂的论据在于，犯罪未遂的行为人，其道德可责性程度并不低于犯罪既遂的行为人。例如，如果 X 以杀人的故意射击 N，但没有打中，他的责任并不比致 N 死亡的责任轻。毫无疑问，故意造成这类危险的行为应当入罪并判处行为人监禁刑。除此之外，行为人旨在造成十分严重的危害时，道德可责性因素本身（仅符合道德可责性因素，而不良后果因素尚未得到满足）足以判处行为人监禁刑。也就是说，行为人旨在造成极为严重的危害的场合，无论结果是否发生，不良动作/行为都足以证明犯罪化的正当性。争议之处在于，有责的不法行为人没有造成危害时，是否应适当减轻其刑罚，以及减轻其刑罚的程度问题。在评价和标记犯罪时，是否应当考虑道德运气的作用？显然，当未遂的危害十分轻微时，只有可责性并不足以判定监禁刑。

在很多情形下，行为人旨在造成的危害，都严重到足以使其遭受监禁刑的程度。③ 尽管如此，在认定犯罪未遂的严重性时，也不能完全忽视其缺乏危害行为（Harm-Doing）的事实，等等。报应刑意味着严厉对待无理对待他人的人。合比例性意味着，在评价犯罪与设定刑罚时，必须考虑危害和责任。在评价未遂时，必须考虑危害的客观因素和道德责

---

① 不同种类的暴力影响着不同类型的需要和利益。参见 Johan Galtung, "Cultural Violence," (1990) 27 (3) *Journal of Peace Research* 291 at p. 292。

② R. A. Duff, *Criminal Attempts* (Oxford: Clarendon Press, 1996) at pp. 132 – 133.

③ 对于类似强奸、杀人、纵火、偷车等的未遂判处监禁刑，没有太大争议。

任。犯罪未遂者意图造成的危害类型，不仅对判断其行为的严重性极为重要，对认定行为人应当受到何种报应刑也是至关重要的。店内盗窃的未遂和故意杀人的未遂存在巨大差异。行为人可能造成的危害指引立法者设定恰当的刑罚表。此外，为了确保不法行为人得到其应得的处罚，我们还应考虑其不法行为的整体影响。合比例的、公正的犯罪化不仅应反映出危害行为的严重性，还应反映出假定的被害人所遭受的无理对待的严重性。

　　杀人未遂的可责性十分严重。但是，由于行为人对被害人的生命构成威胁，但未造成死亡结果，该行为的严重性也因此而减轻。上文提到，评价犯罪/量刑时，需要考虑多种变量。在杀人、抢劫、强奸等的未遂中，被害人可能只是感到痛苦。① 不可否认，杀人未遂、抢劫未遂的整体消极影响显著低于杀人既遂、抢劫既遂。因此，犯罪未遂的严重性级别应小于犯罪既遂，以体现这一差别。危险的严重性较轻。如果没能考虑到未遂的不法行为对被害人的整体影响，被害人就会从道德运气（躲避危害）中获利，行为人就会遭受完全的报应，就像他事实上已经对被害人造成了危害结果一样。这类曲解不仅阻止了不法行为人从道德运气中获益，还迫使行为人因最终并未发生的结果而遭受完全的报应刑。公平和正义意味着考虑不法行为的整体影响（对被害人造成的后果），以及适当减轻对犯罪未遂的处罚。

　　危害性的网格或阶梯能够给立法者提供大致指导，但是大多数犯罪化决定所涉危害仅能从程度意义上认定，而无法确定一个清晰的危害值。使用网格和阶梯表示危害性程度，意味着在具体判断每一个案件所涉危害级别时，需考虑所有变量，以确保犯罪化的公正性。每一个犯罪化决定都必须以充分的理由和实证证据来支持。另一个影响危害性判定的变量，则是某些危害产生的累积影响。例如，单独一个乱丢垃圾的行为，并不会对与我们所有人都利益攸关的生态平衡构成严重威胁，但如果每个人都乱丢垃圾，威胁就会产生。如果我们将上述危害标尺的级别列为 1 级至 10 级，与乱丢垃圾类似的危害在阶梯最底层。X 故意在人行道乱丢可乐罐，她造成

---

　　① 被害人避免受到危害，必然也会感到解脱。

的危害是无足轻重的，该危害位于危害性阶梯①的第 1 级和第 2 级之间（此种情形下，责任 3 × 危害 1 = 3）。尽管 X 具有完全故意，但是其行为的危害性过于轻微，以至于无法公正地判其入狱。但如果乱丢垃圾的行为确实十分轻微，为何将它规定为罪？

引起刑法回应而非民法回应的危害，不需要具备个人意义上的严重性。除了最明显的损害我们个人利益的犯罪之外，还存在大批影响我们集体利益的犯罪。可以说，在避免严重的环境污染方面，我们都享有集体利益。如果相当数量的个体乱丢垃圾，我们的集体利益就会受到损害。格罗斯（Hyman Gross）指出："社会生活，尤其是文明社会中存在的各种复杂的形式，使社会成员之间形成了许多依赖关系。"② 社会成员的福祉不仅依赖于该社会中的每一个成员在追求其合法目的时都遵循一定程度的制约和预防规制，还依赖于社会成员为了达成某些共同目标而通力合作。③ 集体利益大致可以分为两类：公共利益和政府利益。公共利益包括对个人福祉至关重要的利益，例如维持医疗体系的良好运作、维护国家安全以及保护环境。④ 而防止侵犯集体利益则包括防止逃税、维持司法系统的良好运作、预防人们违反海关规定、预防政府官员的腐败。⑤ 公共利益和国家利益中都存有个人利益。

---

① 也就是说，乱丢垃圾的危害位于危害性阶梯第 1 级和第 2 级之间。因为该行为总体来说足以严重到引起刑法回应，但个别化看来，该行为的危害性过于轻微，以至于不能正当地对行为人判处监禁刑。本书认为入店行窃的危害应当位于第 2 级和第 3 级之间，普通侵犯人身行为的危害位于第 3 级和第 4 级之间，并随着损害程度的提高和加重因素的增多而上升。抢劫的危害可能位于第 6 级和第 7 级之间，而强奸的危害位于第 7 级和第 8 级之间。类似杀人、恐怖主义活动、种族灭绝等行为的危害，显然位于危害性阶梯的顶层。有关危害性阶梯的观点还需进一步发展，需要更多例子进行补充，需要更深层的分析。本书暂且建议，监禁刑应仅适用于行为导致的结果的危害性位于第 3 级和第 4 级之间及以上的行为。低于这一级别的任何危害都过于边缘化，不应配置监禁刑。决定特定危害属于何种级别的变量有许多。在严重犯罪中，故意和轻率的变化，都将扮演十分重要的角色。

② Hyman Gross, *A Theory of Criminal Justice*（New York：Oxford University Press, 1979）at pp. 119 – 121.

③ Hyman Gross, *A Theory of Criminal Justice*（New York：Oxford University Press, 1979）at pp. 119 – 121.

④ Hyman Gross, *A Theory of Criminal Justice*（New York：Oxford University Press, 1979）at pp. 119 – 121.

⑤ Hyman Gross, *A Theory of Criminal Justice*（New York：Oxford University Press, 1979）at pp. 119 – 121.

范伯格认为："具体政府利益的维持和提高，对于公民个人利益的影响可能十分微小。我不会由于一个蔑视法庭的行为或逃税行为而受到严重危害，即便若这类行为成为普遍现象，多种与我的个人利益密切相关的政府职能如公共卫生和经济发展等都将不复存在。"① 从累积的意义上看，单一的破坏环境、乱丢垃圾、逃税、贿赂等行为，在侵犯公共利益的同时，也影响着个人。"贿赂公职人员只会对我构成间接危害或遥远危害，但它有造成直接危害的危险。因为该行为危及政府系统的运作，而政府系统的正常、有效运作关系到我们每个人的利益。"②

乱丢垃圾之所以可以入罪，原因在于大量乱丢垃圾的行为将累积为十分严重的危害。在现代世界，有充分证据表明全球变暖的现状和威胁是由人们对环境的破坏所引起的。如果纽约市的每一个人都乱丢垃圾，这对纽约人的集体利益的影响，将比纽约市每年多发生 20 起凶杀案的影响更大。但是对乱丢垃圾者判处的刑罚不应包括监禁刑，因为一个人应该只为他对整体危害的个人贡献负责。尽管乱丢垃圾的总体危害在危害性阶梯上处于相当高的级别，但我们只能将微不足道的份额归责于乱丢垃圾的个人。③毫无疑问，逃税也会对我们构成危害，因为该行为损害了我们的集体利益和个人利益。逃税减少了可用于医院和学校的公共设施的资金，从而损害了我们的集体利益。同时，逃税者的行为导致诚信者必须缴纳更多的税，以填补最终差额，这又损害了诚信者的个人利益。④

与乱丢垃圾不同，逃税可以引起监禁刑这一不利后果。通过审查逃税

---

① Joel Feinberg, *The Moral Limits of the Criminal Law*：*Harm to Others* (New York：Oxford University Press, Vol. I, 1984) at pp. 63 - 64.

② Joel Feinberg, *The Moral Limits of the Criminal Law*：*Harm to Others* (New York：Oxford University Press, Vol. I, 1984) at pp. 63 - 64.

③ Dennis J. Baker, "The Moral Limits of Criminalizing Remote Harms," (2007) 10 (3) *New Criminal Law Review* 370.

④ 冯·赫希认为，惩罚个人不法行为不能从获得不公平利益的角度来解释，但其指出有些犯罪"也许可以合理解释为不正当优势。逃税就是其中一个例子：它似乎涉及多拿了不属于自己的份额"。Andrew von Hirsch, *Censure and Sanctions* (Oxford：Oxford University Press, 1993) at p. 8；Georg Henrik von Wright, *The Varieties of Goodness* (London：Routledge & Kegan Paul, 1963) at p. 216. 但是，冯·赫希认为不公平优势的检验并没有为法官判断是否对逃税者施以监禁刑提供多少指导。因此本书建议，监禁刑应当与不法行为人的个人收益成比例，而不需要与不法行为人本人对所有逃税者造成的总体危害的贡献成比例，因为该行为人对整体危害的贡献可能过于轻微以至于无法测量。

者的个人经济收益，我们可以将总体社会损害中可测量的份额归咎于逃税的个体纳税者。由于我们无法测量他对总体危害的实际作用大小，因此我们转而考虑逃税者因逃税行为而获得的经济利益，并依此对他施以合比例的刑罚。法院应当对类似的案件做出类似的判决。逃税者的刑期应当与普通盗窃案件的刑期相类似，即使逃税所涉"盗窃"并不会对任何个人利益产生直接影响。如果逃税数额只有 20 美元，就不应当处以监禁刑，因为通常情况下，盗窃他人 20 美元（而非国家的 20 美元）的行为也不至于引起监禁刑的不利后果。实际上，对逃税者是否判处监禁刑是一个程度问题。立法者必须说明，即使无法精确到数字也至少应当大致说明：不法行为人所得利益是对总体危害的巨大贡献，以至于能够公平地对其判处监禁刑。①监禁刑的长短应与盗窃案的经济价值成比例，因为即使行为人逃税数额达到 1000 万美元，该行为也不会以任何可衡量的方式影响我们的集体利益。

我们无法精确地认定监禁期限的公平性，也无法精确地判断不法行为的严重性必须达到怎样的程度才能公正地对行为人判处监禁刑。如果一个公正的判决是根据潜在不法行为人的责任及其行为的危害性做出的，那么这两个因素需要达到怎样的程度，才应当对行为人判处短期监禁刑？目前最短的监禁期限是 1~3 日。对被关押的人而言，即使只入狱 3 日，就已经构成严重危害。因此，有责的危害行为必须十分严重，才能适用短期监禁刑。本书认为对于首次入店行窃且盗窃金额在 500 美元以下的行为，不应配置监禁刑，但若加上惯犯的变量，也许可以对行为人公正地施加监禁刑。从事前的角度而言，立法者可以说明入店行窃是轻微危害，但是如果行为人再犯，最终将面临牢狱之灾。我们将再一次面临如何划定界限的问题。毕竟，公正社会中的报应刑不是简单地以眼还眼。

上文论述到，人们不应遭受监禁刑，除非他们的不法行为造成了危害（或潜在危害）后果。如果我们接受这一观点，那么我们就能在法院检验涉及监禁刑的定罪判决时，为其提供实际可操作的标准。大多数宪法法官都能依据内心深处对危害的传统理解，来区分客观危害和抽象危害。判断

---

① 这类盗窃并不涉及暴力，不会对他人的利益造成直接影响，因此在判断是否判处监禁刑时，必须把这些变量纳入考虑范围。关于这点，范伯格的标准危害分析（Standard Harms Analysis）同样具有指导意义。Joel Feinberg, *The Moral Limits of the Criminal Law: Harm to Others*（New York: Oxford University Press, Vol. I, 1984）at pp. 215 – 216.

行为是否无害到足以推翻对其判处监禁刑的刑法规定，与认定乞讨是否涉及言论自由权利的行使，并无太大差别。关于此点，*Malmo-Levine* 案件①中，博学的初审法官们采取的危害分析与之后加拿大最高法院阿尔布尔法官表示异议时采取的危害分析②都让人印象深刻。以法院掌握的所有证据为基础，初审法官认为大麻不同于海洛因或可卡因之类的高度强化型毒品，健康的成年人有节制地长期吸食大麻并非有害，且缺乏确凿证据表明吸食大麻除了对肺部产生影响之外，还会对食用者造成不可逆的器官损伤或精神损伤。

初审法官还发现，并无证据显示吸食大麻与其他犯罪行为之间存在因果关系。法官指出，相较于吸烟和饮酒，吸食大麻对健康造成的损害较小。③此外，吸食大麻属于遥远危害。下一章将论述到，若要满足危害制约，被定罪的行为人（此指遭受了监禁刑，被剥夺了自由的犯罪人）所造成的危害须是相当可归咎的。④博学的初审法官回顾了 1994 年的澳大利亚政府报告⑤并指出，吸食大麻只会对少数食用者的健康造成损害，其中包括患有心血管疾病、呼吸系统疾病、精神分裂症或对其他药物有依赖性的人们，以及怀孕的妇女。⑥客观危害若只有自我危害的程度，则不足以入罪。

美国联邦最高法院在划定这类案件的界限时，采取了一些技巧。*Solem v. Helm* 案件记载到，依据《美国宪法第八修正案》，法院的合比例性分析应当受到以下客观准则的指导：犯罪行为的严重性与犯罪化的严重性、类似案件的判决、更严重的罪行是否得到更宽大的处理。⑦这个例子说明法官能够通过考量犯罪嫌疑人造成的危害或威胁，以及其可责性程度，来认

---

① R. v. *Malmo-Levine*［2000］B. C. C. A. 335；R. v. *Parker*（1997），12 C. R.（5th）251（Ont. Ct. Justice）；R. v. *Clay*（1997），9 C. R.（5th）349（Ont. Gen. Div.）.

② R. v. *Malmo-Levine*［2003］S. C. C. 74.

③ R. v. *Malmo-Levine*［2000］B. C. C. A. 335.

④ Dennis J. Baker, "The Moral Limits of Criminalizing Remote Harms," (2007) 10 (3) *New Criminal Law Review* 370.

⑤ Wayne Hall, Nadia Solowij and Jim Lemon, *National Drug Strategy: The Health and Psychological Consequences of Cannabis Use* (Canberra: Australian Government Publishing Service, 1994).

⑥ R. v. *Malmo-Levine*［2000］B. C. C. A. 335, at paras. 20–21.

⑦ *Solem v. Helm*, 463 U. S. 277, 290–294 (1983).

定犯罪行为的严重性。① 法院指出："尽管法院在试图区分相似罪行时困难
重重，但存在一个普遍接受的，用以比较不同罪行严重程度的标准。"② 探
知界限是一个麻烦的问题，它不仅仅存在于认定刑事惩罚正当性这一领
域。③ 法院还参考了其他客观变量，例如暴力、未遂的严重性，以及不法行
为人是从犯还是主犯。法院总结到："这份清单并不详尽。只是做了简单的
说明，尽管法院对于类似罪行的区分困难重重，但存在一个普遍接受的，用
以比较不同罪行严重程度的标准。"④ 合比例性制约有两个分支，量的合比例
（Ordinal Proportionality）和质的合比例（Cardinal Proportionality）。量的合比
例通过规定犯有类似罪行且有类似犯罪记录的行为人得到类似的判决，以确
保平等性。而质的合比例则以潜在的不法行为的危害性和可责性为依据来定
罪量刑，以保障公平性。该案中，法院同时考虑了这两个合比例性要求。

第十一节　划定界限

大约在《美国宪法》起草时，法国就已经承认危害是一般宪法约束。
1789 年法国《人权宣言》（*The French Declaration of the Rights of Man and of
the Citizen 1789*）第 4 条和第 5 条明确提出将危害作为正义限制。其中第 4
条规定："自由是指能从事一切无害于他人的行为；因此，每一个人行使
其自然权利，只以保证社会上其他成员能享有相同的权利为限制。此等限
制只能以法律决定之。"第 5 条规定："法律仅有权禁止有害于社会的行
为。凡未经法律禁止的行为即不得受到妨碍，而且任何人都不得被强制去
从事法律所未要求的行为。"毫无疑问，美国宪法制定者受到了卢梭、康
德⑤、洛克⑥等思想家的影响。同样很显然的是，制宪者普遍对于危害、自

---

① *Solem* v. *Helm*, 463 U. S. 277, 292（1983）.

② *Solem* v. *Helm*, 463 U. S. 277, 292（1983）.

③ *Solem* v. *Helm*, 463 U. S. 277, 292（1983）. 该案引用了一系列法院被要求做出类似评估
的例子。

④ *Solem* v. *Helm*, 463 U. S. 277, 292（1983）.

⑤ David A. J. Richards, "Human Rights and the Moral Foundations of the Substantive Criminal
Law," 12 *Georgia Law Review* 1395（1979）.

⑥ 参见 Jeffrey S. Koehlinger, "Substantive Due Process Analysis and the Lockean Liberal Tradition:
Rethinking the Modern Privacy Cases,"（1990）65 *Indiana Law Journal* 723。

由、公平处罚和正义持有类似的观点。正是因为这些观点，美国宪法才得以颁布。因此，我们没有理由认为这类普遍道德目标超出了制宪者的理解范围。

应将危害原则视作认定犯罪化决定合比例性的标准。危害原则既可以被用来衡量依据合比例的立法做出的有罪判决（此指定罪免罚判决）是否合比例，也可以被用来衡量依照类似《美国宪法第八修正案》等宪法条文而制定的刑罚是否合比例。如果立法者能说明犯罪化是对暴露行为引发的社会问题的合比例回应，则可以宣布暴露行为为罪，但不能对裸体人士判处监禁刑或 5 万美元之类的过多罚金。这是因为《美国宪法第八修正案》也要求罚金必须与行为人的不法行为成比例。由于暴露行为引起的不良后果是无害的，因此法院不能参照该行为造成的危害来认定罚金的合比例性，而应参照类似案件，以考察暴露行为引起的社会问题的严重性。危害作为衡量应判处监禁刑的犯罪的标尺，能够起到很好的作用，因为监禁刑本身会对囚犯构成危害。但若不法行为没有造成危害，国家则需承担起证明犯罪化正当性的重担。需要注意的是，犯罪化的正当性要求并非轻易能够满足，轻微的冒犯和厌恶无法满足犯罪化的正当性要求。

不受到不公正定罪的一般宪法权利，不仅存在于个人自主权利与合比例刑罚保护之类的条款中，也存在于其他所有特别权利的整体解读中。在许多宪法文件中，最为闪耀也最为基础的权利之一，就是免受不公正处罚的权利。即便是原旨主义者对宪法的解读，也不能否认该权利的存在。免受不公正处罚的权利确实存在，为了实现该权利的道德目标，必须对此项权利采取动态的规范解释。发展的道德基准标志着成熟社会的进步，最高法院考察了对于冒犯行为的处罚是否与发展的道德基准相悖，并在此基础上意识到，过去的判例也许违背了《美国宪法第八修正案》的合比例要求。"依据这个标准评估刑罚，在评价何种标准'发展了'时，我们个体的道德观念与现代美国社会这一整体的道德观念都属于我们的考量范畴[1]……因此，我们的关注点不在于'个别大法官的主观意见'，而在于

---

[1]　可以将这类测试视为规范标准。参见 Gerald Postema，"Objectivity Fit for Law," in Brian Leiter，*Objectivity in Law and Morals*（Cambridge：Cambridge University Press，2001）。

'最大限度的客观因素'……这类客观因素构成了 *Solem* 案中提出的三方比例分析的基础。"[1]

Solem 案采取的客观标准包括：（1）罪行相较于刑罚的危害性；（2）本司法管辖区内，对同样严重的罪行判处的刑罚；（3）在其他司法管辖区域，是否对与本案同样的罪行判处较轻的刑罚。"发展的解释"主义[2]同样使得欧洲人权法院在认定《欧洲保障人权与基本自由公约》[3]中的合比例处罚条款时，考虑类似因素。"裁量余地原则"（Margin of Appreciation）使得欧洲人权法院能够认识到，不同国家可能对《欧洲保障人权与基本自由公约》做出不同解释，而量的合比例与质的合比例则意味着解释的重大差异可能违反正义原则，从而属于任意解释。因此，如果大多数国家不关押入店行窃者，而一部分国家对入店行窃者判处长期监禁刑，尽管存在"裁量余地原则"，欧洲人权法院仍将维护入店行窃者免受不公正处罚的权利。

前文论述到，在判处涉及监禁刑的刑罚时，核心的客观衡量标尺是危害。危害是客观的，无论是在某一司法管辖区内，还是在其他司法管辖区内，特定行为的犯罪化都可能是不公平的。正如前文所述，加拿大最高法院在 *Malmo-Levine* 案中，以乱伦行为犯罪化等旧法中不合比例的判决为依据，来证明维持持有自用大麻为罪的不合比例的判决的正当性。在边缘化的个案中，以客观危害划定界限并非易事。例如，确定入店行窃所涉的轻微危害是否足以引起极短的监禁刑并不容易，因此法院必须留有一定的容错余地。尽管如此，法院也能轻易识别出不仅仅是轻微有失公允的判决。在行为人因盗窃一双鞋而被判处 5 年监禁刑的情形下，显然美国最高法院可以认定该判决的危害性与不法行为的危害性不成比例。同时，法院还可以认定对无害行为判处监禁刑的犯罪化决定是不合比例的。这就是说，法院无须参与司法能动主义（Judicial Activism），也无须扩大解释

---

[1]　*Harmelin* v. *Michigan*，501 U. S. 957，1014 – 1015（1991）.

[2]　Eva Brems，*Human Rights：Universality and Diversity*（The Hague：Martinus Nijhoff Publishers，2001）at p. 396；Cf. Howard Charles Yourow，*The Margin of Appreciation Doctrine in the Dynamics of European Human Rights Jurisprudence*（The Hague：Martinus Nijhoff Publishers，1995）；Cf. *Lawrence* v. *Texas*，539 U. S. 558（2003）.

[3]　《欧洲保障人权与基本自由公约》于 1950 年 11 月 4 日颁布（于 1953 年 9 月 3 日生效）.

《美国宪法第八修正案》的含义（无须分析典型的将个人权利告知司法认定的审慎的历史因素），就足以推翻因持有性玩具、为无家可归者提供食物、进入脱衣舞俱乐部等行为而判处行为人监禁刑的法律。同样地，法院在认定"三振出局"类型的判决的不公正性时，也无须创设新的权利，抑或扩大解释《美国宪法第八修正案》的含义。

在 *Rammel v. Estelle* 案件[①]中，美国联邦最高法院维持了涉案金额为230美元的诈骗罪犯的终身监禁判决。与此同时，在 *Harmelin v. Michigan* 案件中，该法院维持了因持有672克个人自用大麻而被判处终身监禁并不得假释的判决。然而在 *Lockyer v. Andrade* 案件[②]中，该法院依据加利福利亚洲"三振出局"的法律，维持了因入店行窃、盗窃了价值150美元的录像带而判处两个连续的25年监禁刑的判决。如果1689年的英国上议院能够认定"王座法院判处戴文伯爵（Earl of Devon）3万英镑的罚金过高，违反了《大宪章》（*Magna Carta*），违反了入罪者的普遍权利，也违反了国内法"[③]，那么我们很难相信，21世纪的美国联邦最高法院不具备以符合《美国宪法第八修正案》潜在要求的方式来对该修正案进行解读的专业能力。将危害作为确定严重不公平判决的合比例性的标准并无争议。此类评估性判断方式，与用于确定言论自由和隐私权范围的判断方式并无差别。最坚定的原旨主义者也不能否认，对一个人是否有言论自由的权利，以及这个权利是否因强迫性国家利益而被否定的判断过程中，不可避免地涉及一定程度的道德评估。受到公正处罚的权利是一项宪法明示的权利，该权利也应被视作免受不公正处罚的一般权利。罔顾该权利的道德目的而进行解读，则会完全违背我们对正义的传统理解。将此种观点强加于他人，不仅背离了个人自由的宪法观点，也与法律原则相悖。

---

① 445 U. S. 263（1980）.
② 538 U. S. 63（2003）.
③ *Earl of Devon's Case*, 11 State Trials 133，136（1689）.

第三章 遥远危害的界限与危险的犯罪化

第一节 因他人行为导致的刑事责任

在接下来的部分，本书拟以斯卡利亚大法官对《美国宪法第二修正案》中个人权利的解读，来论述遥远危害的界限与危险的犯罪化（Endangerment Criminalization）问题。这类犯罪化的真正问题在于个案正义（Individual Justice），以及是否应当为了集体利益而否定个案正义。反枪支的议员们认为枪支案件中的个案正义弊大于利，本书并非单纯反驳这一主张，因为实证表明枪支致死、致伤的代价巨大。在对这些实证证据详细考察的基础上，本书试图划定，为了更大的利益而以犯罪化的形式否定个人权利的界限。一个普遍的问题是，当个案正义的弊似乎大于利时，就会产生冲突和矛盾。本书以枪支持有为例，概括出人们享有不因他人的不法行为而入罪的基本权利，并对是否存在为了集体利益而牺牲这一权利的基础提出质疑。同时，本书也对以有责的危险（Culpable Endangerment）作为道德证成（Moral Justification）的替代品的方式，创设单独的持有犯罪这一犯罪化模式进行了系统考察。但是，鉴于单纯持有行为的一般危险性并非十分显著，其犯罪化的理由也极为薄弱。

美国联邦最高法院[1]最近指出，《美国宪法第二修正案》保护公民持有枪支（至少在家中存放枪支）的个人权利。在美国，与枪支相关的伤亡一直以来都相当普遍，法院的这一观点无疑将激发未来几十年更为深刻的讨论。[2] 当前的问题是：斯卡利亚大法官的解释（尽管在法律术语上看起来

---

[1]　*District of Columbia v. Heller*，554 U. S. 570（2008）.

[2]　对这一权利的较早论述参见 *United States v. Emerson*，46 F. Supp. 2d 598（N. D. Tex. 1999）.

似乎合理）是否符合公平正义。本书不打算以大量的解释学分析来讨论能否将持有枪支这一宪法化的法定权利解释为个人权利。相反，本书拟考察遥远危害犯罪化的更广泛含义，以实现功利主义目标。全面禁止枪支持有，似乎在很多方面都干涉了持有者的基本权利。剥夺人们出于娱乐目的和自卫目的[①]而持有枪支的权利是一回事，因他人的有害行为而被宣布为罪，则是完全不同的另一回事。本书关注的基本司法问题不是出于娱乐目的和自卫目的而持有枪支的基本权利问题，而是不能因为他人选择实施的刑事不法行为（不法使用枪支）而要求实施无可责备的、无害行为（单纯持有）的行为人受到刑事责难的权利问题。

一个长期存在的一般正义问题是：是否能够出于防止其他人造成危害的目的而剥夺一个人从事无害、无罪活动的权利？因不属于 X 控制范围内的其他人造成的直接危害，而要求 X 承担刑事责任，是不公平的。个案正义意味着行为人只应对自己的犯罪选择承担刑事责任。单纯持有行为的犯罪化是遥远危害犯罪化的一种形式。[②] 立法者为了预防其他类型的总体危害或风险的发生，将某一特定行为宣布为罪，而这一行为本身无害，就是遥远危害的犯罪化。仅仅因为每年都有很多人在车祸中丧生，就颁布法令禁止人们拥有机动车，难道符合公平正义吗？显然，仅仅因为禁止人们拥有车辆可以防止每年危险驾驶行为（酒驾、超速行驶等）导致的严重总体危害而这么做，是不公平的。酒驾是完全独立于单纯拥有与合法使用机动车的行为。危险驾驶行为的犯罪化是恰当的，因为危险驾驶者冒了对他人造成直接危害的风险。全面禁止枪支持有是一种集体定罪的形式。出于保护社会的目的，这类法律惩罚所有的枪支持有者，即使多数持有者永远不会不法地使用枪支。遥远危害的犯罪化不以对直接危害做出报应为总体目标，将不法使用武器并独立导致直接危害后果的少数持枪者宣布为罪即可实现报应目的。

---

① 洛特（John R. Lott）认为高枪支持有率能够保护社会，因为许多不法行为人可能考虑到被害人持枪的可能性而打消犯罪念头。参见 John R. Lott, *More Guns, Less Crime: Understanding Crime and Gun Control Laws* (Chicago: University of Chicago Press, 1998)。

② 参见 Dennis J. Baker, "The Moral Limits of Criminalizing Remote Harms," 10 (3) *New Criminal Law Review* 370 (2007); Andrew von Hirsch, "Extending the Harm Principle: 'Remote' Harms and Fair Imputation," in *Harm and Culpability*, ed. Andrew P. Simester and A. T. H. Smith (Oxford: Clarendon Press, 1996) at pp. 259 *et seq.* 。

这类效用论者（Consequentialist）的定罪和处罚，与行为人不应为他人的犯罪选择承担刑事责任的基本正义原则相悖。效用论无法胜任的原因在于，它忽视了人与人之间的分离性。[1] 但是，存在合适的约束或限制的情形下，效用论者的刑法目的也是可允许的。与之有密切联系的正义限制是报应限制，[2] 报应限制由一系列次限制因素组成，包括可责性限制、近因限制和不良后果限制。[3] 一个定罪决定，要确保行为人罪有应得，就必须说明被告人故意/轻率地旨在造成直接危害（或其他足够严重的不良后果），或实施该行为但未遂。[4] 出于娱乐/自卫目的而单纯拥有/持有枪支的行为，既不属于不道德行为，也不属于直接危害行为。因此，似乎不存在以刑法规制此类行为的道德基础。当一个人的有责行为直接对他人造成了不良后果时，犯罪化就是谴责和惩罚该行为人的机制。枪支持有者 X，不应当由于枪支持有者 Y 不法使用枪支的独立选择而受到谴责和非难。立法者应当充分论证犯罪化决定，并向可能受到某些行为影响的个人做出恰当解释。如果 X 故意强奸 Y，立法者必须以 X 和其他社会成员都能理解的方式向 X 表达这一犯罪化决定，[5] 即向他说明他应当为自己的有害选择受到责难和刑罚。对 X 的犯罪化决定是公平正义的，我们能够向 X 解释的批判的道德理由是：因为他明知他的行为会直接对被害人产生严重的、可避免的不良后果而强奸被害人 Y，所以他应当受到刑事责难。本章考察了是否

---

① 参见 H. L. A. Hart, "Liberty, Utility, and Rights," in Essays in *Jurisprudence and Philosophy*, ed., H. L. A. Hart, (Oxford: Clarendon Press, 1983) at p. 199; Denis J. Galligan, "The Return to Retribution in Penal Theory," in Colin F. H. *Tapper*, *Crime*, *Proof and Punishment*: *Essays in Memory of Sir Rupert Cross* (London: Butterworths, 1981) at p. 149。

② 参见 H. L. A. Hart, *Punishment and Responsibility*: *Essays in the Philosophy of Law* (Oxford: Clarendon Press, 1968) at pp. 1 – 27; Andrew von Hirsch, *Censure and Sanctions* (Oxford: Oxford University Press, 1993); Michael Moore, *Placing Blame*: *A General Theory of the Criminal Law* (Oxford: Clarendon Press, 1997) at pp. 83 – 188。

③ Dennis J. Baker, "Constitutionalizing the Harm Principle," (2008) 27 (2) *Criminal Justice Ethics* 3 at pp. 4 – 16.

④ 可入罪的不良后果不一定总是包含危害。参见 Dennis J. Baker, "The Sense and Nonsense of Criminalizing Transfers of Obscene Material," (2008) 26 *Singapore Law Review* 126; Andrew von Hirsch and Andrew P. Simester, *Incivilities*: *Regulating Offensive Behavior* (Oxford: Hart Publishing, 2006); Joel Feinberg, *The Moral Limits of the Criminal Law*: *Offense to Others* (New York: Oxford University Press, Vol. Ⅱ, 1985)。

⑤ J. R. Lucas, *Responsibility* (Oxford: Clarendon Press, 1993) at p. 284。

有可能向 X 解释如果他仅仅持有枪支，即使持有行为本身不会导致直接危害，对他的处罚也是公正的。

报应限制下的定罪和处罚符合公平正义原则，因为它只在行为人不法对待他人时，惩罚该行为人。① 报应限制下的犯罪化的核心必要条件如下：（1）行为人对他人造成了不良后果，并且（2）行为人有责地选择引起这些不良后果（或危险），尽管他知道这些后果会对他人利益产生不利影响。② 当立法机关的总体目标是效用论者主张的预防危害时，这类有责的不法行为正是一个人应当受到个别化的、合比例的刑事定罪的理由。同样地，在未完成犯罪刑事责任的语境下，胡萨克恰当地指出，报应限制包括危害限制、可责性限制以及近因限制。③ 胡萨克并没有明确说明直接危害行为和间接危害行为之间的差别。然而，鉴于其着重强调因果关系和近因，很显然他支持这样的观点，即未完成犯罪的刑事责任应当限定于行为人将危及或危害他人作为其直接目的的情形。例如，X 以杀死 Y 的故意朝 Y 的脑袋开了一枪，结果打偏了，子弹距离 Y 的脑袋 1 英寸，X 没有对 Y 造成危害。尽管如此，这类危害未遂也是直接危险的一种形式——子弹从距离被害人的脑袋 1 英寸的地方飞过，被害人的生命受到了威胁。

未完成犯罪的刑事责任理由是预防危害，在上述限制条件能够满足时，这一理由就是符合公正性的。但是，遥远危害的犯罪化引发了一个更复杂的问题。它不同于未完成犯罪的犯罪化，它无法满足可责性限制、直接危害限制和近因限制。我在下文将说明，不能将一个人独立地不法使用枪支造成的危害，归责于那些单纯持有枪支的人。另外，我在本章的最后一部分论述到这个问题的另一种解决途径，即指出单纯持有枪支的一般危险性（危险），以满足危害限制，并使有责地持有枪支成为一项犯罪（即，将单纯持有枪支而使其他人处于低限度的危险之中的行为，合比例地犯罪

---

① 参见 Dennis J. Baker, "The Harm Principle vs. Kantian Criteria for Ensuring Fair, Principled and Just Criminalization," (2008) 33 *Australian Journal of Legal Philosophy* 66。

② 这些后果必须严重到足以引起刑法回应的程度。参见 Dennis J. Baker, "Constitutionalizing the Harm Principle," (2008) 27 (2) *Criminal Justice Ethics* 3。

③ Douglas N. Husak, "The Nature and Justifiability of Nonconsummate Offenses," (1995) 37 *Arizona Law Review* 151 at pp. 170 – 173.

化）。但是我们很难将后一种主张适用到单纯拥有机动车的情形，即使拥有机动车也很危险，且其危险程度远高于持有枪支。

第二节　遥远危害的实证证据

首先我们来看直接危害限制和近因①限制。枪支的容易获取是否会导致有形的客观危害？枪支致死案件全年都在发生，年复一年。有关枪支管制的辩论文献也数不胜数。② 本书不打算详细梳理这些文献，因为简短的概述就足以说明广泛的枪支持有和激增的枪支伤亡之间的实证联系。可以说，在西方世界中，美国的枪支所有法是最宽松的。毫无疑问，这个国家获得枪支的容易程度是大规模客观危害的源头之一。在美国，每年枪支暴力都会导致相当数量的人身危害，其中许多是致命的。菲利普·库克（Philip J. Cook）与詹斯·路德维希（Jens Ludwig）写道："这些人身危害的大小、趋势和分配，形成了公众对枪支政策辩论的数据背景。"③ 长期杀戮的严峻程度令人震惊。数据显示，1997 年有 32000 美国人死于枪伤，另外 81000 人因枪支而受重伤。④ 这个数字比当年死于艾滋病或肝病的人数多了 1 倍多。⑤ 数据

---

① 近因，是指行为人以某个具体危害为目的，直接地、有责地造成了这一危害的情形。正如约书亚·德雷斯勒（Joshua Dressler）所述："在近因的语境下，最接近明线原则（Bright-Line Rule）的是：如果一个行为是造成社会危害的直接原因，那么它也是该危害的近因。"Joshua Dressler, *Understanding Criminal Law*（Newark NJ：LexisNexis，2006）at p. 202. ［明线规则（Bright-Line Rule）或称"Bright-Line Test"，是指具有明晰界定的规则或标准，它由一些客观的因素构成，很少或不存在不同解释的余地。通常由法院以判例形式、立法机关以法律规定的形式来建立，目的在于产生可预测的、始终如一的结果。美国联邦最高法院通常认为与之相对的规则是平衡测试（Balancing Tests/Fine Line Testin），指的是权衡多个因素以达成结果，这会导致法律适用的前后不一致，或降低其客观性。参见 https：//en. wikipedia. org/wiki/Bright-line_rule。——译者注］

② 例如下列文献中引用的著作：Earl R. Kruschke, *Gun Control：A Reference Book*（Santa Barbara, CA：ABC-CLIO, 1995）；Robert J. Spitzer, *The Politics of Gun Control*（Chatham, NJ：Chatham House, 1995）；Kristin A. Goss, *Disarmed：The Missing Movement for Gun Control in America*（Princeton, NJ：Princeton University Press, 2006）at p. 41。

③ Philip J. Cook and Jens Ludwig, *Gun Violence：The Real Costs*（New York：Oxford University Press, 2002）at p. 15.

④ Philip J. Cook and Jens Ludwig, *Gun Violence：The Real Costs*（New York：Oxford University Press, 2002）at p. 15.

⑤ Philip J. Cook and Jens Ludwig, *Gun Violence：The Real Costs*（New York：Oxford University Press, 2002）at p. 15.

显示，自 1965 年起至今，超过 100 万美国人死于枪支暴力。[1] 21 世纪的美国，国内的枪支致死人数高于美国参与的所有外国战争中的死亡人数。[2] 美国高枪支持有率可谓造成了极为严重的危害。[3] 此外，严重的不只是激增的死亡人数带来的总体危害。从个人意义看来，枪伤也是十分有害的，因为许多人因枪伤而遭受创伤性脑损伤、脊髓损伤以及其他终身残疾的折磨。美国脊髓损伤的第二大原因，就是非致死性枪伤。[4]

　　美国的糟糕状况是否由宽松的枪支所有法所致？大卫·海明威（David Hemenway）认为，美国之所以与其他西方国家不同，原因在于高致命性暴力。[5] 他将美国的数据与澳大利亚、加拿大、新西兰的数据进行对比，并得出结论：美国的枪支谋杀率是这三个国家平均水平的 10 倍。[6] 这在很大程度上是因为澳大利亚、加拿大、新西兰对枪支的管理更为严厉。澳大利亚在经历了阿瑟港大屠杀（Port Arthur Massacre）[7] 之后，颁布了严格的枪支管理规定。该起事件中，一名精神错乱的枪手在一个旅游城市杀害了 35 人。当时的澳大利亚政府下令大规模回购枪支，全面禁止多种类型的枪支持有，并对其他类型的枪

---

[1] Philip J. Cook and Jens Ludwig, *Gun Violence：The Real Costs*（New York：Oxford University Press，2002）at p. 15.

[2] "枪击死亡对公共健康造成了不合比例的影响，因为很多被害人都是年轻人。杀人和自杀是造成 10—34 岁年轻人死亡的四项最主要原因中的两项。" Philip J. Cook and Jens Ludwig, *Gun Violence：The Real Costs*（New York：Oxford University Press，2002）at pp. 15 – 17.

[3] "美国每百万人口使用枪支之外的其他任何手段杀人所占比例，是英格兰和威尔士的 3.7 倍。但是美国每百万人口使用手枪的杀人案所占比例，是英格兰和威尔士的 175 倍。尽管我们无法精确地认定究竟在多大程度上可以将上述差异归因于枪支的使用，但是美国和欧洲凶杀率的差异，至少一半可能解释为美国采取了常见暴力手段中最致命的手段。" Franklin E. Zimring and Gordon Hawkins, *Crime is Not the Problem：Lethal Violence in America*（New York：Oxford University Press，1997）at pp. 109 – 110；Peter Squires, *Gun Culture or Gun Control*（London：Routledge，2000）at pp. 51 – 55；174 – 201；Lan Taylor, *Crime in Context, A Critical Criminology of Market Societies*（Boulder，Colo：Westview Press，1999）at ch. 6.

[4] David Hemenway, "The Public Approach to Reducing Firearm Injury and Violence," （2006）17 *Stanford Law & Policy Review* 635 at p. 636.

[5] David Hemenway, "The Public Approach to Reducing Firearm Injury and Violence," （2006）17 *Stanford Law & Policy Review* 635 at p. 635.

[6] David Hemenway, "The Public Approach to Reducing Firearm Injury and Violence," （2006）17 *Stanford Law & Policy Review* 635 at pp. 635 – 637.

[7] 这仍然是世界上最严重的枪击事件，甚至超过了弗吉尼亚理工大学校园枪击案（Virginia Tech Shooting）。该案中，一名疯狂的枪手在 9 分钟内发射了 170 发子弹，造成 32 人死亡，25 人受伤。

支实行严格的许可制度。这些措施产生了非常积极的效果。① 澳大利亚的举措十分成功，因为它关注的是广泛使用枪支的普遍危险，而不是所谓"危险人群"的更狭窄的问题。其关注点在于：不让枪支落到错误的手中。② 全面禁止枪支持有的理由是：如果枪支易于取用，任何人都可能成为潜在的凶手。

大卫·海明威指出："在十多个案例对照研究中，有充分的证据表明，美国家庭中的枪支是凶杀、自杀以及枪支意外死亡的危险因素。证据还表明，在枪支持有量更多的州和地区，暴力死亡人数更多，因为枪支致死人数更多。"③ 还有实证证据表明，孩子们更有可能被持枪者无意开枪打死。④ 此外，一个精神稳定且没有危险的人可以获得适当的枪支持有许可，但是，即使这个人没有表现出不应当获得许可的人的典型特征，在激烈的家庭环境中，⑤ 他也可能会不法使用枪支。毫无疑问，当一个人滥用枪支杀死另一个人时，就造成了客观的个体化危害（一名死者）。我们能够从经验角度说明，枪伤实际上是有害的。立法者也可以妥善地阐明，当 X 在家庭纠纷中故意枪击他的妻子 Y，X 就造成了直接危害。立法者还能够阐明，如果许多人枪击他人，就会产生客观的总体危害，⑥

---

① 《英国医学杂志》（*British Medical Journal*）记载，在澳大利亚大规模回购枪支之后，枪支致死的人数减少了一半。此外，在大规模枪支回购之前的 18 年里，澳大利亚发生了 13 起大规模枪击事件，但是在枪支回购后的 10 年内，澳大利亚没有发生过一次大规模枪击事件。参见 "Success in Gun Law Reform in Australia," (2007) 334 *British Medical Journal* 284。

② 辛西娅·伦纳达托斯（Cynthia Leonardatos）等人正确地指出，当枪支持有者决定在家庭纠纷中杀死一名家庭成员或自杀时，安全的枪支存储和许可机制毫无用处。参见 Cynthia Leonardatos, Paul H. Blackman and David B. Kopel, "Smart Guns/Foolish Legislators: Finding the Right Public Safety Laws, and Avoiding the Wrong Ones," (2001) 34 *Connecticut Law Review* 157 at pp. 169 - 171, 177 - 180。

③ David Hemenway, "The Public Approach to Reducing Firearm Injury and Violence," (2006) 17 *Stanford Law & Policy Review* 635 at p. 639.

④ 参见《国家卫生统计中心》有关致死原因的数据。National Center for Health Statistics, Trend C Table 292: Deaths for 282 Selected Causes, 1888. Online: < http://www. cdc. gov/nchs/data/statab/gm292_3. pdf >. 然而，每年有 15000 名成年人受到意外枪击。参见 Karen D. Gotsch *et al.*, "Surveillance for Fatal and Nonfatal Firearm Related Injuries-United States 1993 - 1998," in *CDC Surveillance Summaries*, April 13, 2001, No. ss - 2 (2001). < http://www. cdc. gov. /mmwr/pdf/ss/ss5002. pdf >。

⑤ Violence Policy Center, When Men Murder Women: An Analysis of 2004 Homicide Data, 3. Online < http://. vpc. org/studies/wmmw2006. pdf >.

⑥ 20 世纪 90 年代，每天治疗枪伤的医疗总费用为 600 万美元。David Hemenway, "The Public Approach to Reducing Firearm Injury and Violence," (2006) 17 *Stanford Law & Policy Review* 635 at p. 637.

而普遍持有枪支使一些人能够滥用枪支，因此是一种危险（Endanger-ment）。从统计意义上看，这使我们的生活更不安全。然而，立法者不能把住在华盛顿（或美国其他任何地方）的枪支持有者 N，与另一个枪支持有者 S 独立地滥用枪支在纽约杀人而造成的直接危害联系起来。仅仅持有一把枪，还不足以将持有者与他不曾认识或不曾知晓的其他人的犯罪选择相联系，因为他无法控制其他人的孤立选择。单纯持有不是任何直接的个体化危害的直接原因，从而无法满足近因限制。

广泛持有枪支造成的危害是间接的或遥远的，因为它取决于枪支持有者或其他人（可能取得枪支的人）做出独立选择来滥用枪支。将枪支持有与容易获取枪支时造成的严重总体危害间接联系起来的方式多种多样，但本书的讨论限于枪支持有者（或能够轻易取得枪支的其他人，例如，持有者的朋友或家庭成员等）在未来的某个时段滥用枪支的行为。单纯持有枪支的行为本身不会危害任何人，只有在许多枪支持有者或取得他们枪支的个体行为人做出滥用枪支的独立选择时，总体危害才会发生。[1] 大多数枪支持有者永远不会滥用枪支，他们会保障枪支安全，使其他人也无法滥用他们的枪支。尽管如此，盖然论的统计学论点依旧认为，枪支的容易获得（不论是因为人们可以在家中持有，还是因为能够轻易在街角商店购得）导致了枪支致死人数激增，因此许多不法使用枪支的行为才可能造成间接的总体危害。

客观危害制约要求这类行为必须在事实上对他人造成了危害或危险。当一个人旨在引起好的、中立的后果时，无法满足客观危害或不良后果的限制条件。例如，吸毒不会对他人产生客观的不良后果。吸毒引起的危害是自我危害，因此该行为只会对除吸毒者之外的他人产生中立影响。不能以预防对他人的危害作为吸毒行为犯罪化的理由。[2] 同样地，将持有毒品

---

[1] Andrew von Hirsch, "Extending the Harm Principle: 'Remote' Harms and Fair Imputation," in *Harm and Culpability*, ed. Andrew P. Simester and A. T. H. Smith (Oxford: Clarendon Press, 1996) at p. 271.

[2] 其他学者关于吸毒行为的去犯罪化依据已经进行了充分有效的思考，本书不再赘述。参见 D. A. J. Richards, "Drug Use and the Rights of the Person: A Moral Argument for Decriminalization of Certain Forms of Drug Use," (1980 – 1981) 33 *Rutgers Law Review* 607; Douglas N. Husak and Peter de Marneffe, *The Legalization of Drugs: For and Against* (Cambridge: Cambridge University Press, 2005)。

认定为未完成犯罪（Inchoate Criminalization）也是不正当的，因为该犯罪化的目的在于：以有害的犯罪化预防吸毒这一自我危害行为。① 尽管单纯持有毒品的行为可能使得吸毒者更容易受到自我危害，但自我危害仍无法满足"对他人造成直接危害"的报应限制。② 诸如洗钱犯罪等毒品使用行为犯罪化的附属犯罪都是遥远危害，如果使用毒品合法化了，这些附属犯罪也将随之消失。因此，旨在预防自我危害的毒品持有行为的未完成犯罪规定，实际上产生了两种类型的犯罪，即"使用毒品犯罪（我们首先讨论的问题）和犯罪亚文化（Criminal Subculture）的毒品交易犯罪"③。例如洗钱等从毒品犯罪化引申出的附属犯罪，都是独立的、可犯罪化的、有责的直接危害。不同于毒品的持有，合法持有枪支不在未完成犯罪刑事责任的考虑之列，因为这类刑事责任仅限于应对直接危害他人的场合。就使用毒品而言，直接危害就是危害吸毒者自己。一般而言，如果人们仅出于娱乐目的而持有枪支，那么我们就不可能声称他们持有枪支是为了进行自我危害或危害他人。

遥远行为（Remote Conduct）需在事实上确实能使他人的犯罪行为造成总体危害，如果不存在这样的实证联系，那么该行为就不会构成遥远危害。英国政府最近使用毫无事实根据的遥远危害理论来证明乞讨和卖淫犯罪化的正当性。英国政府声称，应当宣布（乞丐）在路边爬行为罪，因为该行为"促进了毒品的制造和使用，而嫖娼则促进了艾滋病和性病的传播"④。然而，该报道没有提供任何实证证据说明，偶然与非妓女发生的无

---

① 参见 Dennis J. Baker, "Constitutionalizing the Harm Principle," (2008) 27 (2) *Criminal Justice Ethics* 3。

② Joel Feinberg, *The Moral Limits of the Criminal Law*: *Harm to Self* (New York: Oxford University Press, Vol. Ⅲ 1986); Richard J. Arneson, "Joel Feinberg and the Justifications of Hard Paternalism," (2005) 11 (3) *Legal Theory* 259; Russ Shafer-Landau, "Liberalism and Paternalism," (2005) 11 (3) *Legal Theory* 169.

③ 杰弗里·墨菲（Jeffrie G. Murphy）与朱尔斯·科尔曼（Jules L. Coleman）主张："从功利主义的角度来看，我们必须考虑犯罪化的间接成本，这些成本有时也会使犯罪化不合需要……具有讽刺意味的是，有时犯罪化的间接成本也保护了犯罪利益，即所谓的'犯罪关税'（Crime Tariff）。例如毒品使用的犯罪化，可能会促进黑社会亚文化毒品交易的发展，如果人们可以合法地获得毒品，这一状况就不会出现。" Jeffrie G. Murphy and Jules L. Coleman, *Philosophy of Law*: *An Introduction to Jurisprudence* (Boulder CO: Westview Press, Revised ed. 1990) at p. 138.

④ *Paying the Price*: *A Consultation Paper on Prostitution* (London: Home Office, Consultation Paper, 2004) at para. 7.22 and 7.23.

防护措施的性行为，比与妓女发生该行为的危险性小；也没有实证证据说明，偶然与妓女发生有保护措施的性行为，比与非妓女发生该行为的危险性更大。各种偶然的无保护措施的性行为都有可能传播艾滋病病毒，但这并不意味着国家有理由将所有与其他人发生无保护措施的性行为的人都宣布为罪，无论"其他人"是否为妓女。①

"破窗效应"是另一个遥远危害的论点，英国和美国用这一理论来证明制裁乞讨行为的正当性。② 然而，这一理论同样缺乏扎实的实证证据支持。英国政府以"破窗效应"理论捍卫其对乞讨行为的打击，并主张对较轻微的粗暴言行应当实施零容忍政策。③ 依据"破窗效应"理论，那些忽略了乞讨等衰落迹象和不文明迹象的社区，为更严重的犯罪敞开了大门。④ 这一理论断言"无秩序和犯罪通常处于一种密不可分的发展序列"⑤。"破窗效应"的提出者指出，如果一个社区满是窗户破损、杂草丛生的房子，不守纪律的孩子在街上乱逛，青年们在店铺跟前溜达，被要求离开而拒绝离开，未婚的人们居住在一起，人们在街道上喝酒、斗殴，垃圾满地，人行道上遍布醉汉、乞丐、妓女，等等，这样的社区会引来更严重的犯罪。⑥

威尔逊和凯灵论述道，"破窗社区"的居民会认为"犯罪，尤其是暴力犯

---

① 这与被告人故意使他人感染艾滋病病毒从而危害他人的案件完全不同。在英国，依据1861年《侵犯人身法》(*Offences against the Person Act*) 第20条，检察机关对通过无保护措施的性行为"轻率地"传播艾滋病病毒的行为人提起公诉，法院判处这些行为人严重身体危害罪：*R. v. Dica* ［2004］EWCA Crim. 1103；*R. v. Konzani* ［2005］EWCA Crim. 706；Matthew Weait, "Criminal Law and the Sexual Transmission of HIV: R. v Dica," (2005) 68 (1) *Modern Law Review* 121；John R. Spencer, "Liability for Reckless Infection," (2004) *New Law Journal* 448。爱荷华州法规 (*Iowa Code*) 将故意传播艾滋病病毒规定为重罪，Section 709C. 1 of the Code of Iowa 2002: Part ⅩⅥ Criminal Law and Procedure。

② 参见 *Young v. New York Transit Authority* 903 F. 2d 146 (2nd Cir. 1990)。

③ *Respect and Responsibility—Taking a Stand Against Anti-Social Behaviour* (London: Home Office, White Paper Cm 5778, 2003) at para. 1. 8; 3. 40 – 3. 44.

④ *Respect and Responsibility—Taking a Stand Against Anti-Social Behaviour* (London: Home Office, White Paper Cm 5778, 2003) at para. 1. 8; 3. 40 – 3. 44.

⑤ James Q. Wilson, and George Kelling, "Broken Windows: The Police and Neighborhood Safety," (1982) *Atlantic Monthly* 29 at p. 31. Cf. Dennis J. Baker, "A Critical Evaluation of the Historical and Contemporary Justifications for Criminalising Begging," (2009) 73 (3) *Journal of Criminal Law* 212.

⑥ James Q. Wilson, and George Kelling, "Broken Windows: The Police and Neighborhood Safety," (1982) *Atlantic Monthly* 29 at pp. 31 – 32.

罪，处于增长态势，他们会相应地调整自己的行为……这样的区域容易遭到犯罪的入侵"①。基本而言，"破窗效应"假定：若对乱涂乱画、乱丢垃圾、衣衫褴褛等社区无秩序或衰败的现象不加抑制，或对公共场所酗酒、乞讨、流浪等轻微粗暴举止不加抑制，就会给潜在的作恶之人发出一个信息，告诉他们这个区域对犯罪行为毫无防备，因为无人在意。② 凯灵在最近的一篇文章中指出："无秩序不仅会制造恐慌……更是严重犯罪的前身。"③ 纽约市前警察局局长威廉·布拉顿（William Bratton）将"破窗效应"转变成维持秩序的政策，称之为"生活质量举措"（Quality of Life Initiative）。④ 维持秩序的政策旨在通过积极地执行法律来防止诸如公共场所酗酒、乞讨、破坏财产、随地小便、流浪、卖淫和其他轻微犯罪的方式，建立公共秩序。⑤ 这一途径要求警察关注法律实施的同时，也关注公共秩序的维持。⑥ 威尔逊和凯灵论述道，警察维持秩序可以使其他社会管理机制蓬勃发展，从而促进有序社会的形成，并最终促进人们遵纪守法。⑦ 他们认为，警方应致力于营造一个遏制犯罪的氛围。为了达成这一目标，警方应更少地关注违反刑法的行为，更多地、更广泛地监控街头生活。⑧

---

① James Q. Wilson, and George Kelling, "Broken Windows: The Police and Neighborhood Safety," (1982) *Atlantic Monthly* 29 at pp. 31 – 32.

② James Q. Wilson, and George Kelling, "Broken Windows: The Police and Neighborhood Safety," (1982) *Atlantic Monthly* 29 at pp. 31 – 32.

③ George Kelling, "Broken Windows, Zero Tolerance and Crime Control," in Peter Francis and Penny Fraser, *Building Safer Communities* (London: Centre for Crime and Justice Studies, 1998).

④ Bernard E. Harcourt, "Reflecting on the Subject: A Critique of the Social Influence Conception of Deterrence, the Broken Windows Theory, and Order Maintenance Policing New York Style," (1998) 97 *Michigan Law Review* 291 at pp. 301 – 302. 作者在文中写道："这是对轻微犯罪或所谓的生活质量犯罪的零容忍政策。" Cf. William J. Bratton, "The New York City Police Department's Civil Enforcement of Quality-of-Life Crimes," (1995) 3 *Journal of Law & Policy* 447.

⑤ Cf. William J. Bratton, "The New York City Police Department's Civil Enforcement of Quality-of-Life Crimes," (1995) 3 *Journal of Law & Policy* 447.

⑥ Cf. William J. Bratton, "The New York City Police Department's Civil Enforcement of Quality-of-Life Crimes," (1995) 3 *Journal of Law & Policy* 447.

⑦ James Q. Wilson, and George Kelling, "Broken Windows: The Police and Neighborhood Safety," (1982) *Atlantic Monthly* 29.

⑧ James Q. Wilson, and George Kelling, "Broken Windows: The Police and Neighborhood Safety," (1982) *Atlantic Monthly* 29.

此外，威尔逊和凯灵还指出，必须避免乞讨、酗酒、破坏财物、乱丢垃圾和拉客等看起来不像是严重犯罪的行为，因为这些行为不仅会减少邻里之间的"尊重"，还会降低地方当局加强管控的欲望。他们假定，即使是吵闹的儿童、噪声等非犯罪行为，也是更严重的犯罪的前提条件。[①] 犯罪化与警察行动是正当的，因为非犯罪化或警察不作为将为更高的犯罪率创造条件。[②] "破窗效应"并不是说一个具体的人受到"破窗"的危害，而是说粗暴言行等间接行为是更严重的总体危害的前兆，当独立的个人袭击"破窗区域"时，这种危害就会发生。迄今为止，很少有实证证据支持这一观点，即不受约束的无秩序行为会导致犯罪。[③] "破窗效应"的支持者们通常从 20 世纪 80 年代韦斯利·斯科根（Wesley G. Skogan）的研究入手。[④] 斯科根分析了之前在多个规模较大的城市中 40 个社区的居民调查。[⑤] 他确实发现一个社区的社会衰败、物理衰败与某些严重犯罪相关联，但他在研究成果的开头提出了一个值得我们注意的警告：

> 具有讽刺意味的是，来自 40 个社区的数据并不能清晰地阐明无秩序和犯罪之间的关联，因为许多措施都非常紧密地结合在一起。

---

① James Q. Wilson, and George Kelling, "Broken Windows: The Police and Neighborhood Safety," (1982) *Atlantic Monthly* 29.

② James Q. Wilson, and George Kelling, "Broken Windows: The Police and Neighborhood Safety," (1982) *Atlantic Monthly* 29.

③ Bernard E. Harcourt, "Reflecting on the Subject: A Critique of the Social Influence Conception of Deterrence, the Broken Windows Theory, and Order Maintenance Policing New York Style," (1998) 97 *Michigan Law Review* 291; Bernard E. Harcourt and Jens Ludwig, "Broken Windows: New Evidence from New York City and a Five City Social Experiment," (2006) 73 (1) *University of Chicago Law Review* 271; R. Matthews and J. Young, *Issues in Realist Criminology* (London: Sage Publications, 1992); Robert J. Sampson, Stephen W. Raudenbush and Felton Earls, "Neighborhoods and Violent Crime: A Multilateral Study of Collective Efficacy," (1997) 277 *Science*, *New Series* 918; Dan Hurley, "On Crime as Science (A Neighbour at a Time)," (New York: *New York Times*, 6 January 2004); Robert J. Sampson and Stephen W. Raudenbush, "Systematic Social Observation of Public Spaces: A New Look at Disorder in Urban Neighborhoods," (1999) 105 (3) *American Journal of Sociology* 603; Jock Young, *The Exclusive Society* (London: Sage Publications, 1999).

④ Wesley G. Skogan, *Disorder and Decline* (New York: Free Press, 1990); Wesley G. Skogan, "Disorder, Crime and Community Decline," in Tim Hope and Margaret Shaw, *Communities and Crime Reduction* (London: H. M. S. O., 1988).

⑤ Wesley G. Skogan, "Disorder, Crime and Community Decline," in Tim Hope and Margaret Shaw, *Communities and Crime Reduction* (London: H. M. S. O., 1988).

受害程度、犯罪等级问题以及社会无秩序程度三者之间存在高度关联，以仅有的 40 个案例解开这个谜团实属困难。在街头语境下，我们很难区分上述三者是否由单独的原因造成，是否产生了不同的影响。①

尽管如此，凯灵和凯瑟琳·科尔斯（Catherine M. Coles）仍坚信，斯科根在无秩序和严重犯罪之间建立了因果联系。② 在重新分析了斯科根的研究后，哈考特发现："在其他解释变量保持不变的情况下，无秩序与抢夺、人身攻击、盗窃或强奸之间并无统计学意义上的关系，若不考虑纽瓦克州的 5 个社区，抢劫与无秩序之间的关系也不复存在。"③ 哈考特发现，在斯科根的 40 个社区样本中，无秩序与严重犯罪之间最强烈的联系发生在纽瓦克州的 5 个相邻社区中。当这些社区被排除在外时，这个联系就完全消失了。④ 此外，他还指出，因为不同的调查并非针对完全相同的问题，所以只有少数统计包含了所有的社区数据。⑤ 因此他断定，这些数据总体上不能支持"破窗效应"的假设。

1994 年，纽约市市长鲁道夫·朱利安尼（Rudolph Guiliani）最早采用"生活质量举措"，以支持"破窗效应"理论。此后，这一举措也屡次被引用。如上所述，"生活质量举措"采取了"破窗效应"强调的零容忍政策。朱利安尼命令警察对乞讨、扰乱治安的行为、公共场所酗酒、

---

① Bernard E. Harcourt, "Reflecting on the Subject: A Critique of the Social Influence Conception of Deterrence, the Broken Windows Theory, and Order Maintenance Policing New York Style," (1998) 97 *Michigan Law Review* 291 at pp. 311 – 312.

② George Kelling and Catherine M. Coles, *Fixing Broken Windows: Restoring Order and Reducing Crime in Our Communities* (New York: Simon & Schuster, 1996) at p. 24; Dan M. Kahan, "Social Influence, Social Meaning, and Deterrence," (1997) 83 *Virginia Law Review* 349 at p. 369.

③ Bernard E. Harcourt, "Reflecting on the Subject: A Critique of the Social Influence Conception of Deterrence, the Broken Windows Theory, and Order Maintenance Policing New York Style," (1998) 97 *Michigan Law Review* 291 at pp. 309 – 329.

④ Bernard E. Harcourt, "Reflecting on the Subject: A Critique of the Social Influence Conception of Deterrence, the Broken Windows Theory, and Order Maintenance Policing New York Style," (1998) 97 *Michigan Law Review* 291 at pp. 309 – 329.

⑤ Bernard E. Harcourt, "Reflecting on the Subject: A Critique of the Social Influence Conception of Deterrence, the Broken Windows Theory, and Order Maintenance Policing New York Style," (1998) 97 *Michigan Law Review* 291 at pp. 309 – 329.

街头卖淫等轻微的犯罪，也必须强制打击。① 在实施这一举措之后，整体犯罪率尤其是严重犯罪的犯罪率，出现了显著下降。许多保守派评论人士声称，纽约犯罪率的下降印证了"破窗效应"理论。② 哈考特则认为，纽约犯罪率下降的原因是多方面的，包括警力的增加、毒品使用方式的转变、新的电脑跟踪设备的应用以及人口统计资料的补充。③ 他恰当地指出，目前对于纽约犯罪率显著下降的评估是不确定的、有争议的，无法确凿地印证"破窗效应"的假设。④ 哈考特承认"生活质量举措"可能对犯罪率的下降产生了间接影响。但他认为，犯罪率的下降与整顿轻微粗暴言行/扰乱公共秩序无关，而可能是纽约采取的零容忍政策所致。该政策扩大了监督权的范围，而这又使得轻罪能够受到更恰当的规制。⑤

实证证据表明，"生活质量举措"使警察能够获取"更多的身份识别信息；监控策略则增加了警方检查档案、指纹、DNA 及其他识别特征的机会，有助于警方收集被调查者的信息"⑥ 此项措施的关键并不在于"向犯罪分子传达信息，告诉他们不能犯罪；（而在于）传达一个老式观点：更多的警力联络、更多的背景调查、更多的指纹采集，有助于

---

① Bernard E. Harcourt, "Reflecting on the Subject: A Critique of the Social Influence Conception of Deterrence, the Broken Windows Theory, and Order Maintenance Policing New York Style," (1998) 97 *Michigan Law Review* 291 at p. 331.

② 参见 George Kelling and Catherine M. Coles, *Fixing Broken Windows: Restoring Order and Reducing Crime in Our Communities* (New York: Simon & Schuster, 1996); Eli B. Silverman, *NYPD Battles Crime: Innovative Strategies in Policing* (Boston: Northeastern University Press, 1999)。

③ Bernard E. Harcourt, "Reflecting on the Subject: A Critique of the Social Influence Conception of Deterrence, the Broken Windows Theory, and Order Maintenance Policing New York Style," (1998) 97 *Michigan Law Review* 291 at pp. 331 – 339.

④ Bernard E. Harcourt, "Reflecting on the Subject: A Critique of the Social Influence Conception of Deterrence, the Broken Windows Theory, and Order Maintenance Policing New York Style," (1998) 97 *Michigan Law Review* 291 at p. 339.

⑤ Bernard E. Harcourt, "Reflecting on the Subject: A Critique of the Social Influence Conception of Deterrence, the Broken Windows Theory, and Order Maintenance Policing New York Style," (1998) 97 *Michigan Law Review* 291 at p. 342.

⑥ 他指出："可以肯定的是，这个替代假设在很大程度上也基于传闻证据（Anecdotal Evidence），它也应当具备可操作性并经过实证检验，这一点十分重要。然而这个替代假设就像破窗效应那样，目前尚未得到验证。" Bernard E. Harcourt, "Reflecting on the Subject: A Critique of the Social Influence Conception of Deterrence, the Broken Windows Theory, and Order Maintenance Policing New York Style," (1998) 97 *Michigan Law Review* 291 at p. 342.

更好地侦查犯罪"①。在此期间，其他许多没有采取零容忍政策的城市中，犯罪数量也呈现同等程度或更大程度的减少。② 与此同时，旧金山采取了较为宽松的执法方式，也起到了降低逮捕率、起诉率和监禁率的效果。③ 尽管旧金山的其他刑事政策常常遭到保守党派的嘲笑，但它同一时期犯罪率的下降已经持平甚至超过可比城市或司法管辖区（包括纽约）。④

除此之外，罗伯特·桑普森（Robert J. Sampson）等人⑤进行了一项具有里程碑意义的研究，该研究表明，大多数重大犯罪与"破窗"并无关联，而是与其他两个社区变量相关：集中贫困（Concentrated Poverty）和集体效能（Collective Efficacy）。桑普森、斯蒂芬·劳登布什（Stephen W. Raudenbush）与费尔顿·厄尔斯（Felton Earls）共同进行的芝加哥研究提出了"集体效能"的概念，集体效能是指邻里之间的社会凝聚力，以及他们为了公共利益而干预他人的意愿。⑥ 这意味着社区犯罪的最大预测指标并非"破窗"或无秩序。相反，他们认为社会实体可以制止犯罪。⑦ 其研究的初步结论表明"破窗效应"理论缺乏可信度。桑普森和劳登布什在其早期研究中指出："然而，与'破窗效应'理论相反，也许除了抢劫之外，关于公共秩序混乱与犯罪之间存在关联的主张缺乏理

---

① Bernard E. Harcourt, "Policing Disorder: Can We Reduce Serious Crime by Punishing Petty Offenses?" (2002) *Boston Review*, April/May.

② Bernard E. Harcourt, "Policing Disorder: Can We Reduce Serious Crime by Punishing Petty Offenses?" (2002) *Boston Review*, April/May.

③ Khaled Eddin-Taqi and Daniel Macallair, "Shattering 'Broken Windows': An Analysis of San Francisco's Alternative Crime Policies," Centre on Juvenile and Criminal Justice, San Francisco, 2002, <http://www.prisonpolicy.org/scans/windows.pdf>.

④ Khaled Eddin-Taqi and Daniel Macallair, "Shattering 'Broken Windows': An Analysis of San Francisco's Alternative Crime Policies," Centre on Juvenile and Criminal Justice, San Francisco, 2002, <http://www.prisonpolicy.org/scans/windows.pdf>.

⑤ Robert J. Sampson, Stephen W. Raudenbush and Felton Earls, "Neighborhoods and Violent Crime: A Multilateral Study of Collective Efficacy," (1997) 277 *Science*, *New Series* 918; Dan Hurley, "On Crime as Science (A Neighbour at a Time)," (New York: *New York Times*, 6 January 2004).

⑥ National Center for Policy Analysis, "Involved Neighbors Reduce Crime," (Washington, D.C.: January 9, 2004), <http://www.ncpa.org/iss/cri/>.

⑦ National Center for Policy Analysis, "Involved Neighbors Reduce Crime," (Washington, D.C.: January 9, 2004), <http://www.ncpa.org/iss/cri/>.

论基础。"① 这些研究者曾经将他们认为的其他可能与犯罪相关的社区特征纳入研究范围，例如贫困和不稳定性。研究表明，除抢劫外，其余犯罪类型与社会混乱之间均无关联。最后他们得出结论：严重犯罪和社会混乱更有可能与更深层的社会与经济劣势有关。② 桑普森等人发现，总体而言，在集体效能和结构先例（Structural Antecedents）保持不变的情况下，高度无秩序社区的犯罪率通常不会比低度无秩序社区的犯罪率更高。③

桑普森等人指出，犯罪和无秩序之间并不存在高度相关性。"即使对于抢劫而言，其总体相关系数也不超过 0.5。与此同时，我们应当牢记阿姆斯特丹、旧金山等欧美城市的例子，在这些城市中，与卖淫、吸毒、乞讨有关的街头活动不一定转化为高暴力率，在某些社区和社会环境中，公共秩序混乱可能并不'容易引起犯罪'。"④ 换言之，桑普森等人认为，相较于混乱的社会秩序，社会结构的弊端以及衰弱的集体效能更有可能影响犯罪率。他们认为，出于减少犯罪行为的目的，政治上的普遍做法可能是以强硬的手段治理混乱的公共秩序，但这一策略缺乏缜密的分析，因为它"完全没有触及二者的共同源头，尤其是后者"⑤。安东尼·博茨爵士（Sir Anthony Bottoms）认为"相较于'破窗效应'理论，'集体效能'的解读方式显然具有更强的实证性，但它仍需适当发展才能发挥更好的

① Robert J. Sampson and Stephen W. Raudenbush, "Systematic Social Observation of Public Spaces: A New Look at Disorder in Urban Neighborhoods," (1999) 105 (3) *American Journal of Sociology* 603.

② Robert J. Sampson and Stephen W. Raudenbush, "Systematic Social Observation of Public Spaces: A New Look at Disorder in Urban Neighborhoods," (1999) 105 (3) *American Journal of Sociology* 603.

③ Robert J. Sampson and Stephen W. Raudenbush, "Systematic Social Observation of Public Spaces: A New Look at Disorder in Urban Neighborhoods," (1999) 105 (3) *American Journal of Sociology* 603 at p. 638.

④ Robert J. Sampson and Stephen W. Raudenbush, "Systematic Social Observation of Public Spaces: A New Look at Disorder in Urban Neighborhoods," (1999) 105 (3) *American Journal of Sociology* 603 at p. 638.

⑤ Robert J. Sampson and Stephen W. Raudenbush, "Systematic Social Observation of Public Spaces: A New Look at Disorder in Urban Neighborhoods," (1999) 105 (3) *American Journal of Sociology* 603 at p. 638.

指导作用"①。

"破窗效应"的提出者威尔逊最近表明："我至今仍不知道改善公共秩序是否能够减少犯罪……人们还没有意识到这只是一个推测。"② 如果政府以"破窗效应"为基础，要将乞讨等不文明行为犯罪化，就必须证明无秩序与犯罪之间存在可靠的关联。对现有文献的分析表明，显然没有经验证据来支持"破窗效应"理论。因此，该理论无法为乞讨行为犯罪化提供合理的事实依据。枪支持有则与之不同，因为存在实证证据表明，持有枪支是一个促成因素（Enabling Factor），它使人们能够滥用枪支造成总体危害。与持有枪支不同，以"破窗效应"类型的间接危害论述说明乞讨行为的可入罪性是毫无根据的，因为不存在实证证据说明乞讨这一遥远行为能够使他人从事犯罪行为。因此，本书主要关注枪支持有引起的遥远危害。与"破窗效应"不同，存在实证证据支持广泛的枪支持有是广泛的枪支滥用的条件。

枪支持有属于遥远危害犯罪化（Remote Harm Criminalization），而非未完成犯罪（Inchoate Criminalization）。本书也有提及，遥远危害是指 X 的无害行为是一个促成因素的情形，即将 X 的无害行为视为一个现象，这个现象在事实上创造了主要施害者（Primary Harmer）能够有责地实施直接危害的背景条件。③ 例如，如果所有人都无权拥有机动车，那么就不存在拥有机动车的现象，危险的驾驶员也就无法有责地危险驾驶机动车。同样地，如果所有人都无权持有枪支，那么以枪支施害者也就无法有责地使用枪支实施谋杀等犯罪。在后一种情形里，遥远施害者（Remote Harmer）（全体持枪者）只是间接地（遥远地）与直接施害者（不法使用枪支的主要主体）相关联，因为这个危害取决于主要施害者独立做出的施加刑事危

---

① "就效果而言，积极的控制信号（Positive Control Signals）应激起居民们参与干预的意愿，这是集体效能的关键因素。如果这个命题是正确的，那么'控制信号'（Control Signals）措施就能够提供一些短期政策选项，而这似乎正是桑普森和劳登布什的研究所欠缺的内容。" Sir Anthony Bottoms, "Incivilities, Offense, and Social Order in Residential Communities," in Andrew von Hirsch and Andrew P. Simester, *Incivilities: Regulating Offensive Behavior* (Oxford: Hart Publishing, 2006) at pp. 268 – 269.

② Dan Hurley, "On Crime as Science (A Neighbour at a Time)," (New York: *New York Times*, 6 January 2004).

③ Dennis J. Baker, "The Moral Limits of Criminalizing Remote Harms," 10 (3) *New Criminal Law Review* 370 (2007) at pp. 380 – 390.

害的犯罪决定。这类间接危害论点的问题在于，该观点主张"表面上的无害行为是独立主体实施有严重危害性的犯罪的条件，从而产生了归责难题"①。我们必须弄清楚，将他人有害的选择归责于明显无关联的、无可责备的主体的正当性何在。可责性限制和直接危害限制意味着，犯罪化应限于处罚直接危害行为（即主要施害者）。若要将刑事责任归咎于实施了无害行为的遥远施害者，就必须公平地将主要危害归咎于他，以及后来实施了主要危害的直接施害者。

　　一般来说，若一个人的行为仅仅是他人刑法意义上的危害行为的条件（促成因素），法院不会追究这个人的刑事责任。我们以街角商店店主 X 为例。店主 X 卖给顾客 Y 一个冰激凌，Y 随后走出 X 的店铺，并将冰激凌的包装袋丢在地上。X 是否应当对 Y 乱丢垃圾的行为负责？这个危害后果取决于 Y 介入的把包装袋丢在地上的行为，但如果 X 没有把冰激凌卖给 Y，这一切也就不会发生。尽管如此，我们仍不清楚为何这类遥远危害使 X 应当受到道德谴责（应受刑事责难）。如果 X 给 Y 发了一张政治宣传的传单，Y 收下传单后，沿着街道走了一段，随即把传单丢在地上。此时，将这个危害（垃圾堆积造成的环境损害，对我们的集体利益的损害）归责于 X 是否符合公平正义的要求？X 是否应当对 Y 独立、自愿实施的乱丢垃圾行为负责？

　　上述事实与 *Schneider v. New Jersey* 案件②的事实十分类似。在这个案件中，美国联邦最高法院认为，人们不应因其他独立主体自愿违反法律做出的犯罪决定而入罪。该案中，上诉人被裁定违反了禁止任何人在公共街道散布、分发广告和传单的法令。③ 上诉人对该法令在《美国宪法第一修正案》下的有效性提出质疑，因为该法令妨碍了其言论自由。按照该法令的规定，只有当传单接收者把传单扔到大街上时，传单的分发者才会被逮捕。④ 上诉人因向路人分发传单而被逮捕，因为许多收到传单的人丢掉

---

① Joel Feinberg, *The Moral Limits of the Criminal Law: Harm to Others* (New York: Oxford University Press, Vol. I 1984) at p.232.

② *Schneider v. New Jersey*, 308 U. S. 147 (1939). 案件适用的一条法令规定："据此，任何人在（美国）密尔沃基市（City of Milwaukee）的任何人行道、街道、小巷、码头、船坞头、停靠码头、公共场所、公园或空地上丢弃纸张或散布、分发通知、传单、卡片、海报、小册子或其他印刷品和广告的行为，都是非法的。"

③ *Schneider v. New Jersey*, 308 U. S. 147, 158 (1939).

④ *Schneider v. New Jersey*, 308 U. S. 147, 158 (1939).

了传单，使街道和排水沟布满垃圾。警方逮捕了上诉人，并指控其违反了该法令，但没有逮捕任何实际乱丢垃圾的人。下级法院维持了这条法令的有效性，因为经验表明，街道上的垃圾主要源于任意分发的传单。该院认为言论自由的权利并非绝对的，而是受到"合理规制的，该法令没有超越合理性的界限"[1]。该案判决认为，若分发传单导致街道上垃圾为患，逮捕就是符合该法令的根本政策，因为分发传单是乱丢垃圾这一主要危害的条件。[2] 下级法院表示，该法令的目的在于防止人行道变得难看和不整洁。

在废除这项法令时，美国最高法院大法官欧文·罗伯茨（Owen J. Roberts）指出，该法令的设置理由在于防止街道被垃圾掩埋。[3] 行为人（分发传单的人）并非因为在街道上乱丢垃圾而受到指控；相反，判处他们有罪的理由是，分发传单会鼓励其他人乱扔垃圾。罗伯茨大法官认为，保持街道干净整洁的目的，并不足以证明禁止人们向愿意接收传单的人分发传单这一法律的正当性。此外，他认为市政当局应当承担起清洁和维护街道的重担，分发传单造成的间接后果并不足以剥夺行为人的言论自由权利。罗伯茨大法官指出，宪法保护公民权利，但这并不意味着剥夺市政当局禁止人们乱丢垃圾的权力，因为除了禁止分发传单之外，还有很多方法可以防止人们乱丢垃圾。"其中包括惩罚实际在大街上丢弃纸张的人。"[4]

如何将一部分总体危害归咎于从未滥用过枪支的个体持枪者，并追究其刑事责任？当我们要求有责地滥用枪支直接伤害其他人的行为人承担刑事责任时，危害限制就能在个体意义上得到满足。滥用枪支的个人对被害人造成了直接危害。而单纯持有枪支的人们，或者在街角商店出售枪支的人们，只是共同地、间接地促成了枪支随时可用所导致的总体危害。下文将论述到，促成者（Enabler）并非由于直接造成了枪支伤亡而受到谴责（持有枪支的犯罪化正是如此），而是由于持有枪支这个更轻的犯罪而受到责难。行为人有责地实施了持有枪支这一独立的危险行为，从而应受刑事

---

① *Schneider v. New Jersey*, 308 U. S. 147, 158 (1939).

② *Schneider v. New Jersey*, 308 U. S. 147, 158 (1939).

③ *Schneider v. New Jersey*, 308 U. S. 147, 156 (1939)；*Martin v. Struthers*, 319 U. S. 141, 148 (1943).

④ *Schneider v. New Jersey*, 308 U. S. 147, 156 (1939).

责难。换言之，此类犯罪化规制的是枪支持有行为。如此看来，此种犯罪化的依据只是为了预防总体危害，那么问题是：遥远施害者与总体危害之间究竟存在何种责任关联？除非我们能找到一个办法，公正地将一部分总体危害归咎于持有枪支的个人，否则仅仅说明枪支持有者是许多枪支滥用行为的促成者，从而造成了总体危害，无法满足上述责任关联的要求。枪支持有犯罪化的理由是：将增加直接危害风险的行为规定为罪。但与未完成犯罪的责任不同，枪支持有犯罪化无法满足可责性限制和直接危害的近因限制。若持有者只是单纯想持有枪支，就不应当使其成为世界上所有枪支犯罪的共谋。少数枪支持有者独立地滥用枪支实施犯罪并造成了总体危害，而我们要求所有枪支持有者对这个总体危害负责，似乎就是这种情形。

尽管如此，在家庭情感纠纷中，行为人也可能在盛怒之下使用枪支，之后再后悔。同样地，在美国，由于人们容易获取枪支，许多年轻的精神错乱行为人在学校或其他公共场所大规模杀人。① 如果人们在家庭纠纷中无法轻易获取枪支，他们就有机会冷静下来。枪击尤为突然和致命。这里的利益冲突在于，多数人的公共安全利益，以及他们对于防止广泛持有枪支造成的危害而产生的高成本总额，与个人只对自己的不法危害行为负责的权利之间的矛盾。本章接下来的两节将研究单纯持枪行为犯罪化的全面禁止举措是否符合公平正义。

第三节　总体危害的公平归咎

全面禁止枪支持有符合效用论者的目标。这类法律以牺牲个案正义为代价来保护更大利益，即降低我们受到枪伤或其他更严重危害的可能性。本章的最后一节将简要概述未完成犯罪的犯罪化与遥远危害的犯罪化之间的差异。遥远危害与未完成犯罪不同。未遂罪（Attempts）、共谋罪（Conspiracy）、教唆罪（Incitement）这些未完成犯罪满足可责性限制和直接因

---

① 弗吉尼亚理工大学惨案（Virginia Tech Massacre）就是一个悲剧。不幸的是，这些患有精神分裂症等精神疾病的犯罪人，通常都处在读大学的年纪。但在中小学校园内也有枪击案发生，这可能部分是暴力电子游戏或暴力电影造成的。然而，这样的结论还有待可靠的实证证据来检验。应当对此领域进行实证研究。不过话说回来，让这些人几乎无法接触到枪支，似乎是一个合乎逻辑的解决方案。

果关系限制。未完成犯罪的刑事责任是正当的，因为我们可以公正地将个别化的直接危害（或危险）归责于不法行为人。例如，X 试图朝着 Y 的脑袋开枪来杀死 Y，但是纯粹因为巧合而没有打中，由于 X 存在道德可责性，所以这种未遂情形的犯罪化能够满足正当性限制。X 有责地直接引起了不良后果，因此对 X 的刑事定罪是正当的。道德可责性限制、近因限制、客观危害限制均得以满足。在犯罪未遂的场合，只要不法行为人旨在危害他人即可，其行为没有必要在实际上造成危害。① 这类未完成犯罪（未遂罪、教唆罪②和共谋罪③）的设置旨在预防危害，是合法且正义的。持有枪支的问题在于，持有者并没有直接给他人造成不良后果（危害他人）的目的。实际上，枪支持有者可能是为了娱乐或出于安全考量而持有枪支，主观方面可谓为了产生好的结果。④ 一个人也可能大量储备枪支，而从未造成任何危害。

本节考察了成立共同犯罪（Complicity）的限制条件，并在此基础上探究要求所有枪支持有者为少数滥用枪支者的集体危害行为负责的做法是否符合公平正义。上文论述到，广泛的枪支持有与禁止枪支持有的法律旨在减少的总体危害之间存在坚实的实证联系。尽管如此，只有在遥远施害者与总体危害之间有可能存在责任关联时，正义才能得以伸张。必须以充足的责任连接来证明独立持有行为犯罪化的正当性。我们不仅必须有能力把一部分总体危害归责于个别的遥远施害者，还必须依据其对危害的较小

---

① "试图引起被禁止的危害而未达成，与试图引起该危害并达成，就二者的道德可责性而言，并无实质差别：结果的差别取决于运气（Chance），而非行为人的选择（Choice），刑罚不应当屈服于变幻莫测的命运，不应当只关注结果而不顾行为人的可责性。"Andrew Ashworth, *Principles of Criminal Law* (Oxford：Oxford University Press, 5th ed. 2006) at p. 445.

② 教唆者的目的在于借他人之手，造成直接危害。因此，同时满足了道德可责性限制和客观危害限制。

③ 共谋的犯罪化依据，在很大程度上是为了预防犯罪。"尽管在未遂犯中，需要以行为人从事了'不仅仅是预备的'行为的证据来证明其犯罪意图。在共谋罪中，犯罪意图是指各方达成实施犯罪的合意。共谋的另一部分犯罪化依据在于，已经达成实施犯罪的合意却在实施犯罪之前被捕的行为人，其应受谴责程度和危险性程度并非显著低于成功实施了实质罪行的行为人。"Andrew Ashworth, *Principles of Criminal Law* (Oxford：Oxford University Press, 5th ed. 2006) at p. 455.

④ Georg Henrik von Wright, *The Varieties of Goodness* (London：Routledge & Kegan Paul, 1963) at pp. 114 – 135.

的、个别的促成作用，按比例追究其责任。① 满足可责性限制与公正归责限制的途径有两种。其一，证明遥远施害者（枪支持有者）与主要危害存在责任连接（增加了枪支致死人数）；其二，阐明枪支持有者实施了一个危险行为，即明知持有枪支会危及他人，而自愿（有责地选择）持有枪支。单纯持有行为的犯罪化需考虑合比例的定罪和刑罚。但正如我们所看到的那样，当危害发生的可能性非常低时，则难以证明此类犯罪化的公正性。

我们首先来分析第一种途径。按照这一途径，若遥远危害者与主要危害之间存在责任连接，那么遥远危害的犯罪化即符合公平正义要求。判断是否应当追究遥远施害者对总体危害的促成作用，是一个道德问题：如果行为人 X 实施了行为 N，而这导致行为人 Y 实施了行为 S，法律是否应在不同程度上追究行为人 X 和 Y 的责任？也就是说，法律是否应在滥用枪支的主要危害层面处罚行为人 Y，在持有枪支的遥远危害层面处罚行为人 X，因为 X 的持有行为使 Y 能够获取枪支并不法使用枪支（即 X 明知持有枪支会对他人构成较低程度的危险，而故意持有）。本书试图以道德可责性和个人责任（Individual Responsibility）的概念来探明，将一部分由单纯持有行为造成的总体危害归责于枪支持有者是否正当，无论他们是否不法使用了枪支。问题在于，遥远施害者与主要施害者的不法行为之间，是否存在某种程度的责任②关联。如果存在这种关联，也就具备了将遥远施害者入罪的初步依据，因为他的遥远行为促成了主要危害，所以我们可以公正地、合比例地追究其责任。

何为有责地参与（Culpable Involvement）（主要施害者的犯罪行为）？冯·赫希指出："我们说的是前行为人（Original Actor）通过其行为在某种程度上确认（Affirm）或同意承担（Underwrite）（这个选择）的后果。"③确认或同意承担意味着遥远施害者必须承担可能发生的最终危害。一个有

---

① 参见 Dennis J. Baker, "Constitutionalizing the Harm Principle," （2008）27 （2） *Criminal Justice Ethics* 3 at pp. 18 – 19。

② 规范的（我更倾向于"可责性"的概念——因为"规范的"概念有稍许想当然的意味）参与（Normative Involvement），包括同意承担（Underwrite）主要施害者实施的犯罪。Andrew von Hirsch, "Varieties of Remote Harms and Rationales for Their Criminalization," Cambridge University, Unpublished Mimeo （2006）.

③ Andrew von Hirsch, "Varieties of Remote Harms and Rationales for Their Criminalization," Cambridge University, Unpublished Mimeo （2006）.

关责任关联的典型范例是从犯的刑事责任（Accomplice Liability）。约书亚·德雷斯勒解释："从本质上看，从犯的刑事责任是衍生的。从犯无法成立独立于主犯的'帮助和教唆'罪；相反，作为次要主体（Secondary Party），其行为使其本人与主要主体（Primary Party）相关联，其责任也是由主要主体衍生而来。"① 在从犯情形下，责任关联的确定依赖于次要主体的刑事责任认定。如果次要主体无意间对主犯的危害行为做出贡献，那么就没有理由归咎于他。相反，如果 X 给了 Y 一把枪，打算让 Y 用这把枪杀害他人，很显然 X 同意承担 Y 的杀人行为。② 我们能够公正地把 Y 实施的更严重的犯罪（杀人罪）归责于 X，因为 X 出于让 Y 用这个凶器杀人的目的，故意向 Y 提供凶器，从而有责地参与 Y 的杀人犯罪之中。X 故意帮助 Y，有责地将自己与 Y 的杀人罪联系起来，他间接帮助主犯实现了直接危害，因此我们能够追究 X 对于主要危害（即杀人罪）的责任。德雷斯勒教授写道，大多数法院"认为，除非行为人'与特定犯罪行为的主犯有共同故意，且从事的非法活动具有犯罪目的'，否则不能认定该人构成此特定犯罪的共犯。用汉德法官（Judge Learned Hand）的话来说，共犯的成立要求非实行行为者'在某种程度上与这一犯罪共同体相关联，共犯加入这一犯罪共同体是为了通过自己的行为实现他所追求的危害后果'"③。

但是，难道当行为人明知自己的有意协助行为能够帮助主犯实施犯罪行为时，不应追究其刑事责任吗？可以说，当次要主体故意帮助主犯，并对他的故意帮助行为的副作用持极度轻率（Extremely Reckless）的心态时，我们就能追究其与主犯同等的责任。英国法院以"间接故意"（Oblique Intention）来认定造成他人死亡的案件中，极度主观轻率（Extremely Subjective Recklessness）的行为人具备的故意。按照英国法律，即使不法行为人的目的并非某个特定后果，只要该特定后果是其不法行为的必然结果，且不法行为人对此明知，那么陪审团就会认定该不法行为人对该后果的发生

---

① 参见 Joshua Dressler, *Understanding Criminal Law* (Newark NJ: LexisNexis, 2006) at p. 498; Joshua Dressler, "Reassessing the Theoretical Understandings of Accomplice Liability: New Solutions to an Old Problem," (1985) 37 *Hastings Law Journal* 91。

② Cf. *Backun* v. *United States*, 112 F. 2d 635, 637 (4th Cir. 1940).

③ Joshua Dressler, *Understanding Criminal Law* (Newark NJ: LexisNexis, 2006) at p. 514; Sanford Kadish et al., *Criminal Law and its Processes: Cases and Materials* (New York: Aspen Publishers, 2007) at pp. 589 *et seq.*

持有故意心态。出于论述需要，本书将"间接故意"称作"极度主观轻率"。① 在美国，"间接故意"或"极度主观轻率"被用于认定"有意识地忽视了对人类生命的巨大的、不合理的风险"的人具有故意。② 这类认定极度主观轻率者持故意心态的方式，通常只适用于谋杀案件。③ 但是，桑福德·卡迪什认为对次要主体归责需满足以下条件：第一，该次要主体有意识地忽视了"其他人可能实施犯罪的'实质的、不合理的风险'；第二，考虑到次要主体的行为及其所知晓的情况，该风险的'本质和等级必须达到一定程度，使对该风险的忽视严重背离了守法公民的行为标准'"④。

有些案件中，只需明知（Knowledge）（主观轻率，而非极度主观轻率）就足以满足犯罪意图的要求。"主观轻率"（Subjective Recklessness）包括此种情形：次要主体预见到，他故意帮助的主要主体有实施某个犯罪的现实可能性或巨大风险。⑤ 如果卖枪者 X 在把枪卖给顾客 Y 的过程中，无意中听到 Y 与他朋友的电话聊天，Y 开玩笑地告诉他的朋友，他正在买枪，以杀掉他的妻子和她的情人。X 明知 Y 的意图，知晓 Y 有实施谋杀犯罪的现实可能性，但即便如此，X 还是把枪卖给了 Y。这种主观轻率的程度，是否足以将双重谋杀的全部故意转嫁给 X？

---

① *R. v. Woolin*［1999］A. C. 82. 行为人要么具备故意，要么不具备。"极度主观轻率"（Extremely Subjective Recklessness）是轻率的一个种类，不是故意。参见 John Finnis，"Intention and Side-Effects，" in *Liability and Responsibility*，R. G. Frey and C. W. Morris（Cambridge：University Press，Cambridge，1991）at pp. 32 – 64。

② 这个标准被用来推定二级谋杀罪（Second-Degree Murder）的故意。参见 Joshua Dressler，*Understanding Criminal Law*（Newark NJ：LexisNexis，2006）at p. 556。

③ 参见 Joshua Dressler，*Understanding Criminal Law*（Newark NJ：LexisNexis，2006）at p. 556；Cf. *R. v. Woolin*［1999］A. C. 82。

④ 参见 Sanford Kadish，"Criminal Law：Reckless Complicity，"（1997）87 *Journal of Criminal Law & Criminology* 369 at p. 385。

⑤ 英国法院似乎持有这个观点，即不同于极度主观轻率，主观轻率地预见主犯计划的犯罪行为，并故意帮助主犯，就足以追究次要主体的刑事责任：*R. v. Bryce*［2004］EWCA Crim. 1231。大卫·奥默罗德（David Ormerod）错误地将 *R. v. Bryce* 案件中现实可能性或实质可能性检验解读为间接故意：David Ormerod，Smith and Hogan，*Criminal Law*（Oxford：Oxford University Press，12th ed. 2008）at p. 195。但是，间接故意指的是：在此种情形下，将谋杀的故意转嫁于行为人——如果行为人的冒险行为存在杀掉被害人的高风险及严重风险时，"大致可以公正地阐明行为人'实际上等同于'故意杀掉被害人，他不愿意为保护他人的生命而放弃自己的目标"。Joshua Dressler，*Understanding Criminal Law*（Newark NJ：LexisNexis，2006）at p. 555.

如果卖枪者不具备买枪者的犯罪故意，卖枪者就不应当为主犯的谋杀行为负责，除非卖枪者极度主观轻率地做出行为。间接故意①的责任要求减轻了轻率的卖枪者的刑事责任，因为即使卖枪者知道买枪者出于实施双重谋杀的目的而出售枪支，还必须证明他明知故意出售枪支的行为在事实上必然会导致买枪者实施双重谋杀行为。只是无意中听到有人闲聊胡说计划谋杀，也许足以要求卖枪者提高警惕，但不足以使卖枪者确定无疑地推断出买枪者走出商店之后会实施双重谋杀。陪审团不大可能推论出：卖枪者可以预见其故意出售的行为事实上会导致双重谋杀这个必然结果。间接故意要求可预见的不法行为上的故意帮助行为"与主犯实施的犯罪行为存在直接必然的关联，以至于在通常标准下，宣称该故意帮助行为不会引起主犯的犯罪行为的观点是十分荒谬的"②。

英国间接故意标准的问题在于，在 R. v. Bryce 案件③中，该标准会减轻被告人的责任，因为对这一概念的扩展适用需证明该案中被告人预见了其帮助行为事实上必然导致他人实施谋杀行为，但被告人在帮助主犯时，主犯对于是否实施谋杀仍犹豫不决。本书更倾向于用桑福德·卡迪什式的极度主观轻率来检验，因为这一检验标准不会涵盖主观轻率的卖枪者，而只会涵盖类似 R. v. Bryce 案件④中极度主观轻率的卖枪者。R. v. Bryce 案件中的卖枪者有意识地忽视了主犯可能实施谋杀的实质的、不合理的风险，其帮助行为是对守法公民的行为标准的严重背离。在 R. v. Bryce 案件中，法院倾向于采取实质的、不合理的风险检测标准，但将其解释为现实可能性。⑤ 而在美国案例法中，实质风险是指在几乎没有正当理由去承担很大风险的情况下承担重大风险。⑥

---

① 有关间接故意的更深层讨论参见 Itzhak Kugler, *Direct and Oblique Intention in the Criminal Law: An Inquiry into Degrees of Blameworthiness* (Aldershot: Ashgate, 2002) at pp. 1 – 7。

② H. L. A. Hart, *Punishment and Responsibility: Essays in the Philosophy of Law* (Oxford: Clarendon Press, 1968) at pp. 113 – 120; Glanville Williams, "Oblique Intention," (1987) 46 *Cambridge Law Journal* 417.

③ [2004] EWCA Crim. 1231. 该案中，被告人为主犯安排食宿，让主犯住在离被害人住所很近的大篷车里，并在主犯实施谋杀的前一天，明知主犯打算杀害被害人而开车把主犯送到犯罪现场。

④ [2004] EWCA Crim. 1231.

⑤ [2004] EWCA Crim. 1231.

⑥ 参见 Joshua Dressler, *Understanding Criminal Law* (Newark NJ: LexisNexis, 2006) at p. 556。

　　美国关于极度主观轻率的解释还涵盖了故意帮助他人实施轻率犯罪的情形，即故意鼓励他人实施特定的轻率行为（例如，乘客想要司机快速驶过学校区域，并要求司机实施此轻率行为）① 或者故意帮助主犯实施轻率的犯罪行为（例如，女主人允许完全醉酒的客人借用她的车，② 以便客人在纽约市中心开车回家）。帮助过失犯罪不会引起从犯责任，因为一个人帮助主犯实施连主犯自己都不知道自己在实施的犯罪，在逻辑上不成立。

　　极度主观轻率足以将同等的罪责归咎于主犯和次要主体。然而，不那么严格的主观轻率标准也可以将主观轻率的卖枪者纳入刑法规制范围。至于那些对于其帮助行为可能造成的后果只持轻率态度（Mere Recklessness）的行为人（即对于主要施害者的犯罪故意而言，次要主体的轻率帮助无关紧要的情形），若归咎同等的罪责，则是不公平的。这些人不具备主要施害者引起最终危害的故意，仅预见到主要施害者实施犯罪行为的现实可能性。在此情形下，从犯明知主犯的犯罪故意而轻率地予以帮助，应承担相应责任。毕竟在这种特殊情形下，要求卖枪者放弃这笔生意并不过分。

　　在这些案件中，犯罪化应当反映出次要主体应承担的较低责任。因此，合比例的犯罪化形式应是设立单独的帮助犯（Facilitation Offense），对

---

①　此时，该乘客鼓励了可能导致进一步非故意危害的危险行为，正是乘客对这些行为（危险驾驶行为涉及实质的、不合理的冒险行为）的鼓励，使他成为危险驾驶行为及其导致的任何非故意危害后果的从犯。

②　轻率地帮助他人实施轻率犯罪，与故意地帮助他人实施轻率犯罪存在重要差别。威廉姆斯对这两种情形分别举例说明。如果行为人 N 知道他的儿子习惯于轻率地驾驶车辆，他出门散步一段时间后意识到自己忘记把车钥匙放在安全位置，以防止他的儿子独自开车，此时，如果 N 没有回家把车钥匙放在安全的位置，而是冒着他的儿子不会找到车钥匙的风险，那么 N 就是轻率地帮助了他儿子的轻率驾驶行为。如果 N 明知他的儿子有轻率驾驶的可能性，而允许他的儿子驾驶汽车，那么 N 就是故意地帮助了他的儿子的轻率驾驶行为。但是，若要将后者纳入实质的、不合理的风险类别之中，这个父亲必须知道他的儿子几乎总是危险驾驶车辆，即他的儿子有危险驾驶机动车的记录，并被禁止驾驶机动车，等等之类。参见 Glanville L. Williams, "Complicity, Purpose and the Draft Code－2," (1990) *Criminal Law Review* 98 at p. 99。卡迪什改进了威廉姆斯所述故意帮助轻率犯罪的例子，以说明在实质的、不合理的风险标准下，该帮助行为的可入罪性。参见 Sanford Kadish, "Criminal Law: Reckless Complicity," (1997) 87 *Journal of Criminal Law & Criminology* 369 at pp. 380 *et seq.* 。

次要主体施加与其促进作用的危害性与可责性成比例的惩罚。① 帮助犯也可用于应对常规货物、服务的合法供应商预见到某一个特定顾客可能使用其货物、服务从事犯罪行为的现实可能性的情形。② 帮助犯的成立需与主犯的犯罪行为的严重性成比例。如果卖枪者 X 预见到这个枪支被用于谋杀的现实可能性而出售该枪支，那么对 X 的促进行为施以合比例的惩罚就是公平的。在情节十分轻微的情形下，合比例性可以完全排除帮助犯的成立。例如为妓女干洗裙子，从而使她用这条裙子吸引路边过客③的行为不应入罪，因为此类行为对于主犯的轻微危害行为所起到的作用，无法满足将次要主体的帮助行为犯罪化所必须满足的危害限制。直接对主犯的轻微危害行为定罪处罚，就足以应对该行为所涉的危害。上述有责参与的论述无法证明设置单独的枪支持有犯罪的正当性，因为枪支持有者并没有对滥用枪支的个人实施的犯罪行为提供轻率帮助。

威廉姆斯教授关于帮助行为犯罪化与遥远危害犯罪化重要区别的论述，有助于加深我们的理解。他指出，辅助（Assisting）/帮助（Helping）与影响（Influencing）/鼓励（Encouraging）主犯实施犯罪存在概念上的重大差异。尽管主观轻率足以将一些罪责归咎于帮助主要施害者的人，但这不足以将罪责归咎于仅仅鼓励或影响主犯独立犯罪选择的人。④ 在一个人仅仅影响或鼓励他人实施犯罪的情形下，其具有的轻率的主观心态无法将该者与主犯的犯罪行为建立责任关联，这种关联过于遥远。为了证明轻率

---

① 在次要主体不具备主犯之于实体犯罪的故意，从而不应受到与主犯同等的处罚的情形中，应以帮助犯来处理。关于这一替代措施的讨论参见 Robert Weisberg, "Reappraising Complicity," (2000 – 2001) 4 *Buffalo Criminal Law Review* 217 at pp. 261 *et seq.*；Sanford Kadish, "Criminal Law: Reckless Complicity," (1997) 87 *Journal of Criminal Law & Criminology* 369 at pp. 601 *et seq.*。

② 参见 George P. Fletcher, *Rethinking the Criminal Law* (Boston: Little Brown, 1978) at p. 676; J. Finn, "Culpable Non-Intervention: Reconsidering the Basis for Party Liability by O-mission," (1994) 18 *Criminal Law Journal* 90。

③ 参见 Rollin M. Perkins and Ronald N. Boyce, *Criminal Law* (New York: The Foundation Press Inc., 3rd ed. 1982) at pp. 746 – 747。

④ 这里的责任建立在故意的规范概念的基础之上。正如威廉姆斯所述："因果关系原则并不适用于从犯的情形，因此必须证明鼓励行为或影响行为是这个犯罪的条件。但是，旨在影响主犯的行为必须影响了主犯的想法，且该行为必须属于可能会影响主犯的那一类。" Glanville L. Williams, "Complicity, Purpose and the Draft Code – 1," (1990) *Criminal Law Review* 4 at p. 9.

地鼓励他人实施犯罪，而非帮助他人实施犯罪的行为之于最终危害的有责参与，仅证明他明知自己的行为具有影响其他人实施犯罪的风险尚不足够。这种情形下，次要主体的影响较远，无法控制主犯的行为。次要主体的行为只起到影响作用，并且如果这个影响是无意中发生的，他也无法撤回该影响。

　　威廉姆斯进而探讨了主要施害者只是受到他人行为的影响或鼓励的情形。[1] 例如，媒体对暴力街头抗议的报道可能会影响一些准政治团体组织此类抗议活动，以引起公众对他们抱怨的关注。同样地，媒体对监狱暴乱的报道可能会引发进一步的骚乱。当电视台播放囚犯们在监狱屋顶上横冲直撞、毁坏财物、举横幅向公众传递信息等行为时，可能会促进囚犯们继续暴动，从而引起更多公众关注他们的不满。毫无疑问，媒体对 2005 年伦敦裸体抗议的报道，也影响了抗议者以裸体形式表达抗议的决定。然而，电视台不应当仅仅因为预见[2]这一行为可能促进裸体抗议而承担刑事责任。[3] 威廉姆斯主张，在影响他人决定的情形下，（若要追究影响者的刑事责任）还必须证明其目的在于影响或鼓励主要危害的发生。[4] 仅仅预见媒体报道可能会鼓励暴乱或裸体抗议，并不足以追究电视台的刑事责任，因为电视台报道的目的并非鼓励暴徒和抗议者从事犯罪活动。

---

[1] Glanville L. Williams, "Complicity, Purpose and the Draft Code – 1," (1990) *Criminal Law Review* 4 at p. 10.

[2] 本书强调了这一观点的重要性，即不能由于害怕他人从事犯罪行为，而剥夺人们的权利。正如 *Beatty v. Gillbanks* [1882] 9 Q. B. D. 308 案件中解释的那样，"非法的必须让步于合法的，而不是相反"：*Howard E. Perry & Co Ltd v. British Railways Board* [1980] 1 W. L. R. 1375；*Church of the Lukumi Babalu Aye Inc. et al. v. City of Hialeah*，508 U. S. 520 (1993) at p. 539；*Turner Broadcasting System, Inc. v. F. C. C.*，512 U. S. 622 (1994) at p. 10；*Schaumburg v. Citizens for a Better Environment*，444 U. S. 620 (1980)；*Superior Court Trial Laws Association v. Federal Trade Commission*，493 U. S. 411 (1990) at p. 447；*Ward v. Rock Against Racism*，491 U. S. 781 (1989) at p. 805；*United States v. Moses Nos.* 17778 – 72 and 21346 – 72 (D. C. Super. Ct., Nov. 3, 1972)；Madeline S. Caughey, "Note: Criminal Law—The Principle of Harm and its Application to Laws Criminalizing Prostitution," (1974) 51 *Denver Law Journal* 235 at p. 252.

[3] "Bicyclists Ride in Protest, and in Little Else," (New York: *New York Times*, June 12, 2005).

[4] Glanville L. Williams, "Complicity, Purpose and the Draft Code – 1," (1990) *Criminal Law Review* 4.

在影响他人犯罪决定的情形下，影响者没有控制主要施害者，与主要施害者之间也不存在紧密联系，因此，影响者的"目的"对于建立责任联系十分重要。与之相反，辅助者、帮助者就处在强有力的位置，可以控制是否辅助/帮助他人实施犯罪，除非他的帮助行为完全出于偶然，或仅仅是疏忽所致，帮助者不应因疏忽的帮助行为而承担刑事责任。仅仅因为遥远影响者、鼓励者预见到其合法的（遥远）行为的必然副作用是主要危害而追究其刑事责任，会引起道德层面的反对与反感。① 持有枪支的情形正是如此，以持有者能够预见他人可能滥用枪支并造成总体危害为依据，宣布单纯持有枪支为罪，是不公平的。同样地，如果 X 制造了叙述某些可怕罪行的电影，行为人看了电影后，自行模仿了电影中的犯罪行为，我们只能把危害后果归咎于模仿者。如果这部电影事实上煽动他人实施危害，并且电影制作人的目的在于造成这个危害，我们就能将该危害归咎于电影制作者。② 在这种情形下，电影制作者犯了教唆罪。③

在 *Beatty v. Gillbanks* 案件④中，救世军在滨海威斯顿聚集是合法的，尽管其军官根据以往的经验，明知这会导致反对组织骷髅军（Skeleton Army）的袭击。救世军预计并知晓骷髅军有可能进行非法行动，但是前者聚集的目的并不在于鼓励这种非法行动。其目的仅仅在于聚集到一起。⑤ 上文所

---

① 例如，在 *Beatty v. Gillbanks*（1892）9 Q. B. D. 308 案件中，"救世军（Salvation Army）预见到当他们聚在一起时，就会遭到袭击，因为他们知道这是对手的策略，但这并不能使他们对袭击负责。之所以存在这样的限定，一部分原因在于我们对责任的见解，我们把责任归咎于直接违法者，而不是仅仅预见到不法行为的无辜主体。如果要求行使自己的合法权利和自由的人们为他人的故意危害行为承担责任，则是对刑事责任的过度扩张"。Glanville L. Williams, *Textbook of Criminal Law*（London: Stevens & Sons, 2nd ed., 1983）at p. 86.

② Joel Feinberg, *The Moral Limits of the Criminal Law: Harm to Others*（New York: Oxford University Press, Vol. Ⅰ 1984）at p. 244.

③ 恐怖分子制作煽动恐怖主义的电影可以成立教唆罪。参见 Sanford Kadish, "Criminal Law: Reckless Complicity,"（1997）87 *Journal of Criminal Law & Criminology* 369 at pp. 572 *et seq.*; Joshua Dressler, *Understanding Criminal Law*（Newark NJ: LexisNexis, 2006）at pp. 449 *et seq.*。

④ （1892）9 Q. B. D. 308.

⑤ Glanville L. Williams, "Complicity, Purpose and the Draft Code – 1,"（1990）*Criminal Law Review* 4 at p. 12.

述媒体报道监狱暴动的情形，以及骷髅军袭击的情形，都是有关遥远危害的例子，而不是次要犯罪主体的例子。适用于从犯责任的限制，在遥远危害的情形下也同样适用。如果遥远施害者的目的在于鼓励他人实施犯罪，我们就能够公平地说明，他有责地参与了这个犯罪。但是，疏忽地甚至轻率地鼓励或影响他人的犯罪决定，并不足以在从犯责任或遥远危害责任语境下建立责任联系。[①]在枪支持有的情形下，遥远施害者与主要施害者之间不存在紧密联系。枪支持有者并非以鼓励他人滥用枪支为目的。距离最终危害十分遥远的持有行为确实增加了枪支犯罪率，但是单纯的持有行为不会影响滥用枪支者的犯罪决定。

在未完成犯罪和共同犯罪的语境下，对于责任归咎与危害学说的仔细分析，让我们绕了一圈又回到原点，我们仍无法证明全面禁止枪支持有的正当性。其局限性是双重的。第一，单纯持有枪支的行为，并不是个人滥用枪支所致直接危害的近因，这些直接危害组成的总体危害是由广泛的枪支滥用行为所致的。广泛的枪支持有行为，只会让那些决定滥用枪支的人能够轻易地获得枪支。第二，唯一与直接危害存在责任关联的人，是那些滥用枪支的人。此外，滥用枪支者有责的滥用行为已被定为谋杀罪、过失杀人罪等犯罪。

第四节　枪支持有的犯罪化依据：危险

上述实证证据表明，单纯的持有行为不仅会危及所有者，也会危及其他无辜的人。持有行为增加了持有者和非持有者成为枪支伤亡案件被害人的风险。尽管如此，无须过多分析就能明确，出于预防危险发生的目的，或者出于防止更普遍的总体危害并获得更大利益的目的，否定人们不被不公正定罪的权利，实属滑坡谬误（Slippery Slope）。[②]禁止城市居民拥有机动车是否符合公正性要求？虽然这样的法律不会对人们施加显著负担，但也意味着汽车所有者必须对其生活方式做出重大调整。可以说，机动车所

[①]　Glanville L. Williams，"Complicity, Purpose and the Draft Code - 2，"（1990）*Criminal Law Review* 98 at p.103.

[②]　滑坡谬误是一种逻辑谬误，它使用连串的因果推论，却夸大了每个环节的因果强度，从而得出不合理的结论。https://en.wikipedia.org/wiki/Slippery_slope。——译者注

有者生活方式的改变，与由于二手烟对他人身体健康的危害，而被禁止在公共场所吸烟的吸烟者生活方式的转变同样重大。在某些方面，机动车与枪支有相似之处，它们都是很多人无法拥有的奢侈品。① 每天有 400 万伦敦人使用地铁，而在香港等地，90% 的人口使用公共交通工具。② 广泛的汽车使用造成的总体危害是双重的，它不仅造成了大量交通伤亡事故③，也导致了全球变暖④。沉迷于驾车出行的人不太可能在没有强制的情况下放弃使用机动车，在当前背景下，尽管机动车的使用总体上是有害的，我们仍不大可能严肃对待过度使用机动车的犯罪化问题。

其他事例中，以功利效益否定权利的做法更无法使人信服。从长远来看，允许堕胎的法律会产生怎样的总体经济损害？可以说，目前出生率呈负增长，堕胎是一个重要原因。⑤ 今天的负出生率就是明天的经济困境。官方数据显示，2005 年，在美国共进行了 131 万次堕胎手术；1973～2005 年，在美国共进行了 4500 万次堕胎手术。⑥ 上文还提到，自 1965 年起，

---

① 这一假设建立在香港和伦敦等样本的基础之上，因为这些城市人口密集，交通便利，拥有充足的公共交通设施。显然，在区域中心和小城镇，汽车仍然是必需品。

② "中国香港地区的汽车拥有量非常低，只有 48 辆/1000 人，相比之下，英国是 377 辆/1000 人，日本是 325 辆/1000 人，美国是 485 辆/1000 人……香港在世界上 30 个最富有的国家（地区）中排名第 15，但是人均汽车所有量方面，它只有这 30 个国家（地区）的平均水平的六分之一。"参见 Sharon Cullinane, "Hong Kong's Low Car Dependence: Lessons and Prospects," (2003) 11 (1) *Journal of Transport Geography* 25 at p. 26。

③ 在美国，每年死于道路交通事故的人数，多于每年死于枪击的人数。"全球死亡人数中有 120 万人死于道路交通伤亡事故（占 2002 年全球死亡人数的 2.2%），以因疾病丧生的总数计算，该数额占全球疾病负担的 2.6%。"参见 Kavi Bhalla *et al.*, "A Risk-Based Method for Modeling Traffic Fatalities," (2007) 27 (1) *Risk Analysis* 125。美国每年的汽车致死人数是枪支致死人数的 5 倍。参见 Juha Luoma and Michael Sivak, "Characteristics and Availability of Fatal Road-Crash Databases in 20 Countries Worldwide," (2007) 38 (3) *Journal of Safety Research* 323; David Hemenway, "The Public Approach to Reducing Firearm Injury and Violence," (2006) 17 *Stanford Law & Policy Review* 635 at pp. 646 - 650。

④ Lucas W. Davis, "The Effect of Driving Restrictions on Air Quality in Mexico City," 116 (1) *The Journal of Political Economy* 38.

⑤ Maxime Fougère and Marcel Mérette, "Population Ageing and Economic Growth in Seven OECD Countries," (1999) 16 (3) *Economic Modeling* 411; David M. Cutler *et al.*, "An Ageing Society: Opportunity or Challenge?," (1990) 1 *Brook Papers Economic Activity* 1 - 73; David Miles, "Modeling the Impact of Demographic Change Upon the Economy," (1999) 109 (452) *The Economic Journal* 1 - 36.

⑥ Rachel K. Jones, "Abortion in the United States: Incidence and Access to Services, 2005," (2008) 40 *Perspectives on Sexual and Reproduction Health* 6.

已有超过 100 万美国人死于枪支暴力。[1] 如果仅依据逝去的生命数量来计算滥用枪支的总体危害，那么相较于 4500 万次堕胎手术导致的潜在生命丧失而言，前者就显得微不足道了。同样地，相比于滥用枪支，故意不法使用汽车（故意超速行驶等）导致了更多的人员丧生。有人可能会辩称胎儿不是实际的生命，因此对胎儿的危害具有不同的性质。但这一观点忽略了我们讨论的是整体危害，而非个体危害。禁止持有枪支是正当的，因为这类法律的目的在于保护整体利益。对特定的枪击被害人造成的个体危害，可以单独作为谋杀罪等犯罪进行处罚。从个体意义而言，枪支致死不同于堕胎产生的危害，因为胎儿并未出生。但从长远的整体危害意义而言，高比例的枪支伤亡对经济的影响与堕胎对经济的影响十分类似。尽管如此，基于零人口增长能够起到的减少不可再生能源的消耗、保护自然环境、减缓全球变暖的作用，提倡零人口增长率的人可能会辩称，堕胎能够减少人口的增长，从而防止另一种形式的总体危害。[2] 但是，就客观后果而言，枪支致死也有减少人口增长的作用。剥夺人们在市区驾驶汽车的权利不会减少人口增长，因为这一举措挽救了可能丧生于交通事故的生命。但是汽车对能源的消耗也极大地加剧了全球变暖。大多数自由主义论者不会指出为了美国的更大利益，或者说，为了预防不受约束的负出生率几乎一定会引发的严重经济损害，而将堕胎行为入罪。他们也不会接受相反的论点，从而将独生子女政策或零子女政策引入美国。可以说，堕胎行为的犯罪化会带来两方面的影响：一方面，许多偶然出生的人能够成为社会中更具生产力的成员，随着老年人逐步退休，这些人将起到补充劳动力的作用；另一方面，这也可能导致人口增长，并导致环境的进一步恶化。

独生子女政策（One Child Policy）采取了介于犯罪化与合法化之间的非刑事措施，[3] 其目的在于减少人口增长。独生子女政策不会给人们施加

---

[1] Philip J. Cook and Jens Ludwig, *Gun Violence: The Real Costs* (New York: Oxford University Press, 2002) at p. 15.

[2] Lester R. Brown, *Outgrowing the Earth: The Food Security Challenge in an Age of Falling Water Tables and Rising Temperatures* (New York: W. W. Norton & Company, 2005); John J. Ray, *Conservatism as Heresy* (Sydney: A. N. Z. Book Co., 1974).

[3] 值得注意的是，在独生子女政策背景下，在中国生了一个以上的孩子不是犯罪，其处罚限于罚款，而不涉及定罪或审判。

严重的长期负担，因为在人们不愿意的情况下，该政策不会强迫他们生养一个孩子。而堕胎的犯罪化则可能导致此种后果。尽管如此，被剥夺生养多个孩子的权利，比被剥夺拥有枪支的权利重要得多。可以说，独生子女政策是两害之轻。若非如此，人口会急剧上升并失去控制，从而引发大规模饥荒。① 毫无疑问，在某些方面，我们确实需要为了更大的利益而牺牲个人权利。② 科学技术促进了食物产量不断增长，也使我们能够为第三世界国家提供更好的帮助与技术支持。但从长远看来，保持合理的人口增长率显然是减缓全球变暖的一个重要解决方式。本节提出的假设仅仅为了引出对当前为了更大利益而将枪支持有入罪的批判性思维。上述例子表明，单纯的死亡人数统计所传递的信息十分有限。与独生子女政策类似，对堕胎行为和枪支持有的全面禁止，不加区别地使一部分人承受重担。有的人不想生孩子，有的人想生不止一个孩子；有的人不想持有枪支，有的人想持有枪支；等等之类。

列举上述例子还在于强调，枪支致伤致死的数据最多只能说明广泛的枪支持有是一种危险，即枪支危及了持有者和其他人。但十分重要的一点是，需明确这类证据本身无法说明单纯持有枪支的行为是犯罪。仅仅粗略地衡量某一行为的益处与它带来的负担，不能成为界定这一行为犯罪化正当性的根据。因为比起功利主义、合比例性和结果型正当性（Consequential-Type Justifications）的要求，这一粗略衡量尚无法成为合理立场。③ 犯罪化决定必须符合以实际合理性为基础的报应限制。上文提到，核心限制

---

① 参见 C. J. Smith, *China in the Post-Utopian Age* (Boulder, Co: Westview Press, 2000); Frank W. Elwell, *A Commentary on Malthus's* 1798 *Essay on Population as Social Theory* (Lewiston, NY: Edwin Mellen Press, 2001); L. T. Evans, *Feeding the Ten Billion— Plants and Population Growth* (Cambridge: Cambridge University Press, 1998); Antony Trewavas, "Malthus Foiled Again and Again," (2002) 418 *Nature* 668。

② 参见 Ronald Dworkin, *Taking Rights Seriously* (King's Lynn: Duckworth, 1977) at p. 200。

③ John Finnis, *Fundamentals of Ethics* (Oxford: Clarendon Press, 1983) at p. 94. 约翰·芬尼斯（John Finnis）论述道："任何道德学说，若采取了粗略衡量行为收益与负担的方法，即使以比例原则加以限制，也会在判断特定的严重违法时，忽略需具体衡量的违法。如果这些道德学说接受了这种方法，那么就会产生对刑事不正当性的错误判断。因此，在判断特定行为的刑事不正当性时，这些理论不仅应当考虑因果关系的假设是否可证实，还应考量被危害的人，也就是被犯罪行为侵害的人，以及这种危害的性质。"参见 John Finnis, *Fundamentals of Ethics* (Oxford: Clarendon Press, 1983) at p. 105; John Finnis, *Natural Law and Natural Rights* (Oxford: Clarendon Press, 1979) at pp. 161 – 197。

包括可责性限制、危害（不良后果）限制，以及近因限制。与实际危害相对的危险①能否满足危害限制？范伯格运用标准危害分析（Standard Harm Analysis）来考量那些"既不是完全无害，又不是直接且必然有害"的危害，是否应当入罪。标准危害分析包括以下几个方面：

　　a. 一个可能发生的危害，危害越严重，在证明禁止可能造成该危害行为的正当性时，就越不需要危害实际发生；

　　b. 发生危害的可能性越大，正当化强制所需的严重性就越小；

　　c. 危害的风险越大，严重程度和发生概率越高，接受风险的可能性就越小；

　　d. 危险行为对行为人和其他人越有价值（有用处），冒着有害后果的风险就越合理，至于极有价值的行为，冒着达到明确的危险程度的风险就是合理的；

　　e. 危害的风险（危险）越合理，禁止造成该风险行为的理由就越微弱。②

　　满足上述标准的危险行为是可以入罪的，因为它有危害他人的风险。约翰·加德纳（John Gardner）和斯蒂芬·舒特（Stephen Shute）指出："有人可能认为危害原则是一个经验法则，并以此将它排除在外，容忍对这一标准的背离。也有人可能认为如果犯罪化的行为属于旨在造成危害的一类行为，就能够满足危害原则的标准，并以此将（危害限制）排除在外。"③ 本书认为，危及他人属于不法危害，是引起刑法规制的正当依据。危险行为犯罪化的目的在于预防最终危害发生，而预防对他人的不法危害

---

① 本书认为危害（Harm）和危险（Endangerment）存在概念差异。保罗·罗宾逊（Paul H. Robinson）指出："创设了危害的风险，风险本身可能不一定是危害。但是创设了危害的风险的行为，实际上可能造成危害。对一个人挥舞拳头，可能不会像行为人预期的那样危害到这个人，但是该行为可能引起这个人对危害的恐惧，而这本身也是一种危害。" Paul H. Robinson, "A Theory of Justification: Societal Harm as a Prerequisite for Criminal Liability," (1975) 23 *UCLA Law Review* 266 at p. 268. 与此相反，克莱尔·芬克斯坦（Claire Finkelstein）主张风险即危害。参见 Claire Finkelstein, "Is Risk Harm?," (2002 – 2003) 151 *University of Pennsylvania Law Review* 963。

② Joel Feinberg, *The Moral Limits of the Criminal Law: Harm to Others* (New York: Oxford University Press, Vol. I, 1984) at pp. 215 – 216.

③ John Gardner and Stephen Shute, "The Wrongness of Rape," in *Oxford Essays in Jurisprudence*, ed. Jeremy Horder, fourth series (Oxford: Oxford University Press, 2000) at pp. 215 – 216.

是援引刑法的正当理由。[1] 如果立法者能够说明被禁止的活动有危害他人的风险，就能够满足危害限制。范伯格的严重性限制与可能性限制的重要性在于，我们能够以此认定某一行为是否危险到足以受到刑法规制。"危害的风险越大，严重程度和发生概率越高，接受风险的可能性就越小。"[2]

可责性限制则会引起更为复杂的问题，因为危险可能直接发生，也可能间接发生。直接危险发生在以下场合：行为人危险驾驶车辆（例如以140英里/小时的车速驶过学校区域），不分青红皂白地朝人群开枪射击，或者用没有上膛的枪朝熟睡的人开枪[3]，在别人家门口倒汽油并把它点燃[4]，醉酒驾驶满载乘客的飞机，轻率的性行为[5]，不遵守工厂基本安全标准规定[6]，等等。这些案例中，行为人的轻率以及作为直接冒险行为的近因，能够满足可责性限制。以下情形则会产生间接危险：行为人持有危险设备，该设备在未来的某个时候可能被滥用——或持有存储起来十分危险的设备，例如在城郊居民区存储爆炸物。存储核武器、生物武器、爆炸物、手榴弹、导弹产生的危险是间接的，因为这类存储行为产生的任何危害要么由存储物的意外爆炸所致，要么由行为人使用这类物品危害他人的行为所致。持有枪支的危害是间接的，持有枪支与危害后果发生之间，还

---

① Dennis J. Baker, "The Harm Principle vs. Kantian Criteria for Ensuring Fair, Principled and Just Criminalization," (2008) 33 *Australian Journal of Legal Philosophy* 66 at pp. 80 - 84; Dennis J. Baker and Lucy Xia Zhao, "Responsibility Links, Fair Labeling and Proportionality in China: A Comparative Analysis," (2009) 13 *UCLA Journal of International Law & Foreign Affairs* 1.

② Joel Feinberg, *The Moral Limits of the Criminal Law: Harm to Others* (New York: Oxford University Press, Vol. I, 1984) at pp. 215 - 216.

③ Joshua Dressler, *Understanding Criminal Law* (Newark NJ: LexisNexis, 2006) at p. 121.

④ *R. v. Hyam* [1975] A. C. 55. 有关特殊危险犯和一般危险犯的讨论参见 K. J. M. Smith, "Liability for Endangerment: English Ad Hoc Pragmatism and American Innovation," (1983) *Criminal Law Review* 127。

⑤ 参见 Dennis J. Baker, "The Moral Limits of Consent as a Defense in the Criminal Law," (2009) 12 (1) *New Criminal Law Review* 93。

⑥ 参见 Lynn K. Rhinehart, "Would Workers be Better Protected if They Were Declared Endangered Species? A Comparison of Criminal Enforcement Under the Federal Workplace Safety and Environmental Protection Laws," (1994) 31 *American Criminal Law Review* 351; Robert G. Schwartz, "Criminalizing Occupational Safety Violations: The Use of 'Knowing Endangerment' Statutes to Punish Employers Who Maintain Toxic Working Conditions," (1990) 14 *Harvard Environmental Law Review* 487。

需要介入行为人滥用枪支危害他人的行为。枪支不同于爆炸物，不会意外爆炸，因此不具有天然的危险。

爆炸物与放射性物质的持有者可能会辩称，他们并非以危害他人的目的存贮这类危险物品。但是爆炸物、手榴弹、生物武器、核武器等物质本身具有十分危险的属性，因此政府仍可以宣布持有这些物品为罪。一个更遥远的危险形式是，一个普通公民 X 掌握了高度机密的科学信息，该信息叙述了如何制造大规模杀伤性武器。这种危险形式与枪支持有相同，其危险性取决于行为人的不法使用。在 *Stanley v. Georgia* 案件中，最高法院指出："国家不能仅仅以淫秽物品可能导致反社会行为为依据，禁止单纯持有淫秽物品的行为；也不能以化学书可能导致人们在家中自制化学产品为理由，禁止单纯持有化学书的行为。"言论自由十分重要，有些可能被不法使用的信息确实属于言论自由的公众领域。但很显然，某些技术信息的危险性使得可以限制它的可访问性，以防止这类信息被滥用并导致灾难性后果。[①] 时间因素是间接危害的另一个方面。一些行为存在紧迫的、持续的危险的威胁，或者整体危害的威胁，而有些行为只威胁到较远的未来利益。例如，如果 X 持有枪支等危险武器，该行为对于 X 和其他人都构成紧迫威胁，因为枪支在任何时候都有可能被不法使用。正如上文所述，与爆炸物和放射性物质不同，枪支不具备天然的危险性，它的危险性取决于行为人对枪支的不法使用。但是，不法使用枪支的威胁是其紧迫的、持续的危险性之源。与之相反，堕胎手术不会紧迫地危及[②]他人利益，但也许会起到加重当前负出生率可能导致的未来整体经济损害的效果。同样地，从这个意义上说，机动车的使用促进了全球变暖，该危害不是立即的，而是经过一段时间的累积可能会发生的。

精确认定枪支持有的风险因素并不在本章的考虑之列，对此类风险的粗略分析有助于我们更好地理解单纯持有行为的危险性。上文以 1997 年的数据为例，分析了枪支暴力的严重程度：1997 年有 32000 个美国人死于枪

---

① 参见 Seumas Miller and Michael J. Selgelid, "Ethical and Philosophical Consideration of the Dual-Use Dilemma in the Biological Sciences," (2007) 13 (4) *Science and Engineering Ethics* 523。

② 这里，本书采取十分广义的"危及"概念，包含对经济利益的损害。

伤，另外 81000 人因枪支而受到重伤。① 如果我们把 1997 年的数据放在 2.9 亿人口中考量，每 9062 人中，就有一人因枪支致死；每 3580 人中，就有一人因枪支致伤。因此，从统计数据来看，广泛的枪支持有使这种形式的危险成为可能，它使我们的生命安全系数下降了 1/9062，使我们的人身安全系数下降了 1/3580。此外，在行为人明知可能使他人感染艾滋病病毒，而冒险进行无预防措施的性行为的这类案例中，也存在危险问题。澳大利亚的法院指出，冒险实施直接危害的行为有一个合理的限度，并称之为"可感知的危险"（Appreciable Danger），规定危害他人的风险概率为 1/2000 时，不足以入罪。② 但是，在行为人以 140 英里/小时的车速驶过学校区域的情形下，尽管该行为直接危害他人的风险概率为 1/2000，我们也可以对行为人施以合理的刑罚，因为该行为属于严重的高风险行为。

如果行为可能导致的危害后果十分严重（枪支的滥用正是如此），低至 1/9062 的风险因素也许就足以证明该危险犯罪化的合理性，只要我们将持有型犯罪定义为非严重犯罪，并根据其低危险性予以合比例的惩罚。也就是说，刑事处罚必须与枪支持有者对一般危险的贡献程度相称。单纯的枪支持有也许能够导致严重危害发生，但是危害发生的可能性很低，因此其监禁刑应当低于 6 至 12 个月。很多情形下，适用罚金即可，但是考虑到枪支持有可能导致的个体危害的严重性，在适当情形下，可以对惯犯判处监禁刑（不受 6 至 12 个月的限制）。依据遥远危害的归责途径，枪支持有的可责性限制需以该持有行为可能导致其他人滥用枪支并造成最终危害后果来满足。而在持有型犯罪（危险犯）的语境下，只要行为人故意持有枪支，即可满足可责性限制。如果行为人故意持有枪支，那么关于该行为人的定罪量刑必须以他和其他每一位社会成员都能理解的方式向他阐明：他的行为危及了其他人，从而应受谴责和刑罚。我们可以给行为人提供如下批判性道德理由，以解释为何将其行为入罪符合公平正义的要求：因明知持有枪支会产生危及他人的低风险仍故意持枪，行为人应受合比例的刑事

---

① Philip J. Cook and Jens Ludwig, *Gun Violence: The Real Costs* (New York: Oxford University Press, 2002) at p. 15.

② 参见 David Lanham, "Danger Down Under," (1999) *Criminal Law Review* 961 at pp. 963 - 964。

处罚。此类犯罪化需将行为所致的低风险纳入考虑范围。

　　禁止人们持有严重危及他人的物品没有问题。有时候，遥远施害者通过制造对导致主要危害的行为的"需求"危及其他人。毫无疑问，持有儿童色情物品是一种遥远危害，因为持有者没有接触到儿童，也不一定与儿童色情物品的制作者之间存在任何紧密联系。这些物品的购买者并不关心谁制造了这些物品，也不关心它们来自哪里。但是，米歇尔·登普西（Michelle M. Dempsey）指出："儿童色情物品的使用者不仅创造了此类物品的市场，也刺激了恋童癖者和奸商们为了满足市场需求而虐待儿童。"[①] 同样地，象牙的购买者共同促成了暴利的象牙市场，而这正是偷猎的原因。这个市场间接地增加了对濒危大象种群的危害。尽管购买者没有杀死大象，甚至不会接触到大象，但他购买象牙的行为将会产生对象牙的需求。然而，仅凭这一点还不足以建立其责任连接。正如上文所述，仅仅影响他人犯罪决定的行为，尚不足以建立起该行为与最终危害后果之间的责任连接。电视台摄影组成员创造了人们对裸体抗议和街头暴力抗议的需求，是否应当要求他们承担刑事责任？仅仅因为电视台的报道可能鼓励他人从事犯罪行为，而追究行使其合法权利和自由的电视台摄影组成员以及其他人的刑事责任，难道不属于刑事责任的过度扩张吗？

　　这把我们带入范伯格提出的下一个要求，也就是说，需评估所涉行为的社会价值。"危险行为对行为人和其他人越有价值（有用处）……冒着有害后果的风险就越合理……至于极有价值的行为，冒着明确危险程度的风险就是合理的。"[②] 遥远施害者对儿童色情物品、象牙的需求，增加了儿童或大象受到危害的风险，与电视台报道抗议不同，持有儿童色情物品和象牙是毫无价值或毫无用处的，不具备任何社会意义。相反，媒体对抗议活动的报道涉及言论自由，它服务于极有价值的目的：将世界范围内正在发生的

---

① Michelle M. Dempsey, "Rethinking Wolfenden: Prostitute Use, Criminal Law, and Remote Harm," (2005) *Criminal Law Review* 444, 453 – 454; Cf. Suzanne Ost, *Child Pornography and Sexual Grooming: Legal and Societal Responses* (Cambridge: Cambridge University Press, 2009) at pp. 115 – 119.

② Joel Feinberg, *The Moral Limits of the Criminal Law: Harm to Others* (New York: Oxford University Press, Vol. I, 1984) at pp. 215 – 216.

事情告知观众。① 本书曾论述到，儿童色情物品的案件中，必须考虑持有者和购买者故意地、明知地接受严重刑事危害的产物的事实。② 接受一个不法危害的产物，使得持有者承担了这一不法危害。此指派生责任（Derivative Liability）的情形，适用前提是遥远施害者有责地将自己与主要施害者的不法行为联系起来。恋童癖者选择持有真实的儿童图像时，就在自己与主要施害者的不法行为之间建立起联系，他以购买最终产品的方式，支持并承担了刑事危害。他知道，在这些物品的制作过程中，儿童必然受到危害，他手中的图像就是证据。他明知此类危害行为，且在危害发生后，仍选择接受此类危害的产物。

当行为人 X 把枪卖给一个潜在杀手 Y 时，X 可能无法准确得知 Y 是否会用这把枪杀人。但是当行为人购买象牙制品或儿童色情物品时，他清楚地知道，制作这些产品的过程充斥着危害。与之类似，接受赃物犯罪的控诉要旨在于：行为人在接受这些物品时，明知这些物品是赃物。明知是赃物而持有或接受的行为是违法的，因为行为人知道，这些物品之所以能够获得，是因为有人实施了有责的危害行为。此类案件不同于电视台工作人员报道抗议的案件，二者的社会影响和道德影响相去甚远。持有儿童色情物品或赃物的目的在于，故意从已知的刑事危害中获益。而媒体关注裸体抗议的目的，并不是从抗议者的犯罪活动中获益。后一种情况可能带来的任何好处都是无意中获得的，并且具有社会价值和有用性。媒体报道的总体目的在于：将现实世界中正在发生的事件告知社会公众。此外，不存在实证证据表明，媒体对此类事件的报道会增加人们的暴力指数和危险性。

---

① 埃德温·贝克（C. Edwin Baker）主张言论自由的权利基础在于四类价值："（1）个人的自我实现，（2）知识的进步与真理的探究，（3）决策制定过程中，全体社会成员的参与（尽管该参与对'政治决策而言，尤为重要'，但'也包含了参与到整个文化建设中的权利'）以及（4）'适应性更强、更稳定的社区'的构建。" C. Edwin Baker, *Human Liberty and Freedom of Speech* (New York: Oxford University Press, 1989) at p. 47. 德沃金（Ronald Dworkin）概括了言论自由权利的两个理由："第一，言论自由是一个重要工具，并非因为人们享有表达其意愿的内在道德权利，而是因为允许人们表达意愿将会对其他人产生良好的影响。第二，言论自由是有价值的，不仅因为它产生的结果有价值，还因为它是公正的政治社会的基本'构成'特征，在这个社会里，政府将所有成年成员视为有能力承担责任的道德行为人。" Ronald Dworkin, *Freedom's Law: The Moral Reading of the American Constitution* (Oxford: Oxford University Press, 1996) at pp. 199 – 200.

② Dennis J. Baker, "The Moral Limits of Criminalizing Remote Harms," 10 (3) *New Criminal Law Review* 370 (2007) at pp. 386 – 388.

　　然而，在枪支案件中划定的界限却没这么清晰。关于持有型犯罪，上文提到了一个欠缺说服力的理由：枪支持有者明知该行为的危险性而选择持有。但这是否意味着明知车辆会破坏环境、危及他人而故意购买车辆的行为应当入罪？城市里的私家车不是必需品，枪也不是。相反，送货车、救护车、警车、消防车等都具有社会价值。因此，在适当情形下，可以允许将机动车辆的使用限定于这类具有社会价值的车辆。枪支持有者可能会辩称，枪支不同于儿童色情物品、象牙，枪支具有相当重要的社会目的。乔伊斯·马尔科姆（Joyce Lee Malcolm）将持有枪支的权利解释为《美国宪法第二修正案》中规定的个人权利。[①] 马尔科姆追溯了这个权利的英国根源，并提供了大量证据来证明其结论，即"《美国宪法第二修正案》使美国宪法更加接近于英国先例。二者的目的都是给公民提供自卫手段，并确保在有必要设立常备军时，他们无法威胁到人民的自由"。问题是，后一种观点是否足以证明枪支在 21 世纪的社会价值，答案是肯定的。

　　但是，也有人指出，当人们居住在没有任何应急服务机构的与世隔绝的偏远荒野时，或者居住在缺乏组织有序的警察机关的城市时，持有枪支是一种必要的自我保护方式。同样地，在受到英国压迫后的时期，或者常备军对新兴的民主政权构成威胁的时代，拥有进行革命的权利或手段就是十分强有力的理由。当然，目前情形则完全不同。如今，美国是一个古老且安全的民主国家，它是一个军事超级大国，它拥有世界上最先进、最充足的警力（包括联邦调查局和中央情报局），还拥有首屈一指的紧急服务机构。实际上，在现代的美国，人们不需要使用枪支自卫，[②] 也不需要以枪支保护自己不受常备军的危害，更不需要把枪支作为革命的手段。事实上，可以说在当今的美国，人们对接入互联网的兴趣，远远大于对持有枪

---

① Joyce Lee Malcolm, *To Keep and Bear Arms*: *The Origins of an Anglo-American Right* (Cambridge MA: Harvard University Press, 1994) at p. 164. "有人指出，民警卫队队员与特选民兵成员是当今唯一有权保留和携带武器的主体。但这一观点缺乏历史基础。实际上，指定民兵中的一些特定成员有权持枪似乎是多余的。如若不然，民兵几乎无法正常工作。但是，认为持有武器的宪法权利专属于民兵成员的主张，却因另一理由而动摇了。内务委员会取消了民兵'装备精良'的规定，参议院也在修正案的最终版本里删去了将民兵作为'人民的集合体'（Body of People）的描述。"

② Garry Kleck, *Targeting Guns*: *Firearms and their Control* (Piscataway, NJ: Aldine Transaction, 1997) at p. 154. 值得注意的是，在其他西方国家，现代警察部队能够合理地保障人民安全，尤其是在英国，警察甚至不携带武器。

支的兴趣。当然，这类说法也存在争议，但它们确实凸显了社会价值的认定难题。

枪支的社会价值也可能与堕胎不同，因为剥夺一对夫妇堕胎的权利，不仅意味着剥夺他们选择是否生孩子的权利，还迫使他们养育一个他们不想养育的孩子。把一个孩子养大成人成本巨大，需要家长们长期投入财力人力。可是，育儿者（经济上和社会上都为抚养孩子 18 年付出了代价的人）也许会问，为什么没有孩子的退休人员能够坐享育儿者早期财力与人力的牺牲所带来的好处。然而，我们不应当把养育孩子过程中的长期经济负担和社会责任强加于任何人。① 这样的法律，与要求所有出生于 20 世纪 80 年代的人在年底之前必须生一个孩子的严刑峻法并无二致。与之相反，枪支持有的犯罪化不会产生任何负担。尽管如此，以持有枪支行为的一般危险性为基础，将其作为枪支持有犯罪化的理由，则是十分薄弱的。我们无法通过比较堕胎、汽车和枪支的总体危害性来判断其不正当性，但是，将汽车可能带来的总体危害与枪支可能造成的总体危害进行对比，后者显然是无足轻重的。惩罚滥用枪支的人足以作为救济措施的观点存在争议。

本章的考察始于一个前提：仅仅因为一个人对其合法权利的行使可能导致其他人从事犯罪行为，而将这个人宣布为罪，涉及十分重要的正义问题。被剥夺享受娱乐射击的权利是一回事，因行使合法权利而被判有罪，是完全不同的另一回事。威廉姆斯将遥远危害犯罪化的不正当性概括如下：

> 刑事责任的一种极端观点可能是，人们做出行为时，必须确保该行为不会导致他人引起危害，因此在有些场合，人们也会因他人直接造成的危害而承担刑事责任，即使他并没有授权或鼓励。这并不代表刑法的立场。法律态度应当是，人们只应为其实施或煽动的行为承担刑事责任。②

---

① 在这个方面，刑法并非实现公正的途径。越来越多的经济与合作发展组织的成员国家（OECD Countries）运用各类税收机制，将其中一些经济负担施加给没有孩子的人们，以实现公正。这个办法比适用刑法更加公平。

② Glanville L. Williams, *Textbook of Criminal Law* (London: Stevens & Sons, 2nd ed., 1983) at pp. 390 - 391.

　　将危害概念化为危险，就可以说明持有行为本身是有害的，因此针对集体枪支持有者的报应限制就能得到满足。而本书的分析却表明，持有行为只有十分轻微的危害性，因为它引起个体化危害的可能性非常低。另外，与核材料、手榴弹、炸弹、爆炸物等危险物品不同，枪支具有社会价值。对一些人而言，娱乐射击是一项宝贵的运动；而对其他人而言，《美国宪法第二修正案》保障了他们使用枪支自卫的权利。此外，它还使得人们能够建立常备军，以保护他们的自由。

　　总体而言，持有枪支的总体危害是模棱两可的。在枪支问题上，否定公正限制的理由似乎是薄弱的。但事实表明，仅仅把滥用枪支的行为本身入罪，尚不足以防止枪支致死事故的发生。同样地，仅仅将危险驾驶入罪，也不足以防止危险驾驶行为。但是，危害性的证据足以证明，持有特定类型枪支行为的犯罪化，或者在敏感区域持有枪支行为的犯罪化是正当的。因此，在 *District of Columbia v. Heller* 案件[①]中，以斯卡利亚大法官为代表的大多数法官的意见符合公平正义的要求。在可以提供进一步辩解的案件中，犯罪化的依据也更强。斯卡利亚大法官恰当地指出，当枪支持有者是一个危险的人，或是有重大犯罪前科的人，或患有精神疾病，或意图在学校等敏感区域持有枪支的情况下，应允许适当的监管。与之类似的，军事武器十分危险，这使得此类枪支的持有行为不可能具有任何娱乐价值，这与持有炸弹、导弹和手榴弹或多或少地有些类似。这些武器的潜在危险意味着，持有这些武器的权利可以被否定。除此之外，当刑法是预防可能导致的总体危害的唯一有效途径时，否定人们持有枪支的理由就更能使人信服了。严格的许可制度和存储方案也是合理的。减少枪支造成的总体危害的功利目的是完全合法的，但正义的要求还意味着，不得以刑事禁令全面禁止枪支持有的方式来实现这一目标。

---

①　554 U. S. 570（2008）.

第四章　危害原则与公正犯罪化的康德标准

第一节　公正犯罪化的康德标准

丹－科恩和里浦斯坦认为，应当放弃将危害原则作为指导犯罪化决定的标准。与之相反，本书认为在大多数案件中，有责的危害是确保犯罪化决定符合公平正义要求的有效途径。那些被宣布有罪的人，只对能够公平地归责于他的危害承担刑事责任，公正就能实现。丹－科恩宣称有责的危害应当由尊严原则（Dignity Principle）取而代之，即"刑法的主要目的，应当是维护每一个人独特的道德价值"[①]。根据这个理论，行为人将他人作为达成其目的的工具时，宣布其有罪就是公平的。里浦斯坦更广泛地吸收了康德哲学的内容，并提出"自主原则"（Sovereignty Principle），主张所有对"平等的自由"的侵犯，都是可以入罪的。[②] 他们宣称，危害原则的涵盖范围不够全面，因为它无法为一些无害的不法行为的犯罪化提供理论基础。丹－科恩和里浦斯坦都错误地认为：有些不法行为无法依据危害原则入罪，因为这些行为是无害的。本章论述到危害原则能够应对丹－科恩和里浦斯坦提出的挑战，危害的正当理由与限制是确保犯罪化决定符合公平正义要求的更优标准。

丹－科恩和里浦斯坦似乎忽略了一个事实，即危害限制不仅包括刑法规制范围的最小化，还包括确保犯罪化决定符合公平正义的要求。其中所涉及的，不仅仅是减少刑法数量的问题，还是为立法者提供一个明确的指导，说明何种行为具有可入罪性、何种行为不具有可入罪性的问题。康德

[①] Meir Dan-Cohen, "Defending Dignity," *Boalt Working Papers in Public Law*, University of California, Berkeley, Paper 99, (2002) at p. 1.

[②] Arthur Ripstein, "Beyond the Harm Principle," (2006) 34 (3) *Philosophy & Public Affairs* 215 at p. 216.

式哲学强调道德自主性（Moral Autonomy）以及尊重他人，但这无法为立法者提供指导，说明哪些不法行为能够公平地犯罪化。正如下文所述，将所有侵犯尊严、道德自由的行为（例如虚假承诺、仅仅侵犯他人动产等）都无一例外地规定为罪，是不公平的。

危害原则可以被用以扩大当前的刑法规制范围，但终会达到一个限度，并满足公正性的要求，因为这一准则只将有害的不法行为纳入刑法规制范围内。例如诽谤等有责的侵权行为同样涉及故意危害，这类造成了危害后果的故意诽谤的犯罪化符合公平正义原则。[①] 值得注意的是，能够仅仅因其导致了不法危害，而被纳入刑法的规制范围之内的民事侵权行为并不多。危害依据还辅以一套详尽的调整原则（Mediating Principles），这些原则反对将大多数民事违法行为宣布为罪。[②] 此外，对犯罪意图的要求（完全故意、轻率、有责的疏忽），也使得相当数量的危害不能以刑法规制。犯罪意图的要求，将意外事件或仅仅因疏忽所致的危害排除在刑法规制范围之外。尽管如此，有些当前由民法规制的故意不法行为也会落入刑法的规制范围，而不违反公正性的要求。丹－科恩和里浦斯坦仅以不法行为准则作为犯罪化的标准，其问题在于它不顾公正性的要求，将一些轻微不法行为纳入刑法规制范围。不法危害限制，只允许将有责的危害宣布为罪。如果行为是无害的，为何还要将它宣布为罪？此外，对危害限制的恰当运用，总体而言会产生更多的去犯罪化效果，而非更多的犯罪化效果。

根据丹－科恩的尊严原则，只有对于保护人类尊严并不必要的刑法条文，才会引起人们道德上的反感。[③] 与此同时，里浦斯坦在广泛吸收康德哲学的基

---

① 从某种程度上说，这是由于刑法和民法是由同一部法律演变而来的。Carleton Kemp Allen, *Legal Duties* (Oxford：Clarendon Press，1931) at pp. 221 – 252；John A. Jolowicz, *Lectures on Jurisprudence* (London：Athlone Press，1963) at pp. 344 – 358.

② 根据范伯格的理论，危害只是一个充分条件。Joel Feinberg, *The Moral Limits of the Criminal Law：Harm to Others* (New York：Oxford University Press，Vol. I，1984) at p. 10. 正如本书第一章、第二章所述，立法者受到道德强制，宣布婚内强奸等严重危害为罪，以保护整个社会。刑事犯罪与民事不法行为的区别在于：我们不能合理地期待被害人为了维护自己的利益，由其个人提起诉讼。这也是在适用范伯格的调整原则时，一个十分重要的因素。同样地，对调整原则的实际应用（Pragmatic Application）也会起到反对将历史上长期以来以民法规制的故意有责的危害宣布为罪（例如某些形式的诽谤）的效果。

③ Meir Dan-Cohen, "Defending Dignity," *Boalt Working Papers in Public Law*, University of California, Berkeley, Paper 99, (2002) at p. 1.

础上提出了"自主原则"，该原则主张，所有侵犯"平等自由"（Equal Freedom）的行为都具有可入罪性，而无须考虑故意侵犯自由行为造成的（或旨在造成的）后果。里浦斯坦在试图构建自由（主权）原则的过程中，采取了"平等自由"的观点，[1] 该观点源于康德"法权普遍原则"（Universal Principle of Right）[2]。丹－科恩则采取了康德绝对命令（Categorical Imperative）的第二条原则规定的较窄的标准。丹－科恩和里浦斯坦都认为，应放弃将危害原则作为犯罪化的标准，因为该原则无法规制欺诈型强奸和秘密侵入他人住宅等所谓的无害的不法行为。下文将指出，欺诈型强奸和侵入他人住宅具有一般危害性，或者具有危害的风险，因此属于可以被犯罪化的不法危害。

丹－科恩还指出，危害原则是错误的，因为它允许人们同意奴隶制[3]、角斗士决斗等行为导致的危害。本书在下一章，论述到角斗士决斗、奴隶制是可入罪的危害，能够被纳入刑法规制范畴。这类案件涉及刑事领域中，被害人同意的道德界限的问题。丹－科恩对范伯格提出的"对同意者不构成侵害"（Volenti Non Fit Injuria）[4] 准则的适用范围提出恰当质疑。被害人同意，在刑事定罪中扮演着十分重要的角色，但在特定情形下，被害人的同意是无效的。本章论述了康德绝对命令的第二条公式无法作为指引犯罪化决定的一般标准。在特殊案例中，康德绝对命令的第二条公式可以被用来解释被害人同意的道德限度以及许多行为的不正当性，但是该公式无法指导立法者何时适宜将这些不法行为规定为罪。[5]

单纯的不法行为尚不足以引起公正的犯罪化。这类义务论的不法行为，

---

[1] Arthur Ripstein, "Beyond the Harm Principle," （2006）34（3）*Philosophy & Public Affairs* 215 at p. 216.

[2] 里浦斯坦将他的原则称为"自主原则"。他宣称对这一原则的最有力的表述，存在于"康德的政治哲学，尤其是《道德形而上学》（*Metaphysics of Morals*）第一部分的'权利科学'（Doctrine of Right）"。Arthur Ripstein, "Beyond the Harm Principle," （2006）34（3）*Philosophy & Public Affairs* 215.

[3] Meir Dan-Cohen, "Defending Dignity," *Boalt Working Papers in Public Law*, University of California, Berkeley, Paper 99, （2002）at pp. 156 – 157.

[4] Joel Feinberg, *The Moral Limits of the Criminal Law*: *Harm to Self* (New York: Oxford University Press, Vol. Ⅲ, 1986) at pp. 98 – 142.

[5] Cf. John Gardner and Stephen Shute, "The Wrongness of Rape," in Jeremy Horder, *Oxford Essays in Jurisprudence* (Oxford: Oxford University Press, 4th Series, 2000) at pp. 193 *et seq.*

也无法解释惩罚措施的特别之处。正如杰弗里·墨菲（Jeffrie G. Murphy）所言："法律的目的在于维持一种和平制度，使每一个公民都能享有与其他公民一样的、最广泛的自由。这是自治的理性人放弃个人自由的唯一理由。只有出于这一目的，国家强制才是正当的。在这个系统中，刑罚的作用是工具性的，其目的在于维持和平的、有序的、自由的体系，而这正是刑罚正当性的缘由。"① 总体而言，丹－科恩和里浦斯坦认为，康德哲学没能为我们提供一个确保犯罪化决定符合正当性要求的一般准则。鉴于此，本书支持以危害的理由/限制来完成这一使命。康德的道义论强调道德自主性和对他人的尊重，但这并没有为确保公正的犯罪化提供恰当标准。

在讨论丹－科恩和里浦斯坦的放弃将危害限制作为犯罪化标准的观点之前，本书将简要概述康德在《道德形而上学的奠基》和《法权论》中主张的人格尊严和自由的核心因素。这么做是为了说明：丹－科恩和里浦斯坦的规范性论证都无法解释单纯义务论式的不法行为不应受到刑事谴责和非难。立法者必须能够合理地为其犯罪化决定辩护，向被判有罪的人、被害人以及社会中的其他成员阐明犯罪化决定的公平性和公正性。为了达成这一目的，立法者不仅需要关注义务论式的不法行为（诸如不尊重人性之类），还需要关注有责的行为、后果的恶劣性，因为后者是可入罪的不法行为的核心因素。如果行为人 X 故意盗窃了 Y 的车辆，对 X 的不法行为的犯罪化决定，就必须以 X 以及社会中其他人都能理解的方式向 X 做出说明。我们可以向 X 做出解释：因为他故意给另一个人造成了严重的不良后果，所以他应当受到谴责和非难。我们可以给 X 提供一个客观理由，来解释为何禁止其盗窃他人财物是公正的，这个理由是：该行为损害了被害人的利益，会对被害人造成不良后果。这个不法行为的后果是，Y 不再拥有这辆汽车。通过与 X、被害人以及第三人的理性讨论，可以辩证地捍卫有关 X 应受谴责的事实与程度的结论。有害的行为、后果同样能给立法者提供指导，说明何时适宜以刑法回应，以及是否存在其他更为妥当的应对方

---

① "我们不应将刑法理解为应对特殊的不道德行为（或侵权行为）的一类部门法，而应当将它理解为对于仅仅依靠私人手段无法将不道德行为控制在最理想的水平时，采取特定措施（刑罚）来控制的部门法。"参见 Jeffrie G. Murphy, "Does Kant Have a Theory of Punishment," (1987) 87 *Columbia Law Review* 516。在我们的构想中，只有在其他手段不能将不良后果（危害以及隐私权的侵犯）的预防保持在最理想的状态时，才应当适用刑法。

式。仅仅告知 X，因为他侵犯了 Y 的自由所以判其有罪，并不足够。丹－科恩和里浦斯坦以康德哲学应对社会问题（即认定何时能够公正地宣布某一行为有罪），而康德哲学并不涉及这类问题的处理。丹－科恩和里浦斯坦参照了康德哲学的不同方面，因此本书将分别分析他们的论点。本书拟首先论述尊重他人的含义，并在丹－科恩观点的语境下考察这一含义。随后将讨论并批判里浦斯坦的"自主原则"，并为危害限制辩护。此外，本章还阐述了反对丹－科恩的尊严原则的另一个理由，即人格尊严不能保护动物免受危害。

第二节　康德绝对命令公式之人性作为目的本身

康德认为，行为的道德状态不是由最佳结果（效用）决定的，而是由我们的道德义务决定的。道德义务要求我们以符合人格尊严的方式对待他人和我们自己。① 康德理论的目的是为道德判断提供一个精确的标准，而不是用来判定犯罪行为。核心问题是：我们如何才能确定哪些行为是尊重自己和尊重他人的？康德认为，我们的理性思维能力是做出这些判断的坚实基础。康德的道德法则背后的基本思想是，当一个道德行为人有意地行动时，其行为暗含认可（或愿意）所有人都如此行为；当其行为符合其道德义务（例如尊重他人，将他人作为目的）时，那么这一行为就是他或她能够合理地（即始终如一地）建议（或希望）其他道德行为人采取的行动。②

在《道德形而上学的奠基》的第一部分，康德试图从一般道德思想中推导出他的核心道德原则。③ 具体而言，他试图从何为无条件的善的思考中，推导出这个原则。④ 康德指出，唯一无条件的善是善良意志。他断言，

---

① Carl Joachim Friedrich, *The Philosophy of Kant*: *Immanuel Kant's Moral and Political Writings* (New York: The Modern Library, 1949) at pp. 140 *et seq.*

② Immanuel Kant, *Groundwork of the Metaphysics of Morals*, 1785, translated from the German by Herbert James Paton, *The Moral Law* (London: Hutchinson University Library, 1972) at pp. 57 *et seq.*

③ Immanuel Kant, *Groundwork of the Metaphysics of Morals*, 1785, translated from the German by Herbert James Paton, *The Moral Law* (London: Hutchinson University Library, 1972) at pp. 57 *et seq.*

④ 参见本书第一章。

以善良意志做出的行为所产生的后果，以及拥有善良意志的道德行为人的目的和倾向，在道德上都是微不足道的。那么，究竟什么才是出于善良意志的行为呢？康德认为，它指的是为了职责而履行自己的义务，不顾个人感受，也不顾后果。当他的行为符合道德基本原则时，他就是出于义务地（正当地）做出行为。[①] 绝对命令的第一个公式阐明了这一点：普遍法则公式（The Formula of Universal Law），"要按照你同时能够愿意它成为一个普遍法则的那个准则[②]去行动"[③]。如果一个人不愿意将某种行为作为普遍法则，那么这种行为在道德上就是不被允许的。

　　该命令的主要目的是使那些可通用的准则与义务相一致，依据这些准则行为，在道德上是值得赞扬的。[④] 可以普遍应用的准则是我们可以赖以行为的准则。[⑤] 举例而言，虚假承诺是错误的、不能普遍应用的，因为任何一个理性人都不会接受将这一法则作为行为准则。[⑥] 同样地，我们在道德上也无法接受 X 强奸 Y，因为被害人 Y 不可能依据行为人 X 的准则做出强奸行为。[⑦] 在不存在此类矛盾的情形下，人们可以将其个人准则作为一

---

① 参见本书第一章。

② 根据康德的观点，"准则（Maxim）是行为的主观准则，必须把它与客观法则区分开来，也就是说，准则是一个实践法则。前者包含一个由主体条件（通常情形下是指主体的无知，或违背其倾向）决定的实践规则：因此，这是主体依此行为的原则。另一方面，法律是一项客观法则，它对每个理性人都是有效的；它是每个理性人在行为时都应当遵循的，即它是必须的"。Immanuel Kant, *Groundwork of the Metaphysics of Morals*, 1785, translated from the German by Herbert James Paton, *The Moral Law* (London: Hutchinson University Library, 1972) at p. 84.

③ Onora O'Neill, *Constructions of Reason: Explorations of Kant's Practical Philosophy* (Cambridge: Cambridge University Press, 1989) at pp. 126 – 127.

④ 同样地，依据不能普遍应用的准则做出的行为，违背了我们的义务。Onora O'Neill, *Constructions of Reason: Explorations of Kant's Practical Philosophy* (Cambridge: Cambridge University Press, 1989) at p. 134.

⑤ "因此，准则常常是一些普遍法则，在这些法则的指导下，我们采取特定行动。所以，如果有人为了免受痛苦而自杀，我们可以说他按照这样一个原则或准则行动，即'只要生活带来的痛苦大于快乐时，我将会自杀'。"Immanuel Kant, *Groundwork of the Metaphysics of Morals*, 1785, translated from the German by Herbert James Paton, *The Moral Law* (London: Hutchinson University Library, 1972) at p. 20.

⑥ Immanuel Kant, *Groundwork of the Metaphysics of Morals*, 1785, translated from the German by Herbert James Paton, *The Moral Law* (London: Hutchinson University Library, 1972) at pp. 67 – 68.

⑦ Onora O'Neill, *Constructions of Reason: Explorations of Kant's Practical Philosophy* (Cambridge: Cambridge University Press, 1989) at p. 139.

种普遍法则。① "一个人应在适当的时候强奸他人"不可能成为普遍法则，因为这条准则要求被害人服务于一个其自身并不享有或赞同的目的，它要求被害人将自己仅仅作为工具，从而贬低了其人性。

在《道德形而上学的奠基》的第二部分，康德首先强调，我们对义务的认识是先验的，其基础在于理性的运用。随后他论述到，有关我们义务的事实，都是必要事实，必须建立在绝对命令的基础之上。也就是说，只要我们是理性人，义务就适用于我们，无论其性质如何。② 此外，对康德而言，只有我们能够将绝对命令建立在具有绝对价值（Absolute Worth）的事物上时，它才可能存在。③ 他断言，理性人的存在本身就是目的。这引出了康德更倾向的应用道德法则的公式，即将人类本身作为目的对待（The Formula of Humanity as an End in Itself）。④ 康德绝对命令的前提是人类，因为人类本身就是绝对价值。⑤ 康德将人的本性归因于三个关键的包容性能力（Inclusive Capacities）或原初禀赋（Original Pre-dispositions），分别是：动物性的禀赋（作为一种有生命的存在物）、人性的禀赋（作为一种有生命、有理性的存在物）以及人格性的禀赋（作为一种有理性、能够负责任的存在物）。⑥ 每一个生命体都具有动物性的禀赋，它刺激我们满足本能欲望，例如获取食物的欲望（保持身体健康的欲望等）、繁衍后代的欲望（性本能）以及与他人接触的欲望

---

① Christine M. Korsgaard, *Creating the Kingdom of Ends* (Cambridge：Cambridge University Press, 1996) at p. 14.

② Immanuel Kant, *Groundwork of the Metaphysics of Morals*, 1785, translated from the German by Herbert James Paton, *The Moral Law* (London：Hutchinson University Library, 1972) at pp. 71 *et seq.*

③ Immanuel Kant, *Groundwork of the Metaphysics of Morals*, 1785, translated from the German by Herbert James Paton, *The Moral Law* (London：Hutchinson University Library, 1972) at pp. 90 - 91.

④ "尽管这一公式与第一个公式'实际上几乎相同'，但是从另一层意义上说，它已经是对最佳道德法则的应用。因为这一公式告诉我们，何种准则可以成为普遍法则。于是，我们明白了何为道德上或者政治上正确的行为，这些行为涉及：不将我们自己仅仅作为实现目的的手段。人们不应仅受制于他人意志，而应成为自己的立法者。" Hans Reiss and Hugh Barr Nisbet, *Kant's Political Writing* (Cambridge：Cambridge University Press, 1970) at pp. 18 - 19.

⑤ Immanuel Kant, *Groundwork of the Metaphysics of Morals*, 1785, translated from the German by Herbert James Paton, *The Moral Law* (London：Hutchinson University Library, 1972) at p. 91.

⑥ Howard Caygill, *A Kant Dictionary* (Oxford：Blackwell Publishers, 1999) at p. 230.

（社会本能）。① 这些生存本能是前理性的。人性的禀赋"在动物性的禀赋与理性的、自由的、能够负责任的人格性的禀赋之间，占据了中间位置"②。

人性的禀赋的基本特征在于对某些事物产生理性兴趣的能力：依据理性来做出决定，去渴望和珍视那些值得我们追求的东西，或者将它们作为目的去实现。③ "最普遍意义上讲，人性的禀赋就是通过理性创设目标的能力。"④ 人格性的禀赋与之不同，它是尊重道德法则并将其作为意志动机的能力。康德"以目的王国公式来识别人格性的禀赋，即通过理性赋予自己道德法则的能力是人格尊严的基础"⑤。在人格尊严的意义上，理性本质包含了一个绝对价值，这种内在价值（Intrinsic Value）不存在等价物，因此既不能妥协，也不能被取代。⑥ 我们的理性本质赋予我们尊严和价值，这意味着我们的价值是无价的。⑦ 如果一个东西存在替代物或等价物，就说明它是有价的。⑧ 若不存在替代物或等价物，那么它就是有尊严的（内在价值）。⑨ 正是人类所具备的无价的、不可替代的尊严和价值，使人们应当受到尊重。

唯有通过遵循无条件的理性规则（意志之源），我们才能实现道德法

---

① Allen W. Wood, *Kant's Ethical Thought* (Cambridge：Cambridge University Press, 1999) at p. 118.

② Howard Caygill, *A Kant Dictionary* (Oxford：Blackwell Publishers, 1999).

③ Christine M. Korsgaard, *Creating the Kingdom of Ends* (Cambridge：Cambridge University Press, 1996) at p. 114.

④ Allen W. Wood, *Kant's Ethical Thought* (Cambridge：Cambridge University Press, 1999) at p. 118.

⑤ Allen W. Wood, *Kant's Ethical Thought* (Cambridge：Cambridge University Press, 1999) at p. 118. "将每一个理性意志作为普遍立法意志的观点，并非某一个道德法则的直接公式，而是表达其他道德法则（例如普遍法则、人性作为目的的本身公式）的基础或权威的一种方式。" Allen W. Wood, *Kant's Ethical Thought* (Cambridge：Cambridge University Press, 1999) at p. 163.

⑥ Immanuel Kant, *Groundwork of the Metaphysics of Morals*, 1785, translated from the German by Herbert James Paton, *The Moral Law* (London：Hutchinson University Library, 1972) at p. 96.

⑦ Immanuel Kant, *Groundwork of the Metaphysics of Morals*, 1785, translated from the German by Herbert James Paton, *The Moral Law* (London：Hutchinson University Library, 1972) at p. 35.

⑧ Immanuel Kant, *Groundwork of the Metaphysics of Morals*, 1785, translated from the German by Herbert James Paton, *The Moral Law* (London：Hutchinson University Library, 1972) at p. 35.

⑨ Immanuel Kant, *Groundwork of the Metaphysics of Morals*, 1785, translated from the German by Herbert James Paton, *The Moral Law* (London：Hutchinson University Library, 1972) at p. 35.

则；因为意志就是一类理性，遵循理性规则意味着遵循意志规则本身。① 我们只服从于我们的理性规则，因此我们是自主的。一个理性人，要使自己成为目的本身，他必须是他不得不遵守的那些法律的制定者，而这正是其绝对价值之所在。② 道德行为人的自主能力，使他们自身能够作为目的。③ 因此，目的王国公式概括了康德的主张，即只有通过遵循道德法则，才能实现我们的个人自主。遵守道德法则并不限制我们的自由，因为道德法则是我们为自己制定的。④ 道德法则并非外部强加于我们的，而是源于我们自己的理性本质。诚然，只有遵循道德法则做出行为，我们才能超越我们无法控制的偶然欲望和倾向，而获得真正的自由。⑤ "严格地说……康德认为，人格尊严并非来源于人性的禀赋，而是源于人格性的禀赋；也就是说，并非来源于普遍意义上的理性本质，而是源于能够作为道德上的自我立法者的理性本质。"⑥ 尊重他人，意味着将他人作为自主的存在物来对待。

康德用人性的禀赋论证了绝对命令或实践法则"如何与理性存在的意志（完全先验地）相互关联"⑦。"这个道德法则的基础在于：理性本质本

① Immanuel Kant, *Groundwork of the Metaphysics of Morals*, 1785, translated from the German by Herbert James Paton, *The Moral Law* (London: Hutchinson University Library, 1972) at p. 93.

② Immanuel Kant, *Groundwork of the Metaphysics of Morals*, 1785, translated from the German by Herbert James Paton, *The Moral Law* (London: Hutchinson University Library, 1972) at p. 34.

③ "目的王国公式——尽管这么说存在争议——是从普遍法则公式和人性作为目的本身公式的结合中衍生而来的。我们不仅看到，由于法则具有普遍性（对所有理性人都是客观有效的），所以我们必须遵守；我们还看到，这个绝对命令的基础是作为主体的理性人。如果是这样的话，我们必须遵守的法则，必须是我们自己意志的产物（因为我们是理性人）——也就是说，法则必须建立在'每一个理性人的意志之上，就像每一个意志将要成为普遍法则一样'……'准确地说，（理性人的）准则的适当性造就了普遍法则，而这又使得理性人能够成为目的本身'。" Immanuel Kant, *Groundwork of the Metaphysics of Morals*, 1785, translated from the German by Herbert James Paton, *The Moral Law* (London: Hutchinson University Library, 1972) at pp. 33 – 34.

④ Immanuel Kant, *Groundwork of the Metaphysics of Morals*, 1785, translated from the German by Herbert James Paton, *The Moral Law* (London: Hutchinson University Library, 1972) at pp. 93 – 95.

⑤ Immanuel Kant, *Groundwork of the Metaphysics of Morals*, 1785, translated from the German by Herbert James Paton, *The Moral Law* (London: Hutchinson University Library, 1972) at pp. 93 – 95.

⑥ Allen W. Wood, *Kant's Ethical Thought* (Cambridge: Cambridge University Press, 1999) at p. 115.

⑦ Allen W. Wood, *Kant's Ethical Thought* (Cambridge: Cambridge University Press, 1999) at p. 111.

身就是目的。人们必须以这种方式设想他的存在，因此，它是人类行为的主观准则。但同时，这也是其他每一个理性人以同样的理性基础而设想自身的存在的方式，我也是如此。因此，它同时也是一个客观法则，并且作为最高实践基础，必须有可能根据该法则得出所有法律。因此，这个绝对命令表述如下：你要如此行动，即无论是你人格中的人性，还是其他任何一个人的人格中的人性，你在任何时候都同时当作目的，绝不仅仅当作手段来使用。"① 有两种不同的方式能够满足绝对命令的第二个公式。第一，一个人不能依照这个准则行动，即（消极地）仅仅把人类作为手段，因为这是依据没有人会认可的准则而做出的行动。② 第二，我们必须避免追求别人不能分享的目标，这么做的方法是将他人本身（积极地）作为目的对待。③ 正是这条人性作为目的本身公式，奠定了尊重他人这一原则的基础。人类本身就是目的，这也是明确法则之源，因为人类有绝对价值。理性人与无生命的事物不同，理性人是自主的，因为他们能够依据自己的行为，为自己制定法则。相反，例如石头之类的无生命的事物（非理性人：包括动物等）的动作依据是自然法则。一块石头不可能为它自己设定道德法则。

事物和人类相区别的道德意义在于，理性的道德行为人的意志本质上是善的（具有良好道德素养的人因其善良而受到重视），意志的理性奠定了内在善良的基础。④ 因此，把道德行为人仅仅作为手段，破坏理性意志的自治，是不道德的。换言之，任何人都可以用他们认为合适的方式，使用诸如石块之类的事物（除开这些事物对某个行为人有工具价值的情形），

---

① Immanuel Kant, *Groundwork of the Metaphysics of Morals*, 1785, translated from the German by Herbert James Paton, *The Moral Law* (London: Hutchinson University Library, 1972) at p. 91.

② Onora O'Neill, *Constructions of Reason: Explorations of Kant's Practical Philosophy* (Cambridge: Cambridge University Press, 1989) at p. 113.

③ "失败是双重的：被骗的被害人不可能认同始作俑者的准则，因此被害人被利用了；毋庸置疑，被害人不可能认同始作俑者的目的，从而没有被始作俑者当作人类对待。同样地，有关强迫的准则也是如此：被害人不可能同意强迫者的基本原则或准则，这一准则否定了被害人做出同意或异议的选择，被害人更不会认同强迫者的目的。" Onora O'Neill, *Constructions of Reason: Explorations of Kant's Practical Philosophy* (Cambridge: Cambridge University Press, 1989) at p. 113.

④ Cf. Richard Dean, "What Should We Treat as an End in Itself," (1996) 77 (4) *Pacific Philosophical Quarterly* 268.

但是人们不能以任何他或她认为合适的方式来使用一个人，因为理性意志的自主具有与生俱来的善（价值）。马克·蒂蒙斯（Mark Timmons）指出："我们作为自主主体的本质，是做出正确与错误行为的基础。破坏或贬低人性的行为，初步看来是错误的；促进人性的行为初步看来是正确的。因此，举例而言，对一个人的个人自主权的维持，禁止我们从事毁坏或贬低其自主权的行为。"①

当 X 意识到 Y 享有作为人类获得尊重的权利时，X 就不能把 Y 当作一个无生命的事物或一个东西对待。② 把其他道德行为人（人类）仅仅当作手段，会产生压制和破坏其能动作用的效果，会毁坏或削弱他们的能动性和意志。③ 如果我们行为时依据的准则或追求的目的抑制了他人的意志，"否定了他们合作、表示同意或提出异议的可能性"④，我们就是把他们用作实现我们自己计划的手段或工具。基于此，我们有一个不对他人做出虚假承诺的完全义务，因为他们不可能同意我们以这样的准则行事。康德用虚假承诺的例子来说明，同意某些准则是不合理的。⑤ 根据绝对命令的第二个公式，做出虚假承诺是错误的，因为这就是把受约人仅仅用作承诺人达成目的的工具，而不是把他们作为具有绝对价值的目的本身。承诺人将受约人作为工具，利用了受约人作为理性人所享有的设定目的、根据目的行为的能力。⑥ 但是，难道所有的虚假承诺都应当被宣布为罪？本书以为不然。不幸的是，绝对命令并没有区分不可入罪的道德上的虚假承诺（例

---

① Mark Timmons, "Motive and Rightness in Kant's Ethical System," in Mark Timmons, *Kant's Metaphysics of Morals：Interpretative Essays* (Oxford：Oxford University Press, 2002) at p. 286.

② Thomas E. Hill, "Humanity as an End in Itself," (1980 – 1981) 91 *Ethics* 84 at pp. 85 – 90.

③ Onora O'Neill, *Constructions of Reason：Explorations of Kant's Practical Philosophy* (Cambridge：Cambridge University Press, 1989) at p. 138.

④ Onora O'Neill, *Constructions of Reason：Explorations of Kant's Practical Philosophy* (Cambridge：Cambridge University Press, 1989) at p. 138.

⑤ 虚假承诺的例子关系到对他人的完全义务："意图对他人做出虚假承诺的人会立刻明白，他打算将别人仅仅作为手段来使用，以达成别人不可能享有的他自己的目的。因为我为了自己的目的，打算以虚假承诺来利用的这个人，他不可能同意我对他的行为方式，所以也不可能认同这个行为的目的。" Immanuel Kant, *Groundwork of the Metaphysics of Morals*, 1785, translated from the German by Herbert James Paton, *The Moral Law* (London：Hutchinson University Library, 1972) at p. 92.

⑥ Dennis Klimchuk, "Three Accounts of Respect for Persons in Kant's Ethics," (2003) 7 *Kantian Review* 38 at p. 53.

如，如果一位妻子允许分居的丈夫 X 回到婚姻住所的条件是他会戒酒，X 虚假承诺了他会戒酒，但烂醉地回到家中，X 不会被判定有罪）与刑法上的虚假承诺（例如，不诚实的董事对股东们做出虚假陈述，而这可能会导致十分严重的危害后果，等等之类）。危害原则可以通过额外的结果因素（即危害）的认定，来区分道德上的不法行为。同时，它也将一些抗衡的意见考虑进来。

康德绝对命令的第二条公式，似乎可以对某些不尊重人性的行为的道德不正当性（道德不许可性）做出合理解释，但无法解释这些行为的可入罪性。[1] 例如，当强奸犯为了强奸目的，依据其主观准则行为时，即把被害人仅仅作为手段。[2] 强奸犯把非自愿的被害人作为手段，把被害人当作非存在体或非人类的东西对待。强奸犯把被害人的尊严作为达到其目标的手段，因此没有把被害人的人性本身作为目的对待。他强奸了被害人，这意味着强奸犯缺乏尊重地对待了被害人，因为他把被害人设定目标的能力用作工具，用作有价的东西。正如斯坦利·本（Stanley I. Benn）所言，强奸犯没有考虑到他的计划会对其他人产生怎样的影响，也没有考虑到他的目标会影响到其他人的目的和计划。[3] 有鉴于此，他没有考虑把人与工具或东西区分开来的，是人们对于自己是自然人的认识。人是"能够清晰地认识到他或她是一个道德行为人的主体，人们能够制订计划，并评估有关其计划的完成程度。把人作为人看待，就是把他或她看成一个真正的或潜在的选择者，看作一个在世界浪潮中决定自己航向的存在"。这个评估，也符合我们有关强奸的危害性和不正当性的深刻认识。

绝对命令对为了自己的目的，仅仅把他人作为工具和把他人同时用作手段和目的两种情形做出区分。我们有可能将他人作为手段而不会不尊重他人，只要我们把他人同时作为手段和目的。[4] 例如，我们在接受餐厅服务

---

[1] 参见 Cf. John Gardner and Stephen Shute, "The Wrongness of Rape," in Jeremy Horder, *Oxford Essays in Jurisprudence* (Oxford: Oxford University Press, 4th Series, 2000) at p. 210。

[2] 参见 Cf. John Gardner and Stephen Shute, "The Wrongness of Rape," in Jeremy Horder, *Oxford Essays in Jurisprudence* (Oxford: Oxford University Press, 4th Series, 2000) at p. 210。

[3] Stanley I. Benn, *A Theory of Freedom* (Cambridge: Cambridge University Press, 1988) at p. 103.

[4] Allen W. Wood, *Kant's Ethical Thought* (Cambridge: Cambridge University Press, 1999) at p. 143.

员、厕所清洁工、垃圾收集员、律师、教授、医生等人的服务时，我们把他们作为达成自己目的的手段，但这并不是不尊重。他们不仅同意我们的主观准则，而且享有我们的目的，因为这也满足了他们谋生的目的，等等之类。对于康德而言，以这种方式使用他人并没有什么不对，因为这种方式是合作的，而不是把人仅仅当作一种手段来使用。理性的绝对价值本身就是目的，它不同于只有相对价值或价格的目的，因为相对的目的可以被理性地牺牲，以获得等价的或更大的价值。① 对于研究人员而言，将自愿的受试者作为工具，以获取实验结果或获得博士学位的，并非不尊重自愿的受试者。

相反，如果实验者将受试者作为科学实验的一部分，而未明确告知受试者或未得到受试者的同意（或误导他们对于真实实验性质的认识），就是仅仅把受试者作为达成目的（获取科研成果或博士学位的目的等）的手段。② 实验者追求的目的，是未做出同意的受试者不能支持或共享的。实验者没有将未做出同意的受试者作为人的固有价值与他们对实验的即刻用处做出区分，因此实验者对未做出同意的受试者是不尊重的。以一种未做出同意的受试者不能认可的方式对待他们，缺乏道德基础。该做法即把他们当作"不能也不会同意被以这种方式使用的手段或工具；这种使用没有把他们当作既可以选择同意，也可以选择拒绝的人来对待"③。尊重意味着认识到他人是重要的道德事业（Morally Significant Enterprise）主体，这为人们提供了不把他人作为实现自己倾向的工具或阻碍（就好像他们没有值得被考虑的自我观点一样）的依据。④

目前尚不清楚，这样的标准如何明确指引立法者判断何种行为可以被公正地宣布为罪。对朋友撒谎，可能是把朋友仅仅作为手段使用，但这并不一定意味着，此类行为应被犯罪化。在这个问题上，危害原则更具优势，不仅因为危害原则能够使立法者考虑到不法行为的恶劣性及严重性，还因为这一原则能够给予立法者指导，阐明为何某些行为具有初步的可入

---

① Allen W. Wood, *Kant's Ethical Thought* (Cambridge: Cambridge University Press, 1999) at p. 115.

② Ruth Macklin and Susan Sherwin, "Experimenting on Human Subjects: Philosophical Perspectives," (1975) 25 *Case Western Reserve Law Review* 434.

③ Onora O'Neill, *Constructions of Reason: Explorations of Kant's Practical Philosophy* (Cambridge: Cambridge University Press, 1989) at p. 106.

④ Stanley I. Benn, "Individuality, Autonomy, and Community: An Essay in Mediation," (1978) *Bulletin Australasian Society of Legal Philosophy* 1 at p. 5.

罪性，而不仅仅是道德不许可性。由此，立法者不只能看到强奸行为的道德不许可性，同时也能看到事实上的不良后果的严重性。正是由于不良后果的严重性，立法者能够公平地标记严重犯罪和非严重犯罪，并设置恰当的刑罚。不良后果为立法者提供明确的指导，说明何时应以刑法保护合法利益。立法者可以从个人意义和整体意义两个层面考虑不法行为造成的后果，进而判断能否合理期待一个人采取私人行动制止该不法行为，是否应以刑法规制该不法行为。危害原则可以完成义务论式的道德不许可性无法达成的使命，它使立法者能够考虑到道德行为人故意造成的不良后果的可入罪性。后果的严重性（在未遂、轻率的危险情形下，则是根据可能引发的后果的严重性来衡量行为的严重性）使立法者能够得出某些不受欢迎的行为是否应受刑法规制的确实结论。

第三节　丹－科恩和里浦斯坦对危害原则的批判

根据危害原则，只有不法损害他人利益的行为才涉及危害。① 前文论述到，不法危害的犯罪化是公平的，因为危害是将邪恶思想犯罪化的客观条件。② 公正性限制可以得到满足，因为惩罚故意危害他人的人是公平的。但是，仅仅因为邪恶思想与不良行为、后果相关联，而宣布所有义务论式的不法行为都有罪，则有违公平正义原则。例如，两地分居的丈夫对妻子做出虚假承诺，承诺如果妻子允许他回到婚姻住所，他再也不会出轨。如果他在这个条件下搬回了婚姻住所，之后又和保姆发生了性关系，妻子就能够主张她由于丈夫的虚假承诺而受到不法对待。尽管具备义务论式的道德不许可性，这类轻微的虚假承诺并不能公正地入罪。刑法会带来谴责、惩罚和污名，因此只应作为最后手段。在上述案例的情形下，丹－科恩的理论能够合理地指出丈夫以虚假承诺的方式不法地对待了妻子，却无法说明这类行为可以被公正地入罪。丹－科恩的尊严原则无法解释为何以刑法回应此类行为是不公平的。宣布这类虚假承诺为罪之所以不公平，

---

① 参见 Joel Feinberg, *The Moral Limits of the Criminal Law*: *Harm to Others* (New York: Oxford University Press, Vol. Ⅰ, 1984)。

② Cf. Joseph Raz, *The Morality of Freedom* (Oxford: Clarendon Press, 1986) at p. 414.

原因在于此类行为既没有造成危害，也没有导致其他任何严重到足以引起刑事责难的不良后果。这类行为的犯罪化，与我们根深蒂固的传统正义标准相悖。

丹－科恩的尊严原则①涵盖面太广，因为它可以不虑及公正性要求而宣布行为有罪。但另一方面，丹－科恩认为危害原则无法满足公正性要求，因为它无法作为某些恶劣行为（例如欺诈型强奸）犯罪化的正当依据。毫无疑问，欺诈型强奸是不正当的。加德纳和舒特运用康德绝对命令的第二个公式来认定欺诈型强奸的不正当性。② 他们指出某些情况下的强奸是无害的，尽管这听起来很有问题。他们认为，强奸可能发生在以下情形：被强奸的被害人不知道自己被强奸了，且永远不会发现这一事实。此种情形基于的假设是：被害人在完全醉酒状态（头脑中一片空白）时被强奸，并且强奸犯使用了避孕用具。根据加德纳和斯蒂芬·舒特的观点，此种强奸在生理上具有实现可能性，并非所有的强奸行为都涉及身体损害或精神痛苦，"之后必然得以揭示"③。他们指出："关注到'约会强奸'（Date Rape）这一现象的人们强调，被害人可能在被性唤起的情形下遭到强奸，甚至受到强奸犯的性唤起的状况下被强奸；当然，被害人在醉酒或使用药物的状态下，也可以被性唤起。"④ 加德纳和舒特推测，在"约会强奸"的情形下，被害人不记得受到物理攻击，对遭到强奸没有任何感觉，因此其生活不会变糟。

与之类似，丹－科恩⑤参照了 State v. Minkowski 案件⑥，并指出被害人未察觉遭到强奸时，强奸行为就是无害的。State v. Minkowski 案件中，多名女性患者被一名原本应当医治她们的医生强奸了，而她们并不知晓这一事

---

① Meir Dan-Cohen, "Defending Dignity," *Boalt Working Papers in Public Law*, University of California, Berkeley, Paper 99, (2002) at p. 153.

② John Gardner and Stephen Shute, "The Wrongness of Rape," in *Oxford Essays in Jurisprudence*, ed. Jeremy Horder, fourth series (Oxford: Oxford University Press, 2000) at p. 197.

③ John Gardner and Stephen Shute, "The Wrongness of Rape," in *Oxford Essays in Jurisprudence*, ed. Jeremy Horder, fourth series (Oxford: Oxford University Press, 2000) at p. 197.

④ John Gardner and Stephen Shute, "The Wrongness of Rape," in *Oxford Essays in Jurisprudence*, ed. Jeremy Horder, fourth series (Oxford: Oxford University Press, 2000) at p. 196.

⑤ Meir Dan-Cohen, "Defending Dignity," *Boalt Working Papers in Public Law*, University of California, Berkeley, Paper 99, (2002) at p. 153.

⑥ 204 Cal. app. 2d. 832 (1962).

实。丹－科恩①解释道，这类案件所涉危害通常是心理上的。② 但如果被害人不知道自己受到侵犯，那么他们就不会受到危害。丹－科恩还指出，无论被害人是否知晓被强奸的事实，他们都被仅仅当作手段使用，从而受到了不法对待。根据本书第二章所述理论，犯罪化的正当依据应指向不法行为者知晓的事实，而非被害人知晓的事实。既然医生知道强奸是一个不法危害，那么根据医生的有责选择而惩罚他就是公平的。

　　加德纳和舒特认为，在强奸行为没有造成任何身体损伤，且被害人对强奸事实全然不知的情况下，强奸行为就是无害的。而丹－科恩认为，只要被害人完全不记得遭到强奸，即使他们认识到自己被强奸了，这个强奸行为也是无害的，因为它只会造成心理困扰。有关无害的不法行为的例子，加德纳和舒特的表述更具说服力。他们大致认为，如果被害人永远无法认识到自己遭到强奸，那么这类强奸行为就是无害的。值得注意的是，加德纳和舒特的观点并非普遍观点。危害对于被害人而言，是隐藏的，但不法行为人清晰地知道自己的所作所为。通常而言，出于犯罪化的目的，个体受害人无须清晰地知道自己受到危害的事实。不法危害的犯罪化，无须被害人发现隐藏的危害。但是，从事后法院庭审的角度将某一行为判定为犯罪，必须有人发现了这个危害，无论其依据的是危害原则，还是丹－科恩所述的尊严原则。在现实世界中，只要某个行为通常有危害他人的风险，我们就可以从事前的角度将该行为规定为罪。但是，要认定是否以刑法规制个人实施的特定危害行为，只能从事后的角度，依据特定案件的具体事实进行判断。

　　隐藏的危害不一定构成无害的错误（Wrongs）。我们来看这样两种情形。第一种情形：遗产管理人发现，一个私人护士盗窃了年迈雇主的银行账户上的数百万美元，假设雇主的寿命只剩下一周，而账户余额刚刚足以维持雇主

---

① Meir Dan-Cohen, "Defending Dignity," *Boalt Working Papers in Public Law*, University of California, Berkeley, Paper 99, (2002).

② 依据危害原则，这类心理创伤也可能构成危害。正如范伯格所述："（当众）侮辱通常会引起短暂的刺痛；我们畏惧、忍受一两个肉体上或精神上的剧痛，然后继续我们的工作，安然无恙。但如果这个经历是严重的、持续的，或反复不断的，它所导致的精神痛苦就是强迫性的、失能性的，因此是有害的。" Joel Feinberg, *The Moral Limits of the Criminal Law: Harm to Others* (New York: Oxford University Press, Vol. Ⅰ, 1984) at p. 46. 如果存在这类强奸，它不仅会导致对女性身体的危害，而且会造成心理创伤引起的丧失能力的危害。

一周的舒适生活，且雇主患有阿尔茨海默病，并没有发现护士的盗窃行为。第二种情形，护士盗窃了雇主的一部分财产，但是留下的金钱刚好可以满足雇主当时的生活要求，对其生活方式没有产生任何影响。在上述两种情形下，我们几乎不可能承认，仅仅由于雇主对护士的盗窃行为一无所知，雇主就没有受到危害。很明显，雇主的利益遭到了损害，尽管他没有意识到这一点。① 尽管雇主并不知晓，但事实上，护士的盗窃发生之时，雇主的累积经济利益就受到了损害。从事后庭审的角度看来，在盗窃发生之时，该行为尚无法入罪，这是因为只有在犯罪被发现、被起诉之后，法院才能宣告行为人有罪（即在法庭上依据证据规则判定某人有罪）。

犯罪化决定是指，在事前的角度，将特定行为规定为罪。盗窃行为造成了不法危害，因此我们能够从事前的角度说明，故意实施盗窃行为是应当入罪的。上述案例中，如果我们发现了护士的罪行，只能从事后角度，在个人层面给这个护士贴上犯罪标签。实施了一个未被发现的犯罪的个体不法行为人，只有在这个犯罪被人们发现时，才有可能被标记为罪犯。因为从个人层面而言，我们无法起诉尚未被人们发现的罪行。然而，从事前的角度而言，即使有些被害人永远不会知道自己受到了危害或受制于通常会造成危害的行为，这些行为通常也都是可入罪的。

加德纳和舒特指出，当被害人没有发现自己遭到强奸时，未被发觉的强奸就是无害的，但是，"我们所知的所有司法管辖区中，没有一个司法机关会认为，只有有害的强奸（从个人角度而言，即被害人意识到的强奸）才是犯罪。即使是所谓的无害案例，即特定被害人没有意识到自己受到了侵犯，也被认定为强奸犯罪，并受到刑法规制。有人可能认为，危害原则只是经验法则，并以此将它排除在犯罪化的标准之外，甚至允许对这一原则的背离。还有人可能主张，只要被犯罪化的行为具有旨在造成危害的属性，就能够满足危害原则的标准，从而将所谓的无害行为纳入刑法规制范畴之内，特定被害人没有发觉的强奸犯罪正是如此。如果此类强奸行

---

① 这与欺诈型强奸（Rape by Deception）并无不同，因为被强奸的被害人的利益，与被挪用钱款的被害人的利益一样，都受到了有形的损害。在挪用钱款案件中，危害是以有形的方式发生的，仅仅有待他人发现。从挪用钱款发生的那一刻起，被害人的累积财产资源就已经受到减损。欺诈型强奸的成立，无须该行为对个体被害人的影响达到危害的程度。一旦欺诈型强奸被发现，它就处于危害原则的规制范围之内，无论个案中的特定被害人是否知晓。

为没有被宣布为罪，那么我们至少可以推论出，这将导致法律效力的不公平，人们的性自主权将受到更频繁的侵犯"[1]。

加德纳和舒特的核心论点在于：即使个体被害人没有意识到自己受到了危害（例如已故雇主对于护士的盗窃行为并不知情的情形，或者受害人不知道自己被强奸了的情形），我们也可以把这类行为作为有害的不法行为而宣布为罪，其依据在于，这类行为通常会造成危害。

加德纳和舒特的观点与丹 - 科恩的观点存在明显差别。首先，加德纳和舒特支持将危害原则作为衡量犯罪化决定是否正当的标尺。其次，他们仅仅以康德绝对命令的第二个公式解释强奸行为的道德不许可性。他们不认为欺诈型强奸本身的道德不许可性是其犯罪化的基础。他们主张，只有在不法行为被人们发现后，才有可能从事后庭审的角度对行为人定罪量刑。只要行为通常会造成不法危害或危害的实际风险，我们就能够从事前的角度将该行为规定为罪，不论特定被害人是否意识到自己受到了危害。相反，丹 - 科恩则认为，隐蔽性强奸之所以可以入罪，只是因为该行为具备义务论式的道德不许可性。

从普遍的事前角度而言，丹 - 科恩会说所有的强奸行为都应当入罪，但是在具体案件中，如果要从事后庭审的角度宣布强奸犯有罪，这个强奸行为就必须被人们发现。X 有可能在毫不知情的情况下遭受强奸，但是如果摄像头记录了这个犯罪行为，X 的知情与否就变得无关紧要。即使该案中的个体被害人因为没有认识到自己遭到强奸，而可能不会受到身体上或心理上的危害，强奸仍旧是通常会造成危害（严重的不良后果）的行为，因此要求强奸犯承担刑事责任是公平的。至于强奸犯（明知被害人不同意，明知该行为属于不法危害，而强奸了被害人的行为人）在个人层面是否应当承担刑事责任的决定，则应从事后庭审的角度，依据证据规则的要求来判定。从事前角度看来，未被发觉的强奸具备初步可入罪性，因为这个行为通常涉及不法危害，而且不法行为人冒险造成这类危害，该行为的犯罪化不应当依赖于不被发现的侥幸。事前的犯罪化决定不受那些未被发觉的案件的指导。

---

[1]　John Gardner and Stephen Shute, "The Wrongness of Rape," in *Oxford Essays in Jurisprudence*, ed. Jeremy Horder, fourth series (Oxford: Oxford University Press, 2000) at pp. 215 - 216.

丹－科恩的理论无法将隐匿的侵权行为（Wrongs）犯罪化，因为根据其理论，未被发觉的犯罪只有在被人们发现时，才有可能被纳入刑法的规制范围。他也许认为，犯罪行为只要被人们发现，它就是可入罪的，因为这一行为将被害人仅仅作为手段，而这在道德上是不被许可的。但是他无法以无害的不法行为论述推翻危害原则。丹－科恩不仅没能说明为何危害原则无法公正地将欺诈型强奸犯罪化，也没能提供一个可行的替代措施，以确保犯罪化决定满足正当性要求。绝对命令的第二个公式允许宣布所有形式的不法行为有罪，而不顾公正性要求。丈夫对妻子做出帮她洗车的虚假承诺，也属于康德绝对命令的规制范围。绝对命令不能有效地限制不公正定罪和无准则定罪。

许多轻微的不道德行为（Wrongs）都可以依据绝对命令而入罪，因此绝对命令并没有为立法者提供任何指引。插队是不道德的，因为插队者把其他客人仅仅作为手段。但我们未必愿意让立法者随心所欲地将任何不道德的行为宣布为罪。如若如此，会导致不公正定罪和无准则定罪。如果不道德行为没有造成足够严重的不良后果，那么就不应当以刑法做出回应。插队行为的犯罪化是无效率的、过度的、不必要的。重要的是，拟被犯罪化的行为除了包含不道德性之外，还必须包含其他内容。危害原则要求拟被犯罪化的行为造成不良后果，从而提供一个额外的客观因素。在某些情况下，无法根据不法危害或不法准则进行处理，此时需对不想要的后果的恶劣性做出其他解释，以援引刑法。

根据康德的理论，道德行为（Morally Rightful Actions）是指将人类本身作为目的的行为，而不道德行为（Morally Wrongful Actions）是指将人类仅仅作为达成目的的手段的行为。[1] 这个普遍的义务论有助于识别道德行为和不道德行为。但它无法告知我们，何种不道德行为能够以刑法做出回应。强奸他人或者对他人做出虚假承诺，都属于康德义务论中的不道德行

---

[1] "一个规范的道德理论，即旨在揭示行为的哪些特征决定其是否符合道德要求的理论，只是一个道德相关性的理论……康德的道德标准中，绝对命令的人性作为目的本身公式扮演了这个角色……关于维护和丰富人性所采取的行为的相关事实（正如康德对这一概念的认识一样），正是认定一个行为的（客观）义务状态的道德相关事实。" Mark Timmons, "Motive and Rightness in Kant's Ethical System," in Mark Timmons, *Kant's Metaphysics of Morals: Interpretative Essays* (Oxford: Oxford University Press, 2002) at pp. 285 – 286.

为，但该理论无法区分不同类型的不道德行为，也无法说明上述行为是否属于能够引起刑法回应的一类。绝对命令只能解释某些情形下的不道德行为，但是作为一个解释方案，它无法与其他道德理论协调工作（例如，它不能以效用论进行补充）。绝对命令是关于要求我们依据义务或道德责任做出行为的理论。义务论的重要意义在于，即使一个人的行为偶然增加了受到不法对待的人的利益，该行为仍属于不法对待。相反，危害原则使立法者考察行为的消极后果，即被告人行为的危害性。危害的严重性为立法者将特定不道德行为规定为犯罪的依据提供了进一步的指导。这也是绝对命令无法胜任之处。根据绝对命令，强奸和虚假承诺同样都是不道德的。因此，丹-科恩的理论认为，强奸和虚假承诺同样具有可入罪性。在丹-科恩的康德式路径下，在认定行为的道德不许可性或可入罪性的过程中，虚假承诺和强奸造成的有害后果无法起到任何作用。

第四节　对动物的危害和不法行为

将康德绝对命令作为指引立法者做出犯罪化决定的标准存在另一个问题：它属于严格义务论方式的一部分，而严格义务论方式则试图提供一个认定机制，来判断对人们造成影响的活动的正确性（Rightness）与错误性（Wrongness）。只有在行为与人类作为自由的理性存在这一重要身份不一致时，该行为才是不道德的。康德的绝对义务基于对事物的一般本质的先验推理，因此无论在何种情况下都能适用。法学家们想要把绝对命令的第二个公式从它发挥作用的包含体系中剥离出来，试图用这一公式解决它无法回答的问题。人性作为目的本身公式是特定哲学方法的一部分，它甚至不是认定不法对待人类行为的可入罪性的包容性标准，但至少它能解释某些对人类造成影响的行为的道德不许可性（Wrongness）。然而，它无法解释为何危害动物在道德上也是不被许可的，更无法解释为何危害动物的行为应当入罪。绝对命令的第二个公式没有告诉立法者，为何以刑法保护狐狸免遭猎狐者的危害符合或不符合公平正义。前文论述到，能够以有责的危害的观点处理危害动物的行为。危害是将肆意危害动物者犯罪化的一部分理由。危害原则能够与不法行为的不尊重（Non-Dignity）标准相结合。危害动物者明知肆意危害动物的不道德性与有害性，因此应受刑事责难。

绝对命令只提供了以人类为中心①的理由，来解释不法行为。作为指引犯罪化决定的标准，它的涵盖面过大，因为它会涵盖某些无害的不道德行为（例如虚假承诺：丈夫对妻子做出的虚假承诺不会对妻子造成刑法意义上的危害）。同时，绝对命令的涵盖范围又有不足，因为它无法解释为何肆意危害动物的犯罪化是公平的。绝对命令旨在认定所有行为的正确性（Rightness）与错误性（Wrongness）（或者依丹-科恩所言，认定所有行为能否入罪）。猎狐者有权知道为何从事这项运动而受到刑法责难符合公平正义原则。范伯格所述危害原则的涵盖范围也并不全面，因为它无法解释为何猎狐或者斗牛的犯罪化是公平的，但我们可以通过参照内心深处对这些行为的道德不许可性的传统认识来加以理解，并克服这一难题。正如本书第二章所述，肆意毁灭动物是错误的，这一行为作为有责的危害，可以被恰当地宣布为罪。

为何康德绝对命令的第二个公式无法提供一个标准，用以说明危害动物行为入罪的正当性？表面上看，康德以理性为中心的道德观似乎支持这个观点：人类为了实现自己的目的，可以用恶劣的方式对待动物。众所周知，康德的理论是以人类为中心的（或者说是以理性为中心的），也就是说，以这个观点为基础，即"理性本质，只有理性本质，具有绝对价值"②。例如，康德写道："人类第一次对羊说，大自然给你的皮毛不是给你穿的而是给我的，然后把它从羊的身上取下来……人类开始明白其生来就有的对于所有动物的特权，人们不再将动物视为同类，而是当作可以为了实现人类的目标、按照人类的意志而随心所欲地使用的手段或工具。"③

两位著名的康德哲学家认为，康德的道德法则实际上为动物提供了有限的（间接的）保护。艾伦·伍德（Allen W. Wood）教授和奥诺拉·奥尼尔（Onora O'Neill）教授指出，绝对命令对人类施加了一个间接义务，教

---

① Stanley I. Benn, *A Theory of Freedom* (Cambridge: Cambridge University Press, 1988) at Chapter 1.

② Allen W. Wood and Onora O'Neill, "Kant on Duties Regarding Nonrational Nature," (1998) *Proceedings of the Aristotelian Society* at p. 189. 关于这一主题，艾伦·伍德和奥诺拉·奥尼尔分别进行了独立的创作，却得出来类似的总体结论。亚里士多德学会将这些文章归纳到一起。为了表述清晰的需要，此处指的是两位学者的总体结论，下文对于两位学者观点的分别引用将明确指出其观点与相应页码，以示区分。

③ Allen W. Wood and Onora O'Neill, "Kant on Duties Regarding Nonrational Nature," (1998) *Proceedings of the Aristotelian Society* at p. 189.

导人们审慎对待动物。① 他们认为，康德的人性作为目的本身公式能够应
对关于我们应如何对待非理性动物的道德问题。② 简单来说，康德伦理观
的理性中心特征，就是认为不存在能够独立于理性本质之外的尊严价值。
这一点是康德理论保护非理性本质的阻碍。③ 尽管如此，伍德和奥尼尔仍
主张，保护非理性本质，与康德的以理性为中心主义并不矛盾。这两位学
者指出，康德人格化原则（Personification Principle）的应用存在问题。"这
个原则认为，只有通过对他人人性的尊重，才能实现对理性本质的尊重，
因此每一个义务都应当被理解为对一个人或者人们的义务。"④ 他们论述的
要点是：以理性为中心的伦理观，把所有义务都建立在人性或理性本质的
基础之上，从而不应以人格化原则为指导。他们宣称，尊重理性本质的途
径不仅包括尊重人格尊严，还包括尊重与人格尊严存在一定关联的事物，
这些事物可能是人格尊严的成分（Fragments），或是其必要条件。⑤

　　奥尼尔认为，扩大对理性本质的道德关注程度的最有说服力的理由
是，有些人被认为是非理性的或表面上看来是理性的（几乎理性的），也
就是说，他们展现出"理性的成分，但依据康德对人的狭窄定义，他们目
前还不能算作人"⑥。这个理由已经被强有力地适用于包括理性能动性
（Rational Agency）处于潜在状态的（婴儿），或处于暂时减弱状态的（患
病的），或处于衰退之中的（年迈的），或边缘的（严重智力缺陷的）人
们。⑦ 奥尼尔宣称同样的推理也适用于动物。但这是不正确的。无论从遗
传的角度，还是从生物学的角度来看，动物都不具备人性的成分，也不具

①　Allen W. Wood and Onora O'Neill, "Kant on Duties Regarding Nonrational Nature," （1998）
　　Proceedings of the Aristotelian Society at p. 190.

②　Allen W. Wood and Onora O'Neill, "Kant on Duties Regarding Nonrational Nature," （1998）
　　Proceedings of the Aristotelian Society at p. 190.

③　Allen W. Wood and Onora O'Neill, "Kant on Duties Regarding Nonrational Nature," （1998）
　　Proceedings of the Aristotelian Society at p. 195.

④　Allen W. Wood and Onora O'Neill, "Kant on Duties Regarding Nonrational Nature," （1998）
　　Proceedings of the Aristotelian Society at p. 196.

⑤　Allen W. Wood and Onora O'Neill, "Kant on Duties Regarding Nonrational Nature," （1998）
　　Proceedings of the Aristotelian Society at pp. 197 – 198.

⑥　Allen W. Wood and Onora O'Neill, "Kant on Duties Regarding Nonrational Nature," （1998）
　　Proceedings of the Aristotelian Society at p. 221.

⑦　Allen W. Wood and Onora O'Neill, "Kant on Duties Regarding Nonrational Nature," （1998）
　　Proceedings of the Aristotelian Society at p. 221.

备人类智能的成分（动物并不具有与人类一样的高级理性或高等智慧）。因此本书对能否将动物纳入绝对命令第二个公式所提供的保护之中提出质疑。一个人的人性不能因为他的理性而被削弱，也不能由于他所处的智力低下状态或未充分发育状态而减损。婴儿和老年人始终保持着人性的状态，不仅因为从遗传角度而言如此，还因为他们总是具有事实上的理性和智力。

不能仅仅因为一个人年轻或年迈而将其作为不完整的人对待，不论年龄、心智能力等有何差别，人们都有权受到平等的尊重。相比之下，对于动物的保护则少了许多。伍德和奥尼尔宣称，尽管康德没有打算让动物无限度地为人们所用，但他也并未将动物本身视为目的。在这一点上，伍德和奥尼尔似乎与康德持相同观点。奥尼尔论述道："确实，他否认动物享有权利，也不认为它们能够使我们承担义务，并且，他从未将动物本身视为目的。尽管如此，在允许危害动物是对人性义务的间接违反时，康德或多或少地认可了更传统的功利主义者所允许的对动物伦理的关注范围：福利，而非权利。"① 动物不应该被肆意利用，或者说，"被毁灭或被残忍地滥用，尽管它们可能被出售，可能被用于劳动（但不是过度劳动），也可能被（无痛苦地）杀死以作为食物"②。这类让步不能适用于人类，因为人类永远不应当被杀害或贩卖，等等。

人性作为目的本身公式无法证明危害动物犯罪化的正当性。简单地把绝对命令的第二个公式适用于如何对待动物，会产生荒谬的结论。由于肉和皮革而被屠宰的牛仅仅被当作一种手段，因为只有屠夫和他的顾客能够从牛的死亡中受益。然而，我们不希望将那些经营屠宰场的人宣布为有罪，除非他们的行为导致了对动物的肆意利用。如何区分这个行为与偷猎大象的行为呢？一个显而易见的解释是，大象是濒危物种。如果大象不属于濒危物种，就可能被圈养起来。发展养殖业不属于对动物的肆意利用。同样地，剑桥大学实验室中，被用来做动物实验的猴子也只是被当作手段。只有实验者能够从猴子的遭遇中获益，猴子不可能具有实验者的目的。然而，如果他的实验目的是拯救这个物种，或开发药物等，我们就不

① Allen W. Wood and Onora O'Neill, "Kant on Duties Regarding Nonrational Nature," (1998) *Proceedings of the Aristotelian Society* at p. 223.
② Allen W. Wood and Onora O'Neill, "Kant on Duties Regarding Nonrational Nature," (1998) *Proceedings of the Aristotelian Society* at p. 221.

希望这类合法用途被犯罪化，因为实验者没有肆意而为。因此，我们需要以独立的道德依据来处理动物被肆意利用的情形（例如斗狗、偷猎等）。依据绝对命令，人类并没有尊重动物的直接义务，因为非理性的生物不是理性的选择者。依据拉兹的利益论（Interest Theory），动物可能不享有此类权利，但是人类对动物有一定义务。[①] 很显然，动物们遭到杀害或经受折磨时，受到了客观意义上的危害，这个危害是不正当的，因为人类存在不肆意折磨或毁灭动物的道德义务。传统道德更多地解释了危害动物的不正当性，因为我们对肆意毁灭动物的不正当性存在根深蒂固的传统理解。康德的批判道德是严格的，无法被重塑以解释危害动物的不正当性。

　　本书的分析路径与伍德和奥尼尔的不同。本书认为，动物不具备普遍意义上的人类理性或人性的成分（狐狸可能会计划和思考，而胎儿却不能，但狐狸的这种合理行动不是人类智力）。尽管如此，我们仍有可能基于感觉能力而保护动物免遭肆意危害。一个有力的论点是基于这样一个事实：人类是高智能的、高社会化的认知者，人类能够理解砍掉狗的一条腿或切掉它的一个耳朵会对狗造成剧烈的肉体疼痛；并且，可能狗因此而感受到的疼痛，与人们被砍掉一条腿或被切掉一个耳朵而感受到的身体剧痛完全相同。人类能够理解疼痛是一个不良后果，这在科学上是能够证明的。我们可能不与动物共享人性，但我们与它们共享基本的动物性，我们与它们一样感受痛苦、遭受危害。人类也能够理解，给动物带来痛苦是一个不良后果（例如，就原始的疼痛和损害而言，把滚烫的油泼到小狗身上，和泼在人类身上一样，会导致同样的痛苦）。人类还能理解，如果有人故意（没有理由或没有借口地）朝一只小狗泼开水，他就实施了不正当的行为，因为他违反了一个不肆意对待动物的非相关义务（Non-Correlative Duty），他将因此受到责难。当然，未来这一领域的研究中可能遇到的最大难题在于，认定何种情形属于肆意利用动物。为了满足不肆意利用的制约，施害者（至少）必须说明他或她对动物的利用具有重要的社会价值，且采取了最不残忍的方式。

　　动物和人类的核心区别在于，动物缺乏人类智能和人性，而且只受到

---

① 参见 Joseph Raz, *The Morality of Freedom*（Oxford：Clarendon Press，1986）at Chapter 7；Matthew H. Kramer, *Rights*, *Wrongs and Responsibilities*（Chippenham, Wiltshire：Palgrave, 2001）at pp. 28 *et seq.* 。

不被肆意利用的保护，而人类受到不被使用的保护。我的观点与伍德和奥尼尔的不同，本书认为胎儿具备"人性的成分"而非理性的成分（也就是说，胎儿是潜在的人类，胎儿与老年人、婴儿不同，后者已经成为一个完全的人）。婴儿和老年人不仅具备理性的成分，在生物学意义上和遗传意义上，他们都是完全的人类，他们事实上的人类理性不影响其人类状态。胎儿则不同，他们只具备人性的成分，而尚不具备完全的人性，应当基于此而受到一些尊重。胎儿应受尊重的程度取决于其发展阶段。如果我们谈论的是一名女性服用紧急避孕药的情况，那么就无须过多考虑可能形成的胎儿的人性，因为在这种情况下，她没有采取预防措施而进行的性行为导致怀孕的可能性是十分小的。此种情形下，我们讨论的仅仅是人类的种子（Seeds）。如果我们谈论的是怀孕六周后的堕胎，那么这很明显是在讨论摧毁具有人性成分的存在。多个特别旨在保护胎儿的法令中都有类似规定，即如果男人朝着女人的子宫打了一拳，并导致她流产，那么他就不仅仅是对攻击行为负责了。这类法律的基本原理是，对于具备人性的成分而不被当作纯粹物件的事物（胎儿）的保护。①

上文提到的关于动物的基本感知能力的论点，也能同样适用于精神系统已经充分发育，从而能够真实地感知疼痛的胎儿。如果只是对一个有知觉的生物造成痛苦，那么这种不得肆意使用的限制条件可能会得到满足，因为母亲可能会声称，她没有肆意使用胎儿，而是保护自己免受抚养孩子长大成人的负担。她可能会说，耗费 18 年时间，把一个她本不愿生育的孩子抚养长大的负担太重，而考虑到目前胎儿还没有发育成理性的、有感觉的人类，还只是人性的种子（或更有争议的，在妊娠晚期：具有人性的成分），她具有

---

① 2004 年，美国国会颁布了《未出生的暴力行为被害人法案》（公法 108 - 212）［*Unborn Victims of Violence Act 2004*（Public law 108 - 212）］，它将受到 68 个联邦暴力犯罪的危害或被杀害的胎儿视作合法的被害人。这部法律承认自母亲怀孕起，胎儿就是一个人类成员。另请参见英国 1929 年《婴儿生命（保护）法案》［*Infant Life（Preservation）Act 1929*］的第 1 条第（1）款。这一款将以下行为宣布为罪，即"通过任何有意的行为，使儿童在独立于母体存在前就已经死亡，从而摧毁了能够活着出生的儿童的生命"的行为。英国 1967 年《堕胎法案》（*Abortion Act 1967*）第 5 条第（1）款将手术排除在 1929 年的法案之外。另请参见 *Attorney-General's Reference*（No. 3 of 1992）［1994］2 All E. R. 121 案件，该案中，一名女性的伴侣把她刺伤了，并因此使她要出生的孩子的身体受到危害，这个身体危害最终造成了孩子死亡。孩子的父亲（同时也是刺伤母亲的人）能够逃避谋杀罪的指控，原因在于故意伤害的犯意不能从孩子的母亲转移到胎儿，再转移到已经出生的孩子。

不被强迫养育孩子 18 年的权利，并主张基于这项权利的堕胎不构成肆意使用。除此之外，母亲拥有完整的人格，应该能够决定自己过怎样的生活。但是，如果我们接受这样的观点，即胎儿不同于动物，即使尚不具备理性的成分，胎儿仍旧拥有人性的成分，那么在孕期的某个时刻，人性必然会达到足够的程度。这个时候，不论母亲具备的不被迫抚养一个她不愿生育的孩子的权利如何，堕胎都是人们不能容忍的。如果已经怀孕了很长时间，母亲就应当生下孩子，并考虑把孩子（她不想耗费 18 年抚养长大的孩子）送给别人收养。

所有的堕胎都是不正当的，因为它毁坏的是人性的成分。一旦胎儿的神经系统开始发育，堕胎就会给有感觉的生物带来剧痛（不法危害）。人类能够理解给人性（的成分）带来疼痛和毁灭过程中所涉的危害。如果胎儿具有人性的成分这一观点能被人们所接受，那么堕胎行为不仅具有不正当性，还具有表面上的可入罪性。堕胎行为仅仅在表面上看来是可入罪的，因为毁灭人性的成分不同于毁灭或损害一个完全的人。我们对于胎儿具有非相关的义务，但是胎儿并不享有生命权，因为胎儿只具有生命的成分，而不是生命本身（胎儿是潜在的生命，或人类生命的种子）。一旦婴儿出生了，他就享有完整的人格，并且拥有与母亲相同的生命权。这里存在一个复杂的、有争议的平衡问题，尊重人性成分的非相关义务，必须与母亲不被迫生育一个她不愿生育的孩子的权利一较高下。划定界限并不容易，但这么说似乎是可信的，即如果在孕期的较早阶段中止妊娠，那么母亲的权利就更胜一筹。毕竟，人性的成分在怀孕初期几乎不存在，此时将胎儿视为人性的种子更为恰当。

同样地，对有感知的生物造成疼痛这一犯罪化理由，在怀孕初期也是很不充分的，因为胎儿的神经系统很可能还没有发育到能够将疼痛理解为恶劣经历的程度。[①] 此时，表面上看，堕胎是不正当的、可入罪的，但是其犯罪化的理由被母亲不被迫养育孩子的权利所压倒。本书最后一章论述

---

① 可以说，在 *Gonzales v. Carhart*，550 U. S. 124（2007）案件中，美国联邦最高法院大多数法官划定了恰当的界限。这个案件中，大多数法官支持对于"怀孕后期堕胎"（Partial-Birth Abortion）的禁令，因为怀孕 12 周之后，胎儿成长到一定尺寸，不能通过常规的负压吸引方式取出，而必须将胎儿完整地取出。这么规定似乎是明智的，因为如果在一项法令中重视胎儿（参见上一条脚注），而在另一项法令中允许那些极其不负责任以至于没使用避孕药物或未及时堕胎的人，将"怀孕后期堕胎"作为便利途径，是毫无意义的。但是话说回来，全面禁止"怀孕后期堕胎"并不合适，因为还存在一些例外情形，即必须通过堕胎来挽救母亲生命的真实医疗案件。

到，在人口过剩的背景下，可能会产生更有力的推翻堕胎犯罪化的理由。因为有时出于保护人类的目的，堕胎可能是必需的，独生子女政策的基本原理正是如此。我们不可能通过强迫孩子出生而使他挨饿致死的方式，来尊重这个尚未出生的孩子。

第五节　里浦斯坦的自主原则

里浦斯坦提出了一个自主原则（Sovereignty Principle），该原则主张，犯罪化的正当根据在于：对平等自由（Equal Freedom）[①] 的侵犯。[②] 里浦斯坦运用了康德《权利科学》（*Doctrine of Right*）中的特有概念——外在自由（External Freedom），试图阻止不公正定罪和无准则的犯罪化的扩张。他并不关心绝对命令，而是把焦点集中于外在自由的概念上。[③]"康德伦理观的基本设想是，人的自由具有绝对价值，绝对命令和法权普遍原则的直接源头都是这个基本的规范主张：绝对命令告诉我们，我们必须采用何种行动，才能使行为与自由的价值相容；而法权普遍原则告诉我们，不管我们的准则和动机如何，要使行为与自由的价值相容，我们必须采取何种行动。"《法权论》写道："只要依据普遍法则，一个人的自由（不受他人选择约束的独立性）能够与其他所有人的自由共存，这就是基于人类的人性而产生的唯一原始权利。"[④] 我们与生俱来的自由权利源自人性尊严的概念，"不要把你自己仅仅作为工具为他人所用，而应当同样作为他人的目的"[⑤]。由此，康德推导出正义的普遍原则，它要求我们："根据普遍法则，

---

① 第一个异议是，"自由"这一概念是不可测量的，因此不存在平等的或不平等的自由。与本书论述无关的，认为自由是可测量的论述参见 Ian Carter, *A Measure of Freedom* （Oxford：Oxford University Press，1999）。

② Arthur Ripstein, "Beyond the Harm Principle," （2006）34（3）*Philosophy & Public Affairs* 215 at p. 216.

③ Arthur Ripstein, "Beyond the Harm Principle," （2006）34（3）*Philosophy & Public Affairs* 215 at p. 216.

④ Immanuel Kant, *Metaphysics of Morals* （1797）, translated from the German by Mary J. Gregor, *Practical Philosophy*：*The Cambridge Edition of the Works of Immanuel Kant* （Cambridge：Cambridge University Press，1999）at p. 393.

⑤ Immanuel Kant, *The Philosophy of Law*：*An Exposition of the Fundamental Principles of Jurisprudence as the Science of Right*, translated from the German by William Hastie, *The Philosophy of Law* （Edinburgh：T. & T. Clark，1887）at p. 54.

在做出外部行为时，在自由地行使个人意志时，必须能够与其他所有人的自由和谐共存。"①

康德认为，如果我们以强制阻止对自由的阻碍，那么这个强制就是合法的，因为阻碍对自由的阻碍本身就是实现自由的一种手段。② 司法的适用本身并不是对自由的阻碍，因为刑罚并不会以将要成为罪犯之人剥夺其被害人自由的方式，剥夺他的自由。③ 康德的《法权论》旨在赋予每个人依照自己的喜好，追求其自由选择的目的的权利。外在自由是不受他人影响而做出的行为。里浦斯坦的自主原则（吸收了康德的理论）要求一个人做出的外部行为（行使他的自由选择），依据普遍法则，能够与其他所有人的自由共存。里浦斯坦认为，那些能够共存的行为是不可入罪的，而不能够共存的行为具备可入罪性。只有把一个人的行为置于外部行为的系统中，评估该行为能否与整个系统和谐共存，才是认定该行为公正与否的唯一途径。④

自由法的道德基础在于我们设定、追求目标的能力。⑤ 里浦斯坦认为，如果一个人的外部行为阻止其他理性人自由地追求自己的目标，或者使其他人受制于自己的选择，那么这个人的外部行为就侵犯了他人的外在

---

① Immanuel Kant, *Metaphysics of Morals* (1797), translated from the German by Mary J. Gregor, *Practical Philosophy*: *The Cambridge Edition of the Works of Immanuel Kant* (Cambridge: Cambridge University Press, 1999) at p. 386.

② Immanuel Kant, *Metaphysics of Morals* (1797), translated from the German by Mary J. Gregor, *Practical Philosophy*: *The Cambridge Edition of the Works of Immanuel Kant* (Cambridge: Cambridge University Press, 1999) at pp. 287 – 288.

③ Immanuel Kant, *The Philosophy of Law*: *An Exposition of the Fundamental Principles of Jurisprudence as the Science of Right*, translated from the German by William Hastie, *The Philosophy of Law* (Edinburgh: T. & T. Clark, 1887) at p. 46.

④ Philip M. Kretschmann, "An Exposition of Kant's Philosophy of Law," in George T. Whitney and David F. Bowers, *The Heritage of Kant* (Princeton: Princeton University Press, 1939) at pp. 252 – 253; Immanuel Kant, *Metaphysics of Morals* (1797), translated from the German by Mary J. Gregor, *Practical Philosophy*: *The Cambridge Edition of the Works of Immanuel Kant* (Cambridge: Cambridge University Press, 1999) at pp. 386, 393; Immanuel Kant, *The Philosophy of Law*: *An Exposition of the Fundamental Principles of Jurisprudence as the Science of Right*, translated from the German by William Hastie, *The Philosophy of Law* (Edinburgh: T. & T. Clark, 1887) at pp. 46, 54.

⑤ Katrin Flikschuh, "Kantian Desires," in Mark Timmons, *Kant's Metaphysics of Morals*: *Interpretative Essays* (Oxford: Oxford University Press, 2002) at p. 194.

自由。他指出，如果 X 在追求他的目标时，需经 Y 的准许才能采取措施，那么 X 就是不自由的。[1] 如果 Y 未经 X 同意而使用 X 或 X 的方法，Y 就妨碍了 X 的自由。根据里浦斯坦的观点，当一个人的行为限制了其他人为自己设定目标的能力时，该行为的犯罪化就是公平的。当我们决定要追求的目标取决于他人的选择时，我们的自由就受到了侵犯。[2] 里浦斯坦指出，对自由的不法限制主要有三种方式："剥夺你追求个人目的的方式，或者让你追求一个你不享有的目的，抑或是把你作为达到他们的目的的手段。"[3] 外在自由意味着不受制于他人的选择。总体而言，里浦斯坦的自主原则显然与康德关于权利的基本原则类似。他认为自主原则下的自由是指：

> 每个人都有能力去设定和追求自己的目标，他人也有同样的自由，二者是一致的。如果你决定了你将用你的能力去追求什么，而不是让别人替你做决定，你就是独立自主的……独立性利益并不是有能力设定和追求自己的目标这一更普遍利益的特殊情形。相反，它是你作为人的身份的一个特殊方面，它使你能够设定你自己的目标，它意味着你不必被用作实现他人目标的工具。[4]

里浦斯坦宣称，应抛弃不法危害原则，而代之以自主原则。与丹-科恩类似，里浦斯坦也站在抛弃不法危害原则的立场。里浦斯坦指出，按照危害原则的要求，一些十分抽象的无害不法行为无法被公正地犯罪化。有些不法行为不会造成危害，因此危害原则无法解释这些行为的可入罪性。他首先以无害的非法侵入住宅为例。[5] 在里浦斯坦的例子中，侵入者使用盗窃工具进入某人的家中，在他的床上打个盹儿。侵入者没有对门锁造

---

① Arthur Ripstein, "Authority and Coercion," (2004) 32 (1) *Philosophy & Public Affairs* 1 at pp. 7 – 8.

② Arthur Ripstein, "Authority and Coercion," (2004) 32 (1) *Philosophy & Public Affairs* 1 at pp. 7 – 8.

③ Arthur Ripstein, "Authority and Coercion," (2004) 32 (1) *Philosophy & Public Affairs* 1 at pp. 7 – 8.

④ Arthur Ripstein, "Beyond the Harm Principle," (2006) 34 (3) *Philosophy & Public Affairs* 215 at p. 231.

⑤ Arthur Ripstein, "Beyond the Harm Principle," (2006) 34 (3) *Philosophy & Public Affairs* 215 at p. 231.

成任何损害，并且使用了干净的床单被罩，不会在房主的床上留下任何细菌。这个假设的侵入者体重较轻，不会对床垫造成任何磨损。非法侵入者趁着房主上班的时间，在他的家里打了几个小时的盹，在房主发现之前就已经离开。里浦斯坦指出，这类未被发觉的非法侵入住宅行为的犯罪化是公正的，但是其犯罪化的正当性不能以行为构成了不法危害来证明。

确实，犯罪化的不法危害依据的确把某些无害的非法侵入住宅行为排除在刑法规制范围之外。但是，里浦斯坦假设的非法侵入住宅行为并非无害。这类非法侵入住宅行为如果被发现，将在侵犯房主自由的同时，也危害了房主。该行为损害了一个人的安全利益。非法侵入住宅行为损害了能够为我们提供安全的常居之地的专有资源，从而损害了我们的利益。这类入侵不仅威胁到财产的总体安全，还威胁到那些可以保护我们的福利利益的安全利益，依据范伯格的危害原则，安全利益是受到保护的。① 非法侵入他人住宅行为可以入罪，以保护我们基本的安全感。如果允许人们自由地侵入他人的私人住宅，人们普遍会感到不安全，我们的整个物权法体系也将因此而受到损害。② 除此之外，侵入他人住宅还会导致隐私权丧失的进一步严重后果。③

---

① Joel Feinberg, *The Moral Limits of the Criminal Law*：*Harm to Others*（New York：Oxford University Press, Vol. I, 1984）at pp. 63, 207. 达夫指出："法律中存在有关间接危害的实质犯罪（Substantive Offenses）：因此，尽管宣布'侵扰'为罪的理由之一，是它很有可能会导致（侵扰者对被害人造成）实质暴力与身体损伤的基本危害，但法律将它规定为一个实质犯罪的理由更在于，它会造成恐惧与暴力的间接危害。" R. A. Duff, *Criminal Attempts*（Oxford：Clarendon Press, 1996）at p. 130.

② 大量实证研究表明，入室盗窃的被害人认为，非法侵入住宅和侵犯个人隐私的行为降低了他们的安全感。Mike Maguire and Trevor Bennett, *Burglary in a Dwelling*（London：Heinemann, 1982）；Roger Tarling and Tonia Davison, *Victims of Domestic Burglary*：*A Review of the Literature*（London：H. M. S. O., 2000）；Mike Maguire and Jocelyn Kynch, *Public Perceptions and Victims' Experiences of Victim Support*（London：H. M. S. O., 2000）.

③ 非法侵入私人住宅会使房主感到被侵犯和不安全。这将严重妨碍他的专有资源，也将构成对隐私的不法侵犯。参见 Andrew von Hirsch and Nils Jareborg, "Gauging Crime Seriousness：A 'Living Standard' Conception of Criminal Harm," in Andrew von Hirsch and Andrew Ashworth, *Proportionate Sentencing*：*Exploring the Principles*（Oxford：Oxford University Press, 2005）at p. 212；John Gardner and Stephen Shute, "The Wrongness of Rape," in *Oxford Essays in Jurisprudence*, ed. Jeremy Horder, Fourth Series（Oxford：Oxford University Press, 2000）at pp. 202 - 203。

即使这类隐私权的侵犯不构成危害，也必然造成了可入罪的不良后果。这类隐私权的侵犯同样构成对房主的不法对待。非法侵入住宅的行为涉及的是私人住宅，因此可以与通常作为民事侵权行为处理的行为相区分。诚然，不法危害不能被用来将一些无害的非法侵入行为（例如单纯侵犯动产的行为）排除在刑法规制之外。在不损害所有者长期利益的情形下，对其动产实施非法侵犯行为是可能的。尽管一个人对于维持其动产的排他性具有专属利益，但是单纯侵犯动产的行为并不会妨碍他对这种资源的长期利益。盗窃案件则与之不同，因为他的排他性占有受到了侵犯，他对这个资源的利益也因为这个资源被永久地剥夺而受到损害。相反，如果 X 拿走了 Y 的帽子（没有任何永久剥夺 Y 的帽子的意图），并把它藏起来几个小时，捉弄 Y，毫无疑问 X 侵犯了 Y 对帽子的独占权，但是他没有损害 Y 的长期利益。这类不法行为不会造成危害。同样地，一个人可能被其他人无理对待，但没有受到危害，例如，承诺人违背了诺言，"却偶然增加了受约人的利益的情形"。有些情形下，非法侵入可能会偶然地改善被侵入的资源，这类非法侵入可以通过侵权法的适用来合理地应对。里浦斯坦的做法，则是将非法侵入私人住宅与轻微的侵犯动产一概宣布为罪。

里浦斯坦认为，即使标准案件中的非法侵入私人住宅行为是有害的，在具体案件中，非法侵入私人住宅行为尚未被他人发现时，就没有造成危害。上文提到，事前角度的犯罪化决定只考虑标准案件，而不考虑未被发觉的个案。房主可能永远不会发现自己的房子被他人非法侵入了，但是如果他发现了，刑法必须能够保护他的利益。但是，里浦斯坦的理论无法解释，在非法侵入住宅行为未被发现时，房主如何说明他的自由受到了侵犯。危害原则只要求行为属于通常会造成不法危害的一类。援引刑法阻止人们实施会对其他人造成危害的风险的行为同样也是公平的。援引刑法不以实际危害为前提。这同时也是刑法规制未遂犯罪和其他形式的非既遂犯罪的理由。如果一个可能的盗贼通过一扇开着的窗户进入某人的房子，伸手去拿餐具柜中的银制茶壶，想要偷走它，却发现有一只大型杜宾犬正在靠近，于是迅速把手收回，逃之夭夭，没有拿走或损害任何东西，在这种情形下，房主也许没有遭受危害。房主可能永远不会发现，有人曾经以盗窃为目的进入过他的住宅。即便我们假设这种犯罪未遂是无害的，因为它不足以侵犯所有者的隐私，也不足以妨碍其基本安全利益；但从事前的角度而言，这种犯罪未遂仍是可入罪的，因为该行为的既遂通常会损害人们的财产利益。标准的入室盗窃会使潜在的被害人面临真正的危害风险。

在上述案例中，盗贼的行为不仅仅是犯罪预备行为，他差点把银制茶壶偷走。依据危害原则，这类无害的未遂是可以入罪的，因为它具有给他人带来危害的风险。① 即使某些情形下的非法侵入私人住宅是完全无害的，但在通常情况下，该行为会给他人造成危害。② 无害的不法行为也可以依照犯罪化的有责危害依据来处理，只要该行为的犯罪化能够减少这类行为的发生，且这类行为的更广泛发生将会以降低人们对自己生活环境的安逸感受而减少公共利益等方式，减损人们的期望（Prospects）。③

有些犯罪属于犯罪的未完成形态，它们本身就是未完成犯罪。④ 盗窃未遂就是一个典型例子。一个人"作为非法侵入者进入建筑物，意图实施下列犯罪的：（a）盗窃或未遂；（b）刑事损害或未遂；或者（c）严重人身危害或未遂"的，构成盗窃罪。非法侵入住宅本身通常不是一个刑事犯罪，但是如果行为人在非法侵入时，具备旨在实施实体犯罪的意图，就构成犯罪。⑤ 未完成犯罪旨在实现下列行为的犯罪化，即"使主要危害更容易发生，从而与主要危害之间存在一定因果关系的行为"，以及不法行为人明知因果关系的存在，但选择实施增加主要危害发生概率的行为。⑥ 大多数盗窃行为会造成危害，会涉及有责的不法行为人。这些行为属于要么

---

① Joel Feinberg, *The Moral Limits of the Criminal Law*：*Harm to Others*（New York：Oxford University Press, Vol. I , 1984）at p. 10.

② John Gardner and Stephen Shute, "The Wrongness of Rape," in *Oxford Essays in Jurisprudence*, ed. Jeremy Horder, fourth series（Oxford：Oxford University Press, 2000）at p. 216.

③ John Gardner and Stephen Shute, "The Wrongness of Rape," in *Oxford Essays in Jurisprudence*, ed. Jeremy Horder, fourth series（Oxford：Oxford University Press, 2000）at p. 216.

④ R. A. Duff, *Criminal Attempts*（Oxford：Clarendon Press, 1996）at p. 130.

⑤ 英国 1968 年《盗窃法》（*Theft Act 1968*）第 9 条。另请参见英国 1994 年《刑事司法和公共秩序法》（*Criminal Justice and Public Order Act 1994*）第 68～70 条；英国 2003 年《性犯罪法》（*Sexual Offenses Act 2003*）第 63 条。英国 1824 年《流浪法》（*Vagrancy Act 1824*）第 4 条规定，以非法目的出现在私人处所的，构成犯罪。

⑥ "然而，尽管我不否认这可能是理解许多未完成犯罪的恰当方式，但后一种观点会对未完成犯罪，尤其是那些涉及旨在造成主要危害的意图的未完成犯罪，做出不同的解释。因为依据后一种观点，在这种情况下，行为的道德不许可性在于对主要危害的意向性关系（Intentional Relationship），而不仅仅是因果关系（Causal Relationship）；可责性也取决于行为人如何把自己的行为指向危害。" R. A. Duff, *Criminal Attempts*（Oxford：Clarendon Press, 1996）at pp. 132－133.

给他人带来危害，要么给他人带来危害的风险的一类。① 因为危害原则只"要求某一行为的犯罪化能够预防危害，而不要求行为本身是有害的"，危害的风险也应当被考虑在内。② 里浦斯坦低估了危害原则的适用范围。

里浦斯坦提出了另一种解决途径，他认为非法侵入他人住宅（即使没有被发现③）是可入罪的，因为该行为妨碍了房主的自由。侵入者"未经房主允许而使用了（他的）外在能力（Power），即（他的）财产"，从而无理地对待了房主。④ 在里浦斯坦的另一篇文章中，他指出，对康德而言，行为人以房主不享有的目的，在房主家中或财产中翻找东西，侵犯了房主作为"决定他的房屋、财产将作何使用的人的能力（Ability）"⑤。非法侵入者通过剥夺房主决定其财产将如何使用的能力，对房主构成了无理对待。这是对于非法侵入他人住宅行为的另一种直观的合理解释。但是，如果里浦斯坦认为限制犯罪化的唯一标准仅仅是不法行为，那么这将会导致进一步的不公平犯罪化和无准则犯罪化。

里浦斯坦严重依赖于康德狭隘的自主权概念，他阐述道："你仍可以自由地使用其他能力去追求其他目的。但是，自由使用自己的能力来设定和追求自己的目标的一部分，就是对自己将要追求的目标拥有否决权。你所需要的，不仅是能够追求自己设定的目标，还包括能够拒绝追求某些目标，除非它们由你设定。准确地说，当我夺取你的能力时，我就侵犯了你

---

① "效用论者同样也会采纳'主观准则'，以此证明实施终了的未遂犯的正当性：被告人试图触犯法律，因此其构成的社会危害不少于（或略少于）既遂的施害者造成的社会危害。Andrew Ashworth, *Principles of Criminal Law*（Oxford：Oxford University Press, 2003）at p. 447.

② Andrew Ashworth, *Principles of Criminal Law*（Oxford：Oxford University Press, 2003）at p. 447.

③ 根据里浦斯坦的观点，"当你不在的时候，我可以在你的床上打盹，但是你在场的情况下，我所实施的就是针对你的不法行为，尽管这些行为不需要你知道"。Arthur Ripstein, "Beyond the Harm Principle,"（2006）34（3）*Philosophy & Public Affairs* 215 at p. 241.

④ Arthur Ripstein, "Beyond the Harm Principle,"（2006）34（3）*Philosophy & Public Affairs* 215 at p. 241；Immanuel Kant, *Metaphysics of Morals*（1797）, translated from the German by Mary J. Gregor, *Practical Philosophy：The Cambridge Edition of the Works of Immanuel Kant*（Cambridge：Cambridge University Press, 1999）at pp. 402 – 405.

⑤ Arthur Ripstein, "Authority and Coercion,"（2004）32（1）*Philosophy & Public Affairs* 1 at p. 10. "对康德而言，财产不同于我们的内在能力，它是一个可以任由我使用的外在事物，是一种设定和达成我的目标的权利。"Arthur Ripstein, "Authority and Coercion,"（2004）32（1）*Philosophy & Public Affairs* 1 at pp. 11 – 12.

的自主权，因为我剥夺了你的否决权。"[1] 危害原则对于自主权的保护范围，比康德设想的范围要广泛许多。[2] 在康德的设想中，自主权几乎被简化到消失不见，因为康德的公式里，只允许"由人们合理地制定，并对所有人都做出一致要求的一系列原则。没人能够仅仅以不理性、不接受为由，逃避（他或她的）规则。相比之下，个人自主权实质上是人们选择自己生活的自由"[3]。约瑟夫·拉兹主张的更广泛的个人自主概念，也可以通过干扰他人财产行为最终对他人造成的不良后果来解释该行为的危害性：

> 尊重他人的自主权，主要在于确保他人充分的选择权，即保护人们使用这些选择的机会或能力。剥夺一个人使用这些选择的机会或能力，是对其造成危害的一种方式。财产的使用价值和交换价值代表了财产所有者的机会。准确地说，任何剥夺财产所有者对财产的使用或否定其财产价值的行为，都会对财产所有者造成危害，因为这减损了他的机会。同样地，对一个人造成身体危害，减损了他按照自己所想而做出行为的能力。毋庸置疑，危害一个人，可能不在于剥夺他的选择，而在于挫败他对于已经设立的目标或关系的追求。[4]

因此，毫无疑问，里浦斯坦所指的侵权行为在被发现之后，可以达到危害的程度。至于那些没有被个体被害人发现的侵权行为，上文给出的分

---

[1] "我能够使你受制于我的选择的另一个方式，是危害你，或者在极端情况下杀掉你，消灭你的能力。" Arthur Ripstein, "Beyond the Harm Principle," (2006) 34 (3) *Philosophy & Public Affairs* 215 at pp. 234 – 235.

[2] "这一理由解释了为什么最小限度的政治自由是一个福利利益。这并不是说，如果没有政治自由，一个人就无法存活。而是说，如果一个人的选择、结社和表达存在过多的外部干扰，人们就无法制定、选择和追求自己的目标。" Andrew von Hirsch, "Injury and Exasperation: An Examination of Harm to Others and Offense to Others," (1985 – 1986) 84 *Michigan Law Review* 700 at p. 705.

[3] Joseph Raz, *The Morality of Freedom* (Oxford: Clarendon Press, 1986) at p. 371; Jeremy Waldron, "Moral Autonomy and Personal Autonomy," in John Christman and Joel Anderson, *Autonomy and the Challenges to Liberalism* (Cambridge: Cambridge University Press, 2005) at pp. 309 – 310; Onora O'Neill, *Constructions of Reason: Explorations of Kant's Practical Philosophy* (Cambridge: Cambridge University Press, 1989) at pp. 53 – 54, 66; Joel Feinberg, *The Moral Limits of the Criminal Law: Harm to Self* (New York: Oxford University Press, Vol. Ⅲ, 1986) at pp. 94 *et seq.*

[4] Joseph Raz, *The Morality of Freedom* (Oxford: Clarendon Press, 1986) at p. 413; Andrew P. Simester and Andrew von Hirsch, "Rethinking the Offense Principle," (2002) 8 (3) *Legal Theory* 269 at p. 281.

析解释了危害原则为何能够从事前的角度将这些无害的不法行为涵盖在内。里浦斯坦的自主原则并没有为立法者提供足够的指引，说明何种行为可以公正地入罪。在无法公平地援引刑法的场合，该原则也允许将一些行为宣布为罪。例如，自主原则可以被用来将无害的侵犯动产行为宣布为罪。但是，我们无法依据自主原则区分无害的侵犯动产与有害的侵犯动产，依据这一原则，二者都会被犯罪化。

除此之外，自主原则不包括那些可以用来推翻初步犯罪化依据的调整理由或对抗理由（Mediating or Countervailing Considerations）。自主原则不够精细，不足以成为确保犯罪化符合公平正义要求的唯一标准。它无法说明在何种情形下，初步的犯罪化应当容忍其他对抗理由（Countervailing Reasons）。为了确保犯罪化决定符合公正性要求，我们必须采取精细分析，而这正是自主原则的不足之处。本书意在强调，仅仅以康德的标准认定行为的犯罪状态，存在一些明显缺陷。同时，本书旨在说明，危害原则是一个更好的选择。本书构建的犯罪化的不法危害依据（即包含了对动物的危害、遥远危害）能够应对里浦斯坦和丹－科恩提出的挑战。里浦斯坦和丹－科恩没能提出其他可行的替代方案。自主原则和绝对命令的第二个公式的核心问题在于，它们没能把犯罪化限定在能够公平地适用刑法的情形。这些原则无法被用来区分仅仅是道德上的品行不端行为与民事不法行为，也无法在民事违法与刑事犯罪中做出区分。另外，本书第六章中指出，这类批判的道德原则过于狭窄，以至无法在通常情况下提供指导。

第五章 刑事危害行为的辩护理由

——同意的道德界限

第一节 客观性与被害人同意

本章考察了被害人同意作为刑事危害行为的辩护理由的客观限制。本书始终主张，应以客观论据证明有罪判决的合理性。本书下一章将明确地指出，所谓"客观"（Objective）并不是批判的道德（Critical Morality）。范伯格宣称，他所说的不法危害是犯罪化的批判的道德依据（即跨文化的理由），但正如我们将看到的，危害本身依赖于传统理解和社会化，因此它不可能是跨文化意义上的客观真理。所以，本书采取相对温和的"客观"概念。下一章将论述到，我们所能做到的最好，也许就是将危害主张限制于社会中的道德行为人主体间性的严格审查以达成客观性。这也足以认定客观上的不良后果。

本章借鉴了康德有关人类尊严的概念，并以此概念划定将被害人同意作为辩护理由的道德界限。但本书对人类尊严的理解并非以康德主张的批判的道德为基础。人类尊严这一概念也许不存在批判的或道德的现实主义基础，但本书认为，对于人性的基本价值和不可剥夺的生命权，我们有着深刻的传统理解，因此传统道德支持一种与康德的设想相类似的尊严概念。被害人同意本身可以作为对他人的不法危害的辩解理由，但它可以被其他更重要的客观理由推翻。一个人可以行使个人自主权，同意一定的危害。但是，放弃个人自主权利，与放弃人性尊严免受侵犯的权利之间存在关键区别。本书的结论是，有些危害严重侵犯了他人的尊严，无论被害人是否同意，此类危害行为都是不法的、可入罪的。本书对 *R. v. Brown* 案件[①]（大多数法官反对将被害人同意作为故意造成实际身体危害的辩护理由）和 *R. v. Konzani* 案件[②]（大多数法官宣称，完全知情的被害人同意能够为轻率地传播艾滋病病毒者提供辩护）是否符合我们对于人类生命价值和个人尊严的深刻传统理解提出质疑。

危害他人，并非援引刑法的唯一客观依据[③]，但这是与当前目的紧密相关的依据，因为我们此处讨论的正是严重身体危害的犯罪化问题。乔尔·范伯格在之后的两卷中指出，"法律道德主义"和"法律家长主义"不足以作为犯罪化的依据。[④] 他关于家长主义的观点完全正确。本章讨论的案例不涉及家长主义，因为被告人人罪的原因在于其行为对他人造成了危害。在辩护理由的语境下，施害者在刑法意义上危害了同意者而受到刑事起诉时，会将同意作为辩护理由。诚然，在行为造成了轻微危害，或被害人同意能够改变行为性质的情形下，同意可以抹去不法行为的不正当性。例如，当一个人同意性交时，她就把原本是一种刑事危害的行为转化为一种无害的、令人愉悦的行为。[⑤] 但是，如果一个人同意他人用电锯锯掉他的手，这个同意就不会把原本是一种刑事危害的行为转化为无害的或可以证明为正当的行为。本书关注的，是给他人造成严重身体危害的情形下的同意（例如，打断同意者的骨头、使同意者失明、杀掉并吃掉同意者、使同意者受到严重身体危害，等等）。

被害人同意提供了一个客观依据，允许一个人做出可能涉及同意危害的选择，但同意不是绝对的。被害人同意保护个人自主，但它不允许一个人贬低或毁灭同意者的人格尊严。康德理解的理性自主（Rational Autonomy）（符合我们对人性的深刻的传统理解）与个人自主（Personal Autonomy）不同，因为理性自主是绝对的。"相比之下，个人自主本质上是选择

---

① ［1994］1 A. C. 212.

② ［2005］EWCA Crim. 706.

③ 参见第六章有关隐私原则（Privacy Principle）的论述。

④ Joel Feinberg, *The Morals Limits of the Criminal Law：Harmless Wrongdoing*（New York：Oxford University Press, Vol. Ⅳ, 1988）; Joel Feinberg, *The Moral Limits of the Criminal Law：Harm to Self*（New York：Oxford University Press, Vol. Ⅲ, 1986）.

⑤ George P. Fletcher, *Basic Concepts of Legal Thought*（New York：Oxford University Press, 1996）at p. 109.

自己生活方式的个人自由。"① 尊重个人自主与尊重人类同胞的人性之间，存在根本差别。一个人不能仅仅以不理性的行为，让与其作为人类应受到的最低限度的尊重的权利。② 一个人可以让与他的个人自主权，但不能让与他的人格尊严。例如，一个罪犯不法地对待了他人，这个罪犯就放弃了他的个人自主权，但我们仍然应当把他当作一个人来对待。正如德沃金所述：

> 当我们为了震慑他人而将犯罪的人关进监狱时，我们没有对他施以善行；相反，我们为了普遍利益而违背了他的利益。但我们坚持认为，应依据我们理解的保护尊严的要求，使他受到有尊严的对待，例如不对他施以酷刑或侮辱，因为我们仍把他视作一个完整的人，我们仍关注他的命运……我们了解，我们正在关押一个人，他的生命十分重要，我们这样做，是因为我们相信这样的监禁是必要且正当的，我们无权为了最大限度的方便而仅仅将他作为物品对待，就好像真正重要的是关押他对于我们的益处一样。③

罪犯可能放弃了某些个人自主权利。同样地，施虐受虐狂和被传播艾滋病病毒的同意者也可能行使个人自主权而放弃了某些权利，但是放弃权

---

① Joseph Raz, *The Morality of Freedom* (Oxford: Clarendon Press, 1986) at p. 371; Deryck Beyleveld and Roger Brownsword, *Human Dignity in Bioethics and Biolaw* (Oxford: Oxford University Press. 2001); Deryck Beyleveld and Roger Brownsword, "Human Dignity, Human Rights, and Human Genetics," (1998) 61 (5) *Modern Law Review* 661; Neil C. Manson and Onora O'Neill, *Rethinking Informed Consent in Bioethics* (Cambridge: Cambridge University Press, 2007) at pp. 20 – 21.

② Onora O'Neill, *Constructions of Reason: Explorations of Kant's Practical Philosophy* (Cambridge: Cambridge University Press, 1989) at pp. 53 – 54, 66; Onora O'Neill, "Public Health or Clinical Ethics: Thinking Beyond Borders," (2002) 16 (2) *Ethics & International Affairs* 35 at pp. 36 – 37.

③ Ronald Dworkin, *Life's Dominion: An Argument About Abortion, Euthanasia, and Individual Freedom* (New York: Knopf, 1993) at p. 236. 德沃金借鉴了康德绝对命令的第二个公式，在个人自主的语境下，被害人同意不会改变不尊重人格尊严的正确性或错误性。在康德的设想中，"关于维护和繁荣人性所采取的行为的相关事实（正如康德对这一概念的认识一样），正是认定一个行为的（客观）义务状态的道德相关事实"。Mark Timmons, *Kant's Metaphysics of Morals: Interpretative Essays* (Oxford: Oxford University Press, 2002) at pp. 285 – 286.

利的行为仅仅涉及个人自主权的行使，完全不同于人格尊严的让步。① 一个人可能行使个人自主权利，并因此放弃一些权利而不受国家干预，但是另一个人不能依此践踏权利放弃者的人性。下文论述到，个人自主的重要性意味着同意是一个有效的辩护理由，除非这个危害严重跨越了门槛，贬低了同意者的人格尊严。如果我们要保护个人自主权利，这个门槛必须很高。如果施害者仅仅将同意者作为实现他的目的的手段，而不是目的本身，他就侵犯了同意者的尊严。只有严重身体危害或死亡才足以构成对人格尊严的侵犯，此时才能否定以被害人同意作为辩护理由。任何轻于此类维护的侵犯，都是对个人自主权利的过度侵犯。例如在 *R. v. Konzani* 案和 *R. v. Brown* 案之类的案例中，危害的严重性使之构成对受害者人格尊严的可入罪的侵犯。否定将同意作为辩护理由可能性的，并不仅仅是危害的严重性，还包括这个危害直接旨在贬低被害人的人格尊严这一事实。被害人可能十分享受这个有害的对待，但是我们对人性以及为了集体利益而尊重人性的重要性有着深刻的传统理解。我们尊重自残者的个人自主，因为我们不将自我伤害视为犯罪。但是我们不免除那些危害他人，并把他人的同意作为辩护理由的人的责任，因为他们对他人造成了严重危害。

　　一个人可以对毁坏其所有财产的严重危害表示同意（即一个人可以同意他的生计被摧毁、他的米开朗琪罗画作和伦勃朗画作被破坏、他的劳斯莱斯被碾碎，等等），因为此类危害不会贬低他的尊严。如传播致死疾病、为了使他失明而把硫酸泼到他的眼中、砍断他的腿等严重危害则完全相反，那是不把他当作人类对待。康德的解释有助于说明人性的重要性，以及尊重他人人性的必要性，但是我们在证明宣布不尊重他人人性的行为有罪的正当性时，不需要诉诸批判的道德或道德现实主义，因为我们对于人性的价值有着深刻的传统认识。当同意者没有被当作人类对待时，拒绝将同意作为辩护理由是客观公正的。如果行为人 X 造成 Y 的永久残疾，X 就以一种无法容忍的方式贬低了 Y 的尊严。德沃金②吸收了康德的尊重人格

---

① Thomas E. Hill, *Autonomy and Self-Respect* (Cambridge：Cambridge University Press, 1991) at pp. 14 – 17.

② Ronald Dworkin, *Life's Dominion：An Argument About Abortion, Euthanasia, and Individual Freedom* (New York：Knopf, 1993) at pp. 33 – 37；Stanley I. Benn, *A Theory of Freedom* (Cambridge：Cambridge University Press, 1988).

尊严原则，在此基础上发展出一个更广泛的人性规范概念，并以此作为这类论述的基础。①

范伯格不认为"同意"是一个可被推翻的理由。根据范伯格的观点，*R. v. Brown* 案和 *R. v. Konzani* 案涉及的不法危害，在道德上是可接受的，因为对于范伯格而言，真实的同意可以消除这类行为的不正当性。大多数关于 *R. v. Brown* 案件的学术批判都集中在抽象危害论点，这些论点渗透到大多数法官的判断之中。有人认为 *R. v. Brown* 案是不公正的，因为不存在适用刑法的客观理由。② 阿什沃思宣称，*R. v. Brown* 案件中的行为的犯罪化，侵犯了"每一个有能力的、负责任的成年人应当占据主导地位的个人自主领域"③。安德鲁·斯密斯特和格雷厄姆·沙利文（Graham R. Sullivan）认为："*R. v. Brown* 案件中，上议院主张在性虐待活动的情形下，对自愿的成年'被害人'施加实际身体危害是一项犯罪。从危害原则的角度而言，由于这个活动是在被害人的同意之下进行的，所以不存在对被害人实施的不法行为。但是从法律道德主义的角度看来，被告人的行为可能被认为具有本质的不正当性，因此可以合法地入罪。事实上，被害人的同意也只是使被害人成为这个犯罪的参与者罢了。"④

---

① 从狭义上讲，托马斯·希尔（Thomas E. Hill）对康德原则的解释，恰好是我反对将同意作为辩护理由的核心依据。Thomas E. Hill, *Autonomy and Self-Respect* (Cambridge: Cambridge University Press, 1991)。

② 在 *R. v. Brown* ［1994］1 A. C. 212 案件中，慕斯蒂尔法官（Lord Mustill）和哈德利的斯林法官（Lord Slynn of Hadley）持不同意见，他们试图提出一个客观依据，以使被害人同意成为辩护理由。但是他们的论点并不可信，因为他们参照的是"个人道德"而不是更广义的客观道德。按照沃尔芬登报告（Wolfenden Committee Report）［*Report of the Committee on Homosexual Offenses and Prostitution*］(London: Home Office, Cmnd 247, 1957) at para. 13 and 61］中"个人道德"的概念，只要行为的性质属于亲密关系，或者行为发生在私人住宅之中，这一概念就无法提供一个客观理由，以使被害人同意能够成为对他人造成严重危害的行为的辩护理由。当然，法官们并不是说，只要被害人同意，只要行为是亲密的，或者行为发生在私人住宅之中，为了达到性满足，就允许人们杀死和吃另一个人。隐私权只能保护合法行为、轻微亲密的或隐私的危害行为。*Lawrence v. Texas*, 539 U. S. 558 (2003); Cf. Matthew Weait, "Harm, Consent and the Limits of Privacy," (2005) 13 *Feminist Legal Studies* 97 at p. 109.

③ Andrew Ashworth, *Principles of Criminal Law* (Oxford: Oxford University Press, 5th ed., 2006) at p. 41.

④ Andrew P. Simester and Graham R. Sullivan, *Criminal Law: Theory and Doctrine* (Oxford: Hart Publishing, 2nd ed., 2004) at p. 16.

R. v. Brown 案件中，大多数法官提到保护社会免遭施虐受虐狂危害的需要，但并不能证明这种行为对行为的参与者以外的其他人是有害的。此外，图利切特尔的詹西法官（Lord Jauncey of Tullichettle）指出，允许人们对直接危害表示同意，可能会引起潜在的遥远危害，并以此作为反对将同意视为辩护理由的另一个依据。他认为："（其他）年轻人的改变宗教信仰和腐化堕落的可能性才是真正的危险。"① 上文论述到，只有在能够把最终危害后果公平地归责于影响者的情形下，才能要求影响他人有害犯罪决定的人承担刑事责任。② 尽管如此，大多数人还是被客观危害的严重性所说服。尽管大多数法官援引非客观的理由，但案件的决定仍是准则性的。上文论述到 R. v. Brown 案件所述行为的犯罪化具有初步的公平性，因为这些行为在客观上是有害的，且施害者为了获得个人利益而无视同意者的人性。传播艾滋病病毒的案例③则与之不同，因为该案件中的危害是轻率地施加的，而不是故意地施加的，另外，该案中危害行为导致的后果是永久的、无法挽回的。下文将讨论，在这类案件中，不应将同意作为辩护理由，因为此类危害行为同样没有将同意者作为人类对待。

第二节　危害与同意：疑难反例

重要的是，我们必须认识到，应当入罪的是不法的危害行为（Wrongful Harm-Doing），而不是危害行为（Harm-Doing）本身。重点必须放在消除使他人感染致命的疾病、使他人失明、砍掉他人的腿等行为的道德不许可性上，因为这类行为的危害性不能以同意为由而消灭。危害行为只有在具备不正当性时，才是可入罪的。上文提到范伯格将危害解释为三层含义：（1）损害；（2）对利益的阻碍或破坏；（3）不法行为。④ 危害必须是

---

① R. v. Brown［1994］1 A. C. 212 at 246.

② Dennis J. Baker, "The Moral Limits of Criminalizing Remote Harms," （2007）10（3）New Criminal Law Review 370; Dennis J. Baker, "Collective Criminalization and the Constitutional Right to Endanger Others," 28（2）Criminal Justice Ethics（2009）.

③ R. v. Konzani［2005］EWCA Crim. 706; R. v. Dica［2004］3 All E. R. 593.

④ Joel Feinberg, The Moral Limits of the Criminal Law: Harm to Others（New York: Oxford University Press, Vol. I , 1984）at p. 215.

在由不法行为造成的情况下，才能作为犯罪化的依据。依据危害原则，当X 的利益由于 Y 的不法行为而受到损害时，危害就会发生。[①] 范伯格使用的"危害"概念是指"第二层含义与第三层含义的重叠：只有对利益的损害是不法的，且不法行为只有在损害了他人利益的情形下，才能恰当地被视为危害"[②]。人们有权免受他人故意的（不可原谅的、无正当理由的）行为的危害。[③]

范伯格没有否认严重危害行为的同意者受到了危害，但他认为这个危害不是不法的，因为同意消除了该行为的不正当性。[④] 问题不在于受虐狂、被传播艾滋病病毒同意者、角斗士等人是否受到了危害，而在于他们是否受到了不法危害。范伯格认为被害人同意是绝对的，无论危害有多严重，被害人同意都可以消除危害他人行为[⑤]的不正当性。[⑥] 依据"对同意者不构成损害"原则，如果我们已经授权了他人的危害行为，那么我们就不能抱怨自己受到无理对待。[⑦] 有些情形下，危害可以作为有效的辩护理由，但是如果存在客观依据来否定这个辩护理由，它也会因此被否定。

---

① Joel Feinberg, *The Moral Limits of the Criminal Law*：*Harm to Others*（New York：Oxford University Press, Vol. I, 1984）at pp. 33 - 34.

② Joel Feinberg, *The Moral Limits of the Criminal Law*：*Harm to Others*（New York：Oxford University Press, Vol. I, 1984）at p. 36.

③ 故意之类的责任因素（道德可责性）和借口、正当理由之类的出罪要素，都是危害行为之不正当性的重要方面，从事前犯罪化的角度而言，二者在推定意义上具有相关性。范伯格运用这些因素推断可责性是犯罪的一个方面，以此来证明事前犯罪化决定的正当性。他从事前的角度概括出，有责的危害行为应当属于刑法的规制对象，因为这类危害行为是不正当的，而疏忽的和/或非故意的危害行为则不然。至于某个特定行为人是否故意地（或无法辩解地、不可原谅地）实施了某一行为，则是法院在事后庭审的阶段对个案事实的认定问题。显然，在危害行为十分轻微（普通侵犯人身的行为等）的多数案件中，被害人同意可以作为不法行为的有效辩护理由。参见 J. L. Austin, "A Plea for Excuses,"（1956 - 1957）*Proceedings of the Aristotelian Society* 1 at pp. 2 - 3；Heidi Hurd, "Justification and Excuse, Wrongdoing and Culpability,"（1999）74 *Notre Dame Law Review* 1551。

④ Joel Feinberg, *The Moral Limits of the Criminal Law*：*Harmless Wrongdoing*（New York：Oxford University Press, Vol. IV, 1988）fn. 4 at p. 20.

⑤ Joel Feinberg, *The Moral Limits of the Criminal Law*：*Harmless Wrongdoing*（New York：Oxford University Press, Vol. IV, 1988）at p. 329.

⑥ Joel Feinberg, *The Moral Limits of the Criminal Law*：*Harmless Wrongdoing*（New York：Oxford University Press, Vol. IV, 1988）at pp. 68 - 173, 328.

⑦ Joel Feinberg, *The Moral Limits of the Criminal Law*：*Harmless Wrongdoing*（New York：Oxford University Press, Vol. IV, 1988）at pp. 11, 100.

值得注意的是，范伯格还指出，尽管为了性满足而杀掉并吃掉他人的道德不许可性能够以被害人的同意而消除，但是这类行为仍旧应当入罪，因为这类案件中的同意者已经死亡，难以认定被害人同意的真实性。范伯格宣称："如果 B 的同意不是出于完全自愿，那么法律'为了他的利益'进行干涉就是正当的。"① 但是，本书关注的是真正的（Genuine）被害人同意的限度问题，而不是同意的真实性（Authenticity）问题。真实性关乎有缺陷的同意，有缺陷的同意由同意的一方没有自主地表示同意、缺乏充分的理性、不完全知情、没有免受胁迫等原因造成。② 泰伦斯·麦康奈尔（Terrance McConnell）指出，如果允许人们让与生命权之类的权利，则会使他人的权利处于危险的境地。③ 从统计学意义上看，允许将被害人同意作为杀戮的辩护理由，会使我们的生命更不安全，因为在被害人被杀害的案件中，判断被害人同意的真实性是极其困难的。④ 一个完全独立的论点是：限制将被害人同意作为辩护理由。这一论点不可适用于施虐受虐狂或者艾滋病病毒携带者的情形，因为这些案件中，被害人同意的真实性是可以确定的。但是，正如奥尼尔评论的那样："存在一个绝望的观点：有太多证据证明，人们有时候会真实地同意一些他人似乎完全无法接受的行为，甚至同意严重的危害、压迫、侮辱行为。全面坚持被害人对于此类危害行为的同意必定具有瑕疵的做法，仅仅暗示着一个潜在的拒绝，拒绝考虑正当理由不只需要实际同意的可能性。"⑤

---

① 范伯格认为："基于相关问题证据质量的不确定性，以及（奴隶案件中）对于奴隶们非自愿性的强有力的普遍推定，在这些案件中，国家采取风险最小的方式对非自愿性做出推定并加以干涉是正当的。"对于安乐死案件，他指出："要维持当前对安乐死的绝对禁止，唯一可能的理由是防止安乐死的错误适用及滥用。"Joel Feinberg, *The Moral Limits of the Criminal Law*：*Harm to Self*（New York：Oxford University Press，Vol. Ⅲ，1986）at pp. xviii-xix.

② Joel Feinberg, *The Moral Limits of the Criminal Law*：*Harm to Self*（New York：Oxford University Press，Vol. Ⅲ，1986）at pp. 125 – 126，269 – 343.

③ Terrance McConnell, *Inalienable Rights*：*The Limits of Consent in Medicine and Law*（Oxford：Oxford University Press，2000）.

④ Terrance McConnell, *Inalienable Rights*：*The Limits of Consent in Medicine and Law*（Oxford：Oxford University Press，2000）.

⑤ Onora O'Neill，"Kant and the Social Contract Tradition," in François Duchesneau，Guy Lafrance，and Claude Piché, *Kant Actuel*：*Hommage à Pierre Laberge*（Montréal：Bellarmin，2000）at pp. 185 – 200.

第三节　*R. v. Konzani* 案被害人同意的客观性与限度

范伯格的危害原则允许一个人同意各种各样的严重危害，包括死亡和严重的永久残疾（如失明等）。难道允许人们同意不可挽回的极为严重的危害，如永久失明，是符合道德的吗？显然，如果一个人允许他人把致命的疾病传染给他，或者允许他人为了性满足而杀掉并吃掉他，[①] 等等之类，他就会受到不可挽回的严重危害。但是他是否受到了不法危害呢？行为人向他人施加多少危害，才会引起刑法保护同意者的人格尊严？本节拟考察，能否允许一个人同意被他人传染致命的疾病。达夫论述道，在这些案件中，可以引用康德有关尊重人性的观念来限制被害人同意的范围。[②] 但他既没能进一步发展这一观点，也没有考虑到贬低人性（即同意除了终止同意者生命之外的严重危害）和让与人性（即同意死亡：让与一个人的全部自由——做出理性选择的能力）之间的差异。一个人让与生命权时，他的尊严就完全丧失了，说明这一点并不难；[③] 但是，在其他案件中，出于犯罪化的目的而认定何种危害贬低了他人的人格尊严，就没有这么直截了当了。如果同意者只是受到危害，尤其是当危害尚可修复时，就很难认定其尊严受到严重损害。

贬低自己人性的方式有两种：其一，通过让与他的生命权，同时也让与他的人性的方式；其二，通过让与他作为人类应受到的最低限度的尊重的权利的方式。这一观点的义务论式的说服力源于一个原则，即一个人的理性本质包含了具有绝对价值的尊严，这个内在价值没有任何等价物，因此它既不能妥协，也无可替代。[④] 人类的理性本质赋予他作为人的尊严和

---

① Ray Furlong, "Frenzy Builds for German 'Cannibal' Trial," http://news. bbc. co. uk/go/pr/ fr/ - /2/hi/europe/3258226 (published: December 2, 2003).

② Anthony R. duff, "Harms and Wrongs," 5 *Buffalo Criminal Law Review* 13 (2001 - 2002).

③ Ronald Dworkin, Life's Dominion: An Argument About Abortion, Euthanasia, and Individual Freedom (New York: Knopf, 1993) at p. 236;

④ Immanuel Kant, *Groundwork of the Metaphysics of Morals*, 1785, translated from the German by Herbert J. Paton, *The Moral Law* (London: Hutchinson University library, 1972) at p. 96.

价值，这意味着他是无价的。① 如果一个事物存在替代物或等价物，那么它就是有价的。② 如果不存在替代物或等价物，它就是有尊严的（存在固有价值）。③ 人类的无价的、无可替代的尊严和价值，使他们成为尊重的对象。上文提到，康德以人性的概念说明绝对命令或实践法则如何与"理性人的意志概念（完全先验地）相连接"④。

> 这个道德法则的基础在于：理性本质本身即目的。人们必须以这种方式设想他的存在，因此，它是人类行为的主观准则。但同时，这也是其他每一个理性人以同样的理性基础而设想自身的存在的方式，我也是如此。因此，它同时也是一个客观法则，并且作为最高实践基础，必须有可能根据该法则得出所有法律。因此，这个绝对命令表述如下：你要如此行动，即无论是你人格中的人性，还是其他任何一个人的人格中的人性，你在任何时候都同时当作目的，绝不仅仅当作手段来使用。⑤

上一章论述到，满足绝对命令第二个公式的方式有两种：其一，一个人不能依照这个准则行动，即（消极地）仅仅把人类作为手段，因为这是依据没有人会认可的准则而行动；⑥ 其二，我们必须避免追求别人不能分享的目标，这么做的方法是将他人本身（积极地）作为目的对待。⑦ 正是这条人性作为目的本身公式，奠定了尊重他人这一原则的基础。人类本身

---

① Immanuel Kant, *Groundwork of the Metaphysics of Morals*, 1785, translated from the German by Herbert J. Paton, *The Moral Law* (London: Hutchinson University library, 1972) at p. 35.

② Immanuel Kant, *Groundwork of the Metaphysics of Morals*, 1785, translated from the German by Herbert J. Paton, *The Moral Law* (London: Hutchinson University library, 1972) at p. 35.

③ Immanuel Kant, *Groundwork of the Metaphysics of Morals*, 1785, translated from the German by Herbert J. Paton, *The Moral Law* (London: Hutchinson University library, 1972) at p. 35.

④ Immanuel Kant, *Groundwork of the Metaphysics of Morals*, 1785, translated from the German by Herbert J. Paton, *The Moral Law* (London: Hutchinson University library, 1972) at p. 111.

⑤ Immanuel Kant, *Groundwork of the Metaphysics of Morals*, 1785, translated from the German by Herbert J. Paton, *The Moral Law* (London: Hutchinson University library, 1972) at p. 91.

⑥ Onora O'Neill, *Constructions of Reason: Explorations of Kant's Practical Philosophy* (Cambridge: Cambridge University Press, 1989) p. 113.

⑦ "失败是双重的：被骗的被害人不可能认同行为人的准则，所以被害人被利用了；毋庸置疑，被害人不可能认同行为人的目的，因此没有被行为人当作人类对待。同样地，有关强迫的准则也是如此：被害人不可能同意强迫者的基本原则或准则，这一准则否定了被害人做出同意或异议的选择，被害人更不会认同强迫者的目的。" Onora O'Neill, *Constructions of Reason: Explorations of Kant's Practical Philosophy* (Cambridge: Cambridge University Press, 1989) p. 113.

就是目的，这也是明确法则之源，因为人类有绝对价值。理性人不同于无生命的事物，理性人是自主的，他们能够依据自己的行为，为自己制定法则。康德对于人性价值的极为抽象的概念化，符合我们关于人性的根深蒂固的传统理解。西方社会中的道德行为人主体间性地支持康德对于人性价值的概念化。[①]

可以说，相较于 *R. v. Brown* 案件，在 *R. v. Konzani* 案件中，尊重他人原则提供了一个更有力的限制同意的理由。这一主张有两个可供选择的基础。其一，*R. v. Konzani* 案件中，被传播艾滋病病毒的同意者让与了其不可让与的生命权。这个主张存在争议，因为我们无法保证，同意者在不久的将来就会死亡。采用现代的医疗手段，被传播艾滋病病毒的同意者可以活几十年。[②] 即使同意者能活很多年，我们也不能否认，无论生命被减少的时间长短如何，这都是不可挽回的（可以治疗，但无法弥补），因此是一种非常严重的危害。由于这个危害是极为严重的、无法补救的，*R. v. Konzani* 案件存在一个强有力的理由，说明同意者的尊严受到了严重的贬低。*R. v. Konzani* 案件与 *R. v. Brown* 案件不同，不仅仅因为前者涉及的危害是严重且无法挽回的，还因为该危害是行为人轻率地施加的，而并非出于故意。

R. v. Konzani 案件[③]中，上诉人于 2000 年得知他的艾滋病病毒检测呈阳性，在那时及之后，他被告知传播这种传染病的风险，以及这么做可能会导致的有害后果。尽管如此，上诉人仍与三名年轻女性发生了性关系，而没有告知她们自己的身体状况。他明知这么做会使她们面临严重危害的风险，而多次与年轻女性进行无保护措施的性行为。结果，这三名女性都感染了艾滋病病毒。他隐瞒了有关其病情的重要信息，而结果表明，没有一名原告人同意承担感染艾滋病病毒的风险。被告人辩称，感染艾滋病病毒是被害人进行无保护措施的性行为时自愿承担的风险，因此她们对于感

---

① 所有的理性代理人也会主体间性地接受这一概念。参见 Christine M. Korsgaard, "The Reasons We Can Share: An Attack on the Distinction Between Agent-Relative and Agent-Neutral Values," (1993) 10 (1) *Social Philosophy and Policy* 24; Gerald Postema, "Objectivity Fit for Law," in *Objectivity in Law and Morals*, ed. Brian Leiter (Cambridge: Cambridge University Press, 2001) at pp. 99 – 143。

② 参见下文的讨论。

③ [2005] EWCA Crim 706, at paras. 10 – 22.

染艾滋病病毒的风险的同意是不言而喻的。

法院认为"在允许将原告人同意作为上诉人的辩护理由之前，这个同意必须是对感染艾滋病病毒的风险完全知情的情况下，由原告人自愿做出的"[1]。法院特别指出，承担无保护措施的性行为可能带来的不利后果，与"对感染致命疾病做出知情同意"存在重大差别。[2] 出于《侵犯人身法》第 20 条的目的，如果被告人是轻率为之，犯罪成立所需的意图要素就能建立。[3] 因此，只要被告人明知或预见到没有表示同意的伴侣可能遭受身体危害，而继续将她暴露在这个风险之中，被告人就是轻率的。

法院错误地认为，知情同意足以作为 Konzani 案件被告人的辩护理由。当行为人明知同意者确实有遭受严重伤害的现实风险（Real Risk）时，他就不能以被害人同意作为抗辩理由。当然，存在现实风险这一点十分重要。如果一个人知道她的伴侣感染了艾滋病病毒，但是自愿进行无保护措施的性行为，那么她同意的就不仅仅是一个具有严重危害的遥远风险（Remote Risk）了。划定一条清晰的界线并不容易，因为那些进行无保护措施的随意性行为的人也承担着丧失人格尊严的风险。问题的关键在于，是否存在危害的现实风险（而非遥远风险），以及行为人对其制造的现实风险是否具备完全认识。一个人应当能够决定就自己的安全冒着遥远的风险，因为这是他的个人自主权。滥交的人（交换性伴侣者）冒着被感染艾滋病病毒的风险与陌生人发生无保护措施的性行为，不能仅仅因为他们知道自己的性行为可能使自己成为病毒携带者，而要求他们对传染他人承担刑事责任。否则将是对刑事责任的过度扩张。施害者必须实际知道自己是艾滋病病毒携带者，进而明知自己对同意者带来了现实风险。

艾滋病案例的另一个问题是，我们无法精确地预测最终危害后果。目前对艾滋病病毒感染的治疗，是一种极为有效的抗逆转录病毒治疗。这种治疗方法相当有效，增加了许多艾滋病患者的预期寿命。美国的研究表明，如果在病人被感染后不久就开始治疗，目前的治疗方法可以使许多患

---

[1]　*R. v. Konzani*［2005］EWCA Crim. 706, at para. 18.

[2]　*R. v. Konzani*［2005］EWCA Crim. 706, at para. 22.

[3]　*R. v. Cunningham*［1957］2 Q. B. 396, 这一规定在 *R. v. Savage*［1992］1 A. C. 699 案件中得以验证。

者从感染时起算的预期寿命达到 32. 1 年。[①] 但是，这个有效的抗逆转录病毒疗法并非总能取得最佳效果，有些情形下，它的成功率低于 50%，因为有些患者不耐药，以及艾滋病病毒的耐药菌株的存在。[②] 我们不可能准确地预测感染艾滋病病毒的最终结果。但可以肯定的是，艾滋病病毒感染者的生命可能会被缩短，除非医学上取得更大进步，否则他将不得不在余生定期接受治疗。

　　艾滋病案例中，同意者只是同意了危害的风险，但无法确定最终危害后果，从而产生一些问题。尽管如此，仍可以诉诸其他直截了当的例子来强化限制将同意作为辩护理由的依据。例如，如果一个人故意用电锯砍断同意者的胳膊或腿，故意挖掉同意者的眼睛并使他失明，或者为了满足性欲而故意杀掉、吃掉同意者，那么同意者就会遭受极为严重的、不可逆转的危害。这些例子与艾滋病案例的区别在于，前者的暴力是出于故意的，且危害后果容易测量。只要我们保持审慎的态度，就没有理由说明为何轻率不能取代故意，也没理由说明为何危害的现实危险不能取代某些危害。例如，如果行为人 X 开着宾利车，在醉酒的情形下，以 160 英里/小时的车速行驶在限速 30 英里/小时的区域，他没有打算危害别人，但是他的轻率给他人造成了危害的现实风险。只要轻率的行为通常会产生严重危害的现实风险，就不需要在事前的犯罪化阶段找出确切的、实际的事后危害。

　　只有施害者的行为才会被犯罪化。只要没有涉及其他人，一个人可以对自己的安全采取冒险行为。一个人冒着失去自己生命的风险，在波涛汹涌的大海中驾驶一艘不适航的船，与冒着失去他人生命的风险，用不适航的船只运输他人，二者截然不同。偷渡的组织者经常冒着被偷渡者丧命的风险。我们是否应当允许不适航船只的经营者主张乘客知道偷渡的风险、溺水的乘客同意葬身大海，从而允许其逃避过失杀人罪的刑事责难?[③]

---

① Bruce R. Schackman *et al.*, "The Lifetime Cost of Current H. I. V. Care in the United States," (2006) 44 (11) *Medical Care* 990.

② Stephen L. Becker *et al.*, "Young H. I. V. —Infected Adults Are at Greater Risk for Medication Nonadherence," (2002) 4 (3) *Medscape General Medicine* 21.

③ 当局并不这么认为。Wacker［2003］Q. B. 1207, 58 案件中，货车司机粗心大意地没有打开通风口，导致非法进入英国的人在集装箱内窒息而亡。

同样地，施虐受虐案例不只是涉及自我危害，我们不将同意者犯罪化，而是将施害者的行为规定为罪。问题是，当受虐狂自愿同意施虐狂的不法行为时，施虐狂能否对受虐狂构成严重危害。这不只是关于受虐狂把他自己作为达成目的的手段，而是施虐狂仅仅把受虐狂作为手段。如果一个受虐狂同意另一个施虐狂挖出他的眼睛，他不仅仅是把自己作为工具来使用，他同时还允许施虐狂使用（不法对待和危害）他至极为严重的程度。施虐狂仅仅把受虐狂作为手段，在缺乏正当理由或借口的情况下，不法地危害了受虐狂，应当因此而承担刑事责任。事实上，施虐受虐狂和角斗士不当对待的，不仅仅是自己，还有对方。与此相反，自残者（Apotemnophiliac）[①] 或自杀者不当对待的只是他们自己。

当危害达到极为严重的程度时，立法者就有权防止人们危害和不法地对待他人，但无权宣布自我危害者有罪。危害他人的犯罪化依据是一个重要的限制因素，因为自杀和自伤同样涉及对人格尊严的不尊重，但不具备可入罪性。从道德层面上看，企图自杀可能是不当的，但是自伤在危害原则的规制范围之外。[②] 危害原则将犯罪化限制在对他人造成危害的情形。我们所有人在道德上都有义务尊重自己和他人的人性，但这并不意味着那些同意他人对自己造成危害的人（如安乐死未遂的被害人，或被传播艾滋病病毒的同意者），或者那些危害自己的人应当入罪。这意味着，我们应当将这些案例中对他人施加危害的人宣布为罪。

严重的自我危害和严重的危害他人，二者所涉的道德不正当性程度相等，但是针对自己的不法行为不具备可入罪性，因为这类行为没有不法对待或危害他人。吸烟可能对健康造成损害，但属于吸烟者的自我危害。以怪诞的方式危害自己或自寻短见，在道德上都是不正当的，这也是立法者设立医疗保健机制来帮助那些自伤者的原因所在，但是刑法不能被用来惩罚这些自杀未遂或遭受自残折磨的人。在此情形下，立法者的补救措施仅限于提供适当的医疗保健。应当受到刑事责难的，只是那些轻率地使他人

---

① "Apotemnophiliac" 指的是自残的人。一个常见案例是自残者不断割破自己的手臂。Russ Shafer-Landau, "Liberalism and Paternalism," (2005) 11 (3) *Legal Theory* 169 at p. 170.

② 范伯格提出了一个十分有力的反对自我危害犯罪化的理由。Joel Feinberg, *The Moral Limits of the Criminal Law: Harm to Self* (New York: Oxford University Press, Vol. Ⅲ, 1986).

暴露在危害的现实风险之下的行为人，以及那些对他人施加危害的行为人。一旦被害人以危害回应危害，那么她也应当承担相应的刑事责任。但是以危害回应危害和共同参与危害不同于家长制，因为只有当一方危害另一方时，犯罪才会发生。

我们来看看上述论点的细节。很显然，如果一个人为了满足性欲而允许食人者杀掉并吃掉自己，尽管她已经同意，她仍然受到了不法对待，因为食人者侵犯了她不可让与的生命权。[①] 根据康德的观点，一个人应平等地享有他人的尊重。[②] 他指出：

> 一个人被视为人，即被视为一个具备道德上的实践理性的主体，被高举于一切之上；因为作为一个人（人类本体），他不应仅仅被当作实现他人目标甚至自己目标的手段，而应被当作目的本身，即他拥有尊严（绝对的固有价值），他可以以此要求全世界所有的理性人给予其尊重……他本人的人性是他可以要求其他所有人尊重的对象，但他也必须永不放弃。[③]

西方社会广泛接受这类道德主张。当 X 允许 Y 杀掉并吃掉自己时，X 不仅允许 Y 仅仅将自己作为手段使用（不法对待），即允许 Y 严重侵犯他的尊严，还让与了他的人性，他将不再维持人的状态。"康德伦理观的基本设想是，人的自由具有绝对价值，绝对命令和法权普遍原则的直接源头都是这个基本的规范主张：绝对命令告诉我们，我们必须采用何种行动，

---

① "同样地，康德主义者可能会认为，一个人不能免除他人禁止杀害他的义务：被害人同意不是谋杀罪的辩护理由。接受这类原则就是认为，生命权和尊严如同受托人保护他人委托给他的有价值的事物的权利一样：他不仅享有保护它的权利，还具有保护它的义务，正如康德相信的那样。" Thomas E. Hill, *Autonomy and Self-Respect* (Cambridge: Cambridge University Press, 1991); Terrance McConnell, *Inalienable Rights: The Limits of Consent in Medicine and Law* (Oxford: Oxford University Press, 2000) at pp. 31 *et seq.*; Arthur Kiflik, "The Inalienability of Autonomy," (1984) 13 (4) *Philosophy & Public Affairs* 271 at p. 275; Immanuel Kant, *The Philosophy of Law: An Exposition of the Fundamental Principles of Jurisprudence as the Science of Right*, translated from the German by William Hastie, *The Philosophy of Law* (Edinburgh: T. & T. Clark, 1887) at p. 119.

② John Rawls, *Lectures on the History of Moral Philosophy* (Cambridge, MA: Harvard University Press, 2000) at pp. 191 – 192.

③ Immanuel Kant, *Metaphysics of Morals* (1797), translated from the German by Mary J. Gregor, *Practical Philosophy: The Cambridge Edition of the Works of Immanuel Kant* (Cambridge: Cambridge University Press, 1999) at p. 557.

才能使行为与自由的普遍价值相容；而法权普遍原则告诉我们，不管我们的准则和动机如何，要使行为与自由的普遍价值相容，我们必须采取何种行动。"① 《法权论》写道："只要依据普遍法则，一个人的自由（不受他人选择约束的独立性）能够与其他所有人的自由共存，这就是基于人类的人性而产生的唯一原始权利。"② 自由是拥有做出选择的能力。一个人如果没有受制于他人的选择，他就是自由的。如果一个人放弃了做出选择的能力，他就让与了自己的人性。维持人性就是要保留充分的自由和能力，来设定和追求自己的目标。"你所需要的，不仅是能够追求自己设定的目标，还包括能够拒绝追求某些目标，除非它们由你设定。准确地说，当我夺取你的能力时，我就侵犯了你的自主权，因为我剥夺了你的否决权。"③ 如果一个人同意死亡，就是允许自己的选择权走到终点。④

被害人同意不得作为放弃或让与人性案例中的辩护理由，因为他人具有的维护人性的道德义务是绝对义务。希尔指出，不可让与的权利范围也许并不清晰，但是至少有一个基本权利不能被放弃，即作为理性人，受到一定程度的尊重的权利。⑤ 希尔认为："无论一个人多想受到他人的危害，他们应该把他作为人类对待，向他表示一定的尊重……由他人给予的尊重，表示他们从字面上和行动上完全承认这个人的基本的、平等的道德地位，这一道德地位是由他的各项权利所定义的。"⑥ 卡尔·威尔曼（Carl Wellman）主张，被感染艾滋病病毒的时间与被感染者实际死亡的时间存在一定间隔，因此，这些同意者放弃（Forfeit）了他们的人性，而不是让与（Alienate）了

---

① Mark Timmons, *Kant's Metaphysics of Morals: Interpretative Essays* (Oxford: Oxford University Press, 2002) at p. 286.

② Immanuel Kant, *Metaphysics of Morals* (1797), translated from the German by Mary J. Gregor, *Practical Philosophy: The Cambridge Edition of the Works of Immanuel Kant* (Cambridge: Cambridge University Press, 1999) at p. 393.

③ Arthur Ripstein, "Beyond the Harm Principle," (2006) 34 (3) *Philosophy & Public Affairs* 215 at pp. 234 – 235.

④ Arthur Ripstein, "Beyond the Harm Principle," (2006) 34 (3) *Philosophy & Public Affairs* 215 at pp. 234 – 235.

⑤ Thomas E. Hill, *Autonomy and Self-Respect* (Cambridge: Cambridge University Press, 1991) at pp. 15 – 16.

⑥ "若一个人对危害做出的默示同意无法与尊重相容，那么他就好似放弃了一个事实上无法放弃的权利一样。" Thomas E. Hill, *Autonomy and Self-Respect* (Cambridge: Cambridge University Press, 1991) at p. 16.

人性。① 但事实上，被传染艾滋病病毒的同意者并没有放弃他的人性。相反，他以同意感染艾滋病病毒的方式，推迟了他的让与。可能需经过相当长的一段时间，他的生命才会终结。同意者对其生命的事实让与仅发生在未来的某一个未知的、无法预测的时刻。

当一个人为了满足性欲而杀掉并吃掉另一个人时，被害人同意就不足以消除该行为的不正当性，原因在于被害人作为人的状态因此而立即停止，她/他的权利立即终止。② 在艾滋病案例中，被害人并非立即让与其整体自由（人性），但是这个让与在未来的某个时段必然会发生，即被害人最终去世之时正是该让与发生之时。长远的结果是，被传染艾滋病病毒的同意者的能力会在未来的某个时刻终止。如果被害人只有 16 岁，当前的医疗手段最多能够让他再活 32 年，而他在 46 岁时去世，在当代仍属于英年早逝。在艾滋病案例中，行为人没有以任何暴力手段实施严重危害，但是这并不改变使他人感染致命疾病的不正当性。一个人可能使用慢性毒药杀死另一个人，而不采取任何暴力手段，但这不能改变在未来的某个时刻药性发作被害人即会毙命的事实。

有关艾滋病案例，我们需要牢记的是，同意者不是立刻死亡。他仍旧活着，健康、机敏，能够做出理性选择。尽管如此，无论同意者是否让与了他的生命权，艾滋病病毒的传播都造成了极为严重的、不可挽回的危害，因为从一般意义上看来，这个严重危害贬低了立足于社会并受到社会关爱的同意者作为人的尊严。使他人感染艾滋病病毒的危害是无法补救的，这为限制同意的适用范围提供了一个合理的客观理由。激情过后，同意者可能会立刻改变主意。同意可逆转的或可治愈的危害是一回事，同意极为严重的、不可弥补的危害则是完全不同的另一回事。

许多哲学家，例如德沃金③和托马斯·希尔④都认为，可以允许在特殊

---

① Carl Wellman, "The Inalienable Right to Life and the Durable Power of Attorney," (1995) 14 *Law and Philosophy* 245 at p. 257.

② *R. v. Konzani* [2005] EWCA Crim. 706; *R. v. Dica* (*Mohammed*) [2004] EWCA Crim. 1103; *R. v. Barnes* (*Mark*) [2004] EWCA Crim. 3246.

③ Ronald Dworkin, *Life's Dominion: An Argument About Abortion, Euthanasia, and Individual Freedom* (New York: Knopf, 1993).

④ Thomas E. Hill, *Autonomy and Self-Respect* (Cambridge: Cambridge University Press, 1991) at p. 31.

情形下的某些侵犯尊严的行为。马修·维特（Matthew Weait）说明了一些可以将同意作为辩护理由的情形。[①] 他特别提到，一对相爱的罗马天主教夫妇希望怀上一个孩子，从而谨慎地避免使用避孕用具。如果丈夫的艾滋病病毒检测呈阳性，能否允许妻子为了怀孕而同意承担感染艾滋病病毒的现实风险呢？同意者与施害者的关系以及同意者的宗教背景，并不能成为将被害人同意作为辩护理由的客观依据。但是，怀孕生子的重要性也许能够成为容忍对妻子的不尊重的客观依据。这个案件存在太多的变量（例如这对夫妇可能已经有了孩子，孩子可能生来就携带艾滋病病毒，等等），以至于无法为当前讨论得出一个明确的结论。尽管如此，在这类情形下，仍有可能存在允许例外的理由。可以明确的是，仅仅为了发生性行为而同意一个严重危害的现实风险（现实风险指的是施害者明知他们携带艾滋病病毒）是不被允许的，因为这对夫妇可以轻松地使用避孕用具防范现实风险。如果这对夫妇采取了合理的防范措施，仍然发生意外传染，则传播者无须承担刑事责任。

第四节　客观性与肆意对待人类

需要强调的是，尊重人类的原则不等同于所谓的黄金法则，"Quod Tibi Non Vis Fieri"[②]。康德指出，这一原则与他的绝对命令不能等同，因为黄金法则只能在以下情形提供指导：假定行为人具有先验的道德判断，即假定行为人具有人们应该如何对待自己的判断。[③] 被判有罪的罪犯可以对法官说："如果你是我，你就不想被判刑，因此……"黄金法则并不能提供道德判断的基本依据，而是提供了一种将关注自我的道德判断（关于他人应当如何对待道德行为人的判断）转化为关注他人的判断（关于道德行为人应当如何对待他人的判断）的方法。

受虐狂无法从黄金法则中推导出不危害原则（Principle of Non-Malefi-

---

① Matthew Weait, "Criminal Law and the Sexual Transmission of H. I. V: R v Dica," (2005) 68 (1) *Modern Law Review* 121 at p. 132.

② 己所不欲，勿施于人。

③ John Rawls, *Lectures on the History of Moral Philosophy* (Cambridge, MA: Harvard University Press, 2000) at pp. 198 – 199.

cence）。实际上，施虐狂可能会得出完全相反的结论，即他会得出应该危害他人的结论。他可能会危害他们，因为他只是在做他要求他们对他做的事情。黄金法则会将这个结论也考虑在内。推导出不危害原则要求道德上谴责受虐狂希望别人伤害自己的欲望。康德指出，绝对命令的普遍法则（第一个公式）无须假定的道德判断。绝对命令之所以可以被援引，原因在于它不需要以关注自我的道德判断作为关注他人的道德判断的基础。此外，黄金法则不能用于对自己的道德义务做出判断。康德认为不自杀就是这样的义务之一。自杀违背了人们自我保护的基本愿望，就像故意杀人一样。[1]

我们可以援引尊重他人的原则[2]来说明，对他人施加严重危害具有不可接受的不公正性。被害人同意不能消除此类行为的不公正性，无论这个同意是否在被害人完全知情的情况下做出，也无论被害人是否从中获得巨大乐趣。达夫恰当地指出，*R. v. Brown* 案件中施害者缺乏尊重地对待了被害人。[3] 但是，这一主张更具说服力，即宣称当危害属于无法弥补的、极为严重的类型时，例如同意者为了达到性满足而被食人者杀掉并吃掉、因硫酸失明、腿或手臂被砍断，或感染了致命疾病，就是对一个人尊严的严重侵犯。*R. v. Brown* 案件的情形并不十分清晰，因为该案所涉危害是可弥补的，也更加边缘化。

绝对命令是一个义务论原则，它没有为立法者提供一个标准，无法恰当地指引立法者判断一个特定的侵犯尊严的行为是否应当入罪。例如，依据绝对命令，虚假承诺或普通侵犯人身的行为就属于缺乏尊重地对待那些受到影响的人。上文指出，犯罪化伦理学中使用康德绝对命令存在一个关键问题，即单独采用绝对命令，尚不足以辨别需要以刑法规制的不道德行为、需要以民法回应的不道德行为，或不需要任何回应的不道德行为之间

---

① "黄金法则（无论是积极的版本还是消极的版本）的问题在于，它允许自然倾向和特殊情况在我们的思考中发挥不适当的作用。但是康德这么说，也暗示着绝对命令清晰明确地发挥了适当的作用。" John Rawls, *Lectures on the History of Moral Philosophy* （Cambridge, MA: Harvard University Press, 2000） at pp. 191 – 192；198 – 199.

② Immanuel Kant, *Metaphysics of Morals* （1797）, translated from the German by Mary J. Gregor, *Practical Philosophy: The Cambridge Edition of the Works of Immanuel Kant* （Cambridge: Cambridge University Press, 1999）.

③ Anthony R. Duff, "Harms and Wrongs," 5 *Buffalo Criminal Law Review* 13 （2001 – 2002）.

的差别。根据康德绝对命令的第二个公式的字面应用，虚假承诺与强奸具有同等的不正当性，对人类造成的严重身体危害和轻微身体危害的不正当性也是等同的。我们不必过分担心，因为尊重人性的观念得到了社会中的道德行为人主体间的认同。此外，这些道德行为人也能理解，使自愿遭受严重身体危害的他人遭受该危害，是非常不尊重他人的行为。我们必须考虑行为涉及的客观危害，以及该危害对社会中的同意者的影响，进而认定是否应当将这个侵犯尊严的行为犯罪化。危害的严重性决定了侵犯尊严的行为是否应当入罪。X 明白如果自己朝着 Y 的眼睛泼硫酸，Y 因此而失明，那么他就因为施加了不可逆转的危害而侵犯了 Y 的尊严，这个侵犯是不道德的。X 同时明白，即使有被害人 Y 的同意，他对于人类同胞做出的行为的性质也不会发生任何改变，他单方面对待被害人的人性的方式，就好像它毫无价值一样。

R. v. Brown 案件与艾滋病案件有许多不同之处。第一，R. v. Brown 案件所涉危害是行为人故意施加且一定会发生的。第二，R. v. Brown 案件所涉危害并非无法挽救。第三，R. v. Brown 案件所涉危害不属于可能在未来的某个时段终止同意者生命权的类型。在 R. v. Brown 案件中，一群同性恋受虐施虐者自愿并充满激情地对彼此实施暴力行为，他们从遭受暴力和痛苦中获得了性满足。[1] 上诉人对自愿的被害人的生殖器和其他身体部位施加了危害和实际身体危害，因此上诉人受到了英国 1861 年《侵犯人身法》第 20 条和第 47 条的指控。这个案件的关键问题在于，被害人同意能否消除施虐受虐行为的初步不正当性。

初审法官认为，被害人同意不能成为故意超越一定门槛（实际身体危害或更严重的情形）而施加危害的可行辩护理由。上诉人因此上诉至上议院，但没有成功。上议院大多数法官认为："在对仅仅侵犯人身权的行为定罪时，尽管检察官必须证明不存在被害人同意，但出于保护公共利益的需要，一个人不应缺乏正当理由地伤害他人或对他人造成实际身体危害，在缺乏此类理由的情形下，被害人同意不得作为 1861 年《侵犯人身法》第 20 条和第 47 条所控罪行的辩护理由。"[2] 法院认为，满足施虐受虐的欲

---

[1]　*R. v. Brown*［1994］1 A. C. 212.

[2]　*R. v. Brown*［1994］1 A. C. 212.

望不能成为上诉人互相施加危害的合理依据。同意不能作为辩护理由，因为上诉人承认他们实施了有害的行为，且这些行为显然影响了共同参与者的健康和舒适。[①] 危害的严重性影响定罪决定，因为这不仅仅是普通侵犯人身权的案件。[②] 上诉人相互实施了暴力行为，包括把他们的包皮和阴囊钉在木板上，在他们的尿道内插入热蜡，用蜡烛烧他们的阴茎，用刀把他们的阴囊切成小块，这些行为使他们流血，使他们处于感染败血病和艾滋病的风险之中。[③]

R. v. Brown 案件所涉危害与单纯的袭击不同。R. v. Brown 案件中的危害，并非不可挽回的，也不是永久的。这个危害的确侵犯了同意者的尊严，但是这个对尊严的侵犯是否严重到足以证明施害者犯罪化的正当性？对同意者不构成侵害原则确实能起一定作用，能够为不那么严重的危害他人的行为提供一个辩护理由。但是，它必须符合更基础的将人性本身作为目的的概念。本书认为，在当前语境下，可入罪的不尊重他人的行为，是严重侵犯了同意者人格尊严的行为。只有通过考察侵犯行为的实际或潜在危害性，才能知晓该侵犯行为是否属于对人格尊严的严重侵犯。

R. v. Brown 案件涉及一个边缘化的侵犯尊严问题，因为该案所涉危害是边缘化的。毫无疑问，同意者受到了危害。这个危害是不正当的，不仅因为它侵犯了同意者不被危害的权利（依据危害原则），还因为它侵犯了同意者的人格尊严。一个人可以放弃他的不受到危害的权利，但是他不能放弃作为人类而享有一定程度尊严的权利。使 R. v. Brown 案件中的行为应当入罪的，并非该行为的不尊重本身，而是不尊重的程度。我们以危害行为的严重程度来衡量不尊重的程度。尊重的程度意味着，不法危害超越了某个分界点时，同意就不能作为辩护理由。R. v. Brown 案件似乎刚好处在模棱两可的位置，因为个人自主是一个有力的对抗理由，而危害也不是永久的或不可挽回的。

---

① *R. v. Brown*［1994］1 A. C. 212.

② Cf. *Reg. v. Orton*（1878）39 L. T. 293.

③ *R. v. Brown*［1994］1 A. C. 212 at p. 246.

第五节　其他传统观点

否定将同意作为辩护理由的门槛必须设定得很高。不必要的整形手术所涉的危害，比 *R. v. Brown* 案件中的危害更为严重，但是否定将同意作为辩护理由的依据在于危害对同意者的人性产生的影响。一个人能够同意危险的、非必要的整形手术，例如面部拉皮手术。这种不必要的整形手术，并不像挽救生命的外科手术或矫正外形毁损所必需的整形手术那样有价值。这种整形手术最多只能提供心理好处。是什么使得整形手术在道德上被允许？整形手术涉及故意的暴力，可能会造成严重的身体危害，但手术的目的是提高病人的长远利益——尊严。任何长期的危害都只是手术的副作用，它的目的在于增加患者的利益和人格尊严。人们文身、穿耳洞、参与美式足球等活动的目的（Telos）并不是引起危害，而是允许同意者自由地表达自己。这类活动不会侵犯同意者的尊严，它具有长远利益。就美式足球运动而言，确实存在严重危害的遥远风险，但危害仅仅是这项冒险运动的意外状况。足球比赛的参与者并非故意地或轻率地旨在危害其他参与者。我们不会将意外事件宣布为罪。如果一个外科医生严重疏忽地给患者造成危害，则可以援引刑法。同样地，如果一个足球运动员故意地或轻率地危害另一个运动员，刑法也能够被适用。

人们可以为了增加其长远利益而同意不必要的整形手术。人们为了长期改善其健康状况或容貌，冒着手术副作用的风险。短暂的损害（创伤和痛苦）会带来长期的利益：从长远看来，整形手术会给接受者带来生理和心理上的好处，因此不会贬低其尊严。如果整形手术出现了可怕的差错，也可能对接受者造成长期的生理和心理危害。尽管如此，整形手术仍不同于施虐受虐行为，它并非以对同意者造成危害，或侵犯同意者的人格尊严为目的。唯一可能造成的危害就是手术的意外风险。这种手术的危害与手术的整体目标或效果是可分离的，其整体目标或效果在于维持患者的尊严，而不是有损于患者的尊严。外科医生的目的并非使患者永久毁容或残疾。外科医生为了防止坏疽扩散而将患者的腿截肢，会起到维持患者尊严的效果；但外科医生仅仅因为患者不再想要他的腿而将其截肢，则会侵犯患者的尊严。

施虐受虐狂可能会提出异议。他们可能认为参与施虐受虐活动的目的，仅仅是获得性满足。但这一间接目的无法与侵犯尊严的危害行为相分离。每次接受者想要得到受虐的快感时，都要重复这种危害。只有在造成危害的情况下，性满足的间接目的才能实现，二者不可分割。施虐受虐狂获得性满足的目的只能通过侵犯参与者的尊严来实现，而无法使被害人的尊严得到全面提升。与此相反，医疗手术具有不同的目的。手术的目的在于用一次性的创伤，换取患者的长期利益，其长远目标可以与短期对患者的身体健康造成的损伤相分离。但这并不意味着人们可以同意各类手术。人们只能对以提高患者利益为目的的手术做出同意。例如，人们不能对脑叶白质切除术（Lobotomy）做出同意，因为这会以道德上无法接受的方式侵犯患者的尊严。

施虐受虐狂的目的在于获得性满足，此种目的的实现无法与危害行为相分离，换言之，每当参与者想要获得性满足时，都必须侵犯他人的人格尊严。同样地，严重有害的、不必要的整形手术造成的危害，不同于旨在提高患者长远利益的合理的整形手术带来的利益。许多外科手术是不必要的、有破坏性的（外科医生清楚地知道手术风险），这类手术有待进一步监管。在某些情形下，限制将被害人同意作为辩护理由并援引刑法是正当的，因为有的患者可能对不必要的、有破坏性的手术成瘾。依赖于明显整形成瘾的患者（我们只需要想想许多艺人们的做法，就不难理解这一现状）的同意而进行不必要的、有破坏性的手术的外科医生，在一定条件下可以受到刑法规制。二者的关键区别在于，手术旨在提升患者的利益和尊严，而不合理的手术、施虐受虐行为的目的是以与维持尊严相矛盾的方式提高个人自主权。

危害起着至关重要的作用，因为在缺乏客观理由的情况下，国家不能宣布某一行为有罪。在范伯格的构想中，人们免受不正当危害的权利源自维护个人自主权的观念。他允许人们行使个人自主权，放弃免受危害的权利，但是没有解释严重危害同意者的不正当性。这种依赖于被害人同意的严重危害之所以不正当，是因为施害者明知该行为会对被害人的人性产生何种影响。正是这个有责的明知与严重危害的结合，构成了犯罪化的正当理由。我们关于滥用、严重危害以及人性的价值，有着根深蒂固的传统理解，因此那些选择贬低他人尊严的人能够充分了解其行为的不正当性。

同意者让与其生命的案件涉及极为严重的侵犯人性尊严的行为。与之类似，在人们对失明、不必要的截肢、脑叶白质切除术、被毒害或被致命感染做出同意的案件中，行为造成的危害是不可逆转且极为严重的，因此存在强有力的理由说明同意者的尊严受到了严重侵犯。本书关注到，艾滋病病毒的传染提出了许多难题，因为它所造成的危害不是即刻的，长期危害也不像立即死亡那么引人注目。实际上，在艾滋病治疗期间，最严重的危害是与接受治疗相关的心理创伤，以及由心理创伤引起的精神异常。*R. v. Brown* 案件是一个边缘性案件，因此提出了更大的问题。该案中的危害是可挽回的，且行为涉及个人自主权利的行使。伤势并不危及生命，但也不是轻微的。*R. v. Brown* 案件是一个模棱两可的案件。可以说，我们有一个共同利益，那就是防止人们对他人的暴力行为变得麻木不仁。同时，我们对防止致命疾病的肆意传播也具有共同利益。

第六章　传统不法行为犯罪化的道德立场

第一节　乔尔·范伯格冒犯原则之空洞性

根据范伯格的理论，拟被犯罪化的行为不仅必须是有害的或冒犯的，还必须是不法的。[①] 在刑事危害的情形下，不正当性的理由通常是直截了当的。但是，在冒犯行为的情况下，确立行为的不正当性则比较困难，不能简单地宣称行为人缺乏正当理由或借口而造成冒犯的状态总是不正当的（就像范伯格所主张的那样）。此外，即使我们能发展出一个关于不法的冒犯的可行的规范解释，我们也必须明白为何冒犯行为造成的不良后果严重到足以正当地以刑法回应。范伯格恰当地指出，从本质上来看，行为人罪的前提是该行为属于不法行为。就有害行为而言，援引刑法的道德依据在于：不法行为（有责地做出危害的选择）加上不法行为引起的客观上的不良动作/后果。有害后果同时也为立法者提供指引，说明为何不法行为属于应当受到刑法规制的一类。[②] 就冒犯行为而言，范伯格认为，不法的冒犯是冒犯行为犯罪化的基础。因此，依据冒犯原则，厌恶（Disgust）的后果加上故意引起他人感到厌恶的行为，构成了犯罪化的基础。任何比厌恶更严重的行为，都可能被纳入危害原则的规制范围之内。本章论述了一个更优途径，即衡量侵犯隐私这一不良后果与传统侵犯行

---

① Joel Feinberg, *The Moral Limits of the Criminal Law*: *Offense to Others* (New York: Oxford University Press, Vol. Ⅱ, 1985); Joel Feinberg, *The Moral Limits of the Criminal Law*: *Harm to Others* (New York: Oxford University Press, Vol. Ⅰ, 1984).

② 显然，有些形式的不法行为（虚假承诺、违约等）最好以私法来规制。其他形式的不法行为最好由社会规范来调整。例如，插队行为显然不需要任何形式的法律回应。值得注意的是，约束大多数人的行为的，是社会规范和习惯，而非国家强制力。

为的界限。其中，传统侵犯行为是指其他妨碍一个人不被打扰的权利的行为，因为这类不良后果与可责性的结合构成了援引刑法所必需的规范的不正当性。

本章将首先讨论范伯格冒犯原则（Offense Principle）的不足之处。范伯格的危害原则与密尔的不同，因为它不是证明犯罪化正当性的唯一理由。而且，他认为："这总是一个支持拟议的刑事禁令的极佳理由，即该刑事禁令对于预防对他人（而非行为人自己）的严重冒犯行为是极为必要的，并且一旦实施，将成为达成预防目的的有效手段。"① 范伯格认为我们需要一个独立的冒犯原则，因为短暂的烦恼、失望、厌恶、窘迫、恐惧、焦虑等憎恶状态，以及各种微不足道的（"无害的"）疼痛，并不必然造成危害。② 冒犯的侵犯行为（干涉行为）可能会损害我们的利益，从而被纳入危害原则的规制范围内，但是大多数冒犯行为不会造成危害。即使公开展示由胎儿制成的耳环③、在公共汽车上面对他人吃呕吐物、在公共场所性交等严重冒犯行为也不足以达到危害的程度。因此，"即使从广泛的非专业的（传统的）意义上讲，危害也排除了短暂的失望，轻微的身心'危害'，以及各种形式的不悦、焦虑和无聊等各类不受欢迎的心理状态。因为广义的危害是对利益的损害，人们对于避免这些不受欢迎的状态不存在任何（典型的）利益"④。范伯格使用"冒犯"的概念，为无害但冒犯的行为的犯罪化提供规范依据，这些行为包括"完完全全的（如强烈的反感和厌恶）伤痛（如'无害的'阵痛和剧痛），以及'其他'（如羞愧和窘迫）"⑤。范伯格⑥将"冒犯"这个动词用作笼统的术语：表示给他人制造一种普遍不受欢迎的体验或心理状态，如厌恶、恐

① Joel Feinberg, *The Moral Limits of the Criminal Law: Offense to Others* (New York: Oxford University Press, Vol. Ⅱ, 1985) at p. 1.

② Joel Feinberg, *The Moral Limits of the Criminal Law: Offense to Others* (New York: Oxford University Press, Vol. Ⅱ, 1985) at pp. 1–2.

③ *R. v. Gibson* [1991] 1 ALL E. R. 649.

④ Joel Feinberg, *The Moral Limits of the Criminal Law: Harm to Others* (New York: Oxford University Press, Vol. Ⅰ, 1984) at p. 48.

⑤ Joel Feinberg, *The Moral Limits of the Criminal Law: Harm to Others* (New York: Oxford University Press, Vol. Ⅰ, 1984) at p. 48.

⑥ Joel Feinberg, *The Moral Limits of the Criminal Law: Offense to Others* (New York: Oxford University Press, Vol. Ⅱ, 1985) at pp. 1–3.

惧、震惊、愤怒、羞辱、窘迫、羞愧、疼痛、焦虑、无聊等。① 冒犯行为可能使被害人感到恼怒、厌恶、骚扰、干扰、侵犯、失望、害怕、焦虑等。②

一些评论家主张，犯罪化的不法危害理由应当涵盖最严重的冒犯。③ 这个观点对于更为严重的侵犯隐私行为而言，似乎是合理的，但是范伯格恰当地指出，不能将危害延伸至包含我们想要管制的无害的不法行为。④ 尽管冒犯原则允许立法者将广泛的无害但不受欢迎的活动纳入刑法规制范围内，但是范伯格的冒犯原则仍是空洞的，因为该原则无法区分不正当的（造成了客观上的不良后果的）冒犯行为与产生了中立后果或良好后果的正当的或可容忍的冒犯行为。范伯格的冒犯原则有可能罔顾公平正义的要求，而将冒犯行为宣布为罪。他主张只有不法的冒犯行为（Wrongful Offense）才是可入罪的，但未能建构出相关理论。范伯格的冒犯原则效仿了他的危害原则。"冒犯"一词与"危害"一词，都具备一个一般意义和特别的规范意义。一般意义上的"冒犯"是指"任何一个或全部不受欢迎的心理状态"⑤。规范意义上的"冒犯"仅指由他人的不法行为（侵权行为）导致的不受欢迎的心理状态。⑥

冒犯原则中的冒犯"明确要求一个客观条件，即不受欢迎的心理状态必须由不法行为所致"⑦。然而"严格意义上讲，日常语言中的冒犯具体明确要求一个主观条件，冒犯行为必须是行为人针对被冒犯者做出的，无论

---

① Joel Feinberg, *The Moral Limits of the Criminal Law*：*Offense to Others*（New York：Oxford University Press, Vol. Ⅱ, 1985）at pp. 1 – 2.

② Joel Feinberg, *The Moral Limits of the Criminal Law*：*Offense to Others*（New York：Oxford University Press, Vol. Ⅱ, 1985）at pp. 1 – 2.

③ Harlon L. Dalton, "Disgust and Punishment,"（1986 – 1987）96 *Yale Law Journal* 883.

④ 本书强调了把危害论点延伸到极限的危险性。有关法律道德论点，而非客观危害论点及其滥用的论述参见 Bernard E. Harcourt, "Collapse of the Harm Principle,"（1999 – 2000）90 *Journal of Criminal Law and Criminology* 109。

⑤ Joel Feinberg, *The Moral Limits of the Criminal Law*：*Harm to Self*（New York：Oxford University Press, Vol. Ⅲ, 1986）at p. 2.

⑥ Joel Feinberg, *The Moral Limits of the Criminal Law*：*Harm to Self*（New York：Oxford University Press, Vol. Ⅲ, 1986）at p. 2.

⑦ Joel Feinberg, *The Moral Limits of the Criminal Law*：*Harm to Self*（New York：Oxford University Press, Vol. Ⅲ, 1986）at p. 2.

该行为是否在事实上冒犯了他人"①。例如，严格意义上的冒犯要求愤恨：当 Y 导致 X 经受一种不受欢迎的心理状态时，X 就受到了主观上的冒犯；X 能够将这个心理状态归咎于 Y 的不法行为；X 主观上愤恨 Y 给他造成的不受欢迎的精神状态。② 依据范伯格的冒犯原则，冒犯行为造成了不法的愤恨时，可以被犯罪化。"当冒犯状态在事实上不法地侵犯了他人的个人权利时，我们就会对冒犯原则进行解释，并将它应用到广义或一般意义上的冒犯状态之中。"③ 重要的是被害人受到无理对待，但不需要被害人主观上感受到了无理对待。范伯格指出，冒犯行为必须是不法的，但是他只提出了引起冒犯状态的应受谴责性（可责性）的解释，而未能提出冒犯行为犯罪化的理论（道德可责性与特定客观不良后果的结合就是犯罪）。他没有解释厌恶的不正当性，也没有解释为何故意引起令人厌恶的后果应当受到刑事责难。范伯格无力地指出："每当一个人无正当理由或借口地对他人造成冒犯的状态时（即使在一般意义上），总会存在不法对待。"④ 即使有责地引起厌恶，也应当受到规范的回应，但仅此一点不能证明多数案件中刑法回应的正当性。

根据范伯格的观点，如果冒犯行为侵犯了他人的权利，它就是可入罪的。⑤ 但是，正如范伯格所言，被冒犯并不会导致我们的利益受损，因为我们在避免被冒犯中，不存在可识别的利益。冒犯行为不会损害或侵犯我们的利益（此指基本的长期利益或福利类型的利益），因为冒犯是短暂的，不会对任何有形利益产生影响，除非它造成了使人失去能力的（Incapacitating）心理影响。⑥ 范伯格的做法存在的问题是，他似乎认为，立法者可

---

① Joel Feinberg, *The Moral Limits of the Criminal Law*：*Harm to Self* (New York：Oxford University Press, Vol. Ⅲ, 1986) at p. 2.

② Joel Feinberg, *The Moral Limits of the Criminal Law*：*Harm to Self* (New York：Oxford University Press, Vol. Ⅲ, 1986) at pp. 2 – 3.

③ Joel Feinberg, *The Moral Limits of the Criminal Law*：*Harm to Self* (New York：Oxford University Press, Vol. Ⅲ, 1986) at p. 2.

④ Joel Feinberg, *The Moral Limits of the Criminal Law*：*Harm to Self* (New York：Oxford University Press, Vol. Ⅲ, 1986) at p. 2.

⑤ Joel Feinberg, *The Moral Limits of the Criminal Law*：*Harm to Self* (New York：Oxford University Press, Vol. Ⅲ, 1986) at p. 2.

⑥ 如果冒犯"是严重的、长期的，或者不断重复的，那么它造成的精神困苦就是强迫性的和使人丧失能力的，因此是有害的"。Joel Feinberg, *The Moral Limits of the Criminal Law*：*Harm to Others* (New York：Oxford University Press, Vol. Ⅰ, 1984) at p. 46.

以将任何没有正当理由或借口的故意冒犯行为宣布为罪。① 范伯格采取了他在危害原则中采取的不法行为理论。但是，故意造成危害（侵犯他人对于个人资源或财产资源的权利）"意味着该行为表面看来就是不正当的"②。有责地引起有害后果的特殊规范特征意味着，道德可责性因素与危害行为因素足以说明特定行为的不正当性。危害是一个可以被规范地认识的有害后果。依据危害原则，能够找到援引刑法的客观理由。这么说是可行的：故意地、无正当理由地或无法辩解地侵犯他人免受财产资源或个人资源（利益）损害的权利的行为，具有初步的可入罪性。对利益的损害是一个客观后果（其本质属性包括疼痛、身体缺陷、经济资源的剥夺等），这个客观后果指引立法者辨别此类无理对待行为犯罪化的合理性。

第二节　乔尔·范伯格的调解原则与批判的道德

范伯格将"无正当理由地侵犯利益"替换为"一般意义上，无正当理由地造成冒犯状态"，并将其作为在冒犯语境下认定不法行为的标准。"每当一个人无正当理由或借口地，对他人造成冒犯的状态时（即使在一般意义上），总会存在不法对待。"③ 这只说明了冒犯必须是行为人有责地造成的，却没有说明这类冒犯行为的不正当性和可入罪性。是什么导致厌恶本身可以被犯罪化？为了调整冒犯原则的适用范围，防止以该原则为依据，将任何故意的（无正当理由或借口的）冒犯行为犯罪化的扩张适用，范伯格将他的冒犯原则建立在妨害法（Nuisance Law）的基础之上，并主张立法者应当将"对不情愿的目击者造成的冒犯的严重性，与冒犯行为的合理性相权衡"④。立法者在认定冒

---

① 正如上文提到的那样，在范伯格的构想中，"不存在正当理由或借口"意味着没有正当理由或借口地故意造成危害或冒犯。

② "若没有与道德理论的联系，危害原则就是一个缺乏具体内容的形式原则，无法为政策抉择提供任何指导。"Joseph Raz, *The Morality of Freedom*（Oxford：Clarendon Press, 1986）at p. 414.

③ Joel Feinberg, *The Moral Limits of the Criminal Law：Offense to Others*（New York：Oxford University Press, Vol. Ⅱ, 1985）at p. 2.

④ Joel Feinberg, *The Moral Limits of the Criminal Law：Offense to Others*（New York：Oxford University Press, Vol. Ⅱ, 1985）at p. 26.

犯行为的严重性时，需考虑四个因素：冒犯的量级（Magnitude）、冒犯的回避性（Avoidability）、被冒犯者是否自愿承担被冒犯的风险，以及（可能存在的）被冒犯者异常脆弱的感情（Susceptibilities）。对于第一个因素，即冒犯的量级，还存在一些子元素，用以考量冒犯行为的严重性。这些子元素包括冒犯的强度（Intensity）、持续性（Durableness）和程度（Extent）。①

立法者必须"对行为所导致的厌恶的强度和持续性，以及我们可以在多大程度上预见厌恶是对该行为的普遍回应进行评估"。如果冒犯非常激烈，就会被认为是更严重的。同样地，如果冒犯的经历持续更久，也会被认为是更严重的。在开放的海滩看到裸体主义者的全裸展示，与在火车车厢之类的目击者无法随意离开的场所看到此情景的厌恶强度（严重性）不同。同样的，在德国公园里无意中看到远处的裸体主义者，被冒犯的感觉也不会像在公共汽车上看到类似的场景那样强烈（严重）。在公共汽车里，非自愿的观众会认为这种冒犯是强烈而持久的，因为它是近距离的、无法逃避的，并非短暂的。范伯格特别强调了冒犯行为的程度要求。② 如果人们普遍对某一特定冒犯行为感到敏感，则该行为会被认为是更严重的。③ 冒犯越广泛，其犯罪化的理由就越能使人信服，需要更有力的对抗理由才能否定其犯罪化的依据。④ 范伯格指出："我们不能说，依据冒犯原则，只要感到冒犯是超过50%或75%或99%的潜在目击者的预期回应，或100%潜在目击者的预期回应，该行为就应该受到适当禁止。再次强调，我们只能说，人们对于某一行为感到被冒犯的预期回应百分比越高，禁止该行为的理由就越充分。"⑤ 这个多数主义者的推理似乎表明，只要足够多的人对某一行为感到被足够冒犯，该行为就可以被定为犯罪。

---

① Joel Feinberg, *The Moral Limits of the Criminal Law*：*Offense to Others*（New York：Oxford University Press, Vol. Ⅱ, 1985）at pp. 34 – 35.

② Joel Feinberg, *The Moral Limits of the Criminal Law*：*Offense to Others*（New York：Oxford University Press, Vol. Ⅱ, 1985）at p. 27.

③ Joel Feinberg, *The Moral Limits of the Criminal Law*：*Offense to Others*（New York：Oxford University Press, Vol. Ⅱ, 1985）at p. 35.

④ Joel Feinberg, *The Moral Limits of the Criminal Law*：*Offense to Others*（New York：Oxford University Press, Vol. Ⅱ, 1985）at p. 27.

⑤ Joel Feinberg, *The Moral Limits of the Criminal Law*：*Offense to Others*（New York：Oxford University Press, Vol. Ⅱ, 1985）at p. 27.

此外，范伯格的冒犯原则不要求被冒犯者具有动怒的合理的规范理由。他认为，为了将冒犯行为犯罪化，程度标准能够取代提供任何理由（更不用说合理的规范理由了）的需要。范伯格[1]表明，没有必要认定动怒的人是否有充分的理由去生气。"不要求人们必须合理地动怒的理由颇多……认定冒犯的严重性时，不要求必须将冒犯的合理性程度考虑在内的理由也不少。"[2] 他认为，冒犯的程度标准使这一要求（有充分理由的动怒）变得多余，因为它"是极不可能的，几乎每个人都会因某种经历而具有不合理的动怒性情"[3]。因此，范伯格主张，允许立法者事后评价动怒者对冒犯行为的情感回应的合理性是十分危险的。[4] 实际上，冒犯的程度标准代替了缺失的不正当性限制，不正当性限制要求行为必须是不正当的，且产生了应受刑事责难的规范后果（或潜在后果）。

由于不正当性限制的缺失，有责的冒犯行为的程度和强度似乎是犯罪化的唯一决定因素。这一途径或多或少地通过计算严重感到被冒犯的人数来认定冒犯行为的犯罪状态。被冒犯的人数越多，犯罪化的理由就越有力。有关冒犯行为的合理性的平衡理由（Counterbalancing Considerations）必须足够令人信服，才能阻止广泛的冒犯或十分严重的冒犯被宣布为罪。[5] 根据多数人的指示来衡量冒犯行为有可能导致不公正的结果。有很多人声称，跨种族恋爱、男同性恋、女同性恋、乞讨[6]，等等之类，都是可入罪的冒犯行为。范伯格认为，以调整原则（Mediating Maxims）评估冒犯行为的合理性，足以防止将无辜行为犯罪化。他写道："如果我想找一个理由反对跨种族恋爱之类行为的犯罪化，我只需要证明将要禁止的这类行为的

---

[1] Joel Feinberg, *The Moral Limits of the Criminal Law*: *Offense to Others* (New York: Oxford University Press, Vol. Ⅱ, 1985) at p. 35.

[2] Joel Feinberg, *The Moral Limits of the Criminal Law*: *Offense to Others* (New York: Oxford University Press, Vol. Ⅱ, 1985) at p. 35.

[3] Joel Feinberg, *The Moral Limits of the Criminal Law*: *Offense to Others* (New York: Oxford University Press, Vol. Ⅱ, 1985) at p. 35.

[4] Joel Feinberg, *The Moral Limits of the Criminal Law*: *Offense to Others* (New York: Oxford University Press, Vol. Ⅱ, 1985) at p. 35.

[5] Joel Feinberg, *The Moral Limits of the Criminal Law*: *Offense to Others* (New York: Oxford University Press, Vol. Ⅱ, 1985) at p. 27.

[6] Hartley Dean, *Begging Questions*: *Street-Level Economic Activity and Social Policy Failure* (Bristol: The Policy Press, 1999).

合理性、个人亲密重要性、独立的社会价值……以及该行为作为表达途径的状态、无法获得合理替代的属性……"① 一个更好的方法是，探究什么使得女同性恋、跨种族恋爱之类的行为在道德上是不正当的?② 这些行为导致了什么可入罪的后果？此处的厌恶，源于被冒犯者的无知。被冒犯者是否存在动怒的客观理由？只有在可入罪的冒犯行为存在初步犯罪化依据时，行为的合理性才与之有关。

范伯格的途径不仅允许行为在缺乏明显的道德不正当性时被宣布为罪，而且还有可能使应受谴责的行为免受刑事定罪。简单地对利益进行量化评估，将导致一些冒犯和侮辱行为不受约束。只会影响很少一部分人的无害但极为冒犯的种族诋毁，是否严重到足以受到冒犯原则保护的程度？种族歧视针对的是极少数的少数民族，只有很少的人会感到冒犯，因此，犯罪化的理由将会很弱。范伯格认为，此时可以将重点从冒犯的广泛程度转移到冒犯的强度来解决这一难题。

> 一个写着"所有美国人都是猪"的横幅，在某种程度上可能会冒犯大多数美国人，但是很少会有人感到很强烈的被冒犯；写着"所有美国黑人都是猪"的横幅，可能会冒犯少数人，但冒犯程度却更为强烈。如果公共汽车上唯一的黑人约翰·史密斯（John Smith）看到这个横幅，他会感到震惊和愤怒。如果这个横幅仅仅写着"约翰·史密斯是猪"……约翰·史密斯的愤怒可能胜于因种族受到侮辱而感受到的愤怒，这个标语更加针对个人，更具威胁性，也相应地引发了约翰·史密斯更为激烈的情感回应。显然，冒犯的指向特征和个人特征能够弥补其缺乏的广泛性的"分量"。③

这类对程度标准的背离，凸显了其不相关性。它表明，被冒犯者的数量不会改变个体冒犯行为的道德特征。仅仅以冒犯的强度为标准，不足以为犯罪化提供客观依据。看到跨种族夫妇牵手或看到两个同性恋者接吻，

---

① Joel Feinberg, *The Moral Limits of the Criminal Law：Offense to Others* (New York：Oxford University Press, Vol. Ⅱ, 1985) at p. 29.

② Andrew P. Simester and Andrew von Hirsch, "Rethinking the Offense Principle," （2002) 8 (3) *Legal Theory* 269 at pp. 271–273.

③ Joel Feinberg, *The Moral Limits of the Criminal Law：Offense to Others* (New York：Oxford University Press, Vol. Ⅱ, 1985) at p. 30.

可能会使一些人感到严重被冒犯，但这并不意味着将这些活动定为犯罪在客观上就是公正的。范伯格以冒犯的强度作为将少数民族的冒犯行为犯罪化的初步理由，也就是说，在他的构想中，冒犯的强度是犯罪化的一个决定因素。寻求冒犯行为犯罪化的初步理由的恰当途径是，说明不受欢迎的行为具有不正当性。

问题是，为什么针对少数人的种族侮辱在道德上是不正当的？该行为的不正当性在于，它没有将被影响者作为完全的社会成员对待。[①] 种族歧视之所以不正当，是因为该行为贬低了少数人的尊严。为了查明这一主张的客观性，我们最终必须诉诸根本准则（Underlying Norms），它说明了未将少数人作为人类给予平等尊重对待的不正当性。[②] 根本准则是指：所有人都是平等的，他们有权被当作平等的、完全的社会成员对待。不将他人作为完全的社会成员对待，会引起不平等对待（歧视）的不良后果。仅仅依赖于冒犯的强度和广泛性的评估，无法对这一问题做出妥善回应。我们可以通过考察歧视者有责的选择所导致的不良后果，即不将社会中的某些成员作为完全成员对待这一后果，来探寻规制这类冒犯行为的核心规范理由。

一个仅仅计算被冒犯者人数，而没有详细说明为何特定行为应受刑事责难的冒犯原则，有可能允许以多数人的偏见指示犯罪化决定。范伯格的冒犯原则以可责性和所有形式的厌恶作为援引刑法的理由，对于没有造成应受刑事责难的后果的冒犯行为，也允许以不合理的回应和偏见来实现犯罪化目的。[③] 这个做法会导致不公正定罪和无准则定罪。在有些社会，无家可归者、同性伴侣等的存在，对人们造成了严重的冒犯，因为这些生活方式被认为违反了传统道德规范。[④] 耶鲁大学法学教授罗伯特·埃里克森（Robert Ellickson）指出，懒惰的流浪汉冒犯了英美国家的职业

① Ronald Dworkin, *Taking Rights Seriously*（King's Lynn：Duckworth，1977）at p. 198.
② 本章最后一节详细讨论了这一观点。
③ Andrew P. Simester and Andrew von Hirsch, "Rethinking the Offense Principle," （2002）8 （3）*Legal Theory* 269 at pp. 272 *et passim*.
④ Angus Erskine and Ian McIntosh, "Why Begging Offends：Historical Perspectives and Continuities," in Hartley Dean, *Begging Questions：Street-Level Economic Activity and Social Policy Failure*（Bristol：The Policy Press，1999）at pp. 41 - 49.

道德。① 既关注行为的道德不正当性，又关注引起中立后果或良好后果的责任（以意向性为基础）的犯罪化理论，不会允许此类无害行为的犯罪化。正如本书第二章所述，不正当性说明了行为人旨在造成一些不良后果。引起犯罪化的厌恶，须是能够作为客观不良后果的厌恶。因此，如果一个人出于使他的黑人同事感到厌恶的目的，发表"黑人没有白人聪明"的观点，立法者就能够援引关乎此类不尊重他人的根本准则（告知我们不公平对待是不良后果的准则），来说明这类冒犯行为的不正当性。一旦到达这个阶段，接下来需要考察这些不良后果的严重性，进而判断刑法是否属于恰当回应。

范伯格试图通过分析冒犯行为的合理性，来弥补冒犯原则允许将任何冒犯和可责性作为援引刑法的理由的松散规制。在他的构想中，合理性由五个因素来认定②：（1）冒犯行为之于行为人的个人重要性；（2）冒犯行为的社会效用；（3）冒犯行为的自由表达价值（范伯格特别强调言论自由的价值，他认为冒犯行为几乎不会超过言论自由的价值③）；（4）是否存在另外的时间和地点，使冒犯他人的行为造成较少的冒犯；以及（5）冒犯行为发生场所的性质也影响其合理性④（例如，人们被期望在指定的裸体公园或海滩容忍裸体，因为众所周知，在这些地方裸体是普遍现象）。类似地，我们会期望写实绘画课的学院容忍存在裸体模特，但是我们不会期望人们容忍公共汽车内有一位裸体乘客坐在身旁。

范伯格指出："在其他条件不变的情况下，人们越有可能受到冒犯，以法律禁止冒犯行为的理由就越有力。然而，'其他条件'很少是放之四海而皆准的。这一点十分重要，我们必须牢记，某些有价值的行为或至少可以被评价为无辜的行为，可能会冒犯大多数人……一对跨种族情侣手牵

---

① Robert C. Ellickson, "Controlling Chronic Misconduct in City Spaces: Of Panhandlers, Skid Rows, and Public-Space Zoning," (1995 – 1996) 105 *Yale Law Journal* 1165 at pp. 1181 – 1184.

② Joel Feinberg, *The Moral Limits of the Criminal Law: Offense to Others* (New York: Oxford University Press, Vol. Ⅱ, 1985) at p. 44.

③ 范伯格论述道："即使一个观点的表述再令人感到不悦，它也无法抵消允许个人不受约束地表达的重要社会价值。" Joel Feinberg, *The Moral Limits of the Criminal Law: Offense to Others* (New York: Oxford University Press, Vol. Ⅱ, 1985) at pp. 38 – 39.

④ Joel Feinberg, *The Moral Limits of the Criminal Law: Offense to Others* (New York: Oxford University Press, Vol. Ⅱ, 1985) at pp. 38 – 39.

手在一个南部小镇的大街上漫步，可能会使大多数碰巧看到他们的白人路人感到震惊，甚至是羞愧、厌恶。"① 正如上文所述，范伯格认为，如果立法者想要找寻反对将这类行为犯罪化的理由，只需证明该行为的合理性："跨种族恋爱是合理的、有个人价值的、富于表现力的、充满深情的、自发的、自然的、无可替代的，它造成的冒犯是可以轻易避免的。"② 范伯格的做法似乎是以调整原则来否定缺乏初步不正当性的行为的可入罪性。初步不正当性是犯罪化的前提条件。从规范意义上讲，跨种族情侣不涉及道德不正当性，因此这类行为自始就不是可以入罪的。一般而言，调整原则是关于否定或容忍初步可入罪行为的主张。③

宪法限制具有双重功能，因为它可以用来废除那些将不具有初步可入罪性的行为规定为罪的法律。④ 一个有准则的犯罪化途径应当首先说明，存在援引刑法的初步客观依据。范伯格没有抓住要领，因为他没有尝试形成一个有关客观上可入罪的冒犯的理论。这个理论应当首先问：这类行为会造成什么可入罪的后果？道德不正当性限制，是通过说明行为人故意试图引起可入罪的不良后果来建立的。如果范伯格能够考虑到某些冒犯行为的客观恶劣性，而不仅仅将责任和冒犯行为作为犯罪化的唯一先决条件，相信他会受益良多。

正如本书开篇所言，范伯格的目的，以及本书的目的，都在于寻找规范的犯罪化途径。在 2000 年，阿什沃思在一篇文章中质疑刑法是否注定走向失败，引起了学界的广泛讨论。⑤ 他指出，许多行为在不具备准则性依据时，就被宣布为罪，并推论刑法已被过度扩张适用，败局已定。哈特与上议

---

① Joel Feinberg, *The Moral Limits of the Criminal Law*：*Offense to Others* (New York：Oxford University Press, Vol. Ⅱ, 1985) at pp. 38 – 39.

② Joel Feinberg, *The Moral Limits of the Criminal Law*：*Offense to Others* (New York：Oxford University Press, Vol. Ⅱ, 1985) at p. 29.

③ Andrew von Hirsch, "Toleranz als Mediating Principle," in Andrew von Hirsch, Kurt Seelmann and Wohlers Wolfgang, *Mediating Principles* (Baden-Baden, Germany：Nomos Verlagsgesellschaft, 2006) at pp. 97 *et seq.*

④ 参见 *Lawrence v. Texas*, 539 U. S. 558 (2003)，案件废除了宣布同性恋为罪的法律。同性恋不具有初步可入罪性，因为在规范意义上，该行为不涉及道德上的不正当行为。因此，宪法限制并非被用来否定犯罪化的初步理由，而是被用来阻挠实然道德的实施路径：同性恋自始就不是犯罪。

⑤ Andrew Ashworth, "Is the Criminal Law a Lost Cause," (2000) 116 *Law Quarterly Review* 225.

院高级法官德富林之间的著名辩论针对有准则的犯罪化（Principled Criminal-ization）与无准则的犯罪化（Unprincipled Criminalization）而展开。哈特指出，上议院高级法官德富林提倡的可以被犯罪化的行为大多不具备准则性的（批判的道德意义上的）犯罪化依据，例如同性恋行为和卖淫嫖娼行为。他主张应坚持有准则的犯罪化，并指出其正当性可以通过批判的道德标准来证明。① 他认为有责的危害为犯罪化提供了一个做出批判的道德依据，并将批判的道德标准视为正确的标准。② 范伯格将批判的道德（Critical Morality）称为"真正的道德"（True Morality），用来指代"一系列被认为是'事物本质的一部分'的、批判的理性的、正确的指导原则"③。与哈特相同，范伯格主张实然的道德（即社会、文化的或传统的对危害的概念化）只能在"它同时也能够满足跨文化批判标准的正确道德法则"④ 的意义上提供犯罪化的正当理由。范伯格试图阐明，对于危害的规范道德解释、客观道德解释可用于限制对于危害的实然道德解释、传统道德解释，从而达到限制犯罪化的效果。批判的道德家似乎认为，坚定的个人信仰或实践推理使道德行为人能够识别危害的客观描述或规范描述。⑤ 本书认为道德是可以准则化的，但本书对于道德行为人的概念要适度得多：道德行为人无非是一个处在社会中的人。如果实际推理只是社会中的人类解决传统争端的尝试，那么很明显，人类这样的生物不可能完全正确地说明危害和恶劣性。

人类思想家确立的标准不可能完全正确，不仅因为我们无法知晓一个标准是否完全正确，还因为实践中的所有推理（尽管有些人认为这些标准独立于人类意志）都受到了社会进化、传统习俗和人类偏见的影响。人脑不是电脑！本章论述到，尽管我们不可能宣称某些传统犯罪在跨文化意义

① H. L. A. Hart, Law, *Liberty and Morality* （London：Oxford University Press, 1963） at pp. 17 – 53.

② H. L. A. Hart, *Essays in Jurisprudence and Philosophy* （Oxford：Clarendon Press, 1983）, 248 *et passim*；Cf. Stanley Fish, *There's No Such Thing as Free Speech and It's a Good Thing Too* （New York：Oxford University Press, 1994） at pp. 200 – 229.

③ Joel Feinberg, *The Moral Limits of the Criminal Law：Harmless Wrongdoing* （New York：Oxford University Press, Vol. Ⅳ, 1988） at p. 124.

④ Joel Feinberg, *The Moral Limits of the Criminal Law：Harmless Wrongdoing* （New York：Oxford University Press, Vol. Ⅳ, 1988） at p. 124.

⑤ Ronald Dworkin, "Objectivity and Truth：You'd Better Believe it," （1996） 25 （2） *Philosophy & Public Affairs* 87.

上是完全不正当的、坏的、有害的，但是准则性理由可以为某些视传统习俗而定的犯罪化提供依据。从这个意义上讲，"准则性"意味着，在传统意义上，有可能客观地描述一个行为是对还是错。毫无疑问，主体间的协商会给我们带来更好的结果，但它无法告诉我们特定的道德标准正确与否。

哈特认为，人们可以形成有关特定行为的客观危害性的认识，因此客观危害性可以作为支持或反对犯罪化的批判的道德理由。但是危害原则本身就是一个关于危害的传统概念，它取决于传统习俗。可以说，关于谋杀等行为的危害性的根深蒂固的（西方社会长期秉承的、广泛认同的）传统观点，足以为全面禁止该行为提供准则性的危害论据。这为此类不法行为的犯罪化提供了一个强有力的传统上的客观理由。然而范伯格以冒犯原则①补充危害原则②，并指出，有责的冒犯行为同样也能为犯罪化提供批判的道德依据。冒犯行为与轻微危害的问题在于，人们对于这类行为的恶劣性或不正当性并不存在根深蒂固的或持久不变的（主体间共同认为的）一致观点。这样的例子有很多，但本书认为，裸露的形象出现在古代艺术、现代电影和艺术中以及许多部落文化之中，这足以暂且说明，裸露行为并非一直被认为是坏的、有害的或不正当的。范伯格对上议院高级法官德富林的实然道德理论尤为不满，但目前尚不清楚范伯格的冒犯原则是否不仅仅依赖于实然道德。③范伯格没有在批判的道德意义上（而不是传统意义上）解释为何有责的冒犯行为在本质上是不正当的，也没有解释为何无法从传统道德中发展出足以为犯罪化提供准则性理由的标准。

本章更加全面地发展了传统的客观性概念。一个基本的理论是：我们能够运用对犯罪和危害的根深蒂固的传统理解（包括我们对危害和不良后果的科学表述和生物学表述，以及对现代社会中隐私权和个人自主的传统认识）来形成支持或反对犯罪化的理由。我们对于什么是坏的、有害的、不正当的看法，可能根据社会背景而发生改变。因此，我们对危害和犯罪

---

① Joel Feinberg, *The Moral Limits of the Criminal Law*: *Offense to Others* (New York: Oxford University Press, Vol. Ⅱ, 1985) at p. 1.

② Joel Feinberg, *The Moral Limits of the Criminal Law*: *Harm to Others* (New York: Oxford University Press, Vol. Ⅰ, 1984) at p. 1.

③ Joel Feinberg, *The Moral Limits of the Criminal Law*: *Harmless Wrongdoing* (New York: Oxford University Press, Vol. Ⅳ, 1988) at pp. 124 – 173.

的概念化，取决于我们对于危害的传统理解与社会化。我们可以宣称，在特定的传统语境下，某件事情在客观上是有害的；但是宣称某件事情在跨文化意义上、批判意义上、客观意义上是坏的或有害的则完全不同。显然，基本上所有社会对于种族灭绝、谋杀、饥饿、酷刑等行为的恶劣性、不正当性和危害性都有类似的传统认识。这些认识之所以能够融合，是因为人们不断利用基本生物信息、人类本能和不断发展的社会规范来解决传统冲突。从跨文化意义上而言，我们对于肆意砍断他人的手之类的原始危害的恶劣性和危害性存在共识。例如，在一些国家，砍掉入店行窃的小偷的手，取决于这样的认识：砍掉一个人的手是恶劣的、有害的。正是因为砍手被认为是恶劣的、有害的，才使得它成为一项惩罚，而非奖赏。尚不知晓哪一个国家的传统观念中，将砍手视为好的行为，并把它作为一项奖赏。死刑的设置原理也是如此。在跨文化意义上，死亡（死刑）或手部截肢是恶劣的、有害的，这不存在任何分歧；异议之处在于，基于对人性和生命的尊重，死刑的设置是否合比例或必要。但这并不意味着那些行为是完全有害的或恶劣的。在对危害的传统理解下，肆意砍掉他人的手可能具有客观危害性，但是仅凭这一点还不能证明该行为在批判的道德意义上是客观有害的。经验信息（即对于疼痛和损害的生物学的、科学的、医学的解释）以及我们对疼痛、痛苦和可责性的传统理解，足以为肆意砍断他人的手的危害性提供一个客观解释。

阿什沃思指出，刑法无可厚非地受到了当今政治要求的影响，除非我们能找到适当的限制因素，否则就不可能形成一个有准则的刑法。[①] 如果危害原则和冒犯原则不能提供限制犯罪化的批判理由，那么我们就无法对范伯格的犯罪化理由（有责的危害和有责的冒犯）与德富林的理由做出区分。本书认为哈特与范伯格单纯假设危害存在批判的道德类型和传统的道德类型的做法是错误的。有责的危害行为和有责的冒犯行为只能提供犯罪化的传统依据。本书特别关注了范伯格的冒犯原则，有责的冒犯行为的犯罪化是视传统习俗而定的，从而对哈特与范伯格主张的这一观点——对危害和冒犯的批判的道德解释可以限制犯罪化——提出了严峻挑战。例如，我们难以识别在公共场所裸露等冒犯行为的不正当性主张的正确性（批判的客观性）。本章

---

① Andrew Ashworth, "Is the Criminal Law A Lost Cause," (2000) 116 *Law Quarterly Review* 225.

旨在阐明，对他人的冒犯行为无法为援引刑法提供一个批判的道德理由。

约翰·麦基（John. L. Mackie）① 将"报应"（Retribution）作为客观性的测试用例（Test Case）。它本可以与范伯格的冒犯原则一起获得巨大的成就。本书支持范伯格的标准，但也认为他所主张的危害和冒犯的元伦理学（Meta Ethical）② 基础有待商榷。范伯格承诺，不正当性的规范概念与德富林依赖的实然概念不同，但是"对他人的冒犯"传递出来的概念难以与实然概念相区别。如果危害和冒犯是一个人主观地感受到有害的或冒犯的东西，那么范伯格的冒犯原则就是空洞的。为了消除这种可能性，他主张危害或冒犯必须是客观的或规范的。范伯格试图将他的危害原则和冒犯原则建立在客观基础之上，但是以失败告终。在冒犯原则中，其批判的客观性主张的缺陷最为明显。本书认为，即使不存在将裸露行为犯罪化的批判的道德理由，在某些情形下，我们也能运用传统道德为之提供准则性犯罪化依据。

第三节　犯罪化、习俗与合法性

刑法赋予政府巨大的权力，不遵守刑事法典命令的公民，将遭受污名化和严厉惩罚（定罪、监禁、罚款等）的后果。为什么一个国家的公民③

---

① J. L. Mackie, "Retributivism: A Test Case for Ethical Objectivity," in Joel Feinberg and Hyman Gross, *Philosophy of Law* (Belmont, CA: Wadsworth Publishing Company, 1991) at p. 684; J. L. Mackie, "Morality and the Retributive Emotions," (1982) 1 *Criminal Justice Ethics* 3.

② 元伦理学（Meta Ethical）是伦理学的分支，它试图理解伦理的属性、陈述、态度和判断的本质。元伦理学是被哲学家普遍认可的伦理学的四个分支之一，其他三个分支分别是描述性伦理学、规范伦理学和应用伦理学。规范伦理学回答了诸如"我该怎么做？"之类的问题，进而支持或反对一些道德评价。元伦理学回答了诸如"什么是善？"以及"我们如何分辨善恶？"之类的问题，试图理解道德属性和道德评价的本质。参见 https://en. wikipedia. org/wiki/Meta-ethics。——译者注

③ 本章论述到许多西方的正义原则，例如合比例刑罚原则和公正定罪原则，都不幸地没能制定出其他所有人在道德上都必须遵守的神奇的通用标准。这些原则在国际环境中难以应用，不仅因为不同的国家对危害性的认识不同，还因为美国和英国都没有遵循他们倡导其他国家应当遵循的正义原则。例如在美国，只要一个人有两个前科，他就可以因为偷录像带而被判处终身监禁。Dennis J. Baker and Lucy X. Zhao, "Responsibility Links, Fair Labeling and Proportionality in China: Comparing China's Criminal Law Theory and Doctrine," (2009) 14 (2) *UCLA Journal of International Law & Foreign Affairs* 1 – 56.

受制于刑法规定，或者不得不遵守刑法规定？因为刑法是对不受欢迎的行为的惩罚性回应，刑法的权威取决于其合法性。① 本章试图解释刑法何时可能是有准则的，而不是批判的正确的或批判的客观的（即符合公正性的批判的道德标准的）。本书认为，有些行为之所以具有可入罪性，是因为它们对他人造成了不良后果（或冒着造成不良后果的风险，未遂、危险等正是如此），且这个不良后果原本是可避免的（在有其他选择的情况下，不法行为人仍有责旨在造成不良后果，因此该后果原本是可避免的）。危害可能是间接的，通过损坏社会（国家）机构的方式威胁这个社会（国家）（例如，伪证、贿赂和破坏环境属于集体危害）；危害也可能是直接的，典型的如谋杀、盗窃、强奸等。间接危害或集体危害是有争议的，因为我们很难将任何不法行为归咎于个体行为人。②

许多刑法规定都是法典化的（根深蒂固的）传统命令，例如禁止强奸、袭击、谋杀、盗窃、诈骗等成文法规定。无论特定刑法规定是否具有合法目的，它都是权威的，③ 但是刑法作为一个一般社会控制机构，只有当它的大多数命令被认为是有准则的，即符合我们对公平正义的传统理解时，刑法的合法性和权威才能得以维持。尽管我们不可能以数值形式表示刑法合法性的临界点，但是如果某个国家 50% 的法律都不具有合法目的（即被社会中的道德行为人认为是合法的），属于不公正的、残酷的法律，就有可能引发革命。举例而言，西方社会中，许多人都不能接受对入店行窃者判处 50 年监禁刑的法律规定。④ 我们深刻地认识到入店行窃的轻微危害性本质，因此我们不认为长期监禁刑是一个必要的国家回应。当一个国家的大部分法律，无论私法或公法，都服务于正当目的（通常被认为是合法目的）时，该国法律的权威就得以维持。不可否认，不具有合法目的的不公正刑法依旧存在，但在美国，大多数可以判处监禁刑的犯罪似乎确实

---

① David Beetham, *The Legitimation of Power* (Basingstoke：Macmillan, 1991).

② Dennis J. Baker, "Collective Criminalization and the Constitutional Right to Endanger Others," (2009) 28 (2) *Criminal Justice Ethics* 3.

③ Joseph Raz, *The Authority of Law* (Oxford：Oxford University Press, 2009).

④ 但是人们可以被社会化，从而接受对在公共场所亲吻之类的无害行为的犯罪化和惩罚。在一个特定社会里，大多数人可能不会认为这是一项严厉的规定。在迪拜，公共场所亲吻（甚至亲吻脸颊）是一项可以被判处监禁刑的犯罪。"British Couple Appealing Dubai Kiss Conviction," (New York：*New York Times*, March 14, 2010).

针对真正的犯罪行为。① 可以说，许多不公正的法律之所以能够维持权威，是因为刑法和刑罚的一般机构能够维持其权威，而这又是因为其存在基础的个别法律具有合法性——这些法律服务于合法目的（传统上被接受的目的）从而被认为是公正的。

我们含蓄地承认，我们为了维护人类利益而立法，但是我们也意识到国家可能会滥用法律，或者曲解法律。因此，法律本身必须受制于一系列的公平限制。国家只是社会成员的集体存在，我们必须明确，为何作为个体的我们须受制于大多数人制定的法律。许多被国家（集体、社区、社会）视作坏的、有害的行为，通常只涉及某人对看似无关痛痒的社会习俗的蔑视，暴露行为就是如此。这类行为是无害的，因此危害原则对于回答此类行为的可入罪性没有多大帮助。

犯罪化，是指国家为了解决竞争型多元社会中产生的社会冲突（合作问题），而将某些行为标记为可受处罚的过程。下文将论述到，只有在我们对什么构成了可受处罚的危害存在根深蒂固的传统共识时，诸如危害限制和可责性限制等限制因素才是客观的。但是，一旦我们进入一个领域，在这个领域中，人们关于所有社会成员主体间认同的目的产生了分歧时，有准则的犯罪化理由就变得难以识别了。此外，确定一个可入罪的危害和冒犯的批判的道德解释，几乎是不可能完成的任务。从跨司法管辖区的角度而言，人们对于造成了严重身体危害（例如生理上痛苦的危害，如挨饿、致盲、截肢、酷刑等）等原始危害（Primitive Harms）行为的恶劣性和不正当性存在深刻共识。但是除了有关原始危害的共识之外，行为的恶劣性和不正当性就完全取决于司法传统和文化传统。传统危害（Conventional Harms）与传统习俗（Conventions）息息相关。② 原始危害不依赖于传统习俗，因为这类行为的恶劣性和危害性可以通过其他生物学解释和科学解释来说明。我们可以采用更宏大的构想，并认为危害的规范性取决于

---

①　法律禁止的许多犯罪行为甚至以保护集体生活利益的方式，增进了人类的福祉并促进了社会的进步，例如关于停车的禁令（这些法律允许对公共空间的公平使用）以及车辆在道路上靠哪一侧行驶的规则（这些法律为人们自由、安全地出行提供了便利）。

②　杰里米·边沁（Jeremy Bentham）在这句话中强调了财产的传统性质："财产和法律是息息相关的。" Charles Milner Atkinson, *Bentham's Theory of Legislation* (London: Oxford University Press, Vol. I, 1914) at pp. 146 – 147.

主体相涉（*Agent-Relative*）的批判理由。① 正如哈佛大学哲学家克里斯汀·科尔斯高（Christine Korsgaard）所言："价值可能是主体间的：不是宇宙或外在真理的一部分，而是道德行为人共享的，或者至少是可以由其共享的。"② 主体间性的"规范性主张，并不是形而上学的价值世界对我们做出的主张，而是我们对我们自己和彼此做出的主张"③。

但是科尔斯高脑海中所设想的，是一个康德式的所有理性的行为人的主体间性。"可共享的"一词，反映了康德在考虑道德的内容时，并不情愿参与到人类学论证中。在这个意义上，我们无法说刑法是合乎规范的，因为鉴于刑法问题的传统本质，我们必须将人类学的信息考虑在内。我们可以通过研究特定群体所共享的观念来确定有准则的犯罪化，但是这在科尔斯高的意义上，是不合乎规范的，因为它取决于特定环境、特定时点的群体共识。如果康德还在世，他的一些传统观点也会发生变化。

文化背景相同的主体间的行为人也许能确认有准则的犯罪化的理由，但是他们形成的标准不可能是批判的客观的。此外，本书提出的"有准则

---

① 客观性源于一个协商的过程。"我们对于有关判断的正确性（Correctness）的最佳标志，大概就是理性的、合理的、有能力的商议者们通过一个理想的协商过程达成的共识；但这个共识并不能使判断正确……在这一点上，客观性作为公共性，符合康德的观点……如果这个判断对所有拥有理性的人都有效，那么它的基础就是足够客观的。这足以认定客观性，但不足以认定正确性［康德的论述中使用'真理（Truth）'一词］。客观性，被理解为主体间的有效性，由所有拥有理性的人的共识所论证，它不构成正确性……但是它为我们提供了一个检验标准，我们可以向自己保证，我们所接受的一系列有关判断的真理不是另类怪异的。" Gerald Postema，"Objectivity Fit for Law," in Brian Lieter（ed.），*Objectivity in Law and Morals*（Cambridge：Cambridge University Press，2001）at p. 121.

② Christine M. Korsgaard，"The Reasons We Can Share：An Attack on the Distinction Between Agent-Relative and Agent-Neutral Values,"（1993）10（1）*Social Philosophy & Policy* 24 at p. 32. 科尔斯高评论道："这个观点很重要，原因之一在于：本书认为，主体间性主义对于本体论和形而上学论的承诺的缺失，是其明显优势；可以这么说，我们不应当成为客观的现实主义者，除非这是我们的唯一选择。这不仅仅是因为奥卡姆剃刀原理（Ockham's Razor）。支撑我们价值主张的形而上学的真理，依赖于一个坚定的信仰，因此这个信仰无法解释我们对于价值主张的信赖。形而上学的道德现实主义者带我们绕了一大圈，又回到了起点：我们自己根深蒂固的信仰，我们的价值不是无依据的，关于信仰的来源的解释，没能给我们想要的答案。"［奥卡姆剃刀原理（Ockham's Razor）是一个解决问题的原则，"如无必要，勿增实体"，即"简单有效原理"。参见 https：//en. wikipedia. org/wiki/Occam% 27s_razor。——译者注］

③ Christine M. Korsgaard，"The Reasons We Can Share：An Attack on the Distinction Between Agent-Relative and Agent-Neutral Values,"（1993）10（1）*Social Philosophy & Policy* 24 at p. 51.

的犯罪化"的概念，对主体间共享目的的理由保持中立，因此，在被本书描述为批判的道德主义者认为应当共享这些目标的理由与其他理由之间，也是中立的。本书仅对批判的道德做出评述，并在此基础上强调，我们不可能主张：在批判的道德意义上，类似暴露行为等特定行为是客观上不正当的，从而具有初步可入罪性。本章最后一节以暴露行为/隐私权为例，以强调这一说法（即公共场所裸体等不良行为/后果可以被定义为普遍意义上的不正当的、坏的）的空洞性。①

如果我们接受关于危害、自主权和可责性的根深蒂固的传统概念，那么就能很轻松地证明，犯罪行为的核心实例（强奸、盗窃、谋杀等）是有准则的。然而，当涉及冒犯行为和软危害的犯罪化时，就不存在这样的共识了。我们有可能对冒犯行为的恶劣性做出有准则的传统解释，但是我们无法为其可入罪性做出批判的道德解释。最好的做法就是认同德富林的观点，即（立足于社会的）每一个人主体间性地共享社会和谐的目的，但是，当社会和谐仅仅被传统上可容忍的无害行为打破，且该行为涉及冒犯者的基本自由和平等利益时，每个人也可能共享社会容忍的目的。举例而言，同性恋等是成年人之间私下进行的、双方自愿的活动，其犯罪化会侵犯冒犯者的隐私权、平等权和个人自主权利。

本书认为，未经说明的客观性或批判的道德主张，不足以驳斥德富林的理论。相反，一个主体间限制的（Inter-Subjectively Constrained）② 传统道德也许能够解释犯罪化的正当理由与单纯服务于特殊偏见的理由之间的差异。批判的道德主义者不仅旨在以严格审议的方式限制传统道德，他们还声称，如此一来便能够为某些有害行为、冒犯行为的可入罪性提供一个正确的、超越国界的或通用的解释。这些主张忽略了一个事实，即行为（以及某些社会交往产生的后果）的不正当性和恶劣性是依据情况和传统习俗而定的。接下来，本章将对有关危害和冒犯的批判的道德主张所面临的挑战做出简要概述。有责的危害、有责的冒犯的传统解释，足以为这类

---

① John Tasioulas, "Crimes of Offense," in Andrew von Hirsch and Andrew Simester, *Incivilities*: *Regulating Offensive Behavior*（Oxford：Hart Publishing，2006）at pp. 149 – 171.

② 如果传统道德不受主体间认可的约束，它将毫无用处，因为它无法提供任何指导。但是，这并不意味着立足于传统习俗的行为人能够宣称他们对于危害或冒犯的观点是正确的或跨文化的。他们所能做到的最好，就是试图限制不受约束的、无准则的传统的犯罪化。

行为的可入罪性提供准则性理由。我们对于有责的冒犯行为的犯罪化常常产生误解。为了确保有准则的犯罪化，没有理由不将我们关于不正当性和危害的根深蒂固的传统理解用作限制因素。立法者面临的核心问题在于，一旦他们远离了社会普遍认同的有关危害性和不正当性的解释，例如对于严重身体损害（即原始危害，例如挨饿、致盲、创伤等）的危害性和不正当性的解释，行为的危害性就变得视传统习俗而定了；如果我们背离危害范例，甚至无法将不受欢迎的行为描述为传统上有害的。

我们可以想象一个不良后果（不受欢迎的行为）的飞镖靶，靶心是原始危害，从靶心以同心圆向外移动，危害就变得越来越视传统习俗而定，最终不受欢迎的后果完全不构成危害，而仅仅是对一些习俗或社会规范的蔑视。出于犯罪化的目的，不正当性的基本要素是：不良行为/后果和可责性。传统上的理解是，二者的结合使得行为人的行为是不正当的，最终是可入罪的。可责性是关于提前告诉行为人，"如果你旨在造成不良后果（或忽视了明显的风险），那么你将因为你的选择而受到惩罚"。当坏的行为/后果以事实危害的形式存在时（或者未遂和危险的情形下的危害风险，除了人们对于冒犯和软危害是否构成危害存在异议的情形，例如侵犯隐私权或诈骗富人之类），不良行为/后果限制不存在多少争议。传统上，人们对于将不法危害犯罪化的合法性，达成了深刻共识。人们对于规制依传统而定的不法行为，例如裸露行为，也可能达成了共识，但很明显的一点是，对于冒犯他人的不正当性的批判的道德解释或批判的客观解释是空洞的。

如果哈特和范伯格，以及无数其他人想要否定上议院高级法官德富林的实然的道德论述，那么他们最好能够说明他们的论述与之不同。此外，哈特和范伯格认为，只有关于危害和冒犯的批判的道德概念才能为犯罪化提供有准则的依据，这一主张毫无意义，因为他们没能说明为何他们对于危害和冒犯的解释是批判的。目前尚不清楚范伯格的冒犯概念，或者就此而言危害概念如何具有跨文化意义上的正确性。本书认为，相同社会文化背景的理性人（主体间地）确立的传统危害概念和冒犯概念足以仔细审查犯罪化决定，并认定一个有准则的犯罪化依据。我们对于类似侵犯隐私等不法行为的危害性和冒犯性，有着根深蒂固的传统共识，这足以在一些社会中证明犯罪化的正当性，但不足以在其他社会里证明。

第四节 危害和冒犯的批判道德解释之贫乏

刑法的道德目的是什么？一般而言，法律的对象和功能，与传统道德的对象和功能并无太大差别。约翰·麦基对于道德的功能，以及道德功能与法律的关系，做了一个极好的概括。

> 普罗泰戈拉（Protagoras）、托马斯·霍布斯（Thomas Hobbes）、大卫·休谟（David Hume）和沃诺克（Warnock）至少对道德（最终法律）需要解决的问题达成了广泛共识：有限的资源和有限的同情共同引起了竞争和冲突，导致了欠缺互利合作的局面。[①]

> 创造社会合作的基本方式是协商，它规定了社会合作的实现途径。各方具有支持当局的动机，当局具有惩罚（或判定以私法救济，如损害赔偿、禁令等）违反协议的职能（当局本身也有如此行为的动机）。因此，每一方都有双重理由来履行自己的承诺：对违反协议可能受到的惩罚（或必须支付损害赔偿）的恐惧，以及对遵守协议可能获得的利益的期待，因为另一方（大多数人）也基于同样的动机而履行他们的承诺。[②]

无论我们通过协议[③]还是社会契约[④]来谈论道德，更普遍地说，有充足的实证证据支持这一观点：社会是由某种协议形成的，[⑤] 同时，也有一些个人在社会复杂庞大的协议和个体之间的协议中，不履行他们的承诺。[⑥]因此，非正式的道德命令被编入法典，以便通过惩罚或私法救济的方式制

---

① J. L. Mackie, *Ethics: Inventing Right and Wrong* (New York: Penguin Books, 1977) at p. 111.

② J. L. Mackie, *Ethics: Inventing Right and Wrong* (New York: Penguin Books, 1977) at p. 109; David Lewis, *Convention: A Philosophical Study* (Oxford: Blackwell Publishing, 2002).

③ David Gauthier, *Morals By Agreement* (New York: Oxford University Press, 1999).

④ Thomas M. Scanlon, *What We Owe to Each Other* (Cambridge MA: Harvard University Press, 2000).

⑤ F. J. M. Feldbrugge, *The Law's Beginnings* (Leiden: Brill Academic Publishing, 2003); A. S. Diamond, *Primitive Law: Past and Present* (London: Methuen & Co. ltd., 1971).

⑥ 国家的犯罪数据，以及法院每年做出的成千上万的有关私人纠纷的判决中，都有确凿的实证证据。

止不法行为。① 在有关道德进化的论述中，约翰·麦基引用了博弈论（Game Theory），但是谨慎地注明，即使是最先进的理论，也无法解释道德原则从人类社会化与人类文明进化而来的复杂性。② 我们从航空工业、远程通信、大学教育、旅行中受益。也就是说，从产品、服务以及旨在规定对这类商品和服务公平分配的法律中受益。在这些领域，也需要以法律防止对他人的危害：卫生安全标准以及针对欺诈和欺骗行为的规定，是为了减少有害活动而设计的。每一个人对于维护国家及其机构都存有利益，因为它们促进了合作，并最终促进人类繁荣。现代道德观剥夺了主体间思想家对于社会环境（Social Milieu）的思考。③

拉兹评论道，法律服务于一系列社会功能，包括预防不良行为（这主要通过刑法、侵权法的制定和颁布来实现）；提供设施和机制，以使个体间的私人安排得到管理和保护；提供服务和产品的再分配；提供设施，以解决未经调整的争端。④ 社会对于人类的进步和福祉而言是必需的，它由法律直接或间接地维持和促进。现代生活纷繁复杂，法律涵盖了现代生活的方方面面。我们有刑法、合同法、家庭法、信托法、消费者保护法、侵权法、环境法、税法等。税法既有间接影响，也有直接影响，因为他们强迫个人上交一部分收入，而将这些收入都花在公共基础设施上，等等之类。税法使得税收能够以透明的方式收集起来，以便公众间接地从学校、道路、法院、警察局以及为穷人提供的福利等之中获益。为穷人提供福利等，减少了可能因无能力而引发的极端分配不均进而导致的冲突。⑤

准则性刑法的制定，应当借鉴合理构建的正义原则，即由我们对公平和正义的深刻的传统理解中演变而来的原则，正如危害原则。当然，

---

① 犯罪化的社区理论可以解释，为何惩罚违反了协议道德的行为是正当的；因为这类不法行为侵害了社会/社区及促进社会发展并最终促进人类繁荣与福祉的辅助机构。

② J. L. Mackie, *Ethics: Inventing Right and Wrong* (New York: Penguin Books, 1977) at pp. 115 *et seq.*

③ Alasdair Macintyre, *After Virtue: A Study in Moral Theory* (Notre Dame, IN: University of Notre Dame Press, 1984); S. Shapin, *A Social History of Truth: Civility and Science in Seventeenth-Century England* (Chicago, IL: University of Chicago Press, 1994).

④ Joseph Raz, *The Authority of Law* (Oxford: Oxford University Press, 2009) at pp. 168 – 179.

⑤ Dennis J. Baker, "A Critical Evaluation of the Historical and Contemporary Justifications for Criminalising Begging," (2009) 73 (3) *Journal of Criminal Law* 212.

考虑到认识论探究与人类理性的限制，对危害的描述也会有所不同。道德行为人发明了犯罪化，以应对由集体生活引发的传统冲突。刑法是一个社会控制体系，[①] 它使社会可以实现自我管理。刑法应对真正的冲突，但不幸的是，它也将传统上无害的行为宣布为罪，从而实现对社会中权力较弱群体的控制。[②] 不局限于禁止有害的不法行为或侵犯个人自主权利的行为的刑法，是无准则的。例如，上议院高级法官德富林所述行为[③]并非传统上有害的，也没有侵犯到他人的个人自主权利。即使是关于危害和不正当性的传统描述，也无法解释自愿的成年人从事的同性恋等活动如何危害了他人，或如何侵犯了他人的个人自主权利。德富林的错误不在于他认为如果没有犯罪化，社会就会瓦解；相反，他的错误在于他主张某些对传统规范的无害侵犯会导致社会瓦解，因此应当入罪。没有任何实证支持他的这一观点：诸如同性恋等行为会导致的社会瓦解，这与谋杀、强奸、盗窃、抢劫等行为的去犯罪化而可能导致的社会瓦解，具有相同属性。[④]

在做出犯罪化决定时，理性的熟思者应运用可获取的最佳的社会信息，包括对于正义、危害、隐私权、自主权等的深刻传统理解。刑法的演变常常受到不公正的理由的塑造。在我们历史发展的不同阶段，立法者还不够开明和理性，以至于无法理解他们的一些判决是不公正的。[⑤] 在 16 世纪，公众缺乏理解人类不能真正成为女巫的能力，许多女性被宣称使用巫

---

① Donald Black, *The Behavior of Law* (New York：Academic Press, 1968) at p. 2.

② Richard Quinney, *The Critique of Legal Order* (Boston：Little Brown, 1974) at p. 16；William Chambliss and Robert Seidmann, *Law, Order, and Power* (Reading MA：Addison-Wesley, 1982)；Reiman, *The Rich Get Richer and the Poor Get Prison* (Boston：Allyn & Bacon, 4th ed. 1995) at p. 7.

③ Patrick Devlin, *The Enforcement of Morals* (Oxford：Oxford University Press, 1965).

④ 我们对特殊偏见的唯一审查，就是主体间的认可程序，它要求以他人的理性观点，以及可获得的最佳经验信息和历史信息，对犯罪化的特殊理由进行检验。同时，它还必须受制于盛行的正义标准。

⑤ 弗朗西斯·鲍斯·赛尔（Francis Bowes Sayre）评论道："最初的英国法是以绝对责任为基础构建的。" Francis Bowes Sayre, "Mens Rea," (1932) 45 (6) *Harvard Law Review* 974 at p. 977. 像德富林一样，詹姆斯·菲茨杰姆斯·斯蒂芬爵士也试图将特殊偏见装扮成道德。参见 James Fitzjames Stephen, *Liberty, Equality, Fraternity*, Stuart D. Warner (eds), (Indianapolis：Liberty Fund, 1993)。

术，并因此被判有罪。① 我们不再将巫术认定为罪，因为我们掌握了足够的经验信息，能够理性地理解人类不可能具有超能力。即使在有限的传统意义上，客观性问题也至关重要，因为它能够解释种族灭绝、谋杀、强奸等行为的不正当性。② 理性使得主体间思想者明白，无论环境或情形有何差异，有责的种族灭绝所涉及的严重身体危害，在客观上是坏的、不正当的，是对人类生命的粗暴和肆意滥用。这些熟思者也会理解，裸露行为的不正当性取决于传统习俗，熟思者必须考虑有关该行为的潜在社会规范，以查明该行为的恶劣性以及最终的不正当性。

以批判的道德为依据的不正当性，是并非创制的、与生俱来的不正当性，也就是说，这些犯罪具有真正的不正当性，此处客观性，是指宣称特定行为不正当的主张是一个绝对真理。可能被当作真理的不正当性（以道德现实主义和认识论的现实主义为基础的、伦理上的不正当性），不同于社会中的行为人对不断演进的正义标准进行反思而衍生的不正当性。后者是指，考察特定社会背景下，有责的行为如何影响到他人的利益。坏的行为/后果与可责性的结合（正如传统上人们理解的那样），足以确立不正当性，因此可以作为传统意义上犯罪化的客观依据。在批判的道德意义上，犯罪化的理由可能不是客观的，但是这是我们能做到的最好的。社会中的道德行为人能够理性地做出行为，能够成为一个不偏不倚的观察者，评估不断演进的正义规则（如危害原则、可责性限制等），以及相关社会事实和传统习俗，因此有能力思考和理解某些有责的行为是不

① 有人曾道："尽管我们可以通过医学理论轻松地解释清楚一个疾病，但是人们仍有可能认为疾病的发生是他人的邪恶意志所致。人们将医学意义上的原因，即一个人如何受到危害，区别于具有目的意义上的原因，即为什么是这个人受到危害，而不是其他人受到危害。当人们责备女巫时，他们的行为不仅仅是出于无知，还因为它解释了为什么尽管人们做出了所有可能的预防措施，某些厄运还是降临在他们身上；例如，为什么他们的黄油迟迟不'来'。" A. D. J. MacFarlane, "Witchcraft in Tudor and Stuart Essex," in J. S. Cockburn (ed.), *Crime in England 1550 - 1800* (Cambridge: Methuen & Co., 1977) at p. 83.

② 许多行为的恶劣性和不正当性是视传统习俗而定的，但是其他行为，在任何司法管辖区都被认为是不正当的、坏的。然而，普遍共识很少能远远超出核心的原始危害——这类危害能够在生物学上、科学上被认定为坏的，对全人类的影响也差不多相同。如果你砍断一个人的腿，不管他住在巴西还是纽约，他都会变成残疾人。在某些情形下，这种危害可能会受到欢迎（例如受到施虐受虐者的欢迎），但是我想不到任何一个公众会普遍欢迎这类危害的现代国家。

正当的、应受惩罚的。

在犯罪化的道德标准中，传统解释更具构建性，因为它使得理论家、哲学家、政治家以及公民不仅可以运用由思想家们提出并经过世世代代发展而来的抽象概念，① 例如正义、个人自主、危害、公平、平等、人性等，还可以借鉴经验信息、背景、传统习俗、社会实践等等，从而在竞争性社会中，形成限制不公正犯罪化的实际有效的指导原则。有些行为影响了人类之于组织的、合作的、协调的、文明的社会的真正利益，因而被人们推断为不公正的侵犯行为，反思的认可途径（Reflective Endorsement Process）就是将犯罪标签应用于这些行为的过程。制约无准则刑法的标准大致包括危害和可责性等标准。对于危害的批判道德解释的区别在于，依照批判的道德解释，无论时间和环境如何，此种危害都是有害的。

关于客观性或规范性的最极端观点来源于道德现实主义者，他们认为有些行为的不正当性是独立于人类意识的。② 也就是说，无论人类（包括社会环境下的人类）是否将这些行为的不正当性概念化，它们都是不正当的。认为死亡、身体疼痛或危害的后果对于人类、动物、树木以及地球上所有的生命形式而言都是独立于思想的不良后果的主张，是毫无意义的。本体论的观点（Ontological Idea）认为，一个生命形式的死亡或身体危害的后果事实上是坏的，并且确实强烈地独立于意识而存在。这一观点是矛盾的（Oxymoronic），因为它依赖于人类对于"如果……将会怎样"的预先假设。所谓独立于意志而存在的不良后果，例如一场地震摧毁了一个物种，仅仅是依据人们对"坏"的定义而成为"坏的"。现实主义者的观点并不是说，如果没有人类的概念化，这件事情就不是坏的；而是说，它将以另一种形式存在。也许它会有一个不同的标签，但它会是完全相同的物

---

① 参见 John Stuart Mill, *On Liberty and Other Essays*（Oxford：Oxford University Press，1991）；D. D. Raphael, *British Moralists 1650 – 1800*（Oxford：Oxford University Press，1969）。

② 正如尼古拉斯·雷舍（Nicholas Rescher）所言："对于现实主义而言，独立于意志的客观性至关重要。如果一个事实独立于主观想法，即人类想法上的变化不会影响它的存在，此种模式下的事实就是客观的。客观事实（不同于仅产生于主体间合意的事实）本身不以主观想法之别而有所区分，不依赖于主观想法而存在，思想家们的想法对它不产生影响。" Nicholas Rescher, *Objectivity：The Obligations of Impersonal Reason*（Notre Dame，IN：University of Notre Dame Press，1997）at p. 104.

理事件集。此外，不正当性也是一个由人类创造的概念，它依赖于可责性（犯罪意图），也就是说，它依赖于人类意志。动物具有避免危害和死亡的本能。即使人类不存在于世上，从而无法形成一条蛇仅仅因为错误地以为大象会踩到自己而咬死大象的概念，大象的死亡事实仍旧存在。然而，蛇不可能是有责的。因此，它可以危害大象（危害是由人类形成的概念），但是它不能不正当地对待大象，因为蛇不知道二者的差别。假想防卫也许能够证明一个人所做的如上述例子中的那条蛇的行为，但是一条蛇不具备理解不正当性的能力，因此它不需要为自己的行为辩护。同样地，火山也可能摧毁一个物种赖以生存的热带雨林，从而消灭一个物种，但是地震并非不法地对待那些生物。

家猫有这样一种倾向，它们不仅会为了获得食物而杀死鸟类和老鼠，而且在吃掉它们之前，会玩弄它们几个小时，折磨它们。有时候，家猫甚至不吃鸟类或老鼠，而只是玩弄它们，把这作为消遣。当一个人看到一只鸟/老鼠被家猫玩弄折磨时，他试图营救鸟/老鼠，尤其是鸟，因为我们的传统观念认为鸟类有益，而老鼠有害。人类介入者认为家猫对其猎物的肆意利用是坏的。但是，没有人会想要惩罚这只猫，因为理性人明白，猫不具备和人类一样的反思能力和理性能力，因此猫并非有责地引起了不良后果。[①] 相反，当一个人故意旨在对他人造成可回避的不良后果时，其道德可责性以及后果的恶劣性（危害一个人类同胞），为立法者提供了犯罪化的传统依据。惩罚故意危害他人的人是公平的，因为危害行为对那些受到危害的人造成了不良后果，而实施危害的人明白他的行为是不正当的：该行为侵犯了被害人的真正权利。

批判的道德使立法者能够宣称某些行为确实是不正当的，也使立法者

---

① 无论是在东方还是在西方，人们曾经都很平常地报复动物和无生命的物体。爱德华·埃文斯（Edward P. Evans）教授在很久以前曾道："原始危害……大多数无知的文明社会不考虑其遭受的危害是否由智慧的行为人所导致，而是仅仅遵循原始的报复本能，对树木、石头、野兽施以报复。遏制这种原始习性的能力，以及对行为、心理状况进行恰当分析以查明道德责任的能力，是以高度发展和完善心智以及极为敏锐的心理感知为先决条件的，事实上，最近也只有一小部分人类能够获得这些能力。绝大多数人类还需要经历漫长的智力进化过程，大幅提升他们当前在文化等级中的位置，才能获得这些能力。"Edward Payson Evans, *The Criminal Prosecution and Capital Punishment of Animals* (London: Faber and Faber, 1987) at p. 184.

能够解释个中缘由。传统道德使立法者能够宣称某些行为是不正当的，因为他们违反了我们对于不正当性的传统理解。更复杂的现实主义者的观点是，某些行为具有独立于意志的不正当性。以科学为基础的本体论（Ontology）有助于解释诸如使他人失明、砍断他人的腿、使他人遭受脑叶白质切除术等生物学上的危害，在本体论意义上和科学意义上都是破坏性的、痛苦的，因此是坏的。但是，人类的故意行为（应受谴责的行为，即具有可责性的行为）如何能够独立于人类意志呢？当然，这种故意的危害行为必须由具备人类智能的生物造成，这是一种有意识和意愿的行为。正是我们对可责性（与危害）的概念化在这些道德理论中发挥了作用。当一个人想、计划、仔细考虑然后危害他人时，有意识的危害几乎无法独立于意志。只有在人类认识者理解了行为的不正当性时，该行为才能被理解为不正当的。该行为之所以不正当，是因为经过了几千年进化和社会化[1]的智慧生物（人类）能够运用其智能（理性能力）、社会传统、经验和生物事实以及传统理解，[2] 从而认识到故意危害他人的不正当性。

当人们彼此之间产生冲突或争端时，就会反思哪一方故意地（轻率地）不公正地做出行为，即实施了不法行为。例如，顾客们排队接受服务的观念，就是为了解决每个人都想同时接受服务时可能引起的冲突，从而逐步形成的传统习俗。同样地，可责性限制也是从反思的认可途径进化而来的[3]，因为故意地/轻率地[4]旨在对他人造成可回避的（有责的）不良后果与意外地导致该后果不同，这一点十分明显。熟思者无须过多反思，就能理解那些没有借口或正当理由而不排队的人，是以排队的人为代价而做出行为的。

---

① 许多正义原则也在缓慢进化，现在看起来很明显的原则，甚至在最先进的古代文明中，人们也可能完全不曾想到过。Edward Payson Evans, *The Criminal Prosecution and Capital Punishment of Animals* (London: Faber and Faber, 1987) at p. 184.

② Erving Goffman, *Relations in Public*, *Microstudies of Public Order* (New York: Basic Books, 1971).

③ 曾经，人们因为受到他们的"奴隶、动物以及其他家庭成员，甚至属于他们的无生命的物体"对他们造成的危害而报复，且是十分寻常的。Albert Levitt, "The Origin of the Doctrine of Mens Rea," (1922 – 1923) 17 *Illinois Law Review* 117 at p. 120; Frederick Pollock and Frederick William Maitland, *The History of English Law Before the Time of Edward Ⅰ* (Cambridge: Cambridge University Press, Vol. Ⅱ, 1923) at pp. 470 – 480.

④ Thomas Nagel, *The View From Nowhere* (New York: Oxford University Press, 1986) at p. 186.

传统途径①承认，只有在人类将特定行为概念化为不正当的、坏的、有害的时，该行为才属于不法行为；概念化的过程有赖于人们运用社会信息，考虑社会背景。责任和过错都是由人类理性发展而来的传统概念，人类对于公平、正义、相关制度、社会实践的理性认知随着人类文明和社会化的发展而发展。试图说明刑事犯罪属于批判意义上的客观不法行为是徒劳的。② 归责原则之类的道德原则确实是实例化的，但也是人类构建的。可责性条件需要某种形式的意志，它依赖于人类意志和以理性为基础的社交活动。猫折磨老鼠并不是理性的社交活动，因为猫缺乏理性，它在我们的社会环境之外活动。士兵是理性人，他们能够运用正义原则、社会规范等来参与理性的社交活动。因此，如果一群士兵折磨战俘，他们就是不合理地做出了行为，也违背了不折磨他人的社会规范。士兵们有足够的理性和经验信息，能够理解他们行为的传统意义。士兵可以考虑相关社会信息和传统的正义原则，进而辨别折磨他人的不正当性。正义原则，尤其是危害原则、自主原则③、归责原则④、平等原则⑤，都是由人类发展和构建而来的，也随着人类见解的逐步深刻而得到进一步改善。

尽管我们也许能够认定某些犯罪的本质上的不正当性，或者关于冒犯他人的形而上学状态的道德主张的绝对真理，但是仍有许多犯罪无法被解释为始终对所有人都构成真正的不良后果，例如暴露行为。⑥ 尚未发现有关这一命题（即普遍意义上讲，公众场所裸体行为具有本质上的不正当

---

① 有些评论者倾向于夸大理性所能提供的客观性，并否认它容易受到传统习俗和人类理性的局限性的影响。David Wiggins, *Needs*, *Values*, *Truth*（Oxford：Oxford University Press, 1998）at pp. 195 *et seq.*；Thomas Nagel, *The Last Word*（New York：Oxford University Press, 1997）.

② 将事实的复杂问题纳入犯罪化决定，似乎并没有取得什么效果。Richard Rorty, *Objectivity*, *Relativism*, *and Truth*：*Philosophical Papers*（Cambridge：Cambridge University Press, Vol. Ⅰ, 1991）；Richard Joyce, *The Myth of Morality*（New York：Cambridge University Press, 2001）.

③ J. B. Schneewind, *The Invention of Autonomy*（Cambridge：Cambridge University Press, 1998）.

④ Rollin M. Perkins, "A Rationale of Mens Rea,"（1939）52（6）*Harvard Law Review* 905.

⑤ W. T. Blackstone, "On the Meaning and Justification of the Equality Principle,"（1967）77（4）*Ethics* 239.

⑥ 作为道德现实主义的最坚定的维护者之一，托马斯·内格尔认为公共场所暴露行为只具有视传统习俗而定的不正当性。参见 Thomas Nagel, "Concealment and Exposure,"（1998）27（1）*Philosophy & Public Affairs* 3。

性）的令人信服的解释。这不仅仅是关于冒犯和厌恶究竟是否具有实例化
（Instantiated）属性的问题①，更是关于暴露行为是否在事实上造成了本质
上的不良后果的问题。社会化似乎能够为公共场所裸体行为所引起的厌恶
状态做出更好的解释。裸体主义者使用公共海滩并不存在什么本质上的不
正当性（100 年前，在公众场所穿一件现代比基尼就相当于今天的裸体行
为；100 年后，裸体可能成为海滩上的常态——这忽略了与皮肤癌相关的
健康问题，这些健康问题可能会引起与之相反的另一种趋势）。尽管如此，
我们也许会为了解决复杂的多元社会中，以符合道德要求的方式使用公共
空间而涉及的合作问题，而对公共场所裸体行为进行管制。传统途径可以
考虑到传统意义上特定行为的潜在影响，而批判的道德标准则不然。对冒
犯他人的恶劣性（正如范伯格所述）的批判的道德解释未能说明公共场所
裸体行为的本质上的不正当性，因为在人类意志、社会化、背景和习俗之
外，该行为不会造成不良后果，因此在普遍意义上，该行为并非绝对不
正当。②

　　取决于传统习俗的，不仅仅是冒犯行为的不正当性，真正的危害同
样如此。例如，如果行为人在蒙娜丽莎画像上画了一道横穿整幅画的黄
色条纹，该行为就可能被类型化为刑事（危害）损害③，除非我们的根
本社会规范无法理解故意在古董画上附加一道条纹的不正当性、恶劣性
或危害性。我们假设行为人是一位私人收藏家，那么传统的财产所有权

---

① 胡萨克最近试图确定冒犯的形而上学状态——冒犯的特性是否切实存在。胡萨克没能说
明冒犯确实存在，他指出："许多理论家似乎认为，在证明法律介入的正当性时，不需要
厌恶现实主义的存在；……最终，有必要检验有关我们的厌恶机制的经验数据。" Douglas
Husak, "Disgust: Metaphysical and Empirical Speculations," in Andrew von Hirsch and An-
drew Simester, *Incivilities: Regulating Offensive Behavior* (Oxford: Hart Publishing, 2006) at
pp. 110 – 111; Aurel Kolnai, "The Standard Modes of Aversion: Fear, Disgust and Hatred,"
(1998) 107 *Mind* 581.

② "我们可以合理地假设，'厌恶' 和 '恶心' 是独立的心理学术语，是无须诉诸任何投射
属性（Projected Properties）就可以形成的概念……现在的问题是：对于一些概念的应用
采取了评价性概念特有的方式，其应用涉及我们主观构成的不同方面，在与这类概念相
关的情形下，如果我们拒绝这种将主观反应理解为对现实相关特征的感知而无益于探寻
真理的现实主义，那么我们就能假定，主观反应似乎具有投射主义所要求的解释性的优
先权。" John McDowell, *Mind Value and Reality* (Cambridge MA: Harvard University Press,
1998) at p. 157.

③ 根据英国《1971 年刑事损害法》（*Criminal Damage Act 1971*），这个行为可能构成犯罪。

就没有受到侵犯。如果他拥有这幅画作，那么他当然有权毁掉它。有人可能认为附加了线条的画作是一件艺术品，线条对原本的画作起到了增光添彩的作用。该行为显然不会像毁掉偏远部落的唯一水源或食物那样，削减画作所有者的基本生存资源或原始生存资源。① 只有通过考虑环境因素、条件因素、社会因素和经验因素才能准确识别传统的危害和冒犯的客观危害性。因此，这类危害的客观性是传统的，它受制于各种矛盾和偏见，这些矛盾和偏见影响着社会中主体间行为人的推理。请记住，本书所说的社会中的行为人不具备托马斯·内格尔、康德或科尔斯高设想的超自然能力，他们只是社会化的人类，他们通过社会实践探寻应受刑法保护的传统价值。从这个意义上看来，依据相关社会规范理解特定行为十分必要。②

同样地，如果一个人拿一枚硬币在他人崭新的劳斯莱斯车漆上乱划，那么从传统意义上而言，车主就受到了危害。但是，如果只是一个小划痕，似乎车主只是受到冒犯（而不是受到危害），因为他的社会教化使他欣赏完美车漆的美学。③ 如果划痕很浅，车辆就不会生锈，也无须维修，划痕也不影响车辆的使用。在复杂的现代社会中，只有通过考虑根本社会规范，才能理解许多真正的危害与冒犯的不法行为，因为不良行为/后果具有实质上的人为因素——这些不良后果是我们自身社会化的复杂方式所造成的，因为我们同意在特定社会背景下限制我们的自由，以达到社会、社区和文明的存在与运行所必不可少的社会合作程度。

---

① 经济损害的概念受到传统的所有制观念的严重影响。不同于疼痛、折磨、死亡、截肢、强奸，等等之类，盗窃、财产损害、侵占的危害性因文化而异，它取决于一个文化是否具有集体财产所有权或个人财产所有权的概念，或者说这个文化是否承认财产。从最原始的意义而言，对诸如庇护所、食物和水源等基本资源的危害可以被描述为普遍意义上的危害，因为它以同样的方式影响全人类。

② Gordon P. Baker and Peter M. S. Hacker, *Language, Sense and Nonsense: A Critical Investigation into Modern Theories of Language* (Oxford: Basil Blackwell, 1984) at pp. 257 – 258.

③ 这里，也许无法达成客观的观点。例如，在 *R. v. Gibson* ［1991］1 ALL E. R. 649 案件中，被告人因在美术馆展示由胎儿制成的耳环，被判有违公德。有趣的是，我个人看不出这类展示中的艺术性。同样地，许多西方人喜欢在客厅悬挂一幅米开朗琪罗的画作，但是他们不会想把装饰精美的新几内亚头盖骨摆在客厅。很显然，社会化在根本意义上影响着人们的品位。参见 Frances Berenson, "Understanding Art and Understanding Persons," in S. C. Brown (ed.), *Objectivity and Cultural Divergence* (Cambridge: Cambridge University Press, 1984)。

范伯格主张"冒犯行为"为犯罪化提供了一个批判的道德理由，接下来本书将论述这一观点的空洞性。有关危害原则的争议较少，因为我们对于原始危害和许多形式的非原始危害，例如毁灭蒙娜丽莎画作之类的文化制品等行为，具有传统共识。[1] 危害原则语境下的核心问题在于：确保危害是真正危害，确保刑法是合比例的立法回应。而冒犯原则更具争议，因为我们尚不清楚预防冒犯行为本身对于促进人类繁荣是否必要，也不清楚它旨在解决的争端是否需要以刑法回应。同时，本书考察了范伯格所述犯罪化的冒犯理由是否有别于德富林所述的理由。本书简略讨论了视传统习俗而定的危害本质，为上述考察做好理论准备。

第五节　视传统习俗而定的危害

随着社会变得越来越多元化，更加复杂的合作问题也随之产生，自然也就出现了不法行为。经验告诉人们，避免危害和其他坏的后果是必要的、有利于我们的，尤其是那些可回避的（有责的）类型。让我们依据范伯格的危害原则来考虑传统危害。范伯格[2]在三层意义上详细解释了危害，分别是：（1）损害；（2）对利益的阻碍或破坏；（3）不法行为。他指出，危害原则语境下的"危害"指的是第二层意义与第三层意义的重叠。危害必须是由不法行为造成的，这是定罪的基础。因此，在行为人有责地旨在减损他人利益时，其行为就是应当入罪的。[3] 范伯格所述的危害概念表示着"第二层意义和第三层意义的重叠：只有减损他人利益的行为才是不法的，减损利益的不法行为在适当条件下才能被视作危害"[4]。在这个语境下，"利益"指的是与一个人的福祉紧密相关的事物。根据范伯格的观点，整体而言，个人利益包含了所有与其个人具有利害关系的事物。一个人的个人利益

---

[1]　约翰·麦基恰当地指出，道德的目的在于促进人类事业的发展。J. L. Mackie, *Ethics: Inventing Right and Wrong* (New York: Penguin Books, 1977) at pp. 169–199.

[2]　Joel Feinberg, *The Moral Limits of the Criminal Law: Harm to Others* (New York: Oxford University Press, Vol. I, 1984) at p. 215.

[3]　Joel Feinberg, *The Moral Limits of the Criminal Law: Harm to Others* (New York: Oxford University Press, Vol. I, 1984) at pp. 33–34.

[4]　Joel Feinberg, *The Moral Limits of the Criminal Law: Harm to Others* (New York: Oxford University Press, Vol. I, 1984) at p. 36.

"以和谐的方式促进了所有人的利益"①。这些利益，或按照范伯格所言："这些存在利益的事物，是个人福祉的可辨别的组成部分：个人因这些事物的发展而发展，也因其衰败而衰败。"②

范伯格以利益三分法来解释危害行为的恶劣性，利益三分法包括福利利益，和"保护"我们福利利益的安全利益和累积利益。③ 福利利益是范伯格体系的核心。这是几乎每个人都享有的利益，"无论我们的最终目标是什么，也无论这个目标之后会发展成怎样，福利利益都是人们达成自己最终目标所必需的"④。福利利益包含以下内容：延长寿命至可预见的时间段，保持身体健康和安全，维持最低限度的智力活动和稳定情绪，有能力参与社会交往并从中获益，维持最低限度的财务安全，维持合理生活条件，免于病痛与毁容，免于无理的焦虑与怨恨（恐吓），免于无理的胁迫。⑤ 这是独立于我们每个人各自生活计划之外的，所有人都需要的物质利益和条件利益。每个人对这类利益都有必要的利害关系，因为这是我们幸福生活的先决条件。⑥

范伯格将重要的福利利益与那些只涉及个人长远目标的利益区分开来。⑦ 我们的长远目标可能包括拥有一个理想家园，成为电影明星或政治家，等等。⑧ 法律不直接保护一个人的长远目标和需要（如建造理想家园、

---

① Joel Feinberg, *The Moral Limits of the Criminal Law*：*Harm to Others*（New York：Oxford University Press, Vol. Ⅰ, 1984）at p. 34.

② Joel Feinberg, *The Moral Limits of the Criminal Law*：*Harm to Others*（New York：Oxford University Press, Vol. Ⅰ, 1984）at p. 34.

③ Joel Feinberg, *The Moral Limits of the Criminal Law*：*Harm to Others*（New York：Oxford University Press, Vol. Ⅰ, 1984）at pp. 37, 207.

④ Joel Feinberg, *The Moral Limits of the Criminal Law*：*Harm to Others*（New York：Oxford University Press, Vol. Ⅰ, 1984）at p. 37.

⑤ Joel Feinberg, *The Moral Limits of the Criminal Law*：*Harm to Others*（New York：Oxford University Press, Vol. Ⅰ, 1984）at p. 37.

⑥ Joel Feinberg, *The Moral Limits of the Criminal Law*：*Harm to Others*（New York：Oxford University Press, Vol. Ⅰ, 1984）at p. 37.

⑦ Joel Feinberg, *The Moral Limits of the Criminal Law*：*Harm to Others*（New York：Oxford University Press, Vol. Ⅰ, 1984）at p. 37.

⑧ "但至少关于福利利益，我们倾向于认为，在任何情形下，促进福利利益的事物都对个人有利，无论他有什么样的信念或需要……利益和需要有可能是一致的，但是前者既不依赖于后者，也不是后者的衍生物。" Joel Feinberg, *The Moral Limits of the Criminal Law*：*Harm to Others*（New York：Oxford University Press, Vol. Ⅰ, 1984）at p. 42.

获得政治地位或专业职位、解决重要科研难题、养家糊口、得到上帝的恩赐，等等）。① "如果我对重要科学发现感兴趣，对创造有价值的艺术品感兴趣，或对其他个人成就感兴趣，法律会通过保护对我而言至关重要的福利利益的方式，来保护我的这些愿望。但考虑到我有自己的生活、健康，有足够的经济能力、自由和安全，没有什么更多是法律（或其他任何人）能为我做的，其余全部取决于我。"②

但是，超过最小限度福利的遥远利益也受到保护。③ 禁止入室盗窃的法律不仅保护穷人的利益，也保护富人的利益。无论入室盗窃可能会使穷人面临破产，还是偷走一幅早已被富人忘却的米开朗琪罗的画作，而对富人造成直接影响。④ 即使某些危害可能只对某些个体造成十分轻微的影响，他们也可能产生累积的影响。法律不仅保护富人的遥远利益，"也保护其自由利益（决定如何使用其累积财富的利益）和安全利益（财产利益遭到侵害的事实，甚至可能对其福利利益构成威胁，特别是侵犯行为涉及强制或胁迫时，或侵犯行为很可能经常重复发生时）"⑤。除此之外，对他人财产利益的较小减损甚至都可能 "威胁……到与每个人或多或少利益攸关的财产的一般安全性，以及财务事宜的有序性和可预测性"⑥。这些 "保护"

---

① Joel Feinberg, *The Moral Limits of the Criminal Law*: *Harm to Others* (New York: Oxford University Press, Vol. I, 1984) at p. 62.

② "同样地，在我最高的财富累积下，或者在购买游艇或梦寐以求的房屋之类的财富使用中，法律只能通过保护我免遭盗窃或欺诈的方式，间接保护我的利益，但法律不能保护我免于不良投资建议、个人轻率、他人不可预测的依赖性、缺乏个人的勤奋或独创性等等。" Joel Feinberg, *The Moral Limits of the Criminal Law*: *Harm to Others* (New York: Oxford University Press, Vol. I, 1984) at p. 62.

③ 遥远利益只能受到间接侵犯。维持最低限度的福利利益，是发展其他所有的利益的必要条件，而侵犯这类福利利益中的任何一种利益，都是危害他人遥远利益的常见方式……至少有一类遥远利益是容易受到直接危害的，即那些由福利利益延伸出的最低限度所组成的遥远利益。不可否认，富人与穷人都同样受到盗窃行为的不法对待，尽管前者可能不会受到与后者同等的危害。Joel Feinberg, *The Moral Limits of the Criminal Law*: *Harm to Others* (New York: Oxford University Press, Vol. I, 1984) at p. 112.

④ Joel Feinberg, *The Moral Limits of the Criminal Law*: *Harm to Others* (New York: Oxford University Press, Vol. I, 1984) at p. 63.

⑤ Joel Feinberg, *The Moral Limits of the Criminal Law*: *Harm to Others* (New York: Oxford University Press, Vol. I, 1984) at p. 63.

⑥ Joel Feinberg, The Moral Limits of the Criminal Law: *Harm to Others* (New York: Oxford University Press, Vol. I, 1984) at p. 3. 这个意义上而言，范伯格似乎考虑到了社会合作。

我们福利利益的安全利益也同样可以被保护。① 举例而言，普通侵犯人身的行为也被入罪，以保护我们基本的安全感。② 与此类似地，累积利益是我们在"生活中的各种美好的事物中"存有的并非至关重要的利益。③ 盗窃富人的游艇或米开朗琪罗画作并不必然剥夺其生计，也不会危害到高于最低限度的安全，但会侵犯其累积的资源。④ 如果不加以控制，这也会破坏与我们利益攸关的整个财产系统的稳定性。

范伯格将单纯的需求（Wants）与可识别的利益（Recognizable Interests）相区分。将强烈的需求类型化为利益的做法是不合理的。例如，露西是洋基队（Yankees）的忠实粉丝，她十分渴望洋基队在比赛中获胜，但是单凭其渴望，并不足以说明她与洋基队获胜利益攸关。⑤ 范伯格论述道："我们的一些最强烈的渴望与我们更长远的目标无关，且不够稳定和持久，无法代表任何资金投入，从而不适宜为遥远利益（例如突然很渴望得到一个圆筒冰激凌）提供依据。"⑥ 危害是有助于保护个人自主权利的衡量措施。⑦ 当一个人享受、追求美好生活的机会受到阻挠或被减损时，他或她就受到了危害。⑧ 当一个人的个人资源或专有资源受到损害时，危害

---

① Joel Feinberg, *The Moral Limits of the Criminal Law：Harm to Others* (New York：Oxford University Press, Vol. I, 1984) at p. 207.

② "除了为了追求目标所必需的最低限度的健康和经济福利之外，一个人还需要一定的额外的安全限度。如果没有这个安全限度，人们可能会开展活动，但只是忧心忡忡地勉强开展活动。" Andrew von Hirsch, "Injury and Exasperation：An Examination of Harm to Others and Offense to Others," (1985 – 1986) 84 *Michigan Law Review* 700 at p. 703.

③ Andrew von Hirsch, "Injury and Exasperation：An Examination of Harm to Others and Offense to Others," (1985 – 1986) 84 *Michigan Law Review* 700 at p. 703.

④ Andrew von Hirsch, "Injury and Exasperation：An Examination of Harm to Others and Offense to Others," (1985 – 1986) 84 *Michigan Law Review* 700 at p. 704.

⑤ Joel Feinberg, *The Moral Limits of the Criminal Law：Harm to Others* (New York：Oxford University Press, Vol. I, 1984) at p. 42.

⑥ Joel Feinberg, *The Moral Limits of the Criminal Law：Harm to Others* (New York：Oxford University Press, Vol. I, 1984) at p. 43.

⑦ "这个理由解释了为何最小限度的政治自由是福利利益。这并不是说如果没有这类自由，人们就不能存活，而是说当人们的选择、结社、言论自由受到过多的外部干涉时，个人就无法形成、选择或追求其个人目标。" Andrew von Hirsch, "Injury and Exasperation：An Examination of Harm to Others and Offense to Others," (1985 – 1986) 84 *Michigan Law Review* 700 at p. 705.

⑧ Andrew P. Simester and Andrew von Hirsch, "Rethinking the Offense Principle," (2002) 8 (3) *Legal Theory* 269 at p. 281.

就会发生，因为这些资源使我们能够发现其他机遇。①

　　尽管范伯格的危害原则存在一定问题，但它普遍在原始意义上和传统意义上对某些危害的不正当性做出了十分令人信服的解释。如果我们回到X轻轻地划伤Y的劳斯莱斯车漆的例子，我们就能明白，不良后果是在传统习俗的意义上构建的。X的行为并不一定会损害Y的生计，也不会自动影响到Y的累积利益（Y受到的累积利益的损害最终将影响到我们所有人都存有利益的金融事务的有序性和可预见性）。划伤车漆的行为只会影响到Y的累积利益，因为他已经被社会化地认为X划伤他的车漆属于故意破坏财物的行为。正是Y被社会化的方式，使得他因为车漆被他人划伤而感到冒犯。虽然Y的厌恶取决于他已经被社会化为不喜欢车漆改变后的模样，但是Y仍旧受到X的无理对待，因为X没有经过Y的同意，就划了他的车漆，从而妨碍了他的个人自主（自由选择）。他觉得有必要利用他的累积资源，使车漆恢复到原来的状态，从而控制他的财产的使用方式。在客观意义上，这种危害不是普遍有害的；当然，在现实主义意义上也并非普遍有害的。在许多现代社会里，汽车不是生活必需品。此外，Y的车仍是功能齐全的。他的累积利益（此指其整体生计，从原始意义上看，即基本食物、庇护所、人身安全等）不一定受到减损，② 因为即使车辆油漆受损，他仍能充分使用汽车的功能。范伯格吸收了传统的财产所有权观念，主张人们应当有权保护其累积资源，即使有些资源是不劳而获的（就像艺人一样，他们的收入远远高于一个人通过劳动和技能可能获得的收入）。损害他人的累积资源具有规范意义上的有害性。本书认为对不劳而获的财富或过量财富的保护，无疑取决于人们对财产所有权的传统认知。

　　回到上文的例子。Y接受的社会教化使他觉得有必要将劳斯莱斯的车漆恢复原状。他这样做时，就是宣称自己决定如何使用其个人财产的权利。他将使用自己的累积资源来修复车漆，从这个意义上看来，他受到了危害。从传统意义上而言，人们不可能在不接受任何合理妥协的情况下，作为一个集体生活，并从集体生活中获益。当一个人行使自己的自由给他

---

① Andrew P. Simester and Andrew von Hirsch, "Rethinking the Offense Principle," （2002）8（3）*Legal Theory* 269 at p. 281.

② 可以说，在现代社会中，累积资源的权利远远超出了维持生存所必需的程度，这是一种原始观念的延伸，即为了在艰难时期（干旱、洪水等）保护一个人的生存机会而累积资源。

人带来可回避的（无正当理由的/无可辩解的）不良后果时，即使这些不良后果是视传统习俗而定的，我们也会期待他就其自由作一定妥协。人们在杂货店或银行排队接受服务，因为这个妥协使每一个排队的人都能从合作中公平分配的负担和收益中获益。在更严重的情形下，刑法被用来规制①那些不愿意接受合理妥协的人。如果每一个人都可以划别人的车，那么这必然会威胁到我们每一个人都存有利益的整个合作生活体系（社会/社区）。行为人划伤了别人的车漆，从而没有以那些试图在合作体系中共同协作的理性行为人可以接受的方式做出行为。② 立足于社会的理性人将宣布这类行为有罪，因为所有人都可享有尊重财产所有权的目的。

在这个语境下，犯罪化的目的在于促进相互合作的集体生活中的利益和负担的公平分配。我们没有要求施害者接受对其自由的不合理的妥协，因为肆意侵犯他人财产权的自由不是基本自由，因此这类对于他人自由的侵犯是可回避的。基本社会规范对于解释为什么行为人可能被迫维持汽车外观，并由于恢复他人财产原貌而损害自己的累积资源，起了重要作用。

第六节　冒犯他人的传统恶劣性

在冒犯他人的案例中，冒犯行为具有的视传统习俗而定的恶劣性与最终的不正当性甚至更为明显③，因为人们对于行为恶劣性的认识随特定社区保有的传统习俗而变化。范伯格指出："长期以来，这始终是支持拟议中的刑事禁令的很好的理由：该刑事禁令对于预防除了行为人之外的其他人受到严重冒犯是必要的，且该禁令的颁布实施是达到这一目的的有效途径。"④ 范伯格认为我们需要一个独立的冒犯原则，因为短暂的烦恼、失望、厌恶、窘迫、恐惧、焦虑等憎恶状态，以及各种微不足道的

---

① Max Weber, *Law in Economy and Society*, Max Rheinstein (ed.), trans. Edward Shils and Max Rheinstein (Cambridge, MA: Harvard University Press, 1954).

② 与科尔斯高提出的程序性的现实主义的比较可参见 Christine M. Korsgaard, *The Sources of Normativity* (Cambridge: Cambridge University Press, 1996) at pp. 131 – 166。

③ 与范伯格相同，我也认为危害他人和冒犯他人在概念上存在差异，但本书认为可以通过运用我们对危害和冒犯的深刻的传统认识，在客观意义上对二者进行区分。

④ Joel Feinberg, *The Moral Limits of the Criminal Law: Offense to Others* (New York: Oxford University Press, Vol. II, 1985) at p. 1.

（"无害的"）疼痛，并不必然导致危害。冒犯的侵犯行为（干涉行为）可能会损害我们的利益，从而被纳入危害原则的规制范围内，但大多数形式的冒犯行为不会造成危害。即使是严重冒犯行为，例如公开展示由胎儿制成的耳环①、在公共汽车上面对他人吃呕吐物、在公共场所性交等，也不足以达到危害的程度。因此，"即使从广泛的非专业的（传统的）意义上讲，危害也排除了短暂的失望，轻微的身心'危害'，以及各种形式的不悦、焦虑和无聊等各类不受欢迎的心理状态；因为广义的危害是对利益的损害，人们对于避免这些不受欢迎的状态，不存在任何（典型的）利益"②。范伯格使用"冒犯"的概念，为无害但冒犯的行为的犯罪化提供规范依据，仅仅因为这些行为引起他人"完完全全的（如强烈的反感和厌恶）伤痛（如'无害的'阵痛和剧痛），以及'其他'感受（如羞愧和窘迫）。"③

我们需要考察两个问题：第一，什么使得冒犯他人不正当；第二，这类行为导致的应当入罪的不良后果是什么？对于特定行为是否引起冒犯的评估，几乎完全依照社会标准，而不同社会、不同年代的社会标准也各不相同。例如，公共场所的裸体行为不是普遍意义上的冒犯。在许多非洲地区或热带地区，部落成员普遍不穿衣服。在欧洲，海滩上的裸体也很常见。类似地，一个流浪汉在布朗克斯区（The Bronx）④ 咒骂另一个流浪汉，与一名哲学系学生在普林斯顿大学哲学系的走廊里咒骂教授相比，二者的社会意义也完全不同。两个人在公共场合接吻的情景，可能会在俄罗斯、中东甚至美国某些地区对他人造成严重的冒犯⑤，但在伦敦、纽约或斯德哥尔摩也许根本不会引起人们的注意。冒犯主要是人们的主观感觉，有些

① *R. v. Gibson* ［1991］1 ALL E. R. 649.
② Joel Feinberg, *The Moral Limits of the Criminal Law：Harm to Others*（New York：Oxford University Press, Vol. Ⅰ, 1984）at p. 48.
③ Joel Feinberg, *The Moral Limits of the Criminal Law：Harm to Others*（New York：Oxford University Press, Vol. Ⅰ, 1984）at p. 48.
④ 布朗克斯区（The Bronx）是纽约五个区里面最北面的一个区，20世纪70年代至80年代时，布朗克斯区的住宅区常发生纵火案，且主要发生在最贫困的南布朗克斯区。自20世纪90年代起，许多被烧毁的房屋、破旧的房屋被多单元住房所替代。布朗克斯区被认为是贫困率和失业率最高的区，直到现在南布朗克斯区仍是如此。参见 https：//en. wikipedia. org/wiki/The_Bronx。——译者注
⑤ *Lawrence v. Texas*, 539 U. S. 558（2003）.

沟通可能会冒犯老年人，但不会冒犯年轻人；有些言论可能会冒犯女人，但不会冒犯男人；有些表述可能会冒犯基督教徒，但不会冒犯无神论者，反之亦然。

什么使得冒犯具有客观上的不正当性？某些形式的冒犯行为之所以属于不法行为，其基础在于行为人对他人的不尊重（Disrespect）。非康德式构想中的尊重（Respect）可以作为容忍和妥协的中立理由。"尊重人们对其同伴的合适的、可接受的外在表现的感受的方式，就是遵循既定的恰好适度的规则。"[1] 斯密斯特和冯·赫希[2]采用了对他人的尊重和体谅的观念，并指出冒犯行为的不正当性（以及由此得出的可入罪性）可以通过不尊重他人和不顾及他人来解释。他们认为，每一个自主的、能够承担道德责任的人，都有权受到最低限度的尊重和体谅。根据他们的分析，有些冒犯行为之所以不被允许，是因为他们以严重缺乏尊重和体谅的方式对待自主选择的理性行为人。"不法行为的这一必备条件要求犯罪化的支持者提供该行为有罪的原因，在我们的主张下，即要求支持者说明为何这类行为严重缺乏体谅或尊重地对待了他人。"[3] 但是，安德鲁·冯·赫希和斯密斯特提出了某些冒犯行为犯罪化的传统依据。他们通过特定不良后果（例如侮辱、逆向侵犯隐私、匿名性的丧失）而非冒犯行为本身，来解释何为不尊重和不顾及他人。本书认为，他们可以采取一个更好的方式，即考察侵犯隐私权的界限，并将其作为传统意义上的不良行为/后果，进而论证这个不良行为与可责性的结合就是犯罪。

冯·赫希和斯密斯特提出，可以从以下方面得出公共场所暴露行为的可入罪性：

> 托马斯·内格尔的"沉默"（Reticence）概念，是有关人们的私人领域（尤其是私密领域）中的相互制约义务。这一概念包括隐私

---

[1] Nicholas Rescher, *Objectivity: The Obligations of Impersonal Reason* (Notre Dame, IN: University of Notre Dame Press, 1997) at p. 143.

[2] Andrew P. Simester and Andrew von Hirsch, "Rethinking the Offense Principle," (2002) 8 (3) *Legal Theory* 269 at p. 291.

[3] Von Hirsch and Simester, "Penalizing Offensive Behavior: Constitutive and Mediating Principles," in Andrew von Hirsch and Andrew Simester, *Incivilities: Regulating Offensive Behavior* (Oxford: Hart Publishing, 2006) at p. 120. 但是，冯·赫希和斯密斯特对于传统习俗必须扮演的重要角色都有充分的认识。

权，即将他人排除在自己的领域之外。但是其对立面也应当达到：我们有权不被身不由己地卷入他人的个人领域之中，尤其是私密的暴露领域。可以说，正是这种并非出于自愿的卷入，使得裸露行为成为一种不顾及他人的行为。[①]

隐私权受到侵犯是否可以作为援引刑法的准则性依据？在西方社会，人们对于隐私权有着根深蒂固的传统理解，毫无疑问，对隐私权的严重侵犯会对受到影响的人造成不良后果。如果一位男士拍摄了一位女士的裙底，随后将这些照片发布在互联网上，不难想象这会对被害人造成传统上的不良后果。任何心理痛苦都取决于被害人感到羞耻的方式。如果有人朝着她的脸拍照，她可能就不会抱怨。值得注意的是，这类视传统习俗而定的不良后果侵犯了被害人的自由，是真正的不良后果，具有可入罪性；并且，被告人对于拍摄他人的裙底，并不存在更大的自由利益。然而，当我们将焦点转移到侵犯行为（Encroachments），即行为人强迫他人在公共场所接收有关自己的个人信息的情形（例如公共场所裸露行为），问题就变得相当复杂了。

对隐私权的侵犯是援引刑法的传统依据。露丝·加维森（Ruth Gavison）认为，隐私包括三个独立的组成部分：在完美的隐私中，没有人拥有 X 的信息，没有人注意 X，也没有人对 X 存在物理接触。人们获取他人的信息，或注意到他人，或与他人产生物理接触，都会导致他人隐私的丧失。秘密（Secrecy）的要素、匿名（Anonymity）的要素、独处（Solitude）的要素相互关联，共同构成了隐私概念的复杂结构。在以下情形中，一个人的隐私会遭受接近性（Proximity）和匿名性（Anonymity）的丧失：一个未受邀请的人进入餐厅，并坐在他那一桌；在满是空位的火车上，坐在他身旁。这个意义上的隐私是指身体接触（接近），意味着行为人得以通过正常感官在足够近的距离接触或观察他人。

露丝·加维森[②]列举了大量事例，以说明如何在物理接触方面理解隐

[①]　Von Hirsch and Simester, "Penalizing Offensive Behavior: Constitutive and Mediating Principles," in Andrew von Hirsch and Andrew Simester, *Incivilities: Regulating Offensive Behavior* (Oxford: Hart Publishing, 2006) at p. 120.

[②]　Ruth Gavison, "Privacy and the Limits of Law," (1980) 89 (3) *Yale Law Journal* 421 at p. 428.

私的丧失。例如，如果一个陌生人为了观看女人分娩而找借口进入她的家中，那么对近身领域的侵犯就导致了隐私的丧失。同样地，如果一个陌生人"选择坐在'我们的'长椅上，即使公园满是空着的长椅"，在这个语境下，对近身领域的侵犯（物理接触）导致了隐私的丧失。在这上述两种情形下，"控诉的本质不在于他人获取了关于我们的更多信息，或者给予我们更多注意，而是压缩了我们的独处空间"[①]。语境和基本社会规范十分重要。一个人不可能仅仅因为在拥挤的车厢中站在另一个人的旁边，而侵犯到这个人的隐私。在拥挤的火车上，两个人可能被迫紧挨着对方坐着，但是他们都没有侵犯彼此的领域，因为在这个背景下，他们能够理解当前情形下须挨着对方坐。在公共火车上共享空间，是一项社会规范。如果火车十分拥挤，那么人们就被期待紧密地坐在一起或站在一起。人们从经验中能够得出这样的预期。一个人不会因为坐在另一个乘客身旁，而强迫其受到不想引起的关注。

现在我把注意力转向露丝·加维森提出的第二类和第三类隐私，即"没有人注意 X，也没有人对 X 存在物理接触"。公共场所暴露行为造成的不良后果是什么？我所想到的，是范伯格[②]假设的在公共汽车上性交的例子。人们有权发生性行为，但是，难道公共场所的公众成员应当被迫观看伴侣们性交吗？如果一对伴侣在哈佛广场性交，未同意接收此类信息的（Non-Consenting）路人有权不受到这类行为的干扰，有权不接收这类私密的信息。裸体展示之类的我们不愿接收的信息强行闯入了我们个人领域。[③]欧文·戈夫曼（Erving Goffman）[④]指出，非法侵入和强迫接收都可以导致不正当的侵犯。X 侵入 Y 的物理空间的方式，可以是获取 Y 的隐私信息，或者是进入 Y 的私人住宅，甚至是在公园中距离 Y 很近。同时，如果"在

---

① Ruth Gavison, "Privacy and the Limits of Law,"（1980）89（3）*Yale Law Journal* 421 at p. 428.

② Joel Feinberg, *The Moral Limits of the Criminal Law：Offense to Others*（New York：Oxford University Press, Vol. Ⅱ, 1985）at pp. 10 - 13.

③ 露丝·加维森恰当地指出，"很多时候，有些被认为侵犯了隐私权的行为，并不涉及隐私本身的丧失……这包括暴露于不愉快的声音、气味、景象……侮辱、骚扰、迫害，或扭曲报道；不经请求的邮件和不想接听的电话"；等等。Ruth Gavison, "Privacy and the Limits of Law,"（1980）89（3）*Yale Law Journal* 421 at p. 436.

④ Erving Goffman, *Relations in Public, Microstudies of Public Order*（New York：Basic Books, 1971）at pp. 50 - 51.

公共区域内，行为人对于其邻近空间过度地主张了个人空间"，则是不正当地强迫他人接受。① 例如，如果 X 在乘坐公共汽车时，给 Ipod 接上扬声器，以最大音量播放歌曲，那么他就会打扰那些想要保持安静或最低音量的人的舒适状态。

戈夫曼在《自我领域》（The Territories of the Self）② 一文中，将"领域"（Territory）定义为个人具有所有权的"事物场地"（Field of Things）或一个"独有范围"（Preserve）。在情景意义上，个人有权控制、使用、拥有划定了界限的领域。在以自我为中心的意义上，"独有范围是一个以主张者为中心，绕着他，并随他移动的区域"③。领域不是由客观因素决定的，相反，它的决定因素是关乎语境的。领域的轮廓具有社会决定的可变性，依据"当地人口密度、接近者的目的、固定的座位设备、社会场合的特点等因素"来认定。④ 戈夫曼的自我领域是由语境因素和传统因素来认定的，而不是由客观标准来认定的。因此，他将"个人领域"（Territories of Self）定义为"环绕个人的空间，在这个空间内，其他进入者会使这个人感到被侵犯，使他表露出不悦，有时候也会使其退缩"⑤。个人领域的范围通常依据社会准则来确定⑥，因此是否存在对隐私的客观侵犯，就取决于语境和传统习俗。例如，假设 X 是火车车厢内的唯一乘客，如果有人坐在她的旁边，她也许会觉得这是一种侵犯。如果坐在她旁边的是一位异性，这可能会增加她的担忧和不安。⑦ 这类骚扰可能会侵犯火车乘客不被打扰或保持匿名的权利。同样地，如果一位男士前往几乎空无一人的海

---

① Erving Goffman, *Relations in Public*, *Microstudies of Public Order* （New York：Basic Books，1971）at p. 51.

② Erving Goffman, *Relations in Public*, *Microstudies of Public Order* （New York：Basic Books，1971）at p. 29.

③ Erving Goffman, *Relations in Public*, *Microstudies of Public Order* （New York：Basic Books，1971）at p. 29.

④ Erving Goffman, *Relations in Public*, *Microstudies of Public Order* （New York：Basic Books，1971）at p. 31.

⑤ Erving Goffman, *Relations in Public*, *Microstudies of Public Order* （New York：Basic Books，1971）at pp. 31 – 33.

⑥ Erving Goffman, *Relations in Public*, *Microstudies of Public Order* （New York：Basic Books，1971）at pp. 31 – 33.

⑦ Erving Goffman, *Relations in Public*, *Microstudies of Public Order* （New York：Basic Books，1971）at p. 31.

滩，坐在距离一位年轻女士一英尺的地方，那么他在空间上的接近就会侵犯她不被打扰的权利。他进入了她的个人区域——她的邻域。该行为无正当理由地侵犯了她享有权利的个人空间。

以自我为中心地说，一个人的个人空间"以他为中心"，随着他移动。[①] 他有权把别人排除在自己的领域之外。如果沙滩极为拥挤，那么保持一英尺的距离可能不会引起人们注意，因为他只是要求他人分享十分拥挤的公共海滩，这是可被允许的要求。海滩上的游客以决定前往拥挤的海滩的方式同意拥挤，他们都享有在海滩上娱乐的共同目的。戈夫曼主张："在意志和自决问题上，就变成了以双重方式使用自我领域的全部可能性，将避免接触作为一种维持尊严的手段，将参与其中作为一种建立尊重的方式。基于此种双重性，便可既明确使用自我领域的行为性质，又保障使用自我领域的可行性。难怪自决对一个人成为一个成熟的人而言，至关重要。"[②] 逆向侵犯隐私（Inverse-Privacy Violation）的传统恶劣性，可以被理解为对个人自主权的侵犯。西方社会重视隐私和空间，从这个意义上看来，对隐私（以及个人自主权）的侵犯在客观上是恶劣的。可以说，鉴于复杂的多元社会中道德行为人的传统和社会化构成，我们对于维护最低限度的隐私都存有利益。

不法行为人在公共场所中将其私人（非公共）信息强加于非自愿的旁观者时，旁观者的个人自主权就会过度丧失。公共场所裸露行为的不良后果在于，旁观者选择是否接收极为私密的信息的机会（避免被卷入暴露者个人领域的机会）被剥夺了。人们不想接收的信息并非必须具备淫秽的或下流的内容才属于强加于人的，例如，如果一个人在公共汽车上以最大音量播放 iPod 里的歌曲，他就强行进入了其他乘客的个人领域。[③] 在公共汽车上，iPod 发出的响亮的声音，会限制其他乘客的选择，使他们无法在吵闹的音乐和安静之间做出选择，也无法在喧闹的音乐和他们当下与其他乘客的

---

① Erving Goffman, *Relations in Public*, *Microstudies of Public Order*（New York：Basic Books，1971）at p. 31.

② Erving Goffman, *Relations in Public*, *Microstudies of Public Order*（New York：Basic Books，1971）at pp. 60－64.

③ Andrew von Hirsch and Andrew Simester, *Incivilities*：*Regulating Offensive Behavior*（Oxford：Hart Publishing，2006）at p. 125.

交谈中做出选择。范伯格指出："不能随意离开的乘客被迫经历或从事某事，他们对这些事别无选择，因此，他们的个人自主权受到了侵犯。"[①]

然而，因为这类危害的后果是十分轻微的，因此刑法规制应仅限于罚金，而不包括监禁刑。这类行为的犯罪化理由，与批判的道德无关。甚至其犯罪化的传统理由也是异常薄弱的。我们对于将冒犯行为限定在公共场所的必要性的认识，或对于何种行为属于冒犯行为的认定，都尚未达成深刻共识。当然，大多数人不会在意诸如裸体海滩和裸体公园等开放的公共场所内的裸露行为。一个人如果前往裸体海滩，说明他能接受他可能看到的场景。冯·赫希和斯密斯特[②]认为，如果一个冒犯行为是能够轻易避免的，那么它就不应当入罪。侵犯了公共场所非自愿的人的个人自主权和隐私权的冒犯行为，其犯罪化必须受制于轻易可避免性的要求，也就是说，如果他人对于此类行为的避免必须采取无故限制其个人自由的方式，那么这类行为就具有可入罪性。[③]

同样地，将传统的侵犯隐私行为犯罪化的不太严谨的传统观点大致如下。受社会环境的影响，西方社会的公民对隐私非常敏感。揭露别人的隐私，可能会使他们陷入极度苦恼，这是其社会信仰以及社会的礼义廉耻使然。人们会为某些事情感到羞愧，因此人们需要隐私。显然，侵犯隐私的行为只在视传统习俗而定的意义上是恶劣的，但可能会造成真正的心理痛苦。现代科技使人们能够轻易通过互联网获取和传播私人信息。在有些案件中，计算机维修人员在艺人客户的电脑上发现了极为私密的信息（淫秽图片），并在未经用户同意的情况下，将这些信息上传至互联网。[④] 在这些案件中，对隐私的侵犯严重到足以导致传统意义上的危害。在完美的隐私状态中，没有人拥有未同意方的任何信息，但是完美的隐私并不存在。我

---

① Joel Feinberg, *The Moral Limits of the Criminal Law*: *Offense to Others* (New York: Oxford University Press, Vol. II, 1985) at p. 23.

② Andrew von Hirsch and Andrew Simester, *Incivilities*: *Regulating Offensive Behavior* (Oxford: Hart Publishing, 2006).

③ Andrew von Hirsch and Andrew Simester, *Incivilities*: *Regulating Offensive Behavior* (Oxford: Hart Publishing, 2006) at pp. 124 – 130.

④ 例如，最近香港发生了一起丑闻，行为人从艺人送去维修的电脑中获取了艺人们的淫秽照片，随后将这些照片上传至互联网。Keith Bradsher, Internet Sex Video Case Stirs Free-Speech Issues in Hong Kong (New York: *New York Times*, February 13, 2008).

们为了从事日常工作而进入公共领域，并放弃一些隐私：进入公共领域意味着受到公众监督。但是，我们对于隐私有着深刻的传统认识，我们深刻理解无论一个人是否为公众人物，他都有权对一些私密信息保密。

行为人未经同意将成年人的淫秽图片上传到互联网，会导致严重的隐私丧失。如果这些材料的性质是十分私密的，那么这类直接侵犯隐私的行为就在刑法的规制范围之内。但是，在涉及公众人物的案件中，材料必须格外私密，因为他们可以从声望中获益，所以应当比普通公民受到更多的公众监督。把自己置身于公众聚光灯下的人们，理应比那些不知名的人们接受更多的媒体监督。但是，这也有一定限度。未经当事人同意而有责地散布艺人们或前男友/前女友性交的照片或视频的行为，具有初步的可入罪性，因为这对未同意者造成了不良后果。轻微或中度侵犯隐私的行为，以民法规制即可，从而不应被视为犯罪。①

经他人同意可以暴露的信息类型也有一定限制。如果行为人散布了一位名人（或任何人）的淫秽私人影像，那么公众对于看到这些影像并不存有利益，未同意者就有权通过刑法保护其隐私。报道公众人物的风流韵事是一回事，发布这个人裸体性交的私人图片影像则是完全不同的另一回事。现代科技使得（秘密地，或以其他方式）摄影、记录、拍照、传播尤为容易，在这种情形下，刑法似乎是保护隐私的最有效途径。指望受影响的一方自行提起诉讼阻止此事，是不合理的。鉴于言论自由是一项极为重要的价值，刑法只应被用于保护最敏感的信息，即视觉上淫秽的或不雅的信息。刑法对名人隐私的保护，不能延伸到其他形式的私密信息（即书面或口头提及的敏感信息等），否则就是对言论自由的过度限制，以及对刑法的过度延伸。仅仅口头或书面提及名人的风流韵事（或发布有关该名人的非淫秽影像），不足以证明援引刑法的正当性。

对于隐私的放弃也可以采取默示的方式。如果一个名人（就此论点而言，或者其他任何人）前往公共裸体海滩并裸体，那么他就将自己的私密信息公之于众。如果狗仔队拍下照片或视频，并分发给八卦小报，那么受

---

① 对比 *Douglas & Ors. v. Hello! Ltd & Ors.* ［2003］EWHC 786 案件与 *Ettingshausen v. ACP* (1993) A. Def. R. ［51，065］SC（N. S. W.）案件，后一案件中，侵犯隐私的行为显然不应入罪。

影响的一方就不能声称自己的隐私受到了侵犯，因为他通过在公共场所展示的方式公开了这些私密信息。需要注意的是，公共场所（Public Places）与准公共场所（Quasi-Public Places）不同。如果一名记者或摄影师进入更衣室，拍下一位著名演员或足球运动员的裸照，他几乎不能声称被害人默许了将他的私密信息公之于众。① 如果一位名人故意地或满不在乎地将她的臀部暴露在公众视野中，那么她就不能抱怨隐私的丧失。②

第七节　有准则的犯罪化与视传统而定的犯罪

鉴于丧失隐私的客观恶劣性具有传统属性，因此，我们有可能为这类行为的犯罪化确立一个准则性的理由。在非洲或巴布亚新几内亚的偏远地区，人们已经被社会教化为不重视隐私，也不认为公共场所的裸体是私密的、他人不愿接收的信息。人们对于危害他人引起的不良后果（原始危害基本是一个毫无争议的不良后果）存在共识，但是对于许多形式的侵犯隐私行为的恶劣性很少达成一致意见。依据特定行为对人类价值和经验的影响来衡量其犯罪化是否正当，并不意味着我们无法区分无准则定罪和有准则定罪。对这些价值和经历的运用，使我们能够认定值得以刑法规制的行为。范伯格的危害原则能够以传统主义者（Conventionalist）对危害和可责性的见解为基础。我们所能做的，就是利用社会学证据和科学证据，来证明我们的危害论述在传统模式中的客观性。

我们不需要声称，依据一些普遍标准或正确标准，"危害"与"冒犯"的概念化是正确的。我们关于危害与冒犯的主张能够以我们对危害的核心传统认识和科学理解来检验。所有文化都将危害视为坏事，从这个意义上来说，危害是普遍存在的。不同社会的区别不在于危害是有害的这一见解，而在于什么是有害的这一认定。基本上，从经验角度和生物学角度来

---

① 在 *Ettingshausen v. ACP* (1993) A. Def. R. ［51，065］SC（N. S. W.）案件中，一张在公共更衣室拍摄的一名足球运动员的裸照被刊登在杂志上。未同意的足球运动员起诉后成功地获得民事损害赔偿。

② 罗伯特·斯坦斯菲尔德（Robert Stansfield）写道，布兰妮·斯皮尔斯（Britney Spears）在公众场所下车时走光了（无论她是轻率为之还是纯属意外）。参见 Robert Stansfield, "Britney's VPL," (London：*The Daily Mirror*, 4 December 2006)。

看，有一些原始危害以同样的方式影响着所有人。例如，无论被害人处在何种文化背景下，酷刑都会造成身体上的疼痛。一个流氓国家对被俘士兵施以酷刑，从他们口中获取信息，这是因为酷刑是坏的、有害的；如果酷刑的本质并非如此，那么俘获者将采取其他措施来获取信息。一旦我们远离原始危害，就越来越难认定能够作为准则性定罪基础的危害类型。尽管如此，对于许多视传统而定的危害，人们还是存在诸多共识。犯罪化对被宣布有罪的人而言是一种有害后果，因此不应将犯罪化普遍用于制止软危害或冒犯行为。① 我们对于严重的冒犯行为所造成的心理痛苦有着传统认识。我们也能够为某些形式的冒犯行为犯罪化提供正当理由。如果这些理由能够经得住社会中的道德行为人的独立审查（Detached Scrutiny），那么它们就是客观的。

西方社会将隐私视为一种基本价值。传统意义上，侵犯隐私是有准则的犯罪化的更强依据，因为被害人可能由于私人行为被泄露至网络而受到心理创伤。公民生活在竞争的、复杂的现代社会中，这一社会构成使得隐私已成为人们的基本需要。如果 X 使用隐藏的摄像机拍摄 Y 的裙底②，他就以决定如何使用 Y 的私人信息的方式，侵犯了 Y 的个人自主权。斯坦利·本③恰当地指出，这类侵犯行为缺乏尊重地对待了被害人，因此是不正当的。斯坦利·本认为暗中监视是不道德的，因为它"故意欺骗一个人对于他的世界的认识：它阻碍了行为人以他自己的理智为基础，做出理性原则的尝试"④。尽管这些信息（视频、照片等）可能没有被公之于众，这类侵犯仍旧是不正当的，不仅因为私下监视会伤害被害人的感情，还因为不法行为人将毫不知情的女士仅仅作为达成其目标的手段。保守暗中监视的秘密，使被害人无从知晓，也可能会无意中不使被害人感到苦恼，但这么做也会增加暗中观察行为的不正当性，因为它伪造了被害人的自我感知。被害人可能以为自己仍是自己世界的主宰，并依据这个错误认识而做

---

① Dennis J. Baker, "Constitutionalizing the Harm Principle," (2008) 27 (2) *Criminal Justice Ethics* 3.

② 参见 *R. v. Hamilton* [2007] EWCA Crim. 2062。

③ Stanley I. Benn, *A Theory of Freedom* (Cambridge：Cambridge University Press，1988) at p. 275.

④ Stanley I. Benn, *A Theory of Freedom* (Cambridge：Cambridge University Press，1988) at p. 275.

出行为，甚至更加"有趣地服务于操纵者的目的"①。斯坦利·本继续论述道："如果一个人明知且故意地改变另一个人行为的条件，并对他隐瞒这一事实，那么就没有将他作为一个应受尊重的人来对待。"② 斯坦利·本采取了康德的术语，但是他对不正当地侵犯隐私的解释，很好地概述了我们对于侵犯隐私权的不正当性的传统认识。

那些知道了他人秘密地暗中观察自己的被害人会感到愤怒，根据范伯格对"冒犯"的广义定义，他们也受到了冒犯。短暂的愤怒和心理上的困苦，还不足以损害他们的利益，但是隐私和个人自主权的丧失会带来巨大的苦恼和怨恨。这类不法行为是可入罪的，不仅因为它给被害人造成了巨大的困苦，还因为它对被害人的个人自主权和隐私权造成了可责的侵犯。隐私的丧失是一个独立的不良后果，可以作为援引刑法的正当理由，从而为立法者提供指引。社会中的行为人主体间地认为这个后果是坏的。行为人对于获取他人的此类私人信息不存在任何自由利益，这一点也同样重要。这类侵犯造成的痛苦是取决于传统习俗的：在一些文化中，人们可能不怎么在意在裸体状态下被人拍照。

尽管如此，如果被告人获取的不是他人的私人信息，而是强迫他人接收自己的私人信息，那么其犯罪化的理由是异常薄弱的。如果 X 被迫在公共场所接收冒犯的信息，X 可能会宣称个人自主权受到了损害，因为他避免接收不想要的信息的选择被剥夺了。然而，鉴于我们对多元化、宽容和言论自由的重要性的传统理解，如果要将冒犯行为有准则地犯罪化，这里行为的入罪理由是十分薄弱的。毫无疑问，受到冒犯的一方会宣称当众性交的伴侣使自己感到厌恶和震惊，但是那些被社会教化得认为同性伴侣恶心的人，也可能会认为同性伴侣使自己感到厌恶和震惊。他们还可能声称，坐在一辆有同性伴侣亲吻的公共汽车里，对他们而言是一个不良后果，因为他们不愿看到这类场景。如果一位女士在公共汽车里赤裸上身呢？这与一位男士在公共汽车上赤裸上身有何不同？这样的法律将违背我们关于平等的根深蒂固的传统认识。因此，如果一项法令拟禁止所有人在

---

① Stanley I. Benn, *A Theory of Freedom* (Cambridge：Cambridge University Press, 1988) at p. 275.

② Stanley I. Benn, *A Theory of Freedom* (Cambridge：Cambridge University Press, 1988) at p. 275.

公共汽车上亲吻，无论其性取向如何，假设这么做对于预防某些类型的不良后果实属必要，那么这就是可被允许的。类似地，仅仅禁止女性在公共场所袒胸裸露的法律将是歧视性的。

是什么使得强迫公众成员接收冒犯信息的行为不正当？在任何情形下，人们都是主观地感到被冒犯；有些乘客可能是窥淫癖，他们并不介意看到伴侣们当众性交。同样地，仅仅亲吻的同性伴侣也不会冒犯许多人。如果仅仅通过受到冒犯的人被迫接收了其主观上不想接收的信息①这一后果与可责性的结合来证明犯罪化的正当性，那么在处理无准则犯罪化的问题上，我们只能参考人们已达成了深刻共识的核心危害。一旦我们远离了有责的危害标准，犯罪化的依据在很大程度上就变得越发薄弱。尽管如此，将私人信息上传至互联网所涉及的对隐私的严重侵犯也属于"危害"。② 我们可以将后者与其他冒犯行为区分开来，因为人们对于保护其私人信息具有更强烈的自由利益。相比较而言，在公共场所不接收他人的私人信息所涉及的自由利益并不那么强烈，因为言论自由是一项更为基本的自由。

将情侣在公共汽车上的性交行为犯罪化的依据之一在于，他们的行为是不卫生的——其他人不想坐在这对情侣发生过性行为的椅子上。同样地，人们也不想坐在刚刚被一位裸露的裸体主义者坐过的餐厅座椅上。这些情形下，可以适用危害原则。类似地，裸露的裸体主义者在餐厅自助餐台附近进餐等行为，也是不受欢迎的。这是一个软危害。但是，如果裸体主义者在开放的海滩或公园中享受裸体状态，那么其犯罪化的理由似乎很勉强。在公共场所的某种着装形式，也许会因不同的原因而对不同的人造成冒犯③，但是我们不想用刑法来教导人们在公共场所应当如何着装。因此，在不供应食物或不涉及公共座椅的公共场所，并不存在强有力的将裸

---

① 不正当性（道德不许可性——不法行为和可责性的结合）与单纯的不法（道德可责性）不同。只有意图，并不必然等同于不正当性——X可能故意地引起好的或中立的后果，例如，他可能故意地帮助一位老妇人过马路，他的行为应当受到道德上的嘉奖，而非刑事上的责难。

② Joel Feinberg, *The Moral Limits of the Criminal Law*: *Harm to Others* (New York: Oxford University Press, Vol. Ⅰ, 1984) at p. 26.

③ Charles Bremner, "France Goes from Burkas to Burgers in Latest Muslim Row," (London: *The Times*, February 19, 2010).

露行为犯罪化的依据。这或许可以解释为什么在欧洲大部分地区的海滩和公园里的裸露行为没有被宣布为罪。

人们声称他们有权不看到同性伴侣亲吻，不看到海滩上的裸体主义者，等等，从这个方面看来，刑法无法发挥任何作用。范伯格引证这类冒犯行为的合理性，将其作为容忍的理由，但是容忍这类行为的更好的理由是：它们不构成传统意义上的不法对待，因为我们对在现代社会中容忍多样性的必要性有着深刻的传统认识。同样地，类似于萨尔曼·拉什迪（Salman Rushdie）写的《撒旦诗篇》（*The Satanic Verses*）和菲利普·罗斯（Philip Roth）写的《波特诺伊的抱怨》（*Portnoy's Complaint*）等书籍的存在，会对一些人造成严重冒犯，但这不是全面禁止这类文学的理由。从某种程度上而言，人们仅仅因为知道这类行为在私下发生，或者知道这类书籍存在而感到被冒犯。杰弗里·墨菲恰当地指出：

> 我们必须牢记，当前讨论的假定行为，是成年人自愿在私底下进行的。因此，抱怨者唯一能够反对的，仅仅是他们对某些自己不赞成的事情秘密发生的知情。那么，问题在于：免于知晓某些不予赞成的行为正在发生，是否应当被视为一项权利？哈特的异议十分具有说服力。①

除非一个人被迫观看或阅读一部（本）具有冒犯性的电影（书籍），否则他几乎不能声称自己受到了无理对待。在伦敦海德公园的演讲者之角，发表否认柬埔寨种族灭绝或南京大屠杀的言论，是否侵犯了一名路过的幸存者不接收这类信息的权利？这类演讲显然严重缺乏顾虑地对待了路人。但是这类政治对话属于公共区域，即使它确实是不当的、冒犯的，因为它某种程度上具有启发性，使公众明白如此令人震惊的观点确实存在，引起人们参与知情辩论，也使历史得以廓清。对现实世界中存在这类糟糕观点的知情，关乎我们的利益，我们也有责任公开谴责这些观点。② 这类信息是公共信息，而不是私人信息，因此它没有侵犯被迫接收这些信息的人的权利。人们前往公共区域，就是对接收这类信息表

---

① Jeffrie G. Murphy, "Another Look at Legal Moralism," (1966) 77 *Ethics* 50 at p. 54.

② Jeremy Waldron, "Homelessness and Community," (2000) 50 *University of Toronto Law Journal* 371 at pp. 391 – 392.

示同意。人们一旦走出家门，就放弃了一部分隐私和个人自主权，无法期望躲避现实世界。上述海德公园演讲者之角案例并不涉及敏感的、私人的信息，人们无法宣称自己有权免受这些信息的侵害。相反，公共汽车上的性交行为不具有类似目的，私密的展示对于那些不想忍受这类近距离的、不可避免的遭遇的人而言，没有任何益处。但如果真的发生了，公众就会有兴趣在新闻中听到或读到它，因为新闻告诉了他们世界上正在发生的事情。

言论自由的权利通过创造一种促进信息自由流动的环境来保护这个利益。杰里米·沃尔德伦（Jeremy Waldron）[1] 指出，乞丐对一些路人造成了冒犯，有些路人可能因无家可归者传递的信息而感到忧虑，但是这个忧虑对于被冒犯的路人和无家可归者而言，都是有益的。[2] 首先，路人可能会认为"这太糟糕了，还好我发现了这些"——此外，这次遇见可能会使路人对此采取一些措施。这样的相遇是一个好的后果，而不是不良后果（从消极乞讨的意义上而言正是如此；若乞讨者积极地把路人作为目标来行乞，则是一种骚扰，很可能会被纳入危害原则的规制范围之内），因为它迫使社会承认贫困的残酷现实，并对此做出回应。[3] 吸引公众注意的不受欢迎的言论通常被视为一种损害（Detriment），但是旁观者认为不应将它视为损害。"正如密尔恰当地表明的那样，暴露于不同于己见的观点和态度的益处颇多，尽管这种暴露可能是不受欢迎的。"[4] 乞丐、保守派、自由主义者和固执己见的人对阐明自己观点和倾听对方观点都具有利益。被迫处理公共政治讨论的后果，与在封闭的公共汽车内被迫观看情侣的私密行为大有不同。

范伯格正确地指出，不被冒犯的权利的价值几乎无法超过言论自由的价值。[5] 似乎只有在非常小范围内的极为私密的行为（在公共汽车上性交；

---

① Jeremy Waldron, "Homelessness and Community," (2000) 50 *University of Toronto Law Journal* 371 at p. 379.

② 大部分少数派也会因为有人认为乞丐是冒犯的而感到冒犯。认为无家可归者会冒犯他人的观点几乎是令人震惊的。

③ Jeremy Waldron, "Homelessness and Community," (2000) 50 *University of Toronto Law Journal* 371 at p. 379.

④ *Loper v. New York City Police Dept.* 802 F. supp. 1029, 1043 (S. D. N. Y. 1992).

⑤ Joel Feinberg, *The Moral Limits of the Criminal Law: Offense to Others* (New York: Oxford University Press, Vol. Ⅱ, 1985) at pp. 38 – 39 *et passim*.

或者物理侵入，例如在公共场所的某些情况下，长时间接触他人）是十分恶劣的，以至于可以证明刑法回应的正当性。这些行为妨碍了旁人不被打扰的权利（在封闭的公共场所中，不被卷入他人极为私密的事务中的权利）。但是，普遍宣布裸露行为有罪的理由是十分薄弱的，因为它所造成的不良后果具有视传统习俗而定的特性，我们几乎无法宣称在开放的而非封闭的公共空间内，裸露行为会对他人造成严重后果。

第八节　结论

人类价值和传统习俗业已建立，公认的理性论证标准业已形成。约翰·麦克道威尔（John McDowell）[①]指出，道德观既是以人类为中心的，也是真切存在的。他认为，客观性论述源自我们实际应用的内部视角。我们可能会吸收最好的思想理论，采用最优的语言，但是这无法告诉我们，我们对于不正当性的阐述是否真的客观。本章拟阐明这一观点：从产生跨文化的、真正正确的标准的意义上而言，有准则的定罪无须依赖于批判的客观性。危害的传统解释可以支撑范伯格的危害原则。我们所能做的最好，就是仔细审视我们对危害和恶劣性的传统概念，但是这种审视受到了任何时间点上的认识论与人类理性能力的限制。社会生活引起的冲突不可避免地导致了某种政治哲学。许多行为之所以被犯罪化，原因在于这些行为违反了集体中的行为人共同享有的传统习俗。

本书关注到，人们对于裸露行为以及类似行为的恶劣性并不存在根深蒂固的主体间的共识。我们对于宣布这类行为有罪是否存在可共享的目的，也尚不清楚。感到冒犯的一方本身也只是遵循了反对冒犯行为的社会规范，而他们仍旧集体地"保有其特定态度和信仰"[②]。我们也许会将侵犯隐私等软危害犯罪化，以保护那些接受社会教化而重视隐私，并因隐私被侵犯而感到羞耻和遭受心理困扰的人们。但是，如果这个困扰是由其他形

---

① John McDowell, *Mind Value and Reality* (Cambridge MA：Harvard University Press, 1998).

② Matthew H. Kramer, *Objectivity and the Rule of Law* (Cambridge：Cambridge University Press, 2007) at p. 17. 加德纳同样论述道，最终确有必要诉诸危害原则或其他类似的容忍原则。John Gardner, "Prohibiting Immoralities," (2007) 28 (6) *Cardozo Law Review* 2613.

式的冒犯引起的，例如裸露行为或仇恨言论，那么言论自由的基本价值很可能会否定被害人避免受到冒犯的自由利益。正如上文所述，冒犯能够刺激讨论和容忍的产生。裸露行为的区别在于，裸体主义者具有高于一切的自由利益，除非他或她的裸露行为发生在会引起卫生问题的场合，或指向不能随意离开的场合，公共汽车内的裸露行为就是后一种情形。隐私丧失这一不良后果是取决于传统习俗的，即取决于被害人受到的社会教化。

强奸的严重性同样也是依赖于社会化和传统习俗的。不难想象，一个社会中，人们可能从小就被教化，认为被当作性对象是一件很光荣的事情。① 显然，这个社会中，女性受到的心理危害，与现代西方社会中，遭到强奸的被害人受到的心理危害完全不同。不可否认的是，现代社会的社会化意味着强奸不仅会导致身体危害，还会引起真正的心理危害和心灵创伤。强奸行为具有严重的心理上和身体上的恶劣性，因此我们对于宣布该行为有罪有着深刻的共识。人们的社会化方式导致在现代社会中，一些形式的性使用似乎是可以被容忍的。例如，可论证地，某种程度上而言，人们被教化为容忍名人或其他有权有势的人的性使用。如果著名的高尔夫球星泰格·伍兹（Tiger Woods）② 只是一个普通劳动者，而不是一个掌握熟练技能的劳动者——毕竟高尔夫也只是体力劳动，那么他能否成功说服许多女性成为他的性对象是值得怀疑的。③ 约翰·麦基评论道：

> 只有一些类型的危害是受到社会和集体憎恨的，受到社会和集体感激的社会合作则受到了更多限制。我们必须探寻，并找到这些差别的社会学依据：只有特定类型的危害，是有利于共同反对这类危害的传统习俗发展的条件，因此只有一些类型的危害被视为不正当的、应

---

① 在古代，有些社会的女性被社会教化而认为被君主选为妾（有人认为实际上是将这些女性作为性对象使用）是一个至高无上的荣耀。Bernard Llewellyn, *China's Court and Concubines: Some People in Chinese History* (London: Allen & Unwin, 1956). 假设达成这些目的的手段是压迫，而非社会化，则在任何情况下都是不正确的。

② 泰格·伍兹是一位著名的高尔夫球星，据说他曾与无数女性有染，但他的妻子似乎容忍他的行为。Sam Tanenhaus, "Tiger Woods and the Perils of Modern Celebrity," (New York: *New York Times*, December 12, 2009).

③ 戈登·贝克和彼得·哈克指出："如果不知道社会行为所涉规范，从外表上看，社会行为似乎是完全难以理解的。Gordon P. Baker and Peter M. S. Hacker, *Language, Sense and Non-sense: A Critical Investigation into Modern Theories of Language* (Oxford: Basil Blackwell, 1984) at pp. 257–258.

受普遍憎恨与惩罚的……尽管不能以任何合理的理由捍卫报应原则，正如所谓的客观道德真理那样，报应态度可以轻易地被我们理解和解释为情感因素，这些情感因素已经形成，并且通过生物过程和类似的社会学过程不断延续。①

社会学和生物学意义上的危害，也无法涵盖单纯的不悦（Umbrage）。我们可能会援引德富林法官的观点，并认为如果大多数人"不喜欢这个行为，那么就可以宣布它有罪"，但这将导致任何行为都可以被判有罪。维持社会和谐的观点，在侵犯个人空间②的情形下较为薄弱，而在诸如强奸或拍摄女士裙底等可能造成更严重的心理后果的情形下，则较为强烈。如果行为涉及的是软危害，那么刑法只应作为最后手段。

我们有可能实现有准则的犯罪化，但这意味着承认对危害（以及软危害）和冒犯的根深蒂固的传统解释。这还意味着，接受我们现在认定的软危害在未来或在其他文化背景下，可能不被认作软危害。原始危害的犯罪化依据十分清晰。强烈的传统观念告诉我们：不要强奸、谋杀、偷盗等。我们对于侵犯隐私可能引发的羞耻和心理困苦，也存在清晰的传统认识。相较于原始危害，我们对于软危害和冒犯行为的审查必须更加仔细，这一点十分重要，唯有如此才能减少无准则定罪。尽管这不是一个完美的解决办法，但是至少能够比批判的道德给予我们更多指引。

有人可能主张批判的客观的（可变的）传统信仰，但是我尚且无法辨别。本书的目标在于：在更多的工作可以被完成之前，找出一些需要解决的初步问题。有些人可能会认为，除了所有社会普遍存在的"原始"危害之外，在特定文化背景中的主体从主体间视角出发判断为不正当，即为本书关于不正当性的判断标准。那么问题是，这与实然的道德有什么区别呢？本书所述有关不正当性的判断标准要求我们严格审查有关软危害和冒犯行为犯罪化的依据，除此之外，与实然的道德标准并无区别。希望现代的思想家们，能比上议院高级法官德富林更严格地审视我们的传统做法。

---

① J. L. Mackie, "Retributivism: A Test Case for Ethical Objectivity," in Joel Feinberg and Hyman Gross, *Philosophy of Law* (Belmont, CA: Wadsworth Publishing Company, 1991) at p. 684.

② 在某些情形下，我们被教化为容忍对个人空间的严重侵犯。例如，在纽约的地铁里，乘客们每天都长时间地相互推搡，挤进气味难闻、通风不良的车厢。

那些找寻有关危害和冒犯的跨文化解释的人们的问题在于，他们将程序性的道德现实主义作为这类标准的依据，因此无法使人信服。① 程序性的道德现实主义有可能作为审查传统标准的机制，但是它必须承认，熟思者仅仅是社区中的道德行为人。

---

① 本书梳理了批判道德家和道德现实主义者的作品，但找不到任何有助于解决上述问题的坚实依据。同样地，普特南（Putnam）的作品是我读过的最有趣的作品之一，但是他的后期作品朝着程序性的道德现实主义发展。参见 Gil Martin *et al.* , "Truth and Moral Objectivity Procedural Realism in Putnam's Pragmatism," (2008) 95 (1) *Poznan Studies in the Philosophy of the Sciences and the Humanities* 265。

第七章　结语

第一节　犯罪化决定的微调：容忍与多元主义

本书原创性地提出了每个人都享有不被不公正定罪的权利这一重要建议。从事前犯罪化的角度来看，可以通过应用《美国宪法第八修正案》中提及的合比例性限制，以及个人自主条款中涉及的更为普遍的合比例立法回应条款，来确保不正当行为被恰当地标记为刑事不法行为或非刑事不法行为、严重不法行为或非严重不法行为。各国政府将被迫把刑法颁布后的潜在宪法后果纳入考虑范围。合比例性与公平正义性要求立法者考虑拟被宣布为罪的潜在后果的危害性和恶劣性，以及可能涉及的可责性程度。

《美国宪法第八修正案》包含了一个基本权利：不受到不公正的国家惩罚和刑事定罪的权利。最高法院在考虑犯罪化的合比例性和公平性时，可以将危害作为一个标准。特定行为对社会或某个特定被害人造成了危害，是否足以作为该行为犯罪化的依据？规定了不合比例监禁刑的法律可以被推翻，对有待解决的社会问题进行不合比例回应的法律（例如将乞讨、持有性玩具、进入脱衣舞俱乐部、摄入反式脂肪酸之类的行为犯罪化的法律）也是如此。暴露行为不是有害的，这一事实为法院有关这一行为合比例的、公平的惩罚类型提供了指示。在诸如公共场所暴露行为之类的边缘案件中，上级法院不太可能对刑事处罚进行复审，除非它是显失公平的。对他人的危害并不是定罪的唯一理由，因为公共场所暴露行为和许多其他无害的不良后果同样需要国家监管。但是，危害他人是对不法行为人判处监禁刑的唯一有足够分量的理由。

罚金必须明显过量才能引起最高法院的介入。最高法院不应对每一个边缘案件都做事后审查，但是它应当考虑那些显失公正的案件。被判处监禁刑所导致的危害的严重性意味着，司法审查是一项基本人权，它应当确保有罪判决是对不法行为人的犯罪行为的合比例回应。宪法法院无法应对边缘性的不正义，因为它无法精确地确定公平的刑期。如果 X 强奸了 Y，国家不会以让 X 被人强奸的方式来处罚 X，而是试图将一类危害替换为另一类危害（即国家需考虑，强奸行为对被害人造成的身体和心理危害的严重性，并试图认定以判处强奸犯监禁刑的方式对强奸犯会施加多少危害）。显然，使用完全不同的危害来惩罚犯罪人，使我们几乎无法想出一个精确到小数点后几位的公平刑期。在严重危害行为的情形下，判定的刑期需与合理标准存在好几年的差别，法院才会有理由介入。例如，如果我们根据加重情节，认同对强奸罪判处 10 年至 12 年监禁刑是公平的，在初审法院对强奸犯判处 16 年至 18 年刑期及以上时，该案判决的不公正性才足够明显和引人注意，这时才能引起最高法院的介入。同样地，如果 X 由于抢劫罪而被判处 6 年监禁刑，而 Y 因完全相同的抢劫罪被判处 4 年监禁刑，那么最高法院也不大可能干涉。这类案件中，没有明显的不公正，因为它并未明显表现出过度惩罚。

恰当的做法是遵循 *Solem v. Helm* 案件中的做法。该案中，最高法院指出，我们在分析时，不应只考虑"犯罪的严重性与刑罚的严峻性"，还应考虑"在同一司法管辖区内，对其他罪犯判处的刑罚，即更严重的犯罪是否被判处了相同的刑罚或更轻的刑罚，以及在其他司法管辖区中，同样的罪行所判处的刑罚"[①]。正义的标准是危害、可责性、以往的司法实践以及其他司法管辖区对类似罪行的判决。法官应该从对谋杀、恐怖主义、强奸等最有害的犯罪案件的判决开始，然后在严重性的阶梯上一路走下去，考虑所有的相关变量。本书认为，不被犯罪化的权利是通过合比例性限制而被宪法化的权利，从这个意义上看来，在不具备明显的犯罪化依据的案件中，该权利更加有效。例如，宣布诸如为无家可归者提供食物等无害行为有罪的法律，可以不经过有争议的分析就被推翻；其他不公正地将诸如消极乞讨、进入脱衣舞俱乐部、售卖含有反式脂肪酸的食物、购买性玩具等无害行为宣布为罪的法律也应当如此。

美国最高法院已经使用《美国宪法第八修正案》来推翻那些将无害行

---

① *Solem v. Helm*，463 U. S. 277，290–292（1983）.

为犯罪化的法律。在 *Robinson v. California* 案件①中，最高法院认为将毒品成瘾这一无害活动宣布为罪的法律，违背了《美国宪法第八修正案》。道格拉斯法官（Justice Douglas）指出："吸毒成瘾者是患病的人。当然，他可能因为接受治疗或为了保护社会而被监禁。对吸毒成瘾者而言，残酷而异常的刑罚并不是监禁刑，而是使他相信自己犯了罪"，"因为患感冒这个'罪名'，即使只入狱一日，也已足够残酷和异常。"② 不被犯罪化的权利可以产生重要影响的另一个领域在于：监禁刑的刑期与罪犯的不法行为的危害性严重不成比例的案件。正如我们看到的，*Solem v. Helm* 案件的定罪量刑是严重不公正的，被告人仅仅因为签发一张 100 美元的无效支票而被判处有罪，并且由于被告人有前科，按照南达科他州关于惯犯的规定，他被判处终身监禁并不得假释。前文提到，最高法院认为"根据相关的客观标准（即危害、可责性以及类似犯罪的判决），对被告人判处终身监禁并不得假释，与其罪行极不相称，因此被《美国宪法第八修正案》所禁止"③。一个进步的最高法院可以通过主张当前法典规定的特定犯罪所对应的刑罚与《美国宪法第八修正案》相悖的方式，使当前法典规定的这些犯罪毫无意义。

犯罪化会给那些被判处有罪的人带来危害、污名化以及严厉对待，无论刑罚是否涉及监禁刑。因此，立法者在援引刑法时需提供充分的理由，才能实现公平正义。有许多罪名的设立显然不符合正义的要求。对于法哲学家、法官和政治家来说，真正的挑战在于如何划定界限。在许多边缘案例中，很难确定这些可能引发的不良后果是否应受刑事谴责。在不良后果具备有害性的案例中，加拿大法院在 *Malmo-Levine* 案件④中采取了范伯格的平衡办法（Balancing Approach）⑤ 和常识平衡办法（Common Sense Bal-

---

① 370 U. S. 660, 676 (1962).

② *Robinson v. California*, 360 U. S. 660, 667 (1962).

③ *Solem v. Helm*, 463 U. S. 277, 295 – 303 (1983).

④ *R. v. Malmo-Levine* ［2000］B. C. C. A. 335. 参见阿尔布尔法官在 *Malmo-Levine*［2003］S. C. C. 74 案件中的异议裁决。本书第二章提到，加拿大最高法院的大多数法官在这个案件中没有进行危害分析，而是指向例如乱伦和兽奸之类的行为曾经（现在也在持续）被错误地标记为极为严重的犯罪，并以此证明维持大麻禁令的正当性。

⑤ Joel Feinberg, *The Moral Limits of the Criminal Law*: *Harm to Others* (New York: Oxford University Press, 1984) at pp. 215 – 216.

ancing Approach)，这对于划定界限有很大帮助。在可能导致的不良后果具有无害性的案例中，冯·赫希和斯密斯特所述以轻易可避免性为基础的调整原则有助于我们划定界限。有些案件中，划定界限并不困难。例如，为无家可归者提供食物罪，最高可以判处 1000 美元罚款和 6 个月监禁刑，这显然是违反宪法的。很明显，为一个无家可归的人提供食物，不会给任何人带来不良后果。相反，该行为的目的，是带来好的后果。① 在这种情况下，援引刑法是没有道德依据的。

对于无家可归者由于没有自己的浴室而在公共场所小便，从而暴露自己的行为，应该如何处理呢？上文论述到，我们有权在公共场所不接收某些私人信息。冯·赫希和斯密斯特提出了一个调整原则，作为容忍某些初步可入罪的行为的基础。他们提出了在公共场所容忍某些侵入行为的两个核心理由。第一，如果强行展示的行为是可以轻易避免的，则可以容忍这类行为。正如上文所述，这一原则在少数人的利益和多数人的利益之间取得了平衡。许可规则和分区规则将潜在的冒犯行为限制在私人区域，将少数人对于道德环境的影响限制在其人数和品位能够证明该影响正当的相称场合。② 在多数派的主张和少数派的主张之间达成一种平衡，从而使少数派能够在多元社会中产生一些影响。③ 强迫公众接收某些类型的隐私信息是不可接受的，除非人们可以轻易避免接收这些信息，因为其他人有权"无须过度限制其自由地"轻易避免看到此类展示。④

暴露行为是不正当的，原因不在于它展示的本质内容，而在于 X 的裸体状态强迫 Y 进入了 X 的私人领域：这是不正当的卷入。人们应该能够免于目睹某些私密的展示。⑤ 暴露行为可能会侵犯我们不被打扰（免于接收私密的展示）的权利，但它并不总是可入罪的。欧洲存在许多指定的裸体

---

① Georg Henrik von Wright, *The Varieties of Goodness* (Routledge & Kegan Paul, 1963) at pp. 114 – 135.

② Ronald Dworkin, *Sovereign Virtue* (Cambridge, MA: Harvard University Press, 2000) at p. 214.

③ Ronald Dworkin, *Sovereign Virtue* (Cambridge, MA: Harvard University Press, 2000) at p. 214.

④ Andrew von Hirsch and Andrew P. Simester, *Incivilities: Regulating Offensive Behaviour* (Oxford: Hart Publishing, 2006) at pp. 125 – 128.

⑤ Andrew von Hirsch and Andrew P. Simester, *Incivilities: Regulating Offensive Behaviour* (Oxford: Hart Publishing, 2006) at pp. 125 – 128.

区域，这些区域只是公园中被隔离的部分：人们可以看到裸体主义者，他们通常会意识到这些区域的存在，或者至少只能从远处看到他们。根据轻易可避免原则，这类裸体行为是可以被容忍的，因为它对公众成员关于裸体的存在做出了充足的警告，如果人们不想看到此情景，它也为人们提供了一个合理的避免机会。在本质上属于私人区域（私人住宅）或准私人区域（脱衣舞俱乐部）中的裸露行为不涉及不道德行为。那些进入脱衣舞俱乐部的人同意这类裸体展示，暴露行为不会对他们的感情造成任何冒犯，因此他们的权利没有受到侵犯。裸体海滩则不同，海滩属于公共场所。尽管如此，在裸体海滩赤身裸体也是可以被容忍的，因为我们可以轻易地避免这类场景。不想接收私密信息的人，可以不去裸体海滩，从而轻易地避免接收这些信息。不去这些地方，不会限制人们的行动自由，也不会给人们带来不必要的负担，因为还有很多其他的海滩可供选择。

如果裸体主义者小心谨慎地只在裸体区域脱去衣服，那么该行为就是可以被容忍的，因为他没有强迫其他人接收不可避免的裸体展示。他没有强迫被侵权的目睹者参与他的展示，因为目睹者只有在选择进入特定裸体区域时，才会看到裸体。上文提到，如果我们接受国家没有权利教导人们如何穿衣这个观点，那么大多数开放的公共场所也可能对裸体主义者开放。相反的情形是：在空间受限的公共汽车内，观众完全不能随意移动的情形。对于裸体抗议和公共艺术裸体展示这些不能完全避免的情形应如何处理呢？范伯格可能会首先论述到，这类裸体具有独立的社会价值，因为它对于裸体模特、艺术家或裸体抗议者个人而言，具有重要性。同时，这也涉及言论自由。在纽卡斯尔，1700 个裸体者在千禧桥上行走，将其作为艺术项目的一部分。值得注意的是，该行为发生的时间是凌晨 4 点钟，公众有相当大的可能性来避免目睹这一行为，但是该行为发生在凌晨 4 点钟就已经天亮的夏季。在多元社会中，人们将容忍这种公开裸体行为，因为它是能够被轻易避免的，几乎没有人会在凌晨 4 点上街游荡。但是，如果这类行为发生在购物中心的饮食区，并处在中午时段，那么人们就无法轻易避免了。这种情形下，不仅会涉及卫生问题，还涉及强迫有限的公共空间内非自愿的目睹者接收他们不想要的私密信息。轻易可避免性不只是关于受到限制、不能随意离开的问题，而是要有一个合理的机会去避免接收那些不需要的信息的问题。

范伯格可能会说，这类公开裸体行为可以通过以下事实来调解：因为公共场所对于这类行为旨在达成的冲击效应（裸体战争抗议正是如此）[①]是必须的，所以它不能发生在除了公共场所之外的其他地方。范伯格所述限制也包含了容忍某些类型的冒犯行为的更广泛的规范性理由。这些理由属于可以被引用的社会容忍原则的范畴，[②] 因为裸体艺术展示以及裸体抗议具有独立的社会价值，在公共场所并不常见。与容忍有重要关联的理由是：人们可以轻易地避免目睹这类冒犯行为，并且该行为具有一定社会价值。我们很难争辩，在现代的多元社会中，应将可以轻易避免的私密行为犯罪化。轻易避免的可能性抵消了这类行为对他人隐私的明显侵犯。

本书不打算重构范伯格的调整原则。尽管范伯格没能对冒犯他人的客观不正当性做出明确界定，他的"合理性"调整原则却与冯·赫希和斯密斯特的观点相一致。[③] 轻易可避免性这一理由，没能为否定无家可归者在公共场所实施的私密行为的犯罪化提供多少依据，因为这类行为经常发生于公园之中，除非放弃使用公园的权利，否则无法避免看到这类行为。如果一个人前往中央公园，他当然有权坐在那里享受三明治，而不被卷入无家可归者的私密领域，即被迫看到无家可归者最私密的行为，比如小便、洗澡等。虽然这类活动都是初步可入罪的，但是冯·赫希和斯密斯特认为，在某些情况下，我们必须容忍相互冲突的生活方式。容忍，意味着允许某人不完全赞同的事情发生。[④] "容忍要求一个积极的'接受成分'，它没有删去消极判断，而是提出了一些能够在相关场合战胜消极判断的积极理由。"[⑤] 在无害的不良后果的语境下，而非危害的语境下，提出容忍的观

[①] 例如范伯格有关被用来传达政治信息的"冲击效应"言论价值的论述。Joel Feinberg, *The Moral Limits of the Criminal Law*: *Offense to Others* (New York: Oxford University Press, Vol. II, 1985) at pp. 216 – 217.

[②] Andrew von Hirsch and Andrew P. Simester, *Incivilities*: *Regulating Offensive Behaviour* (Oxford: Hart Publishing, 2006) at pp. 125 – 126.

[③] Andrew von Hirsch and Andrew P. Simester, *Incivilities*: *Regulating Offensive Behaviour* (Oxford: Hart Publishing, 2006) at pp. 125 – 126.

[④] 参见 Thomas Nagel, *Equality and Partiality* (New York: Oxford University Press, 1991) at pp. 144 – 168; Peter King, *Toleration* (London: Frank Cass, 2nd ed. 1998) at p. 21。

[⑤] Rainer Forst, "Toleration, Justice and Reason," in Catriona McKinnon and Dario Castiglione, *The Culture of Toleration in Diverse Societies* (Manchester: Manchester University Press, 2003) at p. 72.

点似乎更加合理。① 一个人带着随身听坐上拥挤的夜班车，大声地播放音乐，可能会侵犯他人的个人空间，即使其本意并非如此。是否应阻止他享受自己的生活方式，包括在公共汽车等空间有限的公共场所内使用便携式"噪声盒"？公共汽车上的其他乘客可能有疲惫的工人，他们可能想安静地看看晚间新闻，而不是经受嘈杂的说唱音乐的轰炸。冯·赫希和斯密斯特强调容忍人们不同的自我表达方式和生活方式的重要性。② 他们指出："多元社会不仅仅是一个需要加以'管理'的社会事实（人们有着不同的生活方式）。它同时也是一个规范的问题：我们应当鼓励不同的有时甚至是冲突的生活方式。"③

　　更广义地说，社会容忍意味着容忍他人的生活方式中你不认同的部分。保守的人可能会被要求容忍朋克青年们竖起来的粉色短发。在上述例子中，没有人被要求容忍不当行为，因为如果上述行为是冒犯的，也只是依据飞速发展的社会习俗而被认为是冒犯的。④ 我们探寻的是：人们是否应该容忍具有初步可入罪性的行为。"容忍的概念带来了一个'容忍的限度'的概念。这两个概念存在于拒绝的理由逐渐强于接受的理由之时。"⑤ 上述案例中，我们关注的是无家可归者的生存权，而不是其他人不被打扰的权利或免于接收非公共信息的权利。无家可归者是否比受到影响的旁观者具有更大的规范权利？社会容忍原则是关于构建充分的规范理由以抵消初步的犯罪化理由的原则。

　　为容忍无家可归者随意向观众展示个人私密生活，杰里米·沃尔德

---

① "不法行为（侵犯隐私的行为本身）没有对他人的利益造成损害，因此具有不那么严重的特质，从而为诸如自我保护的重要性等对抗依据留下更多空间。" Andrew von Hirsch and Andrew P. Simester, *Incivilities: Regulating Offensive Behaviour* (Oxford: Hart Publishing, 2006) at p. 125.

② Andrew von Hirsch and Andrew P. Simester, *Incivilities: Regulating Offensive Behaviour* (Oxford: Hart Publishing, 2006) at p. 125.

③ Andrew von Hirsch and Andrew P. Simester, *Incivilities: Regulating Offensive Behaviour* (Oxford: Hart Publishing, 2006) at p. 125.

④ 在西方社会，这些习俗每几十年都会变化一次，不同于那些服务于合法社会目的的根深蒂固的（长期认同的）传统习俗。

⑤ Rainer Forst, "Toleration, Justice and Reason," in Catriona McKinnon and Dario Castiglione, *The Culture of Toleration in Diverse Societies* (Manchester: Manchester University Press, 2003) at p. 72.

伦提出了一个更加有力的理由。① 他认为，许多由于露宿街头而产生的私密展示，例如无家可归者在公共场所小便、洗澡，应当是可以被容忍的，因为大多数无家可归者除了在公共场所进行这些行为之外，别无他法。这些人或多或少地被迫生活在公共场所下，毫无隐私可言。无家可归者被迫生活在公共场所，全天 24 小时暴露在公众视线中。这是否属于经验事实？我们是否应当容忍无家可归者被迫展示的所有信息？这难道不是要求我们容忍无家可归者被迫在公共场所大便、小便、洗澡时产生的侵犯的展示吗？可以说，如果我们想去公园休闲玩乐，这就为我们提供了一个理由，让我们容忍那些对我们来说明显属于不良后果的事情。社会宽容既是一项基本美德②，也是一个道德问题。③ 我们应该鼓励和容忍不同的、通常也是相互冲突的生活方式。④ 无家可归者的生活方式与大多数人的生活方式有着显著差别。功能障碍的吸毒成瘾者可能被迫乞求施舍，被迫在完完全全的、永无休止的公众监督下大便、小便、睡觉、呕吐和进食。⑤

杰里米·沃尔德伦认为，无家可归者之所以被迫在公共场所进行日常活动，是因为他们没有自己的私人空间。出于去犯罪化的目的，我们需要区分特定行为是否具备道德不正当性。本书不关注在公共场所睡觉、吃饭的行为，因为这些行为不具备初步的不正当性。本书感兴趣的是那些行为的公共性会给他人造成不良后果的行为。例如裸体行为和性行为，如果是在私下发生的，则不具有道德不正当性。性行为或者裸体洗澡、大便、小便，只要是在私人住宅中私下进行的，就没有任何问题。但是，如果这些行为是在公共场所进行的，它们就侵犯了其他人不被打扰的权利，以及他

---

① Cf. Jeremy Waldron, *Liberal Rights*, *Collected Papers 1981 - 1991* (Cambridge: Cambridge University Press, 1993) at pp. 63 - 87; Jeremy Waldron, "Toleration and Reasonableness," in Catriona McKinnon and Dario Castiglione, *The Culture of Toleration in Diverse Societies* (Manchester: Manchester University Press, 2003).

② Will Kymlicka, *Liberalism*, *Community and Culture* (Oxford: Clarendon Press, 1989) at pp. 9 - 10.

③ Joseph Raz, *Ethics in the Public Domain* (Oxford: Clarendon Press, 1995) at pp. 162 *et seq.*

④ Peter King, *Toleration* (London: Frank Cass, 2nd ed. 1998).

⑤ Jeremy Waldron, "Homelessness and Community," (2000) 50 *University of Toronto Law Journal* 371 at pp. 309 - 338.

人享受属于所有人的公共区域的权利。① 在公众面前大便、小便或性交（以及污染我们都有权使用并有义务保持干净的公共区域）会影响其他人使用和享受这些地方的权利。没有人会想在充斥着尿液的恶臭、满地都是垃圾和粪便的公园内（或其他公共区域）享用一块三明治，也不会有人选择在公园里看到裸露的无家可归者大便、小便、洗澡或性交。杰里米·沃尔德伦断言，如果我们选择（容忍）强迫人们生活在公共场所的经济制度和财产规则，那么他们以这种方式生存的权利，可能会超过我们避免其副作用的权利。②

杰里米·沃尔德伦指出，如果我们愿意接受迫使某些人将公共场所用作浴室或其他用途的社会结构和法律结构，那么我们无疑必须忍受其不良后果。③ 他指出，至少在美国，无家可归者必然被迫在公共场所小便和大便，因为他们没有自己的私人空间（私人住宅）。④ 而且，无家可归者通常被禁止在餐馆、酒店等私人场所使用洗手间。⑤ 根据杰里米·沃尔德伦的说法："财产规则禁止无家可归者在私下做这些事情，因为他对任何私人场所都无法主张权利。而公共场所的规则禁止他在公共场所做任何此类行为，因为这是我们决定如何规范地使用公共场所的方式。"⑥ 小便、大便和睡觉是必要的日常行为，也是一个人无法克制的行为。如果作为一个社会，我们

---

① 从现在起算，50年后读到这些内容的人可能觉得这个陈述是相对的，而非客观的，因为有关裸体和色情电影的主流观点不断变化，等等之类。人们越穿越少。此外，电影、主流报纸、互联网、YouTube等都包含了大量的裸体和性爱镜头。但是，在现实生活中遇到有人从事这些私密活动则完全不同。并且，在人口过剩的世界里，个人空间的客观概念可能变得越来越重要。

② 这些展示都是副作用，因为无家可归者很明显不是为了无理对待他人。在英国、加拿大和澳大利亚，情况并不那么严重，因为这些国家的福利很充足。这些司法辖区的情况，更有可能通过提供更多的毒品康复中心、酒精康复中心以及精神卫生保健项目来应对，因为这些地区的无家可归者主要是那些功能失调以至无法领取福利金的人。Hartley Dean, *Begging Questions: Street-Level Economic Activity and Social Policy Failure* (Bristol: The Policy Press, 1999).

③ Jeremy Waldron, "Homelessness and Community," (2000) 50 *University of Toronto Law Journal* 371 at pp. 325 – 330.

④ Jeremy Waldron, "Homelessness and Community," (2000) 50 *University of Toronto Law Journal* 371 at pp. 325 – 330.

⑤ Jeremy Waldron, "Homelessness and Community," (2000) 50 *University of Toronto Law Journal* 371 at p. 326.

⑥ Jeremy Waldron, "Homelessness and Community," (2000) 50 *University of Toronto Law Journal* 371 at p. 328.

选择不提供足够数量的公共厕所、精神卫生保健项目和无家可归者旅社，那么我们就不应该惩罚那些被迫在公共场所大便和小便的人。生存权，以及出于这些目的而使用公共场所的权利，必须与其他竞争性主张相协调。也就是说，必须与更广大的公众使用和享受相同空间的权利相协调。总之，无家可归者有生存、小便、大便和洗澡的权利。这是一项基本人权，任何人都不能被排除在行使这些权利的范围之外。以这种情况为理由惩罚无家可归者，是不正当的。

实证证据必须格外令人信服。如果实证证据能够证明，无家可归者除了在公共场所小便之外别无选择，那么这就为我们提供了容忍这种冒犯行为的理由。大便、小便和洗澡的权利（及需要），是每个人都享有的自由。[1] 这样的行为必须在某个地方进行，而对于某些人来说，这样的行为不得不在公共场所进行。问题不仅在于这些社会需求的实现，还在于拥有选择在私下进行这些行为的自由。彼得·金（Peter King）借鉴了奥尼尔[2]的构建主义及杰里米·沃尔德伦的基本自由概念，他认为每个人都有住房权。[3] "将不完整义务转化为完整的特别义务后，居住权得以确立。这种安排之所以是合理的，是因为人们相信，任何人都需要一个容身之所以满足其基本生存需求。"[4] 如果政府不将提供充足的公共厕所或保障性的无家可归者旅馆作为主要义务[5]，那么它就必须容忍无家可归带来的副作用。在

---

[1] Jeremy Waldron, "Homelessness and Community," (2000) 50 *University of Toronto Law Journal* 371 at p. 328.

[2] Onora O'Neill, *Towards Justice and Virtue: A Constructive Account of Practical Reasoning* (Cambridge: Cambridge University Press, 1996) at pp. 122 – 153.

[3] Peter King, "Conceptualizing Housing Right," (London: C. C. H. R. Conference Paper, 2001); Peter King, *Private Dwelling: Contemplating the Use of Housing* (London: Routledge, 2003); Peter King, *The Common Place: In the Midst of the Ordinary* (Aldershot: Ashgate, 2005); Peter King, *Housing, Individuals and the State: The Morality of Government Intervention* (London: Routledge, 1998).

[4] Peter King, "Conceptualizing Housing Right," (London: C. C. H. R. Conference Paper, 2001); Peter King, *Private Dwelling: Contemplating the Use of Housing* (London: Routledge, 2003); Peter King, *The Common Place: In the Midst of the Ordinary* (Aldershot: Ashgate, 2005); Peter King, *Housing, Individuals and the State: The Morality of Government Intervention* (London: Routledge, 1998).

[5] 本书不赞同彼得·金提出的每个人都应享有住房权的观点。但是，提供基本旅馆，以使那些暂时功能失调以至于无法领取福利金或无法工作的人，能够在生活步入正轨之前有一个住所，这似乎是合理的。有些人可能患有慢性疾病，需要长期援助。

美国，只有一小部分无家可归者由于失能而无法获得可用的福利和住房。尽管如此，一名流浪汉不能高效地利用资本主义制度来为自己提供服务这一事实，并不能成为他们在公园内随心所欲地暴露自己或把这些地方弄脏弄乱的理由。在十分少见的情形下，即行为人确为流浪汉且合理范围内并无洗手间，平衡之策会支持对此类行为的容忍。

在边缘地带，难以确定边缘不良后果的可入罪性。总会存在一系列对抗理由。即使在那些不受欢迎的行为涉及客观危害的情况下，立法者在最终做出是否援引刑法预防该危害行为的决定之前，必须衡量一系列理由。没有简单的办法可以用来判断这些情形。最好的方式就是通过尽可能地运用合比例性限制，来推翻那些规定了不合比例罪刑的法律，以及对从事会产生中立后果或良好后果的行为规定了监禁刑的法律（即与其应对的社会问题的本质和严重性不合比例的罪名），从而将不被犯罪化的权利确立为一项宪法权利。把危害视为一个宪法化的合比例标准，可防止国家宣布许多无害行为有罪，也使得规定了不公正的监禁刑的刑法条文能够被推翻。国家可能会重新起草法律以废除监禁刑，但这样的法律将缺乏影响力①，而且可能会被置于一般个人自主条款下展开进一步分析。希望本书的更深层分析能够激发有关这个非常重要的话题的进一步讨论，并为未来这一领域的发展提供一些指引。

第二节　建议

本书研究了实体刑法的法律限制。在此过程中，本书提出了一个不被犯罪化的宪法权利。只有当国家能够为否定这项权利提出令人信服的理由时，该权利才能被剥夺。如果这个犯罪化涉及监禁刑，那么否定该权利的理由必须是：不法行为人的行为对他人造成了危害。

否定一个人不被犯罪化之权利的报应理由的关键在于，那些危害他人（或者侵犯他人权利）的人应当受到刑事责难。刑法的目的是预防和惩罚不法行为人的不良行为。立法者必须能够在事前说明，那些故意给他人造

---

① 参见 T. A. Turk, *Criminology and Legal Order* (Chicago: Rand McNally, 1969)。作者讨论了由于缺乏执行力而导致的去犯罪化。

成不良后果的人（例如盗窃他人财产而产生的后果）将被标记为罪犯，并受到与其犯罪行为的严重性成比例的惩罚。① 立法者事先说明，对任何人而言，故意给他人带来不良后果都是不正当的，这也为不法行为人提供了一个抵制这个诱惑的理由。如果 X 故意持枪抢劫 Y，犯罪化就必须以 X 以及社会中其他所有人都能理解的方式向 X 说明：X 应当为其有害的选择而受到谴责和非难。我们能够给 X 提供的，用来解释为什么将他的抢劫行为宣布为罪的理由，是十分清晰的。因为他知道他正在给 Y 造成不良后果（危害），抢劫属于严重罪行，所以他应当由于选择实施抢劫而受到刑事责难。②

世人一致认为危害是坏的。但是，什么是危害，则是另一个问题。特定行为的危害性取决于危害的传统概念化、社会规范以及社会化。原始危害的本质更具普遍性，几乎总是符合我们对危害的根深蒂固的传统认识。本书试图探索出一个危害的概念，使之成为一个更加可行的认定何时应当否定行为人不被犯罪化的权利的标尺。本书的结论如下：

· 危害的严重性，是认定是否将该危害犯罪化的核心标尺。

· 在危害仅具有严重性，且明显应当以国家行为规制时，犯罪化就是其唯一选择（例如婚内强奸、公司事务的严重疏忽管理，不应当留给当事人自行解决）。

· 对动物的肆意危害，属于危害的概念范围之内。

· 必须将危害公平地归咎于为此承担刑事责任的人。

· 一个人能够同意的危害是有限的。

· 我们几乎无法宣称某件事情具有真理意义上或纯粹客观意义上的危害性，但是我们可以运用对危害的科学认识以及我们根深蒂固的

---

① 必须在事前明确规定特定犯罪应受的刑罚，刑罚的设置必须与罪行相适应，抢劫和盗窃的法定刑应有区别。刑罚和罪名也可能依据盗窃的既遂或未遂而做出调整。当然，从事后庭审的角度来看，法官拥有一些减轻量刑的自由裁量权，但是这并不能改变对这种类型的不法危害的初步标记由行为的严重程度而定这一事实。"盗窃"和"抢劫"，这两个词对于标记犯罪并没有起到多大作用，因为最终标记犯罪的，是刑罚的严厉程度。

② "在实践中追求客观性，意味着尽最大努力确保我们的诉讼程序的合理性，力图做其他理性人在我们的处境中所做的事情。为了达到这一目的，没有比这个途径更为高效可行的方式，即与其他理性人商讨，并通过学习，甚至询问其他理性人如何应对这些行为，从而学会其处理方式。" Nicholas Rescher, *Objectivity: The Obligations of Impersonal Reason* (Notre Dame, IL: University of Notre Dame Press, 1997) at p. 87.

传统理解，进而宣称某件事情具有客观意义上的危害性。

· 以西方对正义、恶劣性、危害性和不正当性的概念化进行衡量会发现，许多犯罪化决定是不公正的。因此，当我们要求非西方国家遵循我们对正义的深刻传统理解，而自己却没有这么做时，似乎有些奇怪。

· 如果要将诸如仅仅导致不悦之类的软危害行为犯罪化，那么其刑罚不应当包含监禁刑。不应对裸体主义者判处监禁刑，而应判处罚金之类。鉴于许多软危害行为都并非有害，而只是在十分传统的意义上属于不正当行为，将监禁刑排除在外，似乎能够达到合理的平衡。这不仅使得多元社会中的行为能够得到管制，以便人们在不被卷入不必要的社会冲突的情况下享受公共场所，同时也确保了这类轻微的冲突不会受到严厉的刑罚。

· 冒犯他人，不能作为有准则的犯罪化依据。但是，如果不悦同时也造成了隐私的损失，或者因为社会还不愿意接受某种特定的行为而产生了一个无法容忍的社会冲突，只要没有不合理地干涉被控不法行为人的权利，那么该行为就有可能受到规制。

首先，人们不应当由于无意地影响他人的犯罪选择而被定罪。人们不应当由于其他人的危害行为而承担刑事责任，而只应当为能够公平地归责于他的危害受到刑事责难。因为行为的非故意后果或十分遥远的后果而惩罚行为人是不公平的。其次，危害原则不能被尊严原则或其他不够严谨自由意义所替代，因为在任何实际意义上衡量自由都是不可能完成的任务。再次，严重危害人类的行为，其不正当性不能通过被害人同意而消除。并不是所有情形下，都能够以被害人同意消除不法行为和危害。在一个关切个体权益的人道社会中，被害人同意是有限度的。在文明社会中，肆意杀戮、致盲、截肢等行为所涉危害的严重性和无法挽回的本质都是不可容忍的。我们对于人性尊严的深刻传统认识意味着，生命权不可让与。同样地，保持最低限度的健康和心理稳定的权利也不可被剥夺。我们不将自我危害行为犯罪化，但是对于那些依赖被害人同意而对人类同胞施加暴行的人，我们也不允许他们将同意作为辩护理由。限制同意作为辩护理由的一部分原因在于，我们不想让我们的社会成员认为只要被害人同意了，这些行为就是好的，从而变得麻木不仁。

本书提出了许多原创观点，包括自由标准不能替代危害标准，前者无法成为衡量犯罪化决定正义性的可行措施；必须将危害公平地归咎于为此承担刑事责任者的强制要求；以及将被害人同意作为辩护理由的限制。然而，本书提出的最重要的观点在于：第一，存在一个不被犯罪化的宪法权利；第二，我们可能无法断言某个特定行为在客观上是坏的或有害的。客观性要求的最显著困难存在于有关不悦的不良后果的讨论之中。本书第六章对这一问题做出了回应，并指出，"不悦"这一概念对于为指引犯罪化决定提供客观标准的目的而言，是十分空洞的。

有学者指出，有些冒犯行为的不正当性完全是传统的，这类行为之所以不正当，原因在于它违背了人们通过教化而极度重视的传统习俗。例如，如果 X 拍摄 Y 的裙底，并上传至互联网，Y 会因为他被教化为需要隐私，而遭受真正的心理困扰。在另一个文化中，此种侵犯行为甚至可能不会引起人们注意。本书认为这类无理对待是真正不当的、应予规制的。但是，这也凸显了我们在试图将真正的传统不正当性与那些纯粹出于偏见的无理对待做出区分时，面临的巨大困难。这是一个十分重要的问题，因为大多数有关不公正的犯罪化决定的争议，都涉及边缘行为，而不是对行为的危害性存在深刻共识的明显危害行为。一本好书提出的问题，应当与它回答的问题一样多，本书第六章提出了许多问题。希望本书的讨论能够激发关于这个问题的进一步辩论，并激励哲学家们更多地论述视传统而定的不悦和软危害的客观性。这是非常重要的，因为对行为的客观恶劣性的充分解释是一个重要的限制因素，特定后果的恶劣性或危害性能够为立法者提供有关该行为犯罪化与否的指引。

危害行为只能作为以监禁刑剥夺个人自由的充分依据。这一途径使得国家有足够的自由裁量权来制定各种各样的监管型罪名，不论危害与否，但也防止国家对监管型犯罪分子施加监禁刑。我们可能无法形成有关危害性的精确主张，但是立法者足以使危害原则成为有价值的宪法标尺。在当前刑事民粹主义的环境下，如果要认真对待危害原则，就必须把它从学术文献中找出来，并使之宪法化。

总而言之，值得注意的是，只有通过将客观危害与抽象危害区分开，迫使立法者将严重危害犯罪化，将危害原则宪法化，并对肆意危害动物的可责性进行解释，才称得上认真对待危害原则。

参考文献

1. Abbey, R., "Rawlsian Resources for Animal Ethics," (2007) 12 (1) *Ethics & The Environment* 1.

2. Abbott, E., *A History of Mistresses* (Toronto: Harper Flamingo, 2003).

3. Alexander, L., "Harm, Offense, and Morality," (1994) 7 *Canadian Journal of Law and Jurisprudence* 199.

4. Alexander, L., "The Enforcement of Morality," in Frey, R. G. and Wellman, C. H. (eds), *A Companion to Applied Ethics* (Oxford: Blackwell Publishing, 2003).

5. Alexander, L., "When Are We Rightfully Aggrieved?," (2005) 11 (3) *Legal Theory* 325.

6. Allen, A., *Uneasy Access* (Totowa, NJ: Rowman & Littlefield, 1988).

7. Allen, C. K., *Legal Duties* (Oxford: Clarendon Press, 1931).

8. Archbold Hong Kong, *Criminal Law, Pleading, Evidence and Practice* (Hong Kong: Sweet & Maxwell Asia, 2007).

9. Archibold, R. C., "Las Vegas Makes it Illegal to Feed Homeless in Parks," (New York: *New York Times*, July 28, 2006).

10. Arlidge, A., Eady, D. and Smith, A. T. H., *Eady, Arlidge and Smith on Contempt* (London: Thomson Professional, 2nd ed., 1999).

11. Arneson, R. J., "Liberalism, Freedom, and Community," (1990) 100 *Ethics* 368.

12. Arneson, R. J., "Joel Feinberg and the Justifications of Hard Paternalism," (2005) 11 (3) *Legal Theory* 259.

13. Ashworth, A., "Taking the Consequences," in Shute, S., Gardner, J. and Horder, J. (eds), *Action and Value in Criminal Law* (Oxford: Clarendon Press, 1993).

14. Ashworth, A., "Is the Criminal Law a Lost Cause?," (2000) 116 *The Law Quarterly Review* 225.

15. Ashworth, A., *Principles of Criminal Law* (Oxford: Oxford University Press, 4th

ed. , 2003).

16. Ashworth, A. , and Blake, M. , "The Presumption of Innocence in English Criminal Law," (1996) *Criminal Law Review* 306.

17. Atkinson, C. M. , *Bentham's Theory of Legislation* (London: Oxford University Press, Vol. I , 1914).

18. Aune, B. , *Kant's Theory of Morals* (Princeton NJ: Princeton University Press, 1979).

19. Austin, J. , *The Province of Jurisprudence Determined*, 1832 (London: Weidenfeld and Nicolson, republished ed. , with an introduction by H. L. A. Hart, 1954).

20. Austin, J. L. , "A Plea for Excuses," (1956 – 1957) *Proceedings of the Aristotelian Society* 1.

21. Baier, K. , *The Moral Point of View* (Ithaca: Cornell University Press, 1964).

22. Baker, C. E. , *Human Liberty and Freedom of Speech* (New York: Oxford University Press, 1989).

23. Baker, D. J. , "The Moral limits of Criminalizing Remote Harms," (2007) 10 (3) *New Criminal Law Review* 370.

24. Baker, D. J. , "Consensual Harm Doing," (2008) 12 *UWS Law Review* 21.

25. Baker, D. J. , "Constitutionalizing the Harm Principle," (2008) 27 (2) *Criminal Justice Ethics* 3.

26. Baker, D. J. , "The Harm Principle vs. Kantian Criteria for Ensuring Fair, Principled and Just Criminalization," (2008) 33 *Australian Journal of Legal Philosophy* 66.

27. Baker, D. J. , "The Sense and Nonsense of Criminalizing Transfers of Obscene materials," (2008) 26 *Singapore Law Review* 126.

28. Baker, D. J. , "A Critical Evaluation of the Historical and Contemporary Justifications for Criminalising Begging," (2009) 73 (3) *Journal of Criminal Law* 212.

29. Baker, D. J. , "Collective Criminalization and the Constitutional Right to Endanger Others," (2009) 28 (2) *Criminal Justice Ethics*.

30. Baker, D. J. , "The Moral Limits of Consent as a Defense in the Criminal Law," (2009) 12 (1) *New Criminal Law Review* 93.

31. Baker, D. J. , "Punishment Without a Crime: Is Preventive Detention Reconcilable with Justice?," (2009) 34 *Australian Journal of Legal Philosophy* 120.

32. Baker, D. J. , "Omissions Liability for Homicide Offences: Reconciling R. v. Kennedy

（No. 2）with R. v. Evans，”（2010）74（4）Journal of Criminal Law 80.

33. Baker, D. J., “Complicity, Proportionality and the Serious Crime Act,”（2011）14（3）*New Criminal Law Review*.

34. Baker, D. J., and Xia Zhao, L., “Responsibility Links, Fair Labeling and Proportionality in China: A Comparative Analysis,”（2010）15 *UCLA Journal of International Law & Foreign Affairs* 274.

35. Baker, G. P. and Hacker, P. M. S., *Language, Sense and Nonsense: A Critical Investigation into Modern Theories of Language*（Oxford: Basil Blackwell, 1984）.

36. Baker, S. J., *Measuring the Explosive Growth of Federal Crime Legislation*（Washington, D. C.: Federalist Society for Law and Policy Studies, Crime Report, 2004）.

37. Baker, S. J., “Jurisdictional and Separation of Powers Strategies to Limit the Expansion of Federal Crimes,”（2005）54 *American University Law Review* 545.

38. Baldwin, R., “The New Punitive Regulation,”（2004）67 *Modern Law Review* 351.

39. Balkin, J. M. and Levinson, S., “Understanding the Constitutional Revolution,”（2001）87（6）*Virginia Law Review* 1045.

40. Barendt, E., “Threats to Freedom of Speech in the United Kingdom,”（2005）28 *University of New South Wales Law Journal* 895.

41. Barkham, P., “Australian Government Rocked by Phonecard Sleaze Row”（London: *Guardian Unlimited*, October 30, 2000）.

42. Barnett, R. E., “Justice Kennedy's Libertarian Revolution: Lawrence v. Texas,”（2002 – 2003）*Cato Supreme Court Review* 21.

43. Barnett, R. E., “The Proper Scope of the Police Power,”（2004）79 *Notre Dame Law Review* 429.

44. Bartholomew, A. A., “Vagrancy: Insufficient Lawful Means of Support,”（1971）4（2）*Australian and New Zealand Journal of Criminology* 65.

45. Beale, S. S., “The Many Faces of Overcriminalization: From Morals and Mattress Tags to Over-federalization,”（2005）54 *American University Law Review* 747.

46. Beccaria, C., *On Crimes and Punishments*（Indianapolis, IN: Hackett Publishing, 1986）.

47. Becker, H. S., *Outsiders*（Glencoe, IL: The Free Press, 1963）.

48. Becker, L. C., “Crimes Against Autonomy: Gerald Dworkin on the Enforcement of Morality,”（1999）40 *William & Mary Law Review* 959.

49. Becker, S. L. et al. , "Young H. I. V. -Infected Adults Are at Greater Risk for Medication Nonadherence," (2002) 4 (3) *Medscape General Medicine* 21.

50. Beetham, D. , *The Legitimation of Power* (Basingstoke, U. K. : MacMillan, 1991).

51. Benn, S. I. , "Individuality, Autonomy, and Community: An Essay in Mediation," (1978) *Bulletin of the Australian Society of Legal Philosophy* 1.

52. Benson, C. , *A Theory of Freedom* (Cambridge: Cambridge University Press, 1988).

53. Benson, C. , "Privacy, Freedom, and Respect for Persons," in Wacks, R. (ed.), *Privacy* (Aldershot: Dartmouth, 1993).

54. Benson, C. , and Matthews, R. , "Street Prostitution: Ten Facts in Search of a Policy," (1995) 23 *International Journal of the Sociology of Law* 395.

55. Berenson, F. , "Understanding Art and Understanding Persons," in S. C. Brown (ed.), *Objectivity and Cultural Divergence* (Cambridge: Cambridge University Press, 1984).

56. Bergelson, V. , "Conditional Rights and Comparative Wrongs: More on the Theory and Application of Comparative Criminal Liability," (2004 – 2005) 8 *Buffalo Criminal Law Review* 567.

57. Bergelson, V. , "Victims and Perpetrators: An Argument for Comparative Liability in Criminal Law," (2004 – 2005) 8 *Buffalo Criminal Law Review* 385.

58. Bernd, B. and Gesa, H. , "Zero Tolerance for the Industrial Past and Other Threats: Policing and Urban Entrepreneurialism in Britain and Germany," (2003) 40 (9) *Urban Studies* 1845.

59. Beyleveld, D. and Brownsword, R. , "Human Dignity, Human Rights, and Human Genetics," (1998) 61 (5) *Modern Law Review* 661.

60. Beyleveld, D. and Brownsword, R. , *Human Dignity in Bioethics and Biolaw* (Oxford: Oxford University Press, 2001).

61. Bhalla, K. et al. , "A Risk-Based Method for Modeling Traffic Fatalities," (2007) 27 (1) *Risk Analysis* 125.

62. Black, D. *The Behavior of Law* (New York: Academic Press, 1968).

63. Blackstone, W. , *Commentaries on the Laws of England* (London: Sweet & Maxwell, Vol. 4, 21st ed. , 1844).

64. Blackstone, W. T. , "On the Meaning and Justification of the Equality Principle," (1967) 77 (4) *Ethics* 239.

65. Bloustein, E., "Privacy as an Aspect of Human Dignity: An Answer to Dean Prosser," (1964) 39 *New York University Law Review* 962.

66. Bludner, A., "A Theory of Necessity," (1987) 7 *Oxford Journal of Legal Studies* 339.

67. Bodenhamer, D. J. and Ely, J. W., *The Bill of Rights in Modern America* (Bloomington, IN: Indiana University Press, 1993).

68. Bottoms, A. E., "The Philosophy and Politics of Punishment and Sentencing," in Clarkson, C. M. V. and Morgan, R. (eds), *The Politics of Sentencing Reform* (Oxford: Clarendon Press, Oxford, 1995).

69. Bottoms, A. E., "Five Puzzles in von Hirsch's Theory of Punishment," in Ashworth, A. and Wasik, M. (eds), *Fundamentals of Sentencing Theory: Essays in Honor of Andrew von Hirsch* (Oxford: Clarendon Press, 1998).

70. Bottoms, A. E., "Incivilities, Offence, and Social Order in Residential Communities," in Hirsch, A. von and Simester, A. P., *Incivilities: Regulating Offensive Behaviour* (Oxford: Hart Publishing, 2006).

71. Bottoms, A. E., and Light, R., *Problems of Long-Term Imprisonment* (Aldershot: Gower, 1987).

72. Bowie, N. E. and Simon, R. L., *The Individual and the Political Order* (New York: Rowman and Littefield, 1998).

73. Bowling, B., "The Rise and Fall of New York Murder: Zero Tolerance or Crack's Decline," (1999) 39 (4) *British Journal of Criminology* 531.

74. Bradsher, K., "Internet Sex Video Case Stirs Free-Speech Issues in Hong Kong," (New York: *New York Times*, February 13, 2008).

75. Bratton, W. J., "The New York City Police Department's Civil Enforcement of Quality-of-Life Crimes," (1995) *Journal of Law & Policy* 447.

76. Bremner, C., "France Goes from Burkas to Burgers in Latest Muslim Row," (London: *The Times*, February 19, 2010).

77. Brems, E., *Human Rights: Universality and Diversity* (The Hague: Martinus Nijhoff Publishers, 2001).

78. Brett, P., *An Inquiry into Criminal Guilt* (London: Sweet & Maxwell ltd., 1963).

79. British Medical Journal, "Success in Gun Law Reform in Australia," (2007) 334 *British Medical Journal* 284.

80. Britten, N. , "Pensioner's Body Stolen by Animal Rights Group is Found," (London: The *Daily Telegraph*, May 4, 2005).

81. Brown, L. R. , *Outgrowing the Earth: The Food Security Challenge in an Age of Falling Water Tables and Rising Temperatures* (New York: W. W. Norton & Company, 2005).

82. Bruni, L. and Sugden, R. , "Fraternity: Why the Market Need Not be a Morally Free Zone," (2008) 24 *Economics and Philosophy* 35.

83. Buchholz, R. A. , "The Protestant Ethic as an Ideological Justification of Capitalism," (1983) 2 (2) *Journal of Business Ethics* 51.

84. Burke-Hopkins, R. , "The Regulation of Begging and Vagrancy: a Critical Discussion," (2000) 2 *Crime Prevention and Community Safety: An International Journal* 43.

85. Burke-Hopkins, R. , *Zero Tolerance Policing* (Leicester: Perpetuity Press, 2001).

86. Butt, P. , Eagleson, R. D. and Lane, P. , *Mabo, Wik and Native Title* (Sydney: The Federation Press, 4th rev. ed. , 2001).

87. Calhoun, G. M. , *The Growth of Criminal Law in Ancient Greece* (Berkeley, CA: University of California Press, 1927).

88. Callahan, J. C. , "On Harming the Dead," (1989) 97 (2) *Ethics* 342.

89. Card, C. , *The Atrocity Paradigm: A Theory of Evil* (Oxford: Oxford University Press, 2002).

90. Carruthers, P. , *The Animal Issue: Moral Theory in Practice* (Cambridge: Cambridge University Press, 1992).

91. Carter, I. , *A Measure of Freedom* (Oxford: Oxford University Press, 1999).

92. Caughey, M. S. , "Note: Criminal Law—The Principle of Harm and its Application to Laws Criminalizing Prostitution," (1974) 51 *Denver Law Journal* 235.

93. Caygill, H. , *A Kant Dictionary* (Oxford: Blackwell Publishers, 1999).

94. Chambliss, W. J. , "A Sociological Analysis of the Laws of Vagrancy," in Carson, W. G. and Wiles, P. (eds), *The Sociology of Crime and Delinquency in Britain* (Oxford: Martin Robinson, 1981).

95. Chambliss, W. J. and Seidmann, R. , *Law, Order, and Power* (Reading, MA: AddisonWesley, 1982).

96. Charlesworth, L. , "Why Is it a Crime to Be Poor," (1999) 21 *Liverpool Law Review* 149.

97. Cheh, M. M. , "Constitutional Limits on Using Civil Remedies to Achieve Criminal Law Objectives: Understanding and Transcending the Criminal Civil Law Distinction," (1990 – 1991) 42 *Hastings Law Journal* 1325.

98. Chevigny, P. G. , "Begging and the First Amendment: Young v. New York City Transit Authority," (1991) 57 *Brooklyn Law Review* 525.

99. Cochrane, A. , "Animal Rights and Animal Experiments: An Interests-Based Approach," (2007) 13 *Res Publica* 293.

100. Coffee, J. C. , "Does 'Unlawful' Mean 'Criminal'?: Reflections on the Disappearing Tort/Crime Distinction in American Law," (1991) 71 *Boston University Law Review* 193.

101. Cohan, J. , "Seditious Conspiracy, the Smith Act, and Prosecution for Religious Speech Advocating the Violent Overthrow of the Government," (2003) 17 *St John's Journal of Legal Commentary* 199.

102. Cohen, M. R. , "Moral Aspects of the Criminal Law," (1940) 49 *Yale Law Journal* 987.

103. Cook, P. J. and Ludwig, J. , *Gun Violence: The Real Costs* (New York: Oxford University Press, 2000).

104. Corning, P. A. , " 'Fair Shares': Beyond Capitalism and Socialism, or the Biological Basis of Social Justice," (2003) 22 (2) *Politics and the Life Sciences* 12.

105. Cullinane, S. , "Hong Kong's Low Car Dependence: Lessons and Prospects," (2003) 11 (1) *Journal of Transport Geography* 25.

106. Cutler, D. M. et al. , "An Ageing Society: Opportunity or Challenge?," (1990) 1 *Brook Papers Economic Activity* 1 – 73.

107. Dahl, N. O. , *Practical Reason, Aristotle, and Weakness of the Will* (Minneapolis, MN: University of Minnesota Press, 1984).

108. Dalton, H. L. , "Disgust and Punishment," (1986 – 1987) 96 *Yale Law Journal* 883.

109. Dan-Cohen, M. , "Defending Dignity," (2002) *Boalt Working Papers in Public Law*, Paper 99 (Berkeley, CA: University of California).

110. Dancy, J. , *Normativity* (Oxford: Blackwell Publishers, 2000).

111. Davis, L. W. , "The Effect of Driving Restrictions on Air Quality in Mexico City," (2008) 116 (1) *The Journal of Political Economy* 38.

112. Dean, H. (ed.), *Begging Questions: Street-Level Economic Activity and Social Pol-*

icy Failure (Bristol: Policy Press, 1999).

113. Dean, R., "What Should We Treat as an End in Itself," (1996) 77 (4) *Pacific Philosophical Quarterly* 268.

114. DegRazia, D., *Taking Animals Seriously: Mental Life and Moral Status* (Cambridge: Cambridge University Press, 1996).

115. Dempsey, M. M., "Rethinking Wolfenden: Prostitute Use, Criminal Law, and Remote Harm," (2005) *Criminal Law Review* 444.

116. Devlin, P., *The Enforcement of Morals* (Oxford: Oxford University Press, 1965).

117. Diamond, A. S., *Primitive Law: Past and Present* (London: Methuen & Co. ltd., 1971).

118. Dirie, M. A. and Lindmark, G., "The Risk of Medical Complications after Female Circumcision," (1992) 69 (9) *East African Medical Journal* 479.

119. Dorf, M. C., "Truth, Justice, and the American Constitution," (1997) 97 *Columbia Law Review* 133.

120. Dressler, J., "Reassessing the Theoretical Understandings of Accomplice Liability: New Solutions to an Old Problem," (1985) 37 *Hastings Law Journal* 91.

121. Dressler, J., *Understanding Criminal Law* (Newark, NJ: LexisNexis, 2006).

122. Dripps, D. A., "Overcriminalization, Discretion, Waiver: A Survey of Possible Exit Strategies," (2004 – 2005) 109 *Penn. State Law Review* 1155.

123. Dubber, M. D., "Towards a Constitutional Law of Crime and Punishment," (2003 – 2004) 55 *Hastings Law Journal* 509.

124. Dubin, G. V. and Robinson, R. H., "The Vagrancy Concept Reconsidered: Problems and Abuses of Status Criminality," (1962) 37 *New York University Law Review* 102.

125. Duff, R. A., *Intention, Agency and Criminal Liability* (Oxford: Basil Blackwell, 1990).

126. Duff, R. A., *Criminal Attempts* (Oxford: Clarendon Press, 1996).

127. Duff, R. A., "Harms and Wrongs," (2001 – 2002) 5 *Buffalo Criminal Law Review* 13.

128. Duff, R. A., "Criminalizing Endangerment," in Duff, R. A. and Green, S. P. (eds), *Defining Crimes: Essays on the Special Part of the Criminal Law* (Oxford: Oxford University Press, 2005).

129. Dworkin, R. , *Taking Rights Seriously* (King's lynn: Duckworth, 1977).

130. Dworkin, R. , *A Matter of Principle* (Cambridge, MA: Harvard University Press, 1985).

131. Dworkin, R. , *Life's Dominion: An Argument About Abortion, Euthanasia, and Individual Freedom* (New York: Knopf, 1993).

132. Dworkin, R. , *Freedom's Law: The Moral Reading of the American Constitution* (Oxford: Oxford University Press, 1996).

133. Dworkin, R. , "Objectivity and Truth: You' d Better Believe It, " (1996) *Philosophy and Public Affairs* 87.

134. Dworkin, R. , *Sovereign Virtue* (Cambridge, MA: Harvard University Press, 2000).

135. Dworkin, R. , *Is Democracy Possible Here?* (Princeton, NJ: Princeton University Press, 2006).

136. Dworkin, R. , *Justice in Robes* (Cambridge, MA: Harvard University Press, 2006).

137. Eddin-Taqi, K. and Macallair, D. , "Shattering ' broken Windows' : An Analysis of San Francisco's Alternative Crime Policies, " Centre on Juvenile and Criminal Justice (San Francisco, 2002): available online at http://www. prisonpolicy. org/scans/windows. pdf.

138. Eggleston, E. , *Fear, Favor of Affection* (Canberra: Australian National University Press, 1976).

139. Ellickson, R. C. , "Controlling Chronic Misconduct in City Spaces: of Panhandlers, Skid Rows, and Public-Space Zoning, " (1995 – 1996) 105 Yale Law Journal 1165.

140. Ellis, E. , *The Principle of Proportionality in the Laws of Europe* (Oxford: Hart Publishing, 2000).

141. Elwell, F. W. , *A Commentary on Malthus's* 1798 *Essay on Population as Social Theory* (Lewiston, NY: Edwin Mellen Press, 2001).

142. Emsley, C. , "The History of Crime and Crime Control Institutions, " in Maguire, M. et al. (eds), *The Oxford Handbook of Criminology* (Oxford: Oxford University Press, 3rd ed. , 2003).

143. Epstein, R. , "The Harm Principle—and How it Grew, " (1995) 45 (4) *Toronto Law Journal* 369.

144. Erskine, A. and Mcintosh, I. , "Why Begging Offends: Historical Perspectives and

Continuities," in Dean, H. (ed.), *Begging Questions: Street-Level Economic Activity and Social Policy Failure* (Bristol: The Policy Press, 1999).

145. Evans, E. P. , *The Criminal Prosecution and Capital Punishment of Animals* (London: Faber and Faber, 1987).

146. Evans, l. T. , *Feeding the Ten Billion—Plants and Population Growth* (Cambridge: Cambridge University Press, 1998).

147. Falls, M. M. , "Retribution, Reciprocity, and Respect for Persons," (1987) 6 *Law and Philosophy* 25.

148. Fehr, E. and Schmidt, K. M. , "A Theory of Fairness, Competition, and Cooperation," (1999) 114 (3) *The Quarterly Journal of Economics* 817.

149. Feinberg, J. , *Doing and Deserving* (Princeton, NJ: Princeton University Press, 1970).

150. Feinberg, J. , "The Rights of Animals and Unborn Generations," in Blackstone, W. T. (ed.), *Philosophy and Environmental Crisis* (Athens, GA: University of Georgia Press, 1974).

151. Feinberg, J. , *The Moral Limits of the Criminal Law: Harm to Others* (New York: Oxford University Press, Vol. I , 1984).

152. Feinberg, J. , *The Moral Limits of the Criminal Law: Offense to Others* (New York: Oxford University Press, Vol. II , 1985).

153. Feinberg, J. , *The Moral Limits of the Criminal Law: Harm to Self* (New York: Oxford University Press, Vol. III , 1986).

154. Feinberg, J. , *The Morals Limits of the Criminal Law: Harmless Wrongdoing* (New York: Oxford University Press, Vol. IV , 1988).

155. Feinberg, J. , "In Defence of Moral Rights," (1992) 12 (2) *Oxford Journal of Legal Studies* 149.

156. Feldbrugge, F. J. M. , *The Law's Beginnings* (Leiden: Brill Academic Publishing, 2003).

157. Ferrajoli, L. and Zolo, D. , "Marxism and the Criminal Question," (1985) 4 *Law and Philosophy* 71.

158. Findlay, M. et al. , *Australian Criminal Justice* (Melbourne: Oxford University Press, 1999).

159. Finkelstein, C. , "Positivism and the Notion of an Offence," (2000) 88 *California*

Law Review 335.

160. Finkelstein, C. , "Is Risk Harm?" (2002 – 2003) 151 *University of Pennsylvania Law Review* 963.

161. Finkelstein, C. , "Responsibility for Unintended Consequences," (2005) 2 *Ohio State Journal of Criminal Law* 579.

162. Finn, J. , "Culpable Non-Intervention: Reconsidering the Basis for Party Liability by Omission," (1994) 18 *Criminal Law Journal* 90.

163. Finnis, J. , *Natural Law and Natural Rights* (Oxford: Clarendon Press, 1979).

164. Finnis, J. , *Fundamentals of Ethics* (Oxford: Clarendon Press, 1983).

165. Finnis, J. , "Intention and Side-Effects," in Frey, R. G. and Morris, C. W. (eds), *Liability and Responsibility* (Cambridge: University Press, 1991).

166. Fish, S. , *There's No Such Thing as Free Speech and It's a Good Thing Too* (New York: Oxford University Press, 1994).

167. Fitzgerald, P. J. , *Criminal Law and Punishment* (Oxford: Clarendon Press, 1962).

168. Fletcher, G. P. , *Rethinking the Criminal Law* (Boston: Little, Brown and Company, 1978).

169. Fletcher, G. P. , *Basic Concepts of Legal Thought* (New York: Oxford University Press, 1996).

170. Fletcher, G. P. , *Basic Concepts of Criminal Law* (New York: Oxford University Press, 1998).

171. Flikschuh, K. , "Kantian Desires," in Timmons, M. (ed.), *Kant's Metaphysics of Morals: Interpretative Essays* (Oxford: Oxford University Press, 2002).

172. Forst, R. , "Toleration, Justice and Reason," in Mckinnon, C. and Castiglione, D. (eds), *The Culture of Toleration in Diverse Societies* (Manchester: Manchester University Press, 2003).

173. Foscarinis, M. , "Out of Sight-Out of Mind?: The Continuing Trend Toward the Criminalization of Homelessness," (1999) 6 *Georgetown Journal of Poverty Law and Policy* 145.

174. Fougère, M. and Mérette, M. , "Population Ageing and Economic Growth in Seven OECD Countries," (1999) 16 (3) *Economic Modeling* 411.

175. Frankfurt, H. , "Freedom of the Will and the Concept of a Person," (1971) 68

Journal of Philosophy 1.

176. Frase, R. S. , "State Sentencing Guidelines Still Going Strong," (1994 – 1995) 78 *Judicature* 173.

177. Fried, C. , *Right and Wrong* (Cambridge, MA: Harvard University Press, 1979).

178. Friedrich, C. J. , *The Philosophy of Kant: Immanuel Kant's Moral and Political Writings* (New York: The Modern Library, 1949).

179. Galligan, D. J. , "The Return to Retribution in Penal Theory," in Tapper, C. F. H. (ed.), *Crime, Proof and Punishment: Essays in Memory of Sir Rupert Cross* (London: Butterworths, 1981).

180. Galtung, J. , "Cultural Violence," (1990) 27 (3) *Journal of Peace Research* 291.

181. Gardner, J. , "Nearly Natural Law," (2007) 52 *The American Journal of Jurisprudence* 1.

182. Gardner, J. , "Prohibiting Immoralities," (2007) 28 (6) *Cardozo Law Review* 2613.

183. Gardner, J. and Shute. S. , "The Wrongness of Rape," in Horder, J. (ed.), *Oxford Essays in Jurisprudence* (Oxford: Oxford University Press, 4th Series, 2000).

184. Gaus, G. F. , "Respect for Persons and Environmental Values," in Kneller, J. and Axinn, S. (eds), *Autonomy and Community: Readings in Contemporary Kantian Social Philosophy* (New York: State University of New York Press, 1998).

185. Gauthier, D. , *Morals by Agreement* (Oxford: Clarendon Press, 1986).

186. Gavison, R. , "Privacy and the Limits of Law," (1980) 89 (3) *Yale Law Journal* 421.

187. Geras, N. , *Solidarity in the Conversation of Humankind: The Ungroundable Liberalism of Richard Rorty* (London: Verso, 1995).

188. Gobert, J. and Punch, M. , *Rethinking Corporate Crime* (London: Butterworths LexisNexis, 2003).

189. Goffman, E. , *Relations in Public, Microstudies of Public Order* (London: Penguin Press, 1971).

190. Goldsmith, A. et al. (eds), *Crime and Justice: A Guide to Criminology* (Sydney: Thomson Lawbook Co. , 3rd ed. , 2006).

191. Goldstein, B. J. , "Panhandlers at Yale: A Case Study in the Limits of Law," (1993 – 1994) 27 *Indiana Law Review* 295.

192. Goss, K. A. , *The Missing Movement for Gun Control in America* (Princeton, NJ:

Princeton University Press, 2006).

193. Gotsch, K. D., Annest, J. L., Mercy, J. A. and Ryan, G. W., "Surveillance for Fatal and Nonfatal Firearm Related Injuries-United-States 1993 – 1998," in CDC Surveillance Summaries (April 13, 2001, No. SS – 2): available online at http:// www. cdc. gov. /mmwr/pdf/ss/ss5002. pdf.

194. Grasmick, H. G. and Green, D. E., "Legal Punishment, Social Disapproval, and Internalization as Inhibitors of Illegal Behaviour," (1980) 71 *Criminal Law and Criminology* 325.

195. Green, L., "Tort Law Public Law in Disguise," (1959 – 60) 38 Texas Law Review 257.

196. Greenwood, P. W. et al. (eds), *Three Strikes and You're Out: Estimated Benefits and Costs of California's New Mandatory-Sentencing Law* (Santa Monica, CA: Rand, 1994).

197. Griffin, J., *On Human Rights* (Oxford: Oxford University Press, 2008).

198. Gross, H., *A Theory of Criminal Justice* (New York: Oxford University Press, 1979).

199. Grover, D., "Posthumous Harm," (1989) 39 (156) *The Philosophical Quarterly* 334.

200. Gusfield, J. R., *Symbolic Crusade* (Urbana, IL: University of Illinois Press, 2nd ed., 1986).

201. Haas-Wilson, D., "The Economic Impact of State Restrictions on Abortion: Parental Consent and Notification Laws and Medicaid Funding Restrictions," (1993) 12 (3) *Journal of Policy Analysis and Management* 498.

202. Haiman, F. S., "Is There a Right Not to Be Spoken to?," (1972) 67 *Northwestern University Law Review* 153.

203. Hall, J., *General Principles of Criminal Law* (Indianapolis, IN: Bobbs-Merrill Co., 2nd ed., 1960).

204. Hall, W., Solowij, N., Lemon, J. et al., *The Health and Psychological Consequences of Cannabis Use* (Canberra: Australian Government Publishing Service, National Drug Strategy, 1994).

205. Hampton, J., "The Nature of Morality," (1989) 7 (1) *Social Philosophy & Policy* 22.

206. Hampton, J., "Mens Rea," (1990) 7 (2) *Social Philosophy & Policy* 1.

207. Hampton, J., "Liberalism, Retribution and Criminality," in Coleman, J. L. and Buchanan, A. (eds), *In Harm's Way: Essays in Honor of Joel Feinberg* (Cambridge: Cambridge University Press, 1994).

208. Hampton, J., "Retribution and the Liberal State," (1994) 5 *Journal of Contemporary Legal Issues* 117.

209. Hampton, J., *The Authority of Reason* (Cambridge: Cambridge University Press, 1998).

210. Harcourt, B. E., "Reflecting on the Subject: A Critique of the Social Influence Conception of Deterrence, the Broken Windows Theory, and Order Maintenance Policing New York Style," (1998) 97 *Michigan Law Review* 291.

211. Harcourt, B. E., "Collapse of the Harm Principle," (1999 – 2000) 90 *Journal of Criminal Law and Criminology* 109.

212. Harcourt, B. E., *Illusion of Order, The False Promise of Broken Windows Policing* (Cambridge, MA: Harvard University Press, 2001).

213. Hampton, J., "Joel Feinberg on Crime and Punishment: Exploring the Relationship Between the Moral Limits of the Criminal Law and the Expressive Function of Punishment," (2001 – 2002) 5 *Buffalo Criminal Law Review* 145.

214. Hampton, J., "Policing Disorder: Can We Reduce Serious Crime by Punishing Petty Offenses?," (2002) *Boston Review*, April/May.

215. Hampton, J., and Ludwig, J., "Broken Windows: New Evidence from New York City and a Five City Social Experiment," (2006) 73 (1) *University of Chicago Law Review* 271.

216. Hare, I., "Method and Objectivity in Free Speech Adjudication: Lessons from America," (2005) 54 *International and Comparative Law Quarterly* 49.

217. Hargrove, E. C., *The Animal Rights: Environmental Ethics Debate* (New York: State University of New York Press, 1992).

218. Hart, H. L. A., "Are There any Natural Rights," (1955) 64 *The Philosophical Review* 175.

219. Hart, H. L. A., *Law, Liberty and Morality* (London: Oxford University Press, 1963).

220. Hart, H. L. A., *The Morality of the Criminal Law* (Oxford: Oxford University Press, 1965).

221. Hart, H. L. A., *Punishment and Responsibility*: *Essays in the Philosophy of Law* (Oxford: Clarendon Press, 1968).

222. Hart, H. L. A., "Between Utility and Rights," (1979) 79 *Columbia Law Review* 828.

223. Hart, H. L. A., *Essays in Jurisprudence and Philosophy* (Oxford: Clarendon Press, 1983).

224. Hart, H. L. A., "Liberty, Utility, and Rights," in *Essays in Jurisprudence and Philosophy* (Oxford: Clarendon Press, 1983).

225. Hart, H. L. A., "Social Solidarity and the Enforcement of Morality," in *Essays in Jurisprudence and Philosophy* (Oxford: Clarendon Press, 1983).

226. Hart, H. M., "The Aims of the Criminal Law," (1958) 23 *Law & Contemporary Problems* 401.

227. Hayek, F. A. von, *The Constitution of Liberty* (Chicago: University of Chicago Press, 1978).

228. Hemenway, D., "The Public Approach to Reducing Firearm Injury and Violence," (2006) 17 *Stanford Law & Policy Review* 635.

229. Henkin, L., "Privacy and Autonomy," (1974) 74 *Columbia Law Review* 1410.

230. Herring, J., *Criminal Law*: *Text, Cases and Materials* (Oxford: Oxford University Press, 2005).

231. Hershkoff, H. and Cohen, A. S., "Begging to Differ: The First Amendment and the Right to Beg," (1991) 104 *Harvard Law Review* 896.

232. Hershovitz, S., *Exploring Law's Empire*: *The Jurisprudence of Ronald Dworkin* (New York: Oxford University Press, 2006).

233. Hill, T. E., "Humanity as an End in Itself," (1980 – 1981) 91 *Ethics* 84.

234. Hill, T. E., *Autonomy and Self-Respect* (Cambridge: Cambridge University Press, 1991).

235. Hills, J. and Lelkes, O., "Social Security, Selective Universalism and Patchwork Redistribution," in Jowell, R. et al. (eds), *British Social Attitudes*, *Report* 16 (Aldershot: Ashgate, 1999).

236. Hirsch, A. von, "Injury and Exasperation: An Examination of Harm to Others and Offense to Others," (1985 – 1986) 84 *Michigan Law Review* 700.

237. Hirsch, A. von, *Censure and Sanctions* (Oxford: Oxford University Press, 1993).

238. Hirsch, A. von, "Extending the Harm Principle: 'Remote' Harms and Fair Impu-
    tation," in Simester, A. P. and Smith, A. T. H. (eds), *Harm and Culpability*
    (Oxford: Clarendon Press, 1996).

239. Hirsch, A. von, "The Ethics of Public Television Surveillance," in Hirsch, A. von,
    Garland, D. and Wakefield, A., *Ethical and Social Perspectives on Situational Crime
    Prevention* (Oxford: Hart Publishing, 2000).

240. Hirsch, A. von, "Toleranz als Mediating Principle," in Hirsch, A. von, Seel-
    mann, K. and Wolfgang, W. (eds), *Mediating Principles* (Baden-Baden: Nomos
    Verlagsgesellschaft, 2006).

241. Hirsch, A. von, "Varieties of Remote Harms and Rationales for Their Criminaliza-
    tion" (Cambridge University, Unpublished Mimeo, 2006).

242. Hirsch, A. von and Ashworth, A., *Proportionate Sentencing: Exploringthe Principles*
    (Oxford: Oxford University Press, 2005).

243. Hirsch, A. von and Jareborg, N., "Gauging Crime Seriousness: A "Living Stand-
    ard" Conception of Criminal Harm," in Hirsch, A. von and Ashworth, A., *Pro-
    portionate Sentencing: Exploring the Principles*, (Oxford: Oxford University Press,
    2005).

244. Hirsch, A. von and Simester, A. P., *Incivilities: Regulating Offensive Behaviour*
    (Oxford: Hart Publishing, 2006).

245. Hirsch, A. von and Simester, A. P., "Penalizing Offensive Behavior: Constitutive
    and Mediating Principles," in Hirsch, A. von and Simester, A. P., *Incivilities:
    Regulating Offensive Behaviour* (Oxford: Hart Publishing, 2006).

246. Hirschman, A. O., "Rival Interpretations of Market Society: Civilizing, Destructive,
    or Feeble?" (1982) 20 *Journal of Economic Literature* 1463.

247. Home Office, *Report of the Committee on Homosexual Offences and Prostitution* (Lon-
    don: Home Office, Cmnd 247, 1957).

248. Home Office, *Working Party Report of the Working Party on Vagrancy and Street Of-
    fences* (London: Home Office, 1976).

249. Home Office, *Respect and Responsibility—Taking a Stand Against Anti-Social Behav-
    iour* (London: Home Office, White Paper Cm 5778, 2003).

250. Home Office, *Paying the Price: A Consultation Paper on Prostitution* (London:
    Home Office, 2004).

251. Home Office, *Together*, *Action Plan* (London: Home Office, 2003).

252. Honoré, T. M., "Social Justice," in Summers, R. s. (ed.), *Essays in Legal Philosophy* (Oxford: Basil Blackwell, 1968).

253. Hörnle, T., "Offensive Behaviour and German Penal Law," (2001 – 2002) 5 *Buffalo Criminal Law Review* 255.

254. Hruschka, J., "Imputation," (1986) *B. Y. U. Law Review* 669.

255. Hume, D., *A Treatise of Human Nature*, Norton, D. F. and Norton, M. J. (eds), (Oxford: Oxford University Press, 2007).

256. Hurd, H., "Justification and Excuse, Wrongdoing and Culpability," (1999) 74 *Notre Dame Law Review* 1551.

257. Hurley, D., "On Crime as Science (A Neighbour at a Time)," (New York: *New York Times*, January 6, 2004).

258. Husak, D. N., *Philosophy of Criminal Law* (New York: Rowman & Littlefield, 1987).

259. Husak, D. N., "The Nature and Justifiability of Nonconsummate Offenses," (1995) 37 *Arizona Law Review* 151.

260. Husak, D. N., "Limitations on Criminalization," in Shute, S. and Simester, A. P., *Criminal Law Theory: Doctrines of the General Part* (Oxford: Oxford University Press, 2002).

261. Husak, D. N., "Guns and Drugs: Case Studies on the Principled Limits of the Criminal Sanction," (2004) 23 *Law and Philosophy* 437.

262. Husak, D. N., "Malum Prohibitum and Retribution," in Duff, R. A. and Green, S. P. (eds), *Defining Crimes: Essays on the Special Part of the Criminal Law* (Oxford: Oxford University Press, 2005).

263. Husak, D. N., "Disgust: Metaphysical and Empirical Speculations," in Hirsch, A. von and Simester, A. P., *Incivilities: Regulating Offensive Behaviour* (Oxford: Hart Publishing, 2006).

264. Husak, D. N., *Overcriminalization: The Limits of the Criminal Law* (New York: Oxford University Press, 2008).

265. Husak, D. N. and Marneffe, P. de, *The Legalization of Drugs: For and Against* (Cambridge: Cambridge University Press, 2005).

266. Inness, J. C., *Privacy, Intimacy, and Isolation* (Oxford: Oxford University Press,

1992).

267. Irish Law Reform Commission, *Report on Vagrancy and Related Offences*, Report L. R. C. 11, 1985.

268. Johnson, A., "Note, The Second Circuit Refuses to Extend Beggars a Helping Hand: Young v. New York City Transit Authority," (1991) 69 *Washington University Quarterly* 969.

269. Jolowicz, J. A., *Lectures on Jurisprudence* (London: Athlone Press, 1963).

270. Jones, R. K., "Abortion in the United States: Incidence and Access to Services, 2005," (2008) 40 *Perspectives on Sexual and Reproduction Health* 6.

271. Jordan, W. K., *Philanthropy in England* 1480 – 1660 (London: Allen & Unwin, 1959).

272. Joyce, R., *The Myth of Morality* (New York: Cambridge University Press, 2001).

273. Junker, M. J., "Criminalization and Criminogenesis," (1971 – 1972) 19 *U. C. L. A. Law Review* 697.

274. Kadish, S. H., "The Crisis of Overcriminalization," (1967) 374 *The Annals of the American Academy* 157.

275. Kadish, S. H., "More on Overcriminalization: A Reply to Professor Junker," (1971 – 1972) 19 *U. C. L. A. Law Review* 719.

276. Kadish, S. H., "Complicity, Cause and Blame: A Study in the Interpretation of Doctrine," (1985) 73 *California Law Review* 323.

277. Kadish, S. H., "Criminal Law: Reckless Complicity," (1997) 87 *Journal of Criminal Law and Criminology* 369.

278. Kadish, S. H. et al., *Criminal Law and its Processes: Cases and Materials* (New York: Aspen Publishers, 2007).

279. Kahan, D. M., "Social Influence, Social Meaning, and Deterrence," (1997) 83 *Virginia Law Review* 349.

280. Kant, I., *Groundwork of the Metaphysics of Morals*, 1785, translated from the German by Paton, H. J., *The Moral Law* (London: Hutchinson University Library, 1972).

281. Kant, I., *The Philosophy of Law: An Exposition of the Fundamental Principles of Jurisprudence as the Science of Right*, 1796, translated from the German by Hastie, W., *The Philosophy of Law* (Edinburgh: T. & T. Clark, 1887).

282. Kant, I. , *Metaphysics of Morals*, 1797, translated from the German by Gregor, M. J. , *Practical Philosophy: The Cambridge Edition of the Works of Immanuel Kant* (Cambridge: Cambridge University Press, 1999).

283. Kaplan, J. , "The Role of the Law in Drug Control," (1971) *Duke Law Journal* 1065.

284. Kaufman, S. M. , "Comment, First Amendment Protection of Begging in Subways," (1991) 79 *Georgetown Law Journal* 1803.

285. Kelling, G. , "Broken Windows, Zero Tolerance and Crime Control," in Francis, P. and Fraser, P. , *Building Safer Communities* (London: Centre for Criminal Justice studies, 1999).

286. Kelling, G. and Coles, C. M. , *Fixing Broken Windows: Restoring Order and Reducing Crime in our Communities* (New York: Simon and Schuster, 1996).

287. Kellogg, T. , "Legislating Rights: Basic Law Article 23, National Security, and Human Rights in Hong Kong," (2004) 17 *Columbia Journal of Asian Law* 307.

288. Kelsen, H. , *What is Justice?* (Los Angeles: University of California Press, 1971).

289. Kiflik, A. , "The Inalienability of Autonomy," (1984) 13 (4) *Philosophy & Public Affairs* 271.

290. Kiflik, A. , "The Utilitarian Logic of Inalienable Rights," (1986) 97 *Ethics* 75.

291. King, P. , *Housing, Individuals and the State: The Morality of Government Intervention* (London: Routledge, 1998).

292. King, P. , *Toleration* (London: Frank Cass, 2nd ed. , 1998).

293. King, P. , "Conceptualizing Housing Right," (London: C. C. H. R. Conference Paper, 2001).

294. King, P. , *Private Dwelling: Contemplating the Use of Housing* (London: Routledge, 2003).

295. King, P. , *The Common Place: In the Midst of the Ordinary* (Aldershot: Ashgate, 2005).

296. Kingston, M. , "More on the Reith Telecard Affair," (Sydney: *Sydney Morning Herald*, October 30, 2000).

297. Kleck, G. , *Point Blank: Guns and Violence in America* (Hawthorne, NY: Aldine de Gruyter, 1991).

298. Kleck, G. , *Targeting Guns: Firearms and their Control* (Piscataway, NJ: Aldine Transaction, 1997).

299. Kleinig, J. , "Criminally Harming Others," (1986) 5 *Criminal Justice Ethics* 3.

300. Klimchuk, D. , "Three Accounts of Respect for Persons in Kant's Ethics," (2003) 7 *Kantian Review* 38.

301. Koehlinger, J. S. "Substantive Due Process Analysis and the Lockean Liberal Tradition: Rethinking the Modern Privacy Cases," (1990) 65 *Indiana Law Journal* 723.

302. Kolnai, A. , "The Standard Modes of Aversion: Fear, Disgust and Hatred," (1998) 107 *Mind* 581.

303. Korsgaard, C. M. , "The Reasons We Can Share: An Attack on the Distinction Between Agent-Relative and Agent-Neutral Values," (1993) 10 (1) *Social Philosophy and Policy* 24.

304. Korsgaard, C. M. , *Creating the Kingdom of Ends* (Cambridge: Cambridge University Press, 1996).

305. Korsgaard, C. M. , *The Sources of Normativity* (Cambridge: Cambridge University Press, 1996).

306. Kramer, M. H. , *Rights, Wrongs and Responsibilities* (Chippenham, Wiltshire: Palgrave, 2001).

307. Kramer, M. H. , *Where Law and Morality Meet* (Oxford: Oxford University Press, 2004).

308. Kramer, M. H. , *Objectivity and the Rule of Law* (Cambridge: Cambridge University Press, 2007).

309. Kraut, R. , *What is Good and Why: The Ethics of Well-Being* (Cambridge, MA: Harvard University Press, 2007).

310. Kretschmann, P. M. , "An Exposition of Kant's Philosophy of Law," in Whitney, G. T. and Bowers, D. F. (eds), *The Heritage of Kant* (Princeton NJ: Princeton University Press, 1939).

311. Kruschke, E. R. , *Gun Control: A Reference Book* (Santa Barbara, CA: ABC-CLIO, 1995).

312. Kugler, I. , *Direct and Oblique Intention in the Criminal Law: And Inquiry into Degrees of Blameworthiness* (Aldershot: Ashgate, 2002).

313. Kymlicka, W. , *Liberalism, Community and Culture* (Oxford: Clarendon Press, 1989).

314. Lacey, N. , "Criminalization as Regulation: The Role of Criminal law," in Parker,

C. et al. (eds), *Regulating Law* (Oxford University Press, 2004).

315. Lacey, N. , Wells, C. and Quick, O. , *Reconstructing Criminal Law* (London: LexisNexis, 3rd ed. , 2003).

316. Lahan, P. M. , "Comments: Trends in the Law of Vagrancy," (1968) 1 *Connecticut Law Review* 350.

317. Lanham, D. , "Danger Down Under," (1999) *Criminal Law Review* 961.

318. Law Commission of Canada, What is a Crime? Discussion Paper (2003).

319. Law Commission of England and Wales, *Consent in the Criminal Law*, Consultation Paper No. 139 (London: H. M. S. O. , 1995).

320. Lee, H. N. , " Morals, Morality, and Ethics: Suggested Terminology," (1928) 38 (4) *International Journal of Ethics* 450.

321. Leiter, B. , *Objectivity in Law and Morals* (Cambridge: Cambridge University Press, 2001).

322. Leonardatos, C. , Blackman, P. H. and Kopel, D. B. , "Smart Guns/Foolish Legislators: Finding the Right Public Safety Laws, and Avoiding the Wrong Ones," (2001) 34 *Connecticut Law Review* 157.

323. Levenbook, B. B. , " Harming Someone After His Death," (1984) 94 (3) *Ethics* 407.

324. Levitt, A. , "The Origin of the Doctrine of Mens Rea," (1922 – 1923) 17 *Illinois Law Review* 117.

325. Lewis, D. , *Convention: A Philosophical Study* (Oxford: Blackwell Publishing, 2002).

326. Livingston, D. , "Police Discretion and the Quality of Life in Public Places: Courts, Communities, and New Policing," (1997) 97 *Columbia Law Review* 551.

327. Llewellyn, D. , *China's Court and Concubines: Some People in Chinese History* (London: Allen & Unwin, 1956).

328. Locke, J. , *An Essay Concerning Human Understanding*, Nidditch, P. h. (ed.) (Oxford: Clarendon Press, 1974).

329. Lott, J. R. , *More Guns, Less Crime: Understanding Crime and Gun Control Laws* (Chicago: University of Chicago Press, 1998).

330. Lucas, J. R. , *On Justice* (Oxford: Clarendon Press, 1980).

331. Lucas, J. R. , *Responsibility* (Oxford: Clarendon Press, 1993).

332. Luna, E., "Overextending the Criminal Law," (December 2003) XXV (6) *CATO Policy Report*.

333. Luna, E., "The Overcriminalization Phenomenon," (2005) 54 *American University Law Review* 703.

334. Luoma, J. and Sivak, M., "Characteristics and Availability of Fatal Road-Crash Databases in 20 Countries Worldwide," (2007) 38 (3) *Journal of Safety Research* 323.

335. Lyall, S., "British MPs say Speaker Has Lost Moral Authority," (*New York Times*, May 19, 2009, p. a12).

336. MacCormack, G., *The Spirit of Traditional Chinese Law* (Athens, GA: University of Georgia Press, 1996).

337. MacCormick, N., *H. L. A. Hart* (Stanford, CA: Stanford University Press, 1981).

338. MacFarlane, A. D. J., "Witchcraft in Tudor and Stuart Essex," in Cockburn J. S. (ed.), *Crime in England 1550 – 1800* (Cambridge: Methuen & Co., 1977).

339. Macintyre, A., *After Virtue: A Study in Moral Theory* (Notre dame, IN: University of Notre Dame Press, 1984).

340. Mackie, J. l., *Ethics: Inventing Right and Wrong* (London: Penguin books, 1977).

341. Mackie, J. l., "Morality and the Retributive Emotions," (1982) 1 *Criminal Justice Ethics* 3.

342. Mackie, J. l., "Retributivism: A Test Case for Ethical Objectivity," in Feinberg, J. and Gross, H., *Philosophy of Law* (Belmont, CA: Wadsworth Publishing Company, 1991).

343. Mackinnon, C. A., *Toward a Feminist Theory of the State* (Cambridge, MA: Harvard University Press, 1989).

344. Macklin, R. and Sherwin, S., "Experimenting on Human Subjects: Philosophical Perspectives," (1975) 25 *Case Western Reserve Law Review* 434.

345. Maguire, M. and Bennett, T., *Burglary in a Dwelling* (London: Heinemann, 1982).

346. Maguire, M. and Kynch, J., *Public Perceptions and Victims' Experiences of Victim Support* (London: H. M. S. O., 2000).

347. Malcolm, J. L., *To Keep and Bear Arms: The Origins of an Anglo-American Right* (Cambridge, MA: Harvard University Press, 1994).

348. Mann, K., "Punitive Civil Sanctions: The Middleground between Criminal and Civil Law," (1991 – 1992) 101 *Yale Law Journal* 1795.

349. Manson, N. C. and O'Neill, O. , *Rethinking Informed Consent in Bioethics* (Cambridge: Cambridge University Press, 2007).

350. Marby, C. A. , "Brother Can You Spare Some Change? -and Your Privacy Too?: Avoiding a Fatal Collision Between Public Interests and Beggars" First Amendment Rights," (1996) 28 *University of San Francisco Law Review* 309.

351. Marmor, A. , "On the Limits of Rights," (1997) 16 (1) *Law and Philosophy* 1.

352. Marshall, S. E. and Duff, R. A. , "Criminalization and Sharing Wrongs," (1998) 11 *Canadian Journal of Law and Jurisprudence* 7.

353. Martin, G. et al. , "Truth and Moral Objectivity Procedural Realism in Putnam's Pragmatism," (2008) 95 (1) *Poznan Studies in the Philosophy of the Sciences and the Humanities* 265.

354. Matthews, R. , "Regulating Street Prostitution and Kerb Crawling: A Reply to John Lowman," (1992) 32 (1) *British Journal of Criminology* 18.

355. Matthews, R. and Young, J. , *Issues in Realist Criminology* (London: Sage Publications, 1992).

356. McConnell, T. , *Inalienable Rights: The Limits of Consent in Medicine and Law* (Oxford: Oxford University Press, 2000).

357. Mcdowell, J. , *Mind Value and Reality* (Cambridge, MA: Harvard University Press, 1998).

358. Mcgowan, M. O. , "Outlaws to Ingroup: Romer, Lawrence, and the Inevitable Normativity of Group Recognition," (2004) 88 *Minnesota Law Review* 1312.

359. Mckinnon, C. and Castiglone, D. , *The Culture of Toleration in Diverse Societies* (Manchester: Manchester University Press, 2003).

360. Metcalf, H. et al. , *Barriers to Work for Offenders and Ex-Offenders* (London: Department of Work and Pensions, Research Report 155, 2001).

361. Meyers, D. T. , *Inalienable Rights: A Defense* (New York: Columbia University Press, 1985).

362. Miles, D. , "Modeling the Impact of Demographic Change Upon the Economy," (1999) *The Economic Journal* 109.

363. Mill, J. S. , *On Liberty and Other Essays* (Oxford: Oxford University Press, 1991).

364. Miller, E. M. , "The United States," in Davis, NJ (ed.), *Prostitution: An International Handbook on Trends, Problems and Policies* (Westport, CT: Greenwood

Press，1993）.

365. Miller，S. and Selgelid，M. J. ，"Ethical and Philosophical Consideration of the Du-al-Use Dilemma in the Biological Sciences，"（2007）13（4）*Science and Engineering Ethics* 523.

366. Millich，N. A. ，"Compassion Fatigue and the First Amendment：Are the Homeless Constitutional Castaways?"（1994）27 *University of California，Davis Law Review* 225.

367. Milo，R. D. ，*Immorality*（Princeton，NJ：Princeton University Press，1984）.

368. Moore，M. ，"Justifying Retributivism，"（1993）27 *Israel Law Review* 15.

369. Moore，M. ，"The Independent Moral Significance of Moral Wrongdoing，"（1994）5 *Journal of Contemporary Legal Issues* 237.

370. Moore，M. ，*Placing Blame：A General Theory of the Criminal Law*（Oxford：Clarendon Press，1997）.

371. Morris，A. A. ，"Overcriminalization and Washington's Revised Criminal Code，"（1972 – 1973）48 *Washington Law Review* 5.

372. Morris，N. and Hawkins，G. ，*The Honest Politician's Guide to Crime Control*（Chicago：Chicago University Press，1970）.

373. Murphy，J. G. ，"Another Look at Legal Moralism，"（1966）77（1）*Ethics* 50.

374. Murphy，J. G. ，"Does Kant Have a Theory of Punishment，"（1987）87 *Columbia Law Review* 509.

375. Murphy，J. G. ，*Retribution Reconsidered*（Dordrecht：Kluwer Academic Publishers，1992）.

376. Murphy，J. G. and Coleman，J. L. ，*Philosophy of Law：An Introduction to Jurisprudence*（Boulder，CO：Westview Press，1990）.

377. Nagel，T. ，*The View From Nowhere*（New York：Oxford University Press，1986）.

378. Nagel，T. ，*Equality and Partiality*（New York：Oxford University Press，1991）.

379. Nagel，T. ，*The Last Word*（New York：Oxford University Press，1997）.

380. Nagel，T. ，"Concealment and Exposure，"（1998）27 *Philosophy & Public Affairs* 3.

381. National Center for Health Statistics，Trend C Table 292：Deaths for 282 Selected Causes（1888）：available online athttp://www. cdc. gov/nchs/data/statab/ gm292_3. pdf.

382. National Center for Policy Analysis，"Involved Neighbors Reduce Crime，"（Washing-

ton, D. C. : January 9, 2004）: available online at http://www. ncpa. org/iss/cri/.

383. National Coalition for the Homeless, "Illegal to be Homeless: The Criminalization of Homelessness in the United States," *National Coalition for the Homeless Report*, (Washington, D. C. : 2003）.

384. Naylor, R. T. , "The Underworld of Ivory," （2004） 42 *Crime, Law & Social Change* 261.

385. Nemerson, S. S. , "Note: Criminal Liability Without Fault: A Philosophical Perspective," （1975） 75 *Columbia Law Review* 1517.

386. New York Times, "Bicyclists Ride in Protest, and in Little Else," （New York: *New York Times*, June 12, 2005）.

387. New York Times, "British Couple Appealing Dubai Kiss Conviction," （New York: *New York Times*, March 14, 2010）.

388. Nichols, P. , "The Panhandler's First Amendment Right: A Critique of Loper v. New York City Police Department and Related Academic Commentary," （1996 – 1997） 48 South Carolina Law Review 268. Nissenbaum, H. , "Protecting Privacy in an Information Age: The Problem of Privacy in Public," （1998） 17 *Law and Philosophy* 559.

389. Nozick, R. , *Anarchy, State, and Utopia* （New York: Basic Books, 1974）.

390. Nozick, R. , *Philosophical Explanations* （Oxford: Clarendon Press, 1981）.

391. O'Connell, D. , *Prostitution, Power and Freedom* （Cambridge: Polity Press, 1998）.

392. O'Doherty, S. , "The Emergence of Criminal Laws," （1999） 163 *Justice of the Peace* 528.

393. Odujirin, A. , *The Normative Basis of Fault in Criminal Law: History and Theory* （Toronto: University of Toronto Press, 1998）.

394. O'Neill, O. , *Constructions of Reason: Explorations of Kant's Practical Philosophy* （Cambridge: Cambridge University Press, 1989）.

395. O'Neill, O. , *Towards Justice and Virtue: A Constructive Account of Practical Reasoning* （Cambridge: Cambridge University Press, 1996）.

396. O'Neill, O. , "Kant and the Social Contract Tradition," in Duchesneau, F. , Lafrance, G. and Piché, C. , （eds）, *Kant Actuel: Hommage à Pierre Laberge* （Montréal: Bellarmin, 2000）.

397. O'Neill, O. , "Public Health or Clinical Ethics: Thinking Beyond Borders," （2002）

16 (2) *Ethics & International Affairs* 35.

398. Ormerod, D. , *Smith & Hogan: Criminal Law* (Oxford: Oxford University Press, 12th ed. , 2008).

399. Ost, S. , *Child Pornography and Sexual Grooming: Legal and Societal Responses* (Cambridge: Cambridge University Press, 2009).

400. Packer, H. L. , *The Limits of the Criminal Sanction* (Stanford, CA: Stanford University Press, 1968).

401. Panichas, G. E. , "The Structure of Basic Human Rights," (1985) 4 *Law and Philosophy* 343.

402. Parent, W. , "Privacy, Morality and the Law," (1983) 12 *Philosophy and Public Affairs* 269.

403. Perkins, R. M. , "A Rationale of Mens Rea," (1939) 52 (6) *Harvard Law Review* 905.

404. Perkins, R. M. and Boyce, R. N. , *Criminal Law* (New York: The Foundation Press, Inc. , 3rd ed. , 1982).

405. Perry, M. , "Moral Knowledge, Moral Reasoning, Moral Relativism: A "Naturalist" Perspective," (1985 – 1986) 20 *Georgia Law Review* 995.

406. Perry, S. R. , "Corrective v. Distributive Justice," in Horder, J. (ed.), *Oxford Essays in Jurisprudence* (Oxford: Oxford University Press, 4th series, 2000).

407. Pettit P. , " Two Sources of Morality," 18 (2) *Social Philosophy & Policy* 102 (2001).

408. Pettit P. and Smith, M. , " The Truth in Deontology," in Wallace, R. J. et al. (eds), *Reason and Value: Themes from the Moral Philosophy of Joseph Raz* (Oxford: Clarendon Press, 2004).

409. Pilon, R. , "Capitalism and Rights: An Essay Toward Fine Tuning the Moral Foundations of the Free Society," (1982) 1 (1) *Journal of Business Ethics* 29.

410. Pollock, F. , *A First Book of Jurisprudence* (London: MacMillan & Co. , 1929).

411. Pollock, F. and Maitland, F. W. , *The History of English Law Before the Time of Edward* I (Cambridge: Cambridge University Press, Vol. II , 1923).

412. Posner, R. A. , *Law, Pragmatism, and Democracy* (Cambridge, MA: Harvard University Press, 2003).

413. Postema, G. J. , "Objectivity Fit for Law," in Leiter, B. (ed.), *Objectivity in*

Law and Morals (Cambridge: Cambridge University Press, 2001).

414. Postema, G. J., "Politics is about Grievance: Feinberg on the Legal Enforcement of morals," (2005) 11 *Legal Theory* 293.

415. Postema, G. J., "Salience Reasoning," (2008) 27 Topoi 41. Pound, J., *Poverty and Vagrancy in Tudor England* (Harlow, U. K.: Longman, 1971).

416. Putman, H., "The Meaning of 'Meaning'," in *Mind, Language, and Reality* (Cambridge: Cambridge University Press, 1975).

417. Quinney, R., *The Critique of Legal Order* (Boston: Little Brown, 1974).

418. Raphael, D. D., *British Moralists* 1650 – 1800 (Oxford: Oxford University Press, 1969).

419. Rawls, J., *A Theory of Justice* (Cambridge MA: Harvard University Press, 1971).

420. Rawls, J., *Lectures on the History of Moral Philosophy* (Cambridge, MA: Harvard University Press, 2000).

421. Rawls, J., "Two Concepts of Rules," in Foot, P., *Theories of Ethics* (Oxford: Oxford University Press, 2002).

422. Ray, J. J., *Conservatism as Heresy* (Sydney: A. N. Z. Book Co., 1974).

423. Raz, J., *The Morality of Freedom* (Oxford: Clarendon Press, 1986).

424. Raz, J., *Ethics in the Public Domain* (Oxford: Clarendon Press, 1995).

425. Raz, J., *The Practice of Value* (Oxford: Clarendon Press, 2003).

426. Reiman, J., *The Rich Get Richer and the Poor Get Prison* (Boston, MA: Allyn and Bacon, 4th ed., 1995).

427. Reiss, H. and Nisbet, H. B., *Kant's Political Writing* (Cambridge: Cambridge University Press, 1970).

428. Rescher, N., *Objectivity: The Obligations of Impersonal Reason* (Notre dame, IN: University of Notre Dame Press, 1997).

429. RhineHart, L. K., "Would Workers Be Better Protected if They Were Declared Endangered Species? A Comparison of Criminal Enforcement Under the Federal Workplace Safety and Environmental Protection Laws," (1994) 31 *American Criminal Law Review* 351.

430. Ribton-Turner, C. J., *A History of Vagrants and Vagrancy and Beggars and Begging* (London: Chapman and Hall, 1887).

431. Richards, D. A. J., "Human Rights and the Moral Foundations of the Substantive

Criminal Law," (1979) 12 *Georgia Law Review* 1395.

432. Richards, D. A. J. , "Drug Use and the Rights of the Person: A Moral Argument for Decriminalization of Certain Forms of Drug Use," (1980 – 1981) 33 *Rutgers Law Review* 607.

433. Richards, D. A. J. , *Sex, Drugs, Death and the Law: An Essay on Human Rights and Overcriminalization* (Totowa, NJ: Rowman and Littlefield, 1982).

434. Ripstein, A. , "Authority and Coercion," (2004) 32 (1) *Philosophy & Public Affairs* 1.

435. Ripstein, A. , "Beyond the Harm Principle," (2006) 34 (3) *Philosophy & Public Affairs* 215.

436. Robert J. Sampson, Stephen W. Raudenbush and Felton Earls, "Neighborhoods and Violent Crime: A Multilateral Study of Collective Efficacy," (1997) 277 *Science, New Series* 918.

437. Roberts, P. , "Privacy, Autonomy and Criminal Justice Rights: Philosophical Preliminaries," in Alldridge, P. and Brants, C. H. (eds), *Personal Autonomy, The Private Sphere and Criminal Law* (Oxford: Hart Publishing, 2001).

438. Robinson, P. H. , "A Theory of Justification: Societal Harm as a Prerequisite for Criminal liability," (1975) 23 *UCLA Law Review* 266.

439. Robinson, P. H. , "Supreme Court Review: Foreword: The Criminal-Civil Distinction and Dangerous Blameless Offenders," (1993) 83 *Journal of Criminal Law and Criminology* 693.

440. Robinson, P. H. and Cahill, M. T. , "Can a Model Penal Code Second Save the States from Themselves?," (2003) 1 *Ohio State Journal of Criminal Law* 169.

441. Rorty, R. , *Consequences of Pragmatism* (Minneapolis, MN: University of Minnesota Press, 1982).

442. Rorty, R. , *Objectivity, Relativism, and Truth: Philosophical Papers* (Cambridge: Cambridge University Press, Vol. I , 1991).

443. Rose, J. A. , "The Beggar's Free Speech Claim," (1989 – 1990) 65 *Indiana Law Review* 191.

444. Ross, W. d. , *The Right and the Good* (Oxford: Oxford University Press, 1930).

445. Sampson, R. J. and Raudenbush, S. W. , "Systematic Social Observation of Public Spaces: S New Look at Disorder in Urban Neighborhoods," (1999) 105 (3) *A-*

merican Journal of Sociology 603.

446. Saul, B. , "Speaking of Terror: Criminalizing Incitement to Violence," (2005) 28 *University of New South Wales Law Journal* 868.

447. Sayre, F. B. , "Criminal Responsibility for the Acts of Another," (1930) 43 *Harvard Law Review* 689.

448. Sayre, F. B. , "Mens Rea," (1932) 45 (6) *Harvard Law Review* 974.

449. Scrambler, G. and Scambler, A. (eds), *Rethinking Prostitution: Purchasing Sex in the 1990s* (London: Routledge, 1998).

450. Scanlon, T. M. , "A Theory of Freedom of Expression," (1971 – 1972) 1 *Philosophy and Public Affairs* 204.

451. Scanlon, T. M. , *What We Owe to Each Other* (Cambridge, MA: Harvard University Press, 2000).

452. Schackman, B. R. et al. , "The Lifetime Cost of Current H. I. V. Care in the United States," (2006) 44 (11) *Medical Care* 990.

453. Schneewind, J. B. , *The Invention of Autonomy* (Cambridge: Cambridge University Press, 1998).

454. Schonsheck, J. , *On Criminalization* (London: Kluwer Academic Publishers, 1994).

455. Schwartz, L. B. , "Morals, Offenses and the Model Penal Code," (1963) 63 *Columbia Law Review* 669.

456. Schwartz, R. G. , "Criminalizing Occupational Safety Violations: The Use of "Knowing Endangerment" Statutes to Punish Employers Who Maintain Toxic Working Conditions," (1990) 14 *Harvard Environmental Law Review* 487.

457. Scott, M. S. , *Panhandling*, Problem-Oriented Guides for Police, Problem-Specific Guides Series No. 13, U. S. Dept. of Justice.

458. Sefton, T. , "What We Want from the Welfare State," in Park, A. et al. (eds), *British Social Attitudes* (London: Sage Publications, Report 20, 2003).

459. Seidman, L. M. , "Soldiers, Martyrs, and Criminals: Utilitarian Theory and the Problem of Crime Control," (1984) 94 *Yale Law Journal* 315.

460. Shafer-Landau, R. , "Liberalism and Paternalism," (2005) 11 (3) *Legal Theory* 169.

461. Shapin, S. , *A Social History of Truth: Civility and Science in Seventeenth-Century England* (Chicago, IL: University of Chicago Press, 1994).

462. Shute, S. , "With and Without Constitutional Restraints: A Comparison Between the

Criminal Law of England and America," (1998) 1 *Buffalo Criminal Law Review* 329.

463. Silverman, E. B. , *NYPD Battles Crime: Innovative Strategies in Policing* (Boston, MA: Northeastern University Press, 1999).

464. Simester, A. P. and Hirsch, A. von, "Rethinking the Offense Principle," (2002) 8 *Legal Theory* 269.

465. Simester, A. P. and Sullivan, G. R. , *Criminal Law: Theory and Doctrine* (Oxford: Hart Publishing, 2nd ed. revised, 2004).

466. Simons, K. W. , "Criminal Law: When Is Strict Criminal Liability Just," (1997) 87 (4) *Journal of Criminal Law and Criminology* 1075.

467. Skogan, W. , "Disorder, Crime and Community Decline" in Hope, T. and Shaw, M. (eds), *Communities and Crime Reduction* (London: H. M. S. O. , 1988).

468. Skogan, W. , *Disorder and Decline* (New York: Free Press, 1990).

469. Skolnick, J. H. , "Criminalization and Criminogenesis: A Reply to Professor Junker," (1971 – 1972) 19 *U. C. L. A. Law Review* 715.

470. Smith, C. J. , *China in the Post-Utopian Age* (Boulder, CO: Westview Press, 2000).

471. Smith, K. J. M. , "Liability for Endangerment: English Ad Hoc Pragmatism and American Innovation," (1983) *Criminal Law Review* 127.

472. Smith, S. D. , "The Hollowness of the Harm Principle," Paper 17, *Public Law and Legal Theory Research Paper Series*, No. 05 – 07 (University of San Diego School of Law, 2004).

473. Snyder, O. C. , *An Introduction to Criminal Justice, Text and Cases* (New York: Prentice-Hall, 1953).

474. Snyder, O. C. , "Criminal Responsibility," (1962) 11 *Duke Law Journal* 204.

475. Snyman, C. R. , "The Normative Concept of Mens Rea—A New Development in Germany," (1979) *International and Comparative Law Quarterly* 211.

476. Sparks, R. , "Reason and Unreason in "Left Realism": Some Problems in the Constitution of the Fear of Crime," in Matthews, R. and Young, J. , *Issues in Realist Criminology* (London: Sage Publications, 1992).

477. Spencer, J. R. , "Liability for Reckless Infection," (2004) *New Law Journal* 448.

478. Spitzer, R. J. , *The Politics of Gun Control* (Chatham, NJ: Chatham House Publishers, 1995).

479. Squires, P. , *Gun Culture or Gun Control* (London: Routledge, 2000).

480. Stansfield, R. , "Britney's VPL" (London: *The Daily Mirror*, December 4, 2006).

481. Stapleton, J. , "Cause-in-Fact and the Scope of Liability for Consequences," (2003) 119 *Law Quarterly Review* 388.

482. Stell, L. K. , "Dueling and the Right to Life," (1979) 90 (1) *Ethics* 7.

483. Stell, L. K. , "Gun Control," in Frey, R. G. and Wellman, C. H. (eds), *A Companion to Applied Ethics* (Oxford: Blackwell Publishing, 2003).

484. Stephen, J. F. , *Liberty, Equality, Fraternity* (London: Smith, Elder, & Co. , 1873).

485. Stephen, J. F. , *A History of the Criminal Law in England* (New York: Burt Franklin, Vol. II, 1883).

486. Stephen, J. F. , *Liberty, Equality, Fraternity*, Stuart D. Warner (ed.), (Indianapolis, IN: Liberty Fund, 1993).

487. Stewart, H. , "Harms, Wrongs, and Set-backs in Feinberg's Moral Limits of the Criminal Law," (2001 – 2002) 5 *Buffalo Criminal Law Review* 47.

488. Strong, G. , "Fault, Threat and the Predicates of Criminal Liability," (1980) *Wisconsin Law Review* 441.

489. Stuart, D. , *Charter Justice in Canadian Criminal Law* (Toronto: Thomson Carswell, 2005).

490. Stuntz, W. J. , "The Pathological Politics of Criminal Law," (2001 – 2002) 100 *Michigan Law Review* 505.

491. Sugden, S. , "The Role of Inductive Reasoning in the Evolution of Conventions," (1998) 17 (4) *Law and Philosophy* 377.

492. Sullivan, R. J. , *Immanuel Kant's Moral Theory* (Cambridge: Cambridge University Press, 1989).

493. Summer, C. , *Censure, Politics and Criminal Justice* (Milton Keynes, U. K. : Open University Press, 1990).

494. Swanson, J. A. , *The Public and the Private in Aristotle's Political Philosophy* (Ithaca, New York: Cornell University Press, 1992).

495. Tanenhaus, S. , "Tiger Woods and the Perils of Modern Celebrity," (New York: *New York Times*, December 12, 2009).

496. Tardos, V. , "Recklessness and the Duty to Take Care," in Shute, S. and Sime-

ster, A. P. , *Criminal Law Theory: Doctrines of the General Part* (Oxford: Oxford University Press, 2002).

497. Tarling, R. and Davison, T. , *Victims of Domestic Burglary: A Review of the Literature* (London: H. M. S. O. , 2000).

498. Tasioulas, J. , "Crimes of Offense," in Hirsch, A. von and Simester, A. , *Incivilities: Regulating Offensive Behavior* (Oxford: Hart Publishing, 2006).

499. Tasioulas, J. , "Punishment and Repentance," (2006) 81 *Philosophy* 279.

500. Taylor, I. , *Crime in Context, A Critical Criminology of Market Societies* (Boulder, CO: Westview Press, 1999).

501. Taylor, P. W. , *Respect for Nature: A Theory of Environmental Ethics* (Princeton, NJ: Princeton University Press, 1986).

502. Teir, R. , "Maintaining Safety and Civility in Public Spaces: A Constitutional Approach to Aggressive Begging," (1993) 54 *Louisiana Law Review* 285.

503. Tenbroek, J. , "California's Dual System of Family Law: Its Origin, Development, and Present Status," (1964) 16 *Stanford Law Review* 257.

504. Timmons, M. (ed.), *Kant's Metaphysics of Morals: Interpretative Essays* (Oxford: Oxford University Press, 2002).

505. Timmons, M. "Motive and Rightness in Kant's Ethical System," in Timmons, M. (ed.), *Kant's Metaphysics of Morals: Interpretative Essays* (Oxford: Oxford University Press, 2002).

506. Tonry, M. and Frase, R. S. (eds), *Sentencing and Sanctions in Western Countries* (Oxford: Oxford University Press, 2001).

507. Trewavas, A. , "Malthus Foiled Again and Again," (2002) 418 *Nature* 668.

508. Turk, T. A. , *Criminology and Legal Order* (Chicago: Rand McNally, 1969).

509. Turner, G. M. , "HIPAA and the Criminalization of American Medicine," (2002) 22 (1) *Cato Journal* 121.

510. Tyler, T. , *Why People Obey the Law* (New Haven, CT: Yale University Press, 1990).

511. Velleman, "A Right to Self-Termination?" (1999) 109 *Ethics* 612.

512. Violence Policy Center, When Men Murder Women: An Analysis of 2004 Homicide Data, 3 (2006): available online athttp://. vpc. org/studies/wmmw2006. pdf.

513. Wacks, R. , "National Security and Fundamental Freedoms: Hong Kong's Article 23

under Scrutiny—A Review," (2006) *Public Law* 180.

514. Waldron, J., *Liberal Rights, Collected Papers* 1981 – 1991 (Cambridge: Cambridge University Press, 1993).

515. Waldron, J., "Homelessness and Community," (2000) 50 *University of Toronto Law Journal* 371.

516. Waldron, J., "Toleration and Reasonableness," in McKinnon C. and Castiglione, D. (eds), *The Culture of Toleration in Diverse Societies* (Manchester: Manchester University Press, 2003).

517. Waldron, J., "Moral Autonomy and Personal Autonomy," in Christman, J. and Anderson, J. (eds), *Autonomy and the Challenges to Liberalism* (Cambridge: Cambridge University Press, 2005).

518. Walker, G., *Moral Foundations of Constitutional Thought* (Princeton, NJ: Princeton University Press, 1990).

519. Walker, N., *Punishment, Danger and Stigma* (Oxford: Basil Blackwell, 1980).

520. Walker, N., *Crime and Criminology* (Oxford: Oxford University Press, 1987).

521. Walker, N., *Why Punish?* (Oxford: Oxford University Press, 1991).

522. Walsh, T., " 'Waltzing Matilda' One Hundred Years Later: Interactions Between Homeless Persons and the Criminal Justice System in Queensland," (2003) *Sydney Law Review* 5.

523. Walsh, T., "Defending Begging Offenders," (2004) 4 (1) *Queensland University of Technology Law Journal* 58.

524. Weait, M., "Criminal Law and the Sexual Transmission of HIV: R v Dica," (2005) 68 (1) *Modern Law Review* 121.

525. Weait, M., "Harm, Consent and the Limits of Privacy," (2005) 13 *Feminist Legal Studies* 97.

526. Weber, M., *Law in Economy and Society*, Rheinstein, M. (ed.), translated from the German by Shils, E. and Rheinstein, M. (Cambridge, MA: Harvard University Press, 1954).

527. Weber, M., *Economy and Society*, translated from the German by Roth, G. and Wittich, C. (New York: Bedminster Press, 1968).

528. Weisberg, R., "Reappraising Complicity," (2000 – 2001) 4 *Buffalo Criminal Law Review* 217.

529. Wellman, C. , "The Inalienable Right to Life and the Durable Power of Attorney," (1995) 14 *Law and Philosophy* 245.

530. Wellman, C. H. , "Feinberg's Two Concepts of Rights," (2005) 11 (3) *Legal Theory* 213.

531. Wells, C. , *Corporations and Criminal Responsibility* (Oxford: Oxford University Press, 2nd ed. , 2001).

532. Whitman, J. Q. , "Enforcing Civility and Respect: Three Societies," (1999 - 2000) 102 *Yale Law Journal* 1280.

533. Wiggins, D. , *Needs, Values, Truth* (Oxford: Oxford University Press, 1998).

534. Wiggins, D. , *Ethics, Twelve Lectures on the Philosophy of Morality* (Cambridge, MA: Harvard University Press, 2006).

535. Williams, G. L. , "The Definition of a Crime," (1955) 8 *Current Legal Problems* 107.

536. Williams, G. L. , *Criminal Law: The General Part* (London: Stevens & Sons ltd. , 1961).

537. Williams, G. L. , *Textbook of Criminal Law* (London: Stevens & Sons, 2nd ed. , 1983).

538. Williams, G. L. , "Oblique Intention," (1987) 46 *Cambridge Law Journal* 417.

539. Williams, G. L. , "Complicity, Purpose and the Draft Code - 1," (1990) *Criminal Law Review* 4.

540. Williams, G. L. , "Complicity, Purpose and the Draft Code - 2," (1990) *Criminal Law Review* 98.

541. Williams, G. L. , "Obedience to Law as a Crime," (1990) 53 *Modern Law Review* 445.

542. Williams, K. S. , *Textbook on Criminology* (Oxford: Oxford University Press, 2001).

543. Williamson, J. G. , *Did British Capitalism Breed Inequality?* (London: Routledge, 2005).

544. Willigenburg, T. van, "Reason and Love: A Non-Reductive Analysis of the Normativity of Agent-Relative Reasons," (2004) 8 *Ethical Theory and Moral Practice* 45.

545. Wilson, J. Q. and Kelling, G. , "Broken Windows: The Police and Neighborhood Safety," (1982) *Atlantic Monthly* 29.

546. Wolff, K. H. , *The Sociology of George Simmel* (Glencoe, IL: The Free Press,

1950).

547. Wolff, R. P. , Moore, B. and Marcuse, H. , *A Critique of Pure Toleration* (Boston, MA: Beacon Press, 1965.

548. Wood, A. W. , *Kant's Ethical Thought* (Cambridge: Cambridge University Press, 1999).

549. Wood, A. W. and O'Neill, O. , "Kant on Duties Regarding Nonrational Nature," (1998) *Proceedings of the Aristotelian Society* 189.

550. Wright, G. H. von, *Norm and Action: A Logical Enquiry* (London: Routledge & Kegan Paul, 1963).

551. Wright, G. H. von, *The Varieties of Goodness* (London: Routledge & Kegan Paul, 1963).

552. Young, J. , *The Exclusive Society* (London: Sage Publications, 1999).

553. Yourow, H. C. , *The Margin of Appreciation Doctrine in the Dynamics of European Human Rights Jurisprudence* (The Hague: Martinus Nijhoff Publishers, 1995).

554. Zimmerman, M. J. , "Sharing Responsibility," (1985) 22 (2) *American Philosophical Quarterly* 115.

555. Zimmerman, M. J. , *An Essay on Moral Responsibility* (Totowa, NJ: Rowman & Littlefield, 1988).

556. Zimring, F. E. , "The Multiple Middlegrounds Between Civil and Criminal law," (1992) 101 *Yale Law Journal* 1901.

557. Zimring, F. E. and Hawkins, G. , *The Citizens Guide to Gun Control* (New York: MacMillan, 1992).

558. Zimring, F. E. and Hawkins, G. , *Crime Is Not the Problem: Lethal Violence in America* (Oxford: Oxford University Press, 1997).

译后记

贝克教授是在英美法系国家和地区具有广泛学术影响力的刑法学家，师从英国著名刑法学家冯·赫希教授（Andreas von Hirsch），曾任伦敦大学国王学院资深讲师（Reader）、萨里大学法学院院长、英国法律学科准入考试主席。贝克教授出版了多部学术著作，在英国、美国、加拿大、澳大利亚、新加坡、香港等国家与地区知名学术期刊（包括 SSCI 与 A&HCI 收录期刊）发表 50 余篇学术论文，论著在 Google 的引用计数已近 1000 次，在 SSRN 和 Berkley Press 的电子论文已有超过 1 万次的下载量和超过 4 万次的摘要查看量。他有关共同犯罪、未完成犯罪、遥远危害、正当防卫等的观点和论述，被英国最高法院、加拿大最高法院、美国联邦第八巡回上诉法院、香港终审法院、澳大利亚高等法院、新西兰最高法院等广泛引用，对英美法系国家、地区的刑法理论与刑事司法实践均产生了深远影响。近年来，贝克教授与我国高校开展了深度的交流合作，担任了武汉大学、中国政法大学等的客座教授，论文也曾在《法学评论》等国内重要法学期刊发表。译介贝克教授的著述，对于深化国内刑法学界对英美刑法的研究具有显著价值。《不被犯罪化的权利》（*The Right Not to be Criminalized*）一书是贝克教授在其博士学位论文基础上修改完成的，曾获得 2011 年皮特·比尔克斯杰出法学学术图书奖（Peter Birks Book Prize for outstanding legal scholarship）提名。在当代背景下提出了诸多富有启发性的观点。

首先，贝克教授创造性地提出了作为一般宪法权利的"不被犯罪化的权利"。指出每个人都有不遭受不公正定罪和不公正刑罚的权利，并勾画出正当地剥夺"不被犯罪化的权利"的轮廓，即不法行为者的行为对他人造成危害。

其次，贝克教授强调尚不存在放之四海皆准的"危害"定义。原始危害之外的危害多具有随传统习俗、社会文化而变化的特点，其犯罪化的有无、程度也存在地区、文化差异，英文表述为"Culturally Contingent"或"Conventionally Contingent"。该概念带来两点启示：第一，在思想层面，它指引我们，研究国内法的视野应当开阔，应从比较研究的视角，在各国或地区社会、政治、经济、文化背景之下进行思考和研究，探寻的解决方案也必须适应该国或地区的具体环境，否则只能是空想；第二，在表达层面，英文表言简意赅却意味深长，似乎看一眼就能理解此概念，但也似乎需要仔细阅读、反复品味才能真正把握其内涵。

再次，贝克教授提出人类具有不肆意对待动物的非相关义务（Non-Correlative Duty），保护动物免遭人类的肆意侵害。他指出以人类为中心的（或者说以理性为中心的）康德绝对命令公式，无法说明人类对动物施加的危害行为的可入罪性，因为动物不具有普遍意义上的人类理性。但是人类与动物都享有动物性，人类不仅能够感同身受，也能够理解动物遭受的危害。因此，动物应受到不被肆意对待的保护，人类对动物的使用行为须具有重要的社会价值，且采取最不残忍的方式。

在翻译的过程中，囿于自身英美刑法知识的有限，我也遇到了许多困惑。通过广泛参阅贝克教授的《格兰维尔·威廉姆斯刑法学教科书（第四版）》（*Glanville Williams Textbook of Criminal Law*）、乔尔·范伯格（Joe Feinberg）的《刑法的道德界限》（*The Moral Limits of Criminal Law*）四卷本、安东尼·达夫（R. A. Duff）的《刑法的范围》（*The Realm of Criminal Law*）、安德鲁·阿什沃斯（Andrew Ashworth）的《刑法的积极义务》（*Positive Obligations in Criminal Law*）、道格拉斯·胡萨克的《刑法哲学》（*The Philosophy of Criminal Law*）等著作及相应中文译本，我对该书涉及的英美刑法理论知识，特别是犯罪化理论及通行的中文译法，以及书中引证的诸多案例有了进一步的了解。在确定书中一些核心概念的译法时，则还需进一步深入考证、审慎思量，对于"Remote Harm"应如何理解和翻译，便是一个适例。

贝克教授的博士生导师冯·赫希教授在其论文《危害原则的扩展："遥远"危害及其公平归咎》①中首次提出"RemoteHarm"的概念，随后，

---

① Andreas von Hirsch, "Extending the Harm Principle: 'Remote' Harms and Fair Imputation," in AP Simester and ATH Smith (eds), *Harm and Culpability* (Oxford, Oxford University Press, 1996), at p. 259.

在其与斯密斯特（A. P. Simester）合著的《犯罪、伤害和不当行为：犯罪化的原则》① 中进一步发展了这个概念，用以描述涉及某些偶然性的风险。② 国内文献在介述相关概念时，将"Remote Harm"译为"间接危害"③，与"Indirect Harm"相同。实际上，《布莱克法律词典》（*Black's Law Dictionary*）将"Remote"解释为：（1）在时间上、空间上或关系上距离远的或相互分离的；（2）轻微的；（3）特指依据"反永续原则"（Rule Against Perpetuities），信托利益必须于该利益创设时存活之人终生后21年内确定，否则即无效。④ 词典对"Remote"的解释用语并没有直接使用"Indirect"一词。在英美法系国家，"Indirect Harm"也被用来表示以不作为方式成立的犯罪，⑤ 这种使用方式最早可以追溯到 *Estelle v. Gamble* 案⑥与 *Martinez v. California* 案。⑦ 可见，"Remote Harm"与"Indirect Harm"的内涵与外延不尽相同。因此，综合《布莱克法律词典》对"Remote"的解释、英美法系生效判决对"Indirect"的使用，以及英汉互译的习惯，我在翻译"Remote Harm"时，并未采取"间接危害"的表述，而译为"遥远危害"。

我与 *The Right Not to be Criminalized* 一书的缘分，源自2016年贝克教授对武汉大学法学院的访问。当时我博士一年级刚入学，在导师的鼓励下，向贝克教授申请前往英国联合培养。贝克教授笑着说："你把 *The Right Not to be Criminalized* 翻译成中文，翻译完，就可以来英国了。"译著初稿在2017年完成，英国留学期间，随着我对英美刑法的理解和认识的不断加深，译文也不断完善，直至2021年已修改四稿，终于达到自己基本满意的程度。

---

① A P Simester, Andreas von Hirsch. *Crimes, Harms, and Wrongs: On the Principles of Criminalisation* (Oxford and Portland, Oregon 2014). 尤其是其中的第四章和第五章。

② A P Simester, Andreas von Hirsch. *Crimes, Harms, and Wrongs: On the Principles of Criminalisation.* (Oxford and Portland, Oregon 2014), at p. 57.

③ 姜敏：《英美刑法中的"危害原则"研究——兼与"社会危害性"比较》，载《比较法研究》2016年第4期。

④ 王晓晓：《"遥远危害"与预防型犯罪化》，载《刑法论丛》2019年第1卷，第405-406页。

⑤ Edward B. Royzman, Jonathan Baron. The Preference for Indirect Harm. *Social Justice Research*, Vol. 15, No. 2, June 2002, at pp. 166-167.

⑥ 429 U. S. 97 (1976).

⑦ 444 U. S. 277 (1980).

　　特别感谢劳东燕教授为本书作序，以及对译文提出的宝贵指导意见。非常感谢社会科学文献出版社的支持以及易卉、王楠楠两位编辑的辛勤审校和修改建议。深深感谢我的爱人敬力嘉副教授对我工作的支持。囿于译者的英美刑法研究水平与英文水准，翻译难免有错漏之处，敬请学界方家批评指正。

王晓晓

2022 年 4 月于中南民族大学法学院

图书在版编目（CIP）数据

不被犯罪化的权利：刑法规制的界限／（英）丹尼斯·J. 贝克（Dennis J. Baker）著；王晓晓译. -- 北京：社会科学文献出版社，2023.2
书名原文：The Right Not to be Criminalized：Demarcating Criminal Law's Authority
ISBN 978 - 7 - 5228 - 0544 - 3

Ⅰ.①不… Ⅱ.①丹… ②王… Ⅲ.①刑法 - 研究 Ⅳ.①D914.04

中国版本图书馆 CIP 数据核字（2022）第 250945 号

不被犯罪化的权利：刑法规制的界限

著　　者／〔英〕丹尼斯·J. 贝克（Dennis J. Baker）
译　　者／王晓晓

出 版 人／王利民
责任编辑／易　卉
文稿编辑／王楠楠
责任印制／王京美

出　　版／社会科学文献出版社（010）59366422
　　　　　地址：北京市北三环中路甲 29 号院华龙大厦　邮编：100029
　　　　　网址：www.ssap.com.cn
发　　行／社会科学文献出版社（010）59367028
印　　装／三河市东方印刷有限公司

规　　格／开　本：787mm × 1092mm　1/16
　　　　　印　张：20.25　字　数：332 千字
版　　次／2023 年 2 月第 1 版　2023 年 2 月第 1 次印刷
书　　号／ISBN 978 - 7 - 5228 - 0544 - 3
著作权合同
登 记 号／图字 01 - 2022 - 2510 号
定　　价／128.00 元

读者服务电话：4008918866